John Grisham

O inocente

Uma história real de crime e injustiça

Tradução de Pinheiro de Lemos

Rocco

Direitos para a língua portuguesa reservados
com exclusividade para o Brasil à
EDITORA ROCCO LTDA.
Av. Presidente Wilson, 231 – 8º andar
20030-021 – Rio de Janeiro, RJ
Tel.: (21) 3525-2000 – Fax: (21) 3525-2001
rocco@rocco.com.br
www.rocco.com.br

Printed in Brazil/Impresso no Brasil

preparação de originais
MAIRA PARULA

CIP-Brasil. Catalogação-na-fonte.
Sindicato Nacional dos Editores de Livros, RJ.

G888i   Grisham, John, 1955 –
              O inocente: crime e injustiça em uma cidade pequena/John Grisham;
         tradução de Pinheiro de Lemos. – Rio de Janeiro: Rocco, 2006.

              Tradução de: The innocent man
              ISBN 85-325-2122-3

              1. Williamson, Ronald Keith, 1953-2004 – Processos, litígios etc.
         2. Processo (homicídio) – Oklahoma (Estados Unidos). 3. Erro judiciário
         – Oklahoma (Estados Unidos). 4. Pena de morte – Oklahoma (Estados
         Unidos). I. Título.

05-3835   CDD – 345.05
                                                               CDU – 343.229

Dedicado a
Annette Hudson e Renee Simmons,
e à memória de seu irmão

CAPÍTULO 1

As colinas ondulantes do sudeste de Oklahoma estendem-se de Norman até Arkansas e exibem poucas evidências dos vastos depósitos de petróleo que costumavam abrigar em seu subsolo. Algumas velhas torres de perfuração ainda pontilham os campos; as ativas ainda bombeiam uns poucos galões a cada movimento lento, o que leva alguém de passagem a especular se o esforço vale mesmo a pena. Muitas torres foram simplesmente abandonadas e permanecem imóveis nos campos, como lembretes corroídos dos dias de glória com seus poços abundantes, aventureiros dispostos a correr riscos e fortunas feitas da noite para o dia.

Há torres espalhadas pelas terras agrícolas em torno de Ada, uma cidade antiga, com 16 mil habitantes, uma universidade e o tribunal do condado. As torres estão ociosas porque o petróleo acabou. Agora ganha-se dinheiro em Ada por hora, nas fábricas, moinhos de ração e plantações de pecãs.

O centro de Ada é bastante movimentado. Não há prédios vazios ou fechados com tábuas na Main Street, a rua principal. Os comerciantes sobrevivem, embora grande parte de suas vendas tenha sido transferida para as lojas na periferia da cidade. Os cafés ficam lotados na hora do almoço.

O prédio do tribunal do condado de Pontotoc é velho e apertado, fervilhando com advogados e seus clientes. Há ao redor a miscelânea habitual de prédios públicos e escritórios de advocacia. A cadeia sem janelas, mais parecendo um abrigo antiaéreo, foi construída, por algum motivo remoto, no gramado na frente do tribunal. O flagelo da metanfetamina a mantém sempre lotada.

A rua principal acaba no campus da East Central University, que tem quatro mil alunos. Muitos não residem em seus dormitórios. A universidade bombeia vida na comunidade, com um suprimento renovado de jovens e um corpo docente que acrescenta alguma diversidade à região sudeste de Oklahoma.

Poucas coisas escapam à atenção do *Ada Evening News*, um vibrante jornal diário que cobre a região e se empenha ao máximo para competir com o *Oklahoman*, o maior jornal do estado. De um modo geral, apresenta na primeira página as notícias internacionais e nacionais, depois as estaduais e regionais, em seguida os itens importantes, como esportes nas escolas secundárias, política local, eventos comunitários e obituários.

Os habitantes de Ada e do condado de Pontotoc são uma mistura agradável de sulistas interioranos e de representantes típicos da independência do Oeste americano. O sotaque poderia ser do leste do Texas ou de Arkansas, com suas vogais alongadas. Território dos índios chickasaws, Oklahoma tem mais nativos americanos do que qualquer outro estado; e depois de 100 anos de miscigenação, muitos brancos têm sangue indígena. O estigma desaparece depressa; na verdade, há agora um orgulho por essa herança.

O chamado Cinturão da Bíblia passa por Ada. A cidade tem 50 igrejas de uma dúzia de denominações do cristianismo, todas muito ativas, não só aos domingos. Há uma igreja católica, outra episcopal, mas nenhuma sinagoga. Quase todas as pessoas são cristãs, ou alegam ser; pertencer a uma igreja é a atitude esperada. A posição social de uma pessoa é em geral determinada por sua filiação religiosa.

Com 16 mil habitantes, Ada é considerada grande para os padrões da região rural de Oklahoma, o que atrai fábricas e grandes redes de varejo. Os trabalhadores e compradores podem vir de carro de vários condados vizinhos. A cidade fica 130 quilômetros ao sul e a leste de Oklahoma City e a três horas de carro do norte de Dallas. Todo mundo conhece alguém que mora ou trabalha no Texas.

A maior fonte de orgulho local são os leilões de cavalos quarto-de-milha. Alguns dos melhores cavalos dessa raça são criados pelos rancheiros de Ada. E quando o Cougars, o time de futebol dos secundaristas, ganha um torneio estadual, a cidade se pavoneia por anos.

É um lugar hospitaleiro, com pessoas que gostam de conversar e não hesitam em falar com estranhos, sempre ansiosas por ajudar alguém em necessidade. As crianças brincam nos gramados sombreados na frente das casas. As portas permanecem abertas durante o dia. Os adolescentes circulam pela cidade à noite sem causarem maiores problemas.

Se não fosse por dois crimes que ganharam notoriedade no início dos anos 1980, Ada continuaria desconhecida pelo mundo. O que teria sido melhor para a boa gente do condado de Pontotoc.

Como se estabelecido por algum decreto municipal não-escrito, quase todos os bares e boates de Ada ficavam na periferia, banidos para as beiras da estrada, a fim de manter a ralé e suas mazelas longe das pessoas de bem. O Coachlight era uma dessas casas noturnas, um lugar cavernoso com má iluminação, cerveja barata, junkeboxes, uma banda nos fins de semana, uma pista de dança e um amplo estacionamento de cascalho onde picapes empoeiradas eram muito mais numerosas do que os sedãs. Seus freqüentadores regulares eram o que se poderia esperar: operários de fábrica querendo beber um pouco antes de voltar para casa, homens do campo em busca de diversão, jovens que gostavam da noite e o pessoal festeiro que vinha para ouvir música ao vivo. Vince Gill e Randy Travis tocaram ali no início de suas carreiras.

Era um lugar popular e movimentado que empregava muitos bartenders, leões-de-chácara e garçonetes, gente que precisava de um bico. Uma das garçonetes era Debbie Carter, uma garota local de 21 anos, que se formara na Ada High School poucos anos antes e aproveitava sua vida de solteira. Debbie tinha dois outros empregos, que também não eram fixos, e ainda ganhava algum dinheiro como babysitter. Tinha seu carro e morava sozinha num apartamento de três cômodos em cima de uma garagem na Eighth Street, perto da universidade. Era bonita, cabelos escuros, esguia, atlética, bastante popular entre os homens e muito independente.

A mãe, Peggy Stillwell, preocupava-se pelo fato de a filha passar tempo demais no Coachlight e em outras casas noturnas. Não criara a filha para levar esse tipo de vida; na verdade, Debbie fora criada na igreja. Depois de concluir o ensino médio, no entanto, passara a freqüentar festas e voltar para casa de madrugada. Peggy protestava e as duas brigavam de vez em quando por causa do novo estilo de vida. Debbie decidiu ter sua independência. Arrumou um apartamento e saiu de casa, mas continuou muito ligada à mãe.

Na noite de 7 de dezembro de 1982, Debbie trabalhava no Coachlight, servindo bebidas e atenta ao relógio. Era uma noite de pouco movimento e ela perguntou ao seu chefe se podia deixar o serviço para ficar com alguns amigos. Ele concordou. Debbie foi sentar à mesa em que estavam Gina Vietta, uma amiga de ensino médio, e outras pessoas. Outro amigo da escola, Glen Gore, aproximou-se e convidou-a para dançar. Debbie aceitou. Mas parou subitamente, no meio da música, furiosa, e deixou Gore sozinho na pista de dança. Mais tarde, no banheiro, ela disse que se sentiria mais segura se uma das amigas passasse a noite em seu apartamento. Mas não explicou o que a preocupava.

O Coachlight fechou cedo, por volta da meia-noite e meia. Gina Vietta convidou vários do grupo a tomarem outro drinque em seu apartamento. A maioria aceitou. Debbie, no entanto, disse que se sentia cansada e com fome, preferia ir para casa. Eles partiram, sem qualquer pressa.

Várias pessoas viram Debbie conversando no estacionamento com Glen Gore, enquanto o Coachlight fechava. Tommy Glover conhecia Debbie muito bem, porque trabalhava com ela numa vidraria local. Também conhecia Gore. Ao embarcar em sua picape para ir embora, viu Debbie abrir a porta do lado do motorista de seu carro. Gore surgiu do nada. Conversaram por alguns segundos, até que Debbie empurrou-o.

Mike e Terri Carpenter trabalhavam no Coachlight, ele como segurança, ela como garçonete. Passaram pelo carro de Debbie ao saírem. Ela estava sentada ao volante, conversando com Glen Gore, que estava de pé ao lado da porta. Os Carpenter acenaram em despedida e seguiram para seu carro. Um mês antes, Debbie dissera a Mike que tinha medo de Gore por causa de seu temperamento estourado.

Toni Ramsey trabalhava no Coachlight como engraxate. A indústria do petróleo ainda era próspera em Oklahoma no ano de 1982 e se usava muitas botas caras na área de Ada. Alguém tinha de engraxá-las, e Toni ganhava um dinheiro muito necessário com esse trabalho. Ela também conhecia Gore. Ao sair naquela noite, ela avistou Debbie sentada ao volante de seu carro. Gore estava no lado do passageiro, fora do carro, agachado junto da porta aberta. Conversavam aparentemente de maneira civilizada. A impressão era de que não havia nada errado.

Gore, que não tinha carro, viera para o Coachlight de carona com um conhecido, Ron West. Chegaram ali por volta das onze e meia da noite. West pediu cerveja e se sentou para relaxar, enquanto Gore dava uma volta. Parecia conhecer todo mundo. Quando anunciaram que o bar iria fechar, West foi perguntar a Gore se ainda queria uma carona. Gore respondeu que sim. West saiu para o estacionamento e ficou esperando. Poucos minutos depois, Gore apareceu, apressado, e entrou no carro.

Os dois estavam com fome. Foram para um café no centro, chamado Waffler, onde pediram um lanche rápido. West pagou, assim como também pagara as cervejas no Coachlight. Ele começara a noite no Harold's, outra casa noturna, onde fora procurar alguns colegas de trabalho. Em vez disso, topara com Gore, que trabalhava ali ocasionalmente como barman e discjockey. Os dois mal se conheciam. Mas quando Gore pediu uma carona até o Coachlight, West não pôde negar.

West tinha um casamento feliz, com duas filhas pequenas, e não costumava ficar em bares até tarde da noite. Queria ir para casa, mas sentia-se preso a Gore, que se tornava mais dispendioso a cada hora que passava. Quando deixaram o café, West perguntou ao carona para onde queria ir. Para a casa de sua mãe, respondeu Gore, na Oak Street, alguns quarteirões para o norte. West conhecia bem a cidade e seguiu para a rua indicada. Mas antes de chegarem à Oak Street, Gore mudou de idéia de repente. Depois de circular com West por várias horas, Gore queria conversar. Fazia frio e a temperatura continuava a cair, com um vento forte soprando. Uma frente fria se aproximava.

Pararam perto da igreja batista da Oak Avenue, não muito longe do lugar em que Gore dissera que a mãe morava. Ele saltou, agradeceu por tudo e começou a se afastar, seguindo para oeste.

A igreja batista de Oak Avenue ficava a cerca de um quilômetro e meio do apartamento de Debbie Carter.

A mãe de Gore, na verdade, morava do outro lado da cidade, bem longe da igreja.

Por volta de duas e meia da madrugada, Gina Vietta estava em seu apartamento, com alguns amigos, quando recebeu dois telefonemas estranhos, ambos de Debbie Carter. No primeiro, Debbie pediu a Gina que fosse buscá-la de carro porque alguém, uma visita desagradável, estava em seu apartamento. Gina perguntou quem era. A conversa foi interrompida por vozes abafadas e os sons de uma luta pela posse do telefone. Gina ficou preocupada, com toda a razão. Achou o pedido muito esquisito. Afinal, Debbie tinha seu carro, um Oldsmobile 1975, e podia ir para qualquer lugar sem ter de pedir ajuda. Quando Gina se preparava para deixar seu apartamento às pressas, o telefone tornou a tocar. Era Debbie, dizendo que mudara de idéia, que tudo estava bem, que ela não precisava se incomodar. Gina perguntou de novo quem era a visita, mas Debbie mudou de assunto, sem dar o nome. Pediu a Gina que ligasse pela manhã, para acordá-la, pois não queria chegar atrasada ao trabalho. Era um pedido estranho, que Debbie nunca fizera antes.

Gina pensou em ir até lá de qualquer maneira, mas logo mudou de idéia. Tinha convidados em seu apartamento. Era muito tarde. Debbie Carter podia cuidar de si mesma; e se tinha um homem em seu apartamento, Gina não queria se intrometer. Gina foi deitar. Esqueceu de ligar para Debbie poucas horas depois.

Por volta de 11 horas da manhã de 8 de dezembro, Donna Johnson apareceu no apartamento de Debbie para visitá-la. As duas haviam sido grandes amigas na escola, antes de Donna mudar-se para Shawnee, a uma hora de distância. Viera passar o dia em Ada com os pais e queria rever as antigas amigas. Ao subir a estreita escada externa para o apartamento de Debbie em cima da garagem, ela precisou tomar cuidado, pois descobriu que pisava em cacos de vidro. A pequena janela na porta fora quebrada. Por alguma razão, seu primeiro pensamento foi o de que Debbie trancara a porta com as chaves lá dentro e tivera de quebrar o vidro para entrar. Donna bateu na porta. Não houve resposta. Ouviu um rádio ligado no apartamento. Ao virar a maçaneta, constatou que a porta não estava trancada. Assim que entrou, compreendeu que havia alguma coisa errada.

A pequena sala estava um caos: as almofadas do sofá jogadas no chão, roupas espalhadas por toda parte. Alguém escrevera na parede à direita, com algum líquido avermelhado: "Jim Smith, o próximo a morrer."

Donna gritou o nome de Debbie. Não houve resposta. Já estivera no apartamento antes, por isso seguiu direto para o quarto, ainda chamando a amiga. A cama fora arrastada para um lado, as cobertas, arrancadas. Ela viu um pé e depois, no outro lado da cama, o corpo de Debbie, estendida no chão, de barriga para baixo, nua, ensangüentada, com alguma coisa escrita nas costas.

Donna ficou imóvel, paralisada pelo horror, incapaz de se aproximar. Limitou-se a olhar para a amiga, na expectativa de perceber sua respiração. Talvez fosse apenas um sonho, pensou.

Ela recuou e foi para a cozinha. Ali, numa pequena mesa branca, Donna viu mais palavras escritas, deixadas pelo assassino. O homem ainda podia estar ali, ocorreu-lhe de repente. Então ela saiu correndo do apartamento e voltou para o carro. Dirigiu acelerado pela rua até uma loja de conveniência, onde ligou para a mãe de Debbie de um telefone público.

Peggy Stillwell ouviu a notícia, mas não pôde acreditar. A filha caída no chão de seu quarto, nua, ensangüentada, sem se mexer. Ela fez Donna repetir o que acabara de dizer, depois saiu correndo para seu carro. A bateria estava descarregada. Atordoada pelo medo, ela tornou a entrar. Ligou para Charlie Carter, o pai de Debbie e seu ex-marido. O divórcio, poucos anos antes, não fora amigável e os dois quase nunca se falavam.

Ninguém atendeu na casa de Charlie Carter. Peggy ligou para Carol Edwards, uma amiga que morava perto do apartamento de Debbie, do outro lado da rua. Disse que havia alguma coisa errada e pediu a Carol para verificar o que acontecera com Debbie. Peggy esperou e esperou. Finalmente ligou de novo para Charlie, que agora atendeu.

Carol Edwards atravessou correndo a rua até o apartamento, notou os cacos de vidro na escada externa, a porta da frente aberta. Entrou e viu o corpo.

Charlie Carter era um pedreiro musculoso, que de vez em quando trabalhava como segurança no Coachlight. Pegou sua picape e correu para o apartamento da filha. Durante o percurso, pensou nas possibilidades mais horríveis que podiam passar pela cabeça de um pai. A cena no apartamento era pior do que tudo que imaginara.

Quando viu o corpo, chamou o nome da filha, duas vezes. Ajoelhou-se ao lado, ergueu o ombro de Debbie, gentilmente, para ver o rosto. Ela tinha uma toalhinha ensangüentada enfiada na boca. Ele tinha certeza de que a filha estava morta, mas esperou mesmo assim, na esperança de ver algum sinal de vida. Como não houvesse nenhum, ele se ergueu lentamente e olhou ao redor. A cama fora afastada da parede, as cobertas arrancadas, o quarto estava todo em desordem. Era evidente que ocorrera uma luta ali. Charlie foi até a sala, viu as palavras escritas na parede. Foi até a cozinha. Era uma cena de crime agora. Charlie enfiou as mãos nos bolsos e deixou o apartamento.

Donna Johnson e Carol Edwards estavam no patamar da escada, junto da porta da frente, chorando e esperando. Ouviram Charlie despedir-se da filha, dizer como lamentava o que lhe acontecera. Ao passar pela porta, cambaleando, ele também chorava.

— Devo chamar uma ambulância? — perguntou Donna.

— Não — respondeu Charlie. — A ambulância não vai mais adiantar. Chame a polícia.

Os dois paramédicos chegaram primeiro. Subiram a escada correndo e entraram no apartamento. Segundos depois, um deles saiu para o patamar, vomitando.

Quando o detetive Dennis Smith chegou ao apartamento, a rua já estava bastante movimentada, com vários guardas, paramédicos, curiosos e até mesmo dois promotores locais. Quando confirmou que era um caso de homicídio, ele tratou de isolar a área, impedindo o acesso dos vizinhos.

Capitão e policial veterano com 17 anos de serviços no departamento de polícia local, Smith sabia o que fazer. Mandou que todos deixassem o apartamento, onde só ficaram ele e outro detetive. Determinou que alguns guardas circulassem pela vizinhança, batendo em portas, à procura de testemunhas. Smith sentia-se revoltado e tinha de fazer um esforço para controlar suas emoções. Conhecia Debbie; sua filha e a irmã mais moça de Debbie eram amigas. Conhecia Charlie Carter e Peggy Stillwell. Não podia acreditar que era a filha deles que estava morta no chão de seu próprio quarto. Depois que a cena do crime foi isolada, ele começou a examinar o apartamento.

Os cacos no patamar e nos degraus vinham de um vidro quebrado na porta da frente. Os cacos haviam caído nos dois lados da porta. Na sala, havia um sofá à esquerda, com as almofadas espalhadas ao redor. Na frente do sofá, ele encontrou uma camisola de flanela nova, com a etiqueta da Wal-Mart ainda presa. Examinou a mensagem na parede do outro lado da sala e percebeu no mesmo instante que fora escrita com esmalte de unha: "Jim Smith, o próximo a morrer."

Ele conhecia Jim Smith.

Na cozinha, numa mesa quadrada pequena, encontrou outra mensagem, aparentemente escrita com ketchup: "Não procurem a genti, ou sinão." No chão, ao lado da mesa, havia uma jeans e um par de botas. Descobriria em breve que Debbie usara-as na noite anterior, no Coachlight.

Foi para o quarto, onde a cama bloqueava parcialmente a porta. As janelas estavam abertas, as cortinas puxadas para trás. Fazia bastante frio ali. Uma luta intensa precedera a morte; havia roupas, lençóis, cobertas e bichos de pelúcia espalhados por toda parte. Nada parecia estar em seu lugar. Quando se ajoelhou ao lado do corpo de Debbie, o detetive Smith encontrou a terceira mensagem deixada pelo assassino. Em suas costas, com o que parecia ser ketchup seco, escreveram "Duke Gram".

Ele conhecia Duke Graham.

Por baixo do corpo, havia um fio elétrico e um cinto estilo country, com uma enorme fivela prateada, o nome "Debbie" gravado no centro.

Enquanto Mike Kieswetter, também da polícia de Ada, fotografava a cena do crime, Smith começou a recolher as evidências. Encontrou cabelos no corpo, no chão, na cama, nos bichos de pelúcia. Metódico, pegou cada fio e pôs numa folha de papel dobrada, registrando onde fora encontrado.

Removeu com todo o cuidado, etiquetou e guardou em sacos de plástico os lençóis, fronhas, cobertas, o fio elétrico e o cinto, uma calcinha rasgada largada no chão do banheiro, alguns bichos de pelúcia, um maço de cigarros Marlboro, uma lata vazia de 7-Up, um recipiente de plástico de xampu, guimbas de cigarro, um copo da cozinha, o telefone e alguns cabelos encontrados debaixo do corpo. Enrolado num lençol, perto de Debbie, havia um vidro de ketchup Del Monte. Também foi devidamente embalado e etiquetado, para ser examinado pelo laboratório de criminalística do estado. A tampa havia desaparecido, mas seria encontrada mais tarde pelo médico-legista.

Quando terminou de recolher as evidências, o detetive Smith passou a verificar as impressões digitais. Passou o pó nos dois lados da porta da frente, nas esquadrias das janelas, em todas as superfícies de madeira do quarto, na mesa da cozinha, nos cacos de vidro maiores, no telefone, nas áreas de remate em torno das portas e janelas, até mesmo no carro de Debbie, estacionado lá fora.

Gary Rogers era um agente do OSBI, o Bureau de Investigação do Estado de Oklahoma, que vivia em Ada. Quando chegou ao apartamento, por volta de meio-dia e meia, recebeu um relato de tudo por Dennis Smith. Os dois eram amigos e haviam trabalhado juntos em muitos casos de homicídio.

No quarto, Rogers notou o que parecia ser uma pequena mancha de sangue na parede do lado sul, pouco acima do rodapé, próximo de uma tomada. Mais tarde, depois que o corpo foi removido, ele pediu ao guarda Rick Carson para cortar um pedaço de 25 centímetros quadrados do revestimento de gesso da parede, a fim de preservar aquela marca de sangue.

Dennis Smith e Gary Rogers suspeitaram inicialmente que havia mais de um assassino. O caos na cena do crime, a ausência de marcas de cordas nos tornozelos e pulsos de Debbie, o traumatismo craniano, a toalhinha enfiada na boca, as equimoses nos flancos e braços, o uso provável do fio e do cinto... tudo parecia violência demais para um único assassino. Debbie não era pequena. Tinha 1,73m de altura e pesava 59 quilos. Era vigorosa e com certeza teria lutado bravamente para salvar sua vida.

O Dr. Larry Cartmell, o legista local, chegou para um exame preliminar. Sua opinião inicial foi de que a causa da morte fora estrangulamento. Autorizou a remoção do corpo, a ser feita por Tom Criswell, proprietário da agência funerária local. Foi levado num carro fúnebre para o necrotério de Oklahoma City, onde chegou às 18h25, sendo guardado numa unidade refrigerada.

O detetive Smith e o agente Rogers foram para a delegacia de Ada. Passaram algum tempo com a família de Debbie Carter. Ao mesmo tempo que tentavam confortá-los, também anotavam nomes. Amigos, namorados, colegas de trabalho, inimizades, ex-patrões, qualquer um que conhecesse Debbie e pudesse saber alguma coisa sobre sua morte. À medida que a relação aumentava, Smith e Rogers começaram a contatar os homens da lista. O pedido era simples: Por favor, compareça à delegacia para tirarmos suas impressões digitais e recolhermos amostras de saliva e de fios de cabelo da cabeça e pubianos.

Ninguém recusou. Mike Carpenter, o segurança do Coachlight que vira Debbie no estacionamento com Glen Gore, por volta de meia-noite e meia, foi um dos primeiros a atender ao pedido dos policiais. Tommy Glover, outra testemunha do encontro de Debbie com Gore, também não hesitou em se apresentar.

Por volta das sete e meia da noite de 8 de dezembro, Glen Gore apareceu no Harold's Club para mais um dia de trabalho como DJ e barman. A casa estava quase vazia. Quando ele perguntou por quê, alguém lhe falou sobre o assassinato. Muitos clientes e até alguns empregados do Harold's haviam ido à delegacia para responder a algumas perguntas e tirar as impressões digitais.

Gore também compareceu à delegacia. Foi interrogado por Gary Rogers e o policial D. W. Barrett. Disse que conhecia Debbie desde os tempos de colégio e que a vira no Coachlight na noite anterior.

O relatório policial do depoimento de Gore dizia o seguinte:

Glen Gore trabalha no Harold's como discjockey. Susie Johnson informou-o sobre Debbie no Harold's Club por volta de sete e meia da noite de 8-12-82. Glen foi colega de escola de Debbie. Viu-a na segunda-feira, 6 de dezembro, no Harold's Club. Viu-a também no Coachlight em 7-12-82. Conversaram sobre a pintura do carro de Debbie. Nunca comentou com Glen que tivesse problemas com alguém. Glen foi para o Coachlight por volta de dez e meia da noite, com Ron West. Saiu com Ron por volta de uma e quinze da madrugada. Glen nunca esteve no apartamento de Debbie.

O relatório foi feito por D. W. Barrett, com o testemunho de Gary Rogers, e arquivado com dezenas de outros.

Gore mudaria sua história posteriormente. Alegaria que vira um homem chamado Ron Williamson assediar Debbie no Coachlight, na noite de 7 de dezembro. Essa nova versão não seria confirmada por ninguém. Muitos dos presentes conheciam Ron Williamson, que se destacava por beber muito e falar demais. Ninguém se lembrava de tê-lo visto no Coachlight; ao contrário, a maioria dos interrogados declarou enfaticamente que ele não aparecera por lá naquela noite.

Quando Ron Williamson estava num bar, todos tomavam conhecimento de sua presença.

Por mais estranho que possa parecer, em meio à coleta geral de impressões digitais e de amostras de saliva e cabelos, naquele dia 8 de dezembro, Gore conseguiu escapulir. Ou ele se esquivou ou foi ignorado, ou simplesmente negligenciado. Qualquer que tenha sido o motivo, não tiraram suas impressões digitais nem recolheram amostras de saliva e dos cabelos.

Mais de três anos e meio transcorreriam antes que a polícia de Ada finalmente recolhesse amostras de Gore, a última pessoa que foi vista com Debbie Carter antes dela ser assassinada.

Às três horas da tarde seguinte, 9 de dezembro, o Dr. Fred Jordan, médico-legista e patologista forense, efetuou a autópsia. Estavam presentes o agente Gary Rogers e Jerry Peters, também do OSBI.

O Dr. Jordan, veterano de milhares de autópsias, observou primeiro que era o corpo de uma mulher jovem, branca, nua, exceto pelas meias brancas. A rigidez cadavérica era completa, o que significava que estava morta há pelo menos 24 horas. Em seu peito, escrita com o que parecia ser esmalte de unha vermelho, destacava-se a palavra "morra". Outra substância vermelha, provavelmente ketchup, fora espalhada pelo corpo. Nas costas, apareciam as palavras "Duke Gram" escritas com ketchup.

Havia várias equimoses pequenas nos braços, peito e rosto. Ele notou pequenos cortes nos lábios. Enfiada até o fundo da garganta e projetando-se pela boca, havia uma toalhinha esverdeada, encharcada de sangue, que ele removeu com cuidado. Havia esfoladuras e escoriações em volta do pescoço, formando um semicírculo. A vagina estava machucada. O reto, bastante dilatado. Ao examiná-lo, o Dr. Jordan encontrou e removeu uma tampinha de garrafa, do tipo de atarraxar.

O exame interno não revelou nada inesperado: falência dos pulmões, coração dilatado, pequenas contusões no couro cabeludo, mas sem lesões cerebrais.

Todos os ferimentos haviam sido infligidos enquanto ela ainda estava viva.

Não havia indicação de que ela fora amarrada nos pulsos ou tornozelos. Uma série de pequenos machucados nos antebraços eram provavelmente ferimentos causados durante a tentativa de se defender. O conteúdo de álcool no sangue por ocasião da morte era baixo, 0,04. Foram tiradas amostras da boca, vagina e ânus. Exames microscópicos revelariam mais tarde a presença de esperma na vagina e no ânus, mas não na boca.

Para preservar as evidências, o Dr. Jordan cortou as unhas de Debbie, raspou amostras do ketchup e do esmalte de unha. Também cortou uma porção dos cabelos de sua cabeça.

A causa da morte era asfixia, provocada pela combinação da toalhinha enfiada na boca e de estrangulamento com o fio elétrico ou o cinto.

Assim que o Dr. Jordan concluiu a autópsia, Jerry Peters fotografou o corpo e tirou as impressões digitais e palmares.

Peggy Stillwell estava transtornada, a ponto de não conseguir pensar direito nem tomar decisões. Não se importava com quem planejava o funeral nem o que era decidido, porque não tinha a menor intenção de comparecer. Não era capaz de comer ou tomar banho. Não podia aceitar o fato de que a filha morrera. Uma irmã, Glenna Lucas, ficou com ela. Pouco a pouco, assumiu o controle da situação. Os serviços fúnebres foram organizados e Peggy foi comunicada de que todos esperavam sua presença.

No sábado, 11 de dezembro, foi realizado o funeral de Debbie na capela da Agência Funerária Criswell. Glenna deu banho em Peggy e a vestiu, levou-a de carro para o funeral e segurou sua mão durante toda a provação.

Na região rural de Oklahoma, quase todos os funerais são realizados com o caixão aberto, colocado logo abaixo do púlpito, para que a pessoa falecida fique à vista dos presentes. Não há razões claras para isso ou estão esquecidas, mas o efeito é acrescentar uma camada de agonia a quem já está sofrendo.

Com o caixão aberto, ficou evidente para todos que Debbie fora agredida. O rosto tinha várias equimoses e inchações. Uma blusa rendada de gola alta escondia os ferimentos do estrangulamento. Ela foi sepultada com sua jeans predileta e de botas, com um cinto de caubói de fivelão. Tinha no dedo o anel de diamantes em forma de ferradura que a mãe já havia comprado para o Natal.

O reverendo Rick Summers conduziu o serviço, com a capela lotada. Depois, com a neve caindo suavemente, Debbie foi enterrada no Cemitério Rosedale. Deixava o pai, a mãe, duas irmãs, dois dos quatro avós e dois sobrinhos. Pertencia a uma pequena igreja batista, onde fora batizada aos seis anos de idade.

O crime abalou a cidade, muito embora já tivesse uma longa história de violência e homicídios, cujas vítimas eram em geral vaqueiros e andarilhos, pessoas que provavelmente acabariam matando alguém se não tivessem recebido uma bala antes. Mas o brutal estupro e assassinato de uma jovem era assustador. A cidade vibrava de fofocas, especulações e medo. Janelas e portas passaram a ser trancadas à noite. Foi imposto um toque de recolher rigoroso para adolescentes. As jovens mães mantinham-se próximas dos filhos pequenos que brincavam na frente das casas.

E nos bares e boates quase que não se falava de outra coisa. Como Debbie servia bebidas, muitos dos freqüentadores habituais a conheciam. Ela tivera a sua cota de namorados, e a polícia interrogou-os nos dias subseqüentes ao assassinato. Nomes foram indicados, mais amigos, mais conhecidos, mais namorados. Dezenas de interrogatórios produziram mais nomes, mas nenhum suspeito real. Debbie era muito popular, apreciada e sociável. Era difícil acreditar que alguém pudesse querer lhe fazer algum mal.

A polícia fez uma lista de 23 pessoas que estavam no Coachlight na noite de 7 de dezembro e interrogou a maioria. Ninguém se lembrava de ter visto Ron Williamson, embora quase todos o conhecessem.

Informações, histórias e recordações de personagens estranhos chegaram à polícia. Uma jovem chamada Angelia Nail procurou Dennis Smith para falar de um encontro com Glen Gore. Ela e Debbie Carter haviam sido grandes amigas. Debbie ficara convencida de que Gore roubara os limpadores de pára-brisa de seu carro. O que se tornara uma longa disputa. Ela conhecia Gore desde os tempos de colégio e tinha medo dele. Cerca de uma semana antes do crime, Angelia levara Debbie até a casa em que Gore vivia para uma confrontação. Debbie desaparecera dentro da casa para conversar com Gore. Ao voltar para o carro, estava furiosa e ainda mais convencida de que fora mesmo ele quem roubara os limpadores de pára-brisa. Foram até a delegacia e conversaram com um guarda, mas a ocorrência não foi registrada.

Duke Graham e Jim Smith eram bem conhecidos da polícia de Ada. Graham e a esposa, Johnnie, tinham um nightclub, um lugar bastante sossegado, onde não toleravam confusões. As altercações eram raras, mas houve uma muito feia com Jim Smith, arruaceiro e criminoso de pequenos delitos. Smith tomara um porre e causara problemas, mas se recusara a ir embora. Duke pegara uma espingarda e o expulsara. Houve troca de ameaças e por alguns dias a situação permanecera tensa. Smith era do tipo que podia voltar com uma espingarda e começar a atirar.

Glen Gore era um freqüentador habitual do Duke's, até que começou a flertar com Johnnie. Quando ficou agressivo demais, ela o repeliu. Duke interferiu e Gore foi proibido de entrar na casa.

Quem matou Debbie Carter tentou, de forma inepta, atribuir o crime a Duke Graham e assustar Jim Smith. Na ocasião, Smith cumpria uma pena na penitenciária estadual. Duke Graham procurou a polícia e apresentou um álibi incontestável.

A família de Debbie foi informada de que o apartamento alugado precisava ser desocupado. A mãe ainda estava atordoada. A tia, Glenna Lucas, ofereceu-se para a desagradável tarefa.

Um policial destrancou a porta e Glenna entrou, hesitante. Nada fora removido desde o crime, e sua primeira reação foi de raiva. Era evidente que ocorrera uma briga ali. A sobrinha lutara desesperadamente para salvar sua vida. Como alguém podia infligir tanta violência a uma moça tão meiga e bonita?

O apartamento estava frio, com um cheiro repulsivo que ela não foi capaz de identificar. As palavras "Jim Smith, o próximo a morrer" ainda estavam na parede. Glenna ficou olhando aturdida para a mensagem garatujada pelo assassino. Levou tempo, pensou ela. O homem passou bastante tempo no apartamento. A sobrinha morreu depois de muito sofrimento. No quarto, o colchão fora encostado numa parede e tudo estava fora do lugar. No closet, não havia um único vestido ou blusa ainda no cabide. Por que o assassino se dera ao trabalho de tirar todas as roupas dos cabides?

A pequena cozinha estava desarrumada, mas não apresentava sinais de luta. A última refeição de Debbie foi de batatas congeladas, e as sobras estavam intactas num prato de papel, com ketchup. Havia um saleiro ao lado do prato, que estava na mesinha branca que Debbie usava para fazer suas refeições. Outra mensagem mal escrita se destacava perto do prato: "Não procurem a genti, ou sinão." Glenna sabia que o assassino usara ketchup para escrever algumas de suas mensagens. Ficou impressionada com a grafia errada.

Glenna tentou bloquear os pensamentos terríveis e começou a empacotar as coisas de Debbie. Levou duas horas para arrumar roupas, louça, talheres, toalhas e outros itens. A colcha ensangüentada não fora levada pela polícia. Ainda havia sangue no chão.

Glenna não planejava limpar o apartamento. Queria apenas recolher os pertences de Debbie e sair dali o mais depressa possível. Mas era estranho deixar as palavras escritas pelo assassino com o esmalte de unha de Debbie. E não era muito certo deixar as manchas de sangue no chão para outra pessoa limpar.

Ela pensou em esfregar tudo, cada centímetro do apartamento, remover todo e qualquer vestígio do crime. Mas Glenna já vira o suficiente. Chegara mais perto da morte do que gostaria.

A detenção dos suspeitos habituais continuou nos dias subseqüentes ao assassinato. Um total de 21 homens deu suas impressões digitais e amostras de cabelos e saliva. No dia 16 de dezembro, o detetive Smith e o agente Rogers seguiram de carro para o laboratório de criminalística em Oklahoma City. Entregaram as evidências encontradas no local do crime, junto com as amostras recolhidas de 17 homens.

O pedaço do revestimento da parede com a mancha de sangue era a pista mais promissora. Se o sangue fora deixado na parede durante a luta e o assassinato, e se não fosse de Debbie Carter, então a polícia teria uma pista concreta para levá-la ao assassino. O agente Jerry Peters examinou a impressão palmar no pedaço de gesso e comparou com as impressões que tirara de Debbie durante a autópsia. Sua primeira suspeita foi de que a impressão não era de Debbie Carter, mas queria rever sua análise.

No dia 4 de janeiro de 1983, Dennis Smith apresentou mais impressões digitais. No mesmo dia, as amostras de cabelos de Debbie Carter e outras da cena do crime foram entregues a Susan Land, uma perita em cabelos do OSBI. Duas horas depois, mais amostras da cena do crime chegaram à sua mesa. Todas as amostras foram catalogadas, acrescentadas a outras, postas numa longa fila para serem um dia examinadas e analisadas por Land, que tinha excesso de trabalho e lutava contra o acúmulo de casos. Como a maioria dos laboratórios de criminalística, o de Oklahoma tinha deficiência de recursos e de pessoal, ao mesmo tempo que era submetido a uma tremenda pressão para esclarecer os crimes.

Enquanto esperavam pelos resultados dos exames no OSBI, Smith e Rogers seguiram em frente, procurando pistas. O crime ainda era a notícia mais comentada na cidade e as pessoas queriam que fosse logo esclarecido. Mas depois de conversar com todos os bartenders, seguranças, namorados e freqüentadores da noite, a investigação entrava num beco sem saída. Não havia qualquer suspeito evidente, nenhuma pista óbvia.

No dia 7 de março de 1983, Gary Rogers interrogou Robert Gene Deatherage, um morador local. Deatherage acabara de cumprir uma pena curta na cadeia do condado de Pontotoc por dirigir embriagado. Partilhara uma cela com Ron Williamson, também preso por dirigir embriagado. Todos na cadeia falavam sobre o assassinato de Debbie Carter e havia muitas teorias escalafobéticas sobre o que acontecera, e todo mundo alegava ter uma informação sigilosa. Os companheiros de cela conversaram a respeito em várias ocasiões, e Deatherage achava que o assunto incomodava Williamson. Discutiram algumas vezes e até trocaram socos. Williamson acabou sendo transferido para outra cela. Deatherage desenvolvera uma opinião vaga de que Ron estava envolvido no crime de alguma forma. Sugeriu a Gary Rogers que a polícia devia se concentrar em Williamson como suspeito.

Era a primeira vez que o nome de Ron Williamson foi mencionado na investigação.

Dois dias depois, a polícia interrogou Noel Clement, um dos primeiros homens a oferecer voluntariamente impressões digitais e amostras dos cabelos. Clement contou que Ron Williamson estivera há pouco tempo em seu apartamento, supostamente à procura de alguém. Williamson entrara sem bater, pegara um violão numa cadeira e começara a falar sobre o assassinato de Debbie Carter. Durante a conversa, Williamson tinha dito que achava que estavam atrás dele porque vira carros da polícia em sua vizinhança na manhã seguinte ao crime. Comentara que tivera problemas em Tulsa e queria evitar outros em Ada.

Era inevitável que a polícia acabasse chegando a Ron Williamson. Na verdade, foi estranho que demorassem três meses para interrogá-lo. Uns poucos, inclusive Rick Carson, haviam crescido junto com ele. A maioria dos policiais ainda se lembrava de Ron do tempo em que ele jogava beisebol no ensino médio. Em 1983, ele ainda era o novo jogador mais cotado que a cidade já produzira. Ao ser contratado pelo Oakland A's, em 1971, muitos acreditavam, inclusive o próprio Williamson, que ele poderia se tornar o próximo Mickey Mantle, o maior astro do beisebol nascido no estado.

Mas o beisebol há muito que pertencia ao passado. Agora, a polícia conhecia-o como um violonista desempregado que morava com a mãe, bebia demais e se comportava de uma maneira estranha.

Tinha dois processos por dirigir embriagado, uma detenção por perturbar a ordem pública e uma péssima reputação trazida de Tulsa.

CAPÍTULO 2

Ron Williamson nasceu em Ada, a 3 de fevereiro de 1953, o único filho homem e caçula de Juanita e Roy Williamson. Roy trabalhava como vendedor de porta em porta da Rawleigh, uma empresa de produtos para a casa. Era uma presença conhecida em Ada, caminhando pelas calçadas de paletó e gravata, com a mala pesada de amostras de suplementos alimentares, condimentos e produtos para a cozinha. Sempre tinha o bolso cheio de balas para as crianças, que o aguardavam com a maior ansiedade. Era uma maneira difícil de ganhar a vida, fisicamente extenuante, com longas horas de trabalho burocrático à noite. As comissões eram modestas. Pouco depois do nascimento de Ronnie, Juanita arrumara um emprego no hospital local.

Com pai e mãe trabalhando fora, Ronnie ficou sob os cuidados da irmã de 12 anos, Annette. Ela não podia se sentir mais feliz por isso. Alimentava, dava banho e brincava com o irmão, o mimava e estragava. Era como se fosse um brinquedo maravilhoso que tivera a sorte de herdar. Quando não estava na escola, Annette cuidava do irmão, arrumava a casa e preparava o jantar.

Renee, a filha do meio, tinha cinco anos quando Ron nasceu. Embora não tivesse o menor desejo de cuidar dele, logo se tornou sua companheira de brincadeiras. Annette também mandava nela. Ao crescerem um pouco, Renee e Ronnie costumavam se unir contra a irmã e guardiã.

Juanita era uma cristã devota, uma mulher decidida que sempre levava a família à igreja aos domingos e quartas-feiras, ou sempre que havia outros serviços. As crianças nunca faltavam à escola dominical, a cursos de férias sobre a Bíblia, acampamentos de verão, cultos evangélicos, eventos sociais da igreja, e até alguns casamentos e funerais. Roy era menos devoto, mas mesmo assim aderia a um estilo de vida disciplinado: freqüentava a igreja, não consumia álcool, não jogava, não praguejava, não dançava e tinha uma dedicação total à família. Era rigoroso com suas normas e não hesitava em tirar o cinto e fazer ameaças, até mesmo aplicar um ou dois golpes na bunda do único filho homem.

A família pertencia à Primeira Igreja Pentecostal Holiness, uma congregação evangélica vigorosa. Como pentecostais, acreditavam numa vida de orações fervorosas, em um relacionamento próximo e constante com Cristo, na fidelidade à igreja e a todos os aspectos de sua obra, no estudo diligente da Bíblia e no tratamento afetuoso de todos os outros membros. O culto não era para os tímidos, pois contava com uma música vibrante, sermões inflamados e a participação emocional da congregação, que muitas vezes se manifestava falando línguas estranhas, com curas repentinas ou por "imposição das mãos". Havia uma exortação para que os fiéis expressassem em voz alta qualquer emoção que o Espírito Santo estivesse gerando.

As crianças pequenas aprendiam histórias pitorescas do Antigo Testamento. Eram estimuladas a memorizar os versículos mais populares da Bíblia e exortadas a "aceitar Cristo" desde cedo: confessar os pecados, pedir ao Espírito Santo para entrar em suas vidas pela eternidade e seguir o exemplo de Cristo com um batismo público. Ronnie aceitou Cristo aos seis anos de idade. Foi batizado no Blue River, ao sul da cidade, ao final de um longo culto na primavera.

Os Williamson levavam uma vida sossegada numa pequena casa na Fourth Street, no lado leste da cidade, perto da universidade. Para relaxar, visitavam parentes nas proximidades, ocupavam-se com o trabalho na igreja e faziam piqueniques num parque estadual próximo. Tinham pouco interesse pelos esportes, mas isso mudou de forma drástica quando Ronnie descobriu o beisebol. Ele começou a jogar com os outros meninos na rua partidas improvisadas em uma dúzia de variedades, com mudanças intermináveis das regras. Desde o início, ficou evidente que tinha o braço forte e as mãos rápidas. Empunhava o bastão no lado esquerdo da base. Ficou fascinado pelo jogo desde o primeiro dia. Logo começou a pressionar o pai para lhe comprar uma luva e um bastão. O dinheiro era escasso em casa, mas Roy levou o garoto para fazer as compras. Criaram um ritual anual – uma excursão no começo de toda primavera à Haynes Hardware para a escolha de uma luva nova. Em geral, compravam a mais cara que havia na loja.

Quando não estava usando a luva, Ronnie guardava-a num canto de seu quarto, onde ergueu um santuário a Mickey Mantle, o grande jogador dos Yankees e maior astro do beisebol nascido em Oklahoma. Mantle era idolatrado pelas crianças de todo o país, mas em Oklahoma era quase como um deus. Todo garoto que jogava beisebol na liga juvenil do estado sonhava em ser o próximo Mickey, inclusive Ronnie. Ele tinha fotos e figurinhas de Mickey num quadro de cortiça no canto de seu quarto. Aos seis anos de idade, era capaz de citar todas as estatísticas de Mantle, além de muitos outros jogadores.

Quando não estava jogando na rua, Ronnie ficava na sala de sua casa, balançando o taco com toda a força de que era capaz. A casa era pequena, os móveis modestos, mas insubstituíveis; por isso, sempre que a mãe o encontrava treinando dentro de casa, quase acertando um abajur ou uma cadeira, tratava de expulsá-lo para fora. Mas ele voltava minutos depois. Para Juanita, o filho pequeno era especial. Embora um tanto mimado, não podia fazer nada de errado.

Ele era também um menino desconcertante. Podia ser doce e sensível, sem medo de demonstrar sua afeição pela mãe e irmãs, e um minuto depois se tornar agressivo e egoísta, fazendo exigências a toda a família. As oscilações de humor foram notadas quando ele ainda era pequeno, mas não foram consideradas como uma causa para um alarme maior. Ronnie era apenas uma criança difícil de vez em quando. Talvez fosse por ser o caçula numa casa cheia de mulheres que o mimavam.

Em todas as cidades pequenas há um treinador da liga juvenil que adora tanto o beisebol que está sempre à procura de novos talentos, mesmo sendo um garoto de oito anos. Em Ada, esse homem era Dewayne Sanders, treinador do Police Eagles. Ele trabalhava num posto de gasolina não muito longe da casa dos Williamson na Fourth Street. Ouviu falar do garoto Williamson e tratou de recrutá-lo para seu time.

Mesmo ainda pequeno, ficou evidente que Ronnie jogava muito bem. O que era estranho, porque o pai sabia muito pouco de beisebol. Ronnie aprendeu o que sabia nas ruas.

Nos meses de verão, o beisebol começava de manhã bem cedo, quando os garotos se reuniam e conversavam sobre o jogo dos Yankees no dia anterior. E só sobre o jogo dos Yankees. Discutiam o resultado, falavam sobre Mickey Mantle, jogavam a bola um para o outro, enquanto esperavam por mais jogadores. Um grupo pequeno significava um jogo na rua, esquivando-se dos carros que passavam de vez em quando, com uma ou outra vidraça quebrada. Quando mais garotos apareciam, o jogo na rua era abandonado. Seguiam para um terreno baldio onde havia partidas a sério durante o dia inteiro. Ao final da tarde, os garotos voltavam para casa, a tempo de se limparem, comerem alguma coisa, vestirem o uniforme e seguirem apressados para o Kiwanis Park, para um jogo de verdade.

O Police Eagles estava quase sempre em primeiro lugar, um testemunho da dedicação de Dewayne Sanders. O astro do time era Ronnie Williamson. Seu nome apareceu pela primeira vez no *Ada Evening News* quando ele tinha nove anos: "O Police Eagles fez 12 *hits*, com dois *home runs* de Ron Williamson, que também conseguiu dois *doubles*."

Roy Williamson comparecia a todos os jogos, assistindo em silêncio da arquibancada. Jamais gritava com um árbitro ou treinador, nunca dizia qualquer coisa para o filho. De vez em quando, depois de um jogo ruim, oferecia conselhos paternais, quase sempre sobre a vida em geral. Roy nunca jogara beisebol e ainda estava aprendendo como era o jogo. O filho pequeno estava anos à sua frente.

Quando tinha 11 anos, Ronnie passou para a Kids League de Ada. Foi a primeira escolha dos Yankees no *draft*, quando os jogadores mais promissores são recrutados pelos times da liga superior. O time era patrocinado pelo State Bank de Oklahoma. Ronnie liderou o time para uma temporada sem derrotas.

Quando tinha 12 anos, ainda jogando pelos Yankees, o jornal de Ada acompanhou a temporada do time: "O time do State Bank marcou 15 pontos no primeiro *inning*... Ronnie Williamson fez dois *triples*" (9 de junho de 1965); "Os Yankees só rebateram três vezes... mas as rebatidas poderosas de Roy Haney, Ron Williamson e James Lamb fizeram história. Williamson fez um *triple*" (11 de junho de 1965); "Os Yankees do State Bank marcaram duas vezes no primeiro *inning*... Ron Williamson e Carl Tilley acertaram duas das quatro rebatidas, cada uma com um *double*" (13 de julho de 1965); "Enquanto a equipe do State Bank pulava para o segundo lugar... Ron Williamson fez dois *doubles* e um *single*" (15 de julho de 1965).

Na década de 1960, a Byng High School ficava cerca de 13 quilômetros ao norte e a leste dos limites urbanos de Ada. Era considerada uma escola rural, muito menor do que a Ada High School. Embora as crianças do bairro pudessem estudar na Ada High se assim decidissem – e se estivessem dispostas a fazer a viagem –, praticamente todas optavam pela escola menor. Isso acontecia, em grande parte, porque o ônibus da Byng circulava por todo o lado leste da cidade, o que já não acontecia com o ônibus da Ada. Quase todos os garotos da rua de Ron eram da Byng.

Na Byng Junior High School, Ronnie foi eleito secretário da turma da sétima série; no ano seguinte, foi eleito para presidente da oitava série.

Ele ingressou na nona série da Byng High School em 1967, um dos 60 calouros iniciando a parte final do ensino médio.

A Byng não tinha um time de futebol, o que era reservado extra-oficialmente para a Ada, cujas poderosas equipes disputavam todos os anos o título estadual. A Byng era uma escola do basquete e Ronnie absorveu o jogo tão depressa quanto acontecera com o beisebol.

Embora nunca fosse muito estudioso, gostava de ler e tirava boas notas. Matemática era sua matéria predileta. Quando se cansava dos livros escolares, lia dicionários e enciclopédias. Tornou-se obsessivo com determinados temas. Quando lia dicionários, humilhava os amigos falando palavras que eles nunca haviam ouvido antes, e zombava se não sabiam o que significavam. Estudou todos os presidentes americanos, memorizou inúmeros detalhes sobre cada um e por vários meses não falou de outra coisa. Embora estivesse se afastando cada vez mais de sua igreja, ainda conhecia dezenas de versículos das Escrituras, que usava com freqüência em seu próprio benefício e, com uma freqüência ainda maior, para desafiar as pessoas. Havia ocasiões em que suas obsessões causavam atritos com os amigos e a família.

Mas Ronnie era um atleta talentoso, e por isso bastante popular na escola. Foi eleito chefe de turma logo no primeiro ano do colégio. As garotas notavam sua presença e queriam sair com ele. Ronnie não se mostrava nem um pouco tímido. Era muito preocupado com sua aparência e meticuloso com as roupas. Queria roupas melhores do que os pais tinham condições de dar, mas pressionava assim mesmo. Roy passou a comprar roupas usadas para si mesmo, a fim de que o filho pudesse vestir as melhores.

Annette casou e morava em Ada. Em 1969, ela e a mãe abriram a Beauty Casa, um salão de beleza no andar térreo do antigo Julienne Hotel, no centro da cidade. As duas trabalhavam bastante e logo conseguiram uma vasta clientela, que incluía várias garotas de programa que trabalhavam no hotel. Essas damas da noite tinham uma posição consolidada na cidade há décadas e já foram responsáveis pelo fracasso de alguns casamentos. Juanita mal podia tolerá-las.

A eterna incapacidade de Annette de dizer não ao irmão caçula voltou a atormentá-la, pois ele agora lhe arrancava dinheiro constantemente para roupas e garotas. Quando descobriu de alguma forma que Annette tinha conta numa loja de roupas local, ele passou a aumentá-la. E nunca pensava em comprar as roupas mais baratas. Às vezes pedia permissão; em geral, não falava nada.

Annette explodia, eles discutiam, e Ronnie a persuadia a pagar a conta. Ela o adorava demais para dizer não e queria que o irmão caçula tivesse o melhor. No meio de cada briga, Ronnie sempre dava um jeito de dizer o quanto a amava. E não havia a menor dúvida de que a amava mesmo.

Tanto Renee quanto Annette preocupavam-se porque o irmão estava cada vez mais mimado e pressionava demais os pais. Às vezes criticavam-no por isso; algumas brigas foram memoráveis, mas Ronnie sempre prevalecia. Chorava, pedia desculpas, fazia todo mundo rir. As irmãs muitas vezes davam-lhe dinheiro às escondidas para ajudar a comprar coisas que os pais não tinham condições de oferecer. Ronnie podia ser interesseiro, exigente, egocêntrico e infantil – o bebê da família –, mas depois, num arroubo de sua personalidade desmedida, fazia com que todos comessem na sua mão.

Todos o amavam e ele também amava a família. E mesmo no meio das brigas, todos sabiam que ele conseguiria o que quisesse.

No verão, após Ronnie completar a nona série, uns poucos garotos mais afortunados planejaram participar de um acampamento de beisebol numa escola próxima. Ronnie também queria ir, mas Roy e Juanita não tinham condições de pagar. Ele insistiu, era uma oportunidade excepcional de melhorar seu jogo e talvez ser notado por treinadores universitários. Não falou de outra coisa durante semanas e ficou de mau humor quando começou a perder as esperanças. Roy finalmente aquiesceu e pegou um empréstimo no banco.

A próxima idéia de Ron foi a compra de uma motocicleta, algo a que Roy e Juanita se opunham. Eles passaram pela série habitual de negativas e preleções, com alegações de que ainda por cima era perigoso. Por isso, Ronnie anunciou que ele mesmo pagaria a motocicleta. Arrumou seu primeiro emprego, entregando jornais à tarde, e começou a poupar cada centavo. Quando juntou o suficiente para dar a entrada, comprou a motocicleta, acertando prestações mensais com a revendedora.

O plano de pagamento degringolou quando uma missão evangélica visitou a cidade. A Cruzada Bud Chambers causou o maior impacto em Ada, com enormes multidões, muita música, sermões carismáticos, algo para se fazer à noite. Ronnie compareceu ao primeiro culto, ficou profundamente comovido e voltou na noite seguinte com a maior parte de suas economias. Quando passaram a bandeja para recolher dinheiro, ele esvaziou os bolsos. Mas o irmão Bud precisava de mais. Por isso, Ronnie voltou na noite seguinte com o resto de seu dinheiro. No outro dia, pegou todas as moedas que pôde encontrar, e o que conseguiu tomar emprestado, e levou para a missão à noite, para outro culto arrebatado e outra doação do dinheiro ganho com muito esforço. Durante toda a semana, Ronnie encontrou um jeito de doar; e quando a cruzada finalmente deixou a cidade, ele estava quebrado.

Depois, largou o trabalho de entrega de jornais porque interferia com o beisebol. Roy raspou o fundo do cofre para arrumar dinheiro e pagou a motocicleta.

Com as irmãs fora de casa, Ronnie exigia uma atenção total. Um filho menos insinuante poderia se tornar insuportável, mas ele desenvolvera um imenso talento para destilar charme. Afetuoso, extrovertido e pessoalmente generoso, não tinha problemas para contar com uma generosidade injustificada da família.

Quando Ronnie estava na décima série, o treinador de futebol da Ada High procurou Roy e sugeriu que matriculasse o filho na escola maior. O garoto era um atleta natural; a esta altura, todos na cidade já sabiam que Ronnie era um excepcional jogador de basquete e beisebol. Mas Oklahoma é território do futebol americano, e o treinador assegurou a Roy que as chances de sucesso eram maiores para quem jogava no campo pelo Ada Cougars. Com seu tamanho, velocidade e braço, ele podia se tornar rapidamente um jogador destacado, que seria mais tarde recrutado pelas universidades. O treinador ofereceu-se para passar todos os dias na casa e dar uma carona a Ronnie até a escola.

A decisão cabia a Ronnie, e ele decidiu ficar mais dois anos na Byng.

A comunidade rural de Asher passa quase despercebida na rodovia 177, 30 quilômetros ao norte de Ada. Tem poucos habitantes – menos de 500 –, nenhum lugar que se possa chamar de centro da cidade, duas igrejas, uma torre de água e umas poucas ruas pavimentadas com algumas casas velhas espalhadas em volta. Seu orgulho é um lindo campo de beisebol situado perto de uma pequena escola na Division Street.

Como a maioria das cidades pequenas, Asher parece improvável para qualquer coisa digna de nota, mas durante 40 anos teve o time de beisebol juvenil que mais vitórias conquistou em todos os Estados Unidos. Nenhum outro time de escola do país, pública ou privada, ganhou mais jogos que os Asher Indians.

Tudo começou em 1959, quando um jovem treinador chamado Murl Bowen chegou à cidade e herdou um programa há muito negligenciado: o time de 1958 não ganhara um único jogo. As coisas logo mudaram. Em três anos, o Asher ganhou seu primeiro título estadual. Dezenas se seguiriam.

Por motivos que nunca ficaram claros, o estado de Oklahoma apóia o campeonato de beisebol estudantil no outono, mas apenas para as escolas pequenas demais para terem um time de futebol. Durante sua carreira em Asher, não foram poucas as ocasiões em que um time do treinador Bowen conquistou um título estadual no outono e outro no campeonato da primavera. Durante um período extraordinário, o Asher classificou-se para as finais estaduais por 60 vezes consecutivas... 30 anos seguidos, no outono e primavera.

Em 40 anos, as equipes do treinador Bowen ganharam 2.115 jogos e perderam apenas 349, levaram para casa 43 taças de campeão estadual e enviaram dezenas de jogadores para o beisebol universitário e profissional. Em 1975, Bowen foi escolhido como o melhor treinador do ano, e a cidade recompensou-o com a melhoria do Bowen Field. Ele tornou a receber o mesmo prêmio em 1995.

– Não fui eu – diz ele, modesto. – Foram os garotos. Eu jamais marquei um ponto.

Talvez não, mas é certo que ele foi a causa de muitos. A partir de agosto, quando a temperatura em Oklahoma muitas vezes passa de 38ºC, o treinador Bowen reúne seu pequeno grupo de jogadores e planeja a trajetória até os *play-offs* estaduais. Seu plantel sempre foi restrito. Cada turma que se formava em Asher tinha uma média de 20 alunos, metade de meninas. Não era excepcional que ele contasse apenas com uma dúzia de atletas, incluindo um promissor aluno da oitava série. Para garantir que ninguém desistiria, sua primeira providência era distribuir os uniformes. Todos os garotos entravam no time.

Depois, ele passava a trabalhá-los, começando com treinos três vezes por dia. Os exercícios eram mais do que rigorosos, com horas de condicionamento físico, corridas de velocidade, corridas entre as bases, o treinamento dos fundamentos do esporte. Ele pregava o trabalho árduo, pernas fortes, dedicação e, acima de tudo, o espírito esportivo. Nenhum jogador do Asher discutia com o árbitro, atirava no chão seu capacete com raiva ou fazia qualquer coisa para menosprezar um adversário. Se fosse possível, nenhum time de Asher jamais exagerava no placar contra uma escola mais fraca.

O treinador Bowen tentava evitar os adversários fracos, em particular na primavera, quando a temporada era mais longa e ele tinha mais flexibilidade na tabela. O time de Asher tornou-se famoso por enfrentar as grandes escolas e derrotá-las. Vencia rotineiramente Ada, Norman e as gigantes 4A e 5A de Oklahoma City e Tulsa. À medida que o mito crescia, esses times preferiam viajar para Asher, a fim de jogar no campo impecável que o treinador Bowen mantinha com todo o cuidado. Quase sempre partiam da cidade num ônibus silencioso.

Os times de Bowen eram altamente disciplinados, e alguns críticos diziam que muito bem recrutados. Asher tornou-se um ímã para os jogadores de beisebol mais dedicados. Assim, era inevitável que Ronnie Williamson acabasse indo para lá. Durante os torneios de verão, ele conheceu e tornou-se amigo de Bruce Leba, um garoto de Asher, provavelmente o segundo melhor jogador de beisebol da região, apenas um ou dois passos atrás de Ronnie. Eram inseparáveis e não demorou muito para que começassem a falar em jogar o último ano juntos, em Asher. Havia mais olheiros, tanto do beisebol universitário quanto do profissional, no Bowen Field. E havia uma excelente possibilidade de conquista dos títulos estaduais no outono de 1970 e na primavera de 1971. A visibilidade de Ron seria assim muito maior.

A troca de escola implicava o aluguel de uma casa em Asher, um imenso sacrifício para seus pais. O dinheiro sempre fora apertado, e Roy e Juanita teriam de viajar todos os dias para trabalhar em Ada. Mas Ronnie estava determinado. Convencera-se, assim como à maioria dos treinadores e olheiros de beisebol da região, de que poderia entrar na lista de candidatos a times universitários e profissionais no verão quando terminasse o último ano na escola. Seu sonho de se tornar jogador profissional estava ao alcance da mão, só precisava agora de um impulso extra.

Havia comentários de que ele poderia ser o próximo Mickey Mantle, e Ronnie já os ouvira.

Com a ajuda discreta de alguns incentivadores do beisebol, os Williamson alugaram uma casa pequena, a dois quarteirões da Asher High School. Ronnie apresentou-se em agosto no campo de treinamento de Bowen. A princípio, ele ficou consternado com o nível de condicionamento físico exigido, o tempo enorme que se consumia correndo, correndo e correndo. O treinador teve de explicar várias vezes ao seu novo astro que pernas de ferro são essenciais para rebater a bola, arremessar, correr pelas bases, fazer lançamentos longos da extremidade do campo e sobreviver aos últimos minutos do segundo jogo no mesmo dia, quando o time tinha um plantel restrito. Ronnie demorou a aceitar as coisas dessa maneira, mas foi logo influenciado pela ética profissional de seu amigo Bruce Leba e dos outros jogadores de Asher. Tratou de entrar na linha e logo adquiriu uma forma física extraordinária. Um dos quatro únicos alunos da última série no time, rapidamente ele virou o capitão extra-oficial e o líder junto com Leba.

Murl Bowen adorava seu tamanho, velocidade e o foguete que disparava do centro do campo. Tinha um canhão no braço e um modo impressionante de manejar o bastão pelo lado esquerdo. Suas rebatidas nos treinos eram extraordinárias, ultrapassando o jardim direito. Quando a temporada de outono começou, os olheiros voltaram. Logo estavam escrevendo anotações entusiasmadas sobre Ron Williamson e Bruce Leba. Enfrentando várias pequenas escolas que não tinham um time de futebol, o Asher perdeu apenas um jogo e passou pelos *play-offs* para conquistar outro título. Ron fez 468 *hits*, com seis *home runs*. Bruce, seu amigo e rival, fez 444, com seis *home runs*. Um pressionava o outro, ambos convencidos de que seriam escolhidos por grandes times.

E começaram a jogar para valer também fora de campo. Tomavam cerveja nos fins de semana e descobriram a maconha. Corriam atrás das garotas, que eram fáceis de conquistar porque Asher adorava seus heróis. As festas tornaram-se uma rotina, e os bares e outras casas noturnas nos arredores de Ada eram irresistíveis. Se tomavam um porre e tinham medo de voltar de carro para Asher, dormiam na casa de Annette. Acordavam-na e quase sempre pediam que ela providenciasse alguma coisa para comerem, com desculpas profusas durante todo o tempo. Ronnie suplicava para que ela não contasse nada aos pais.

Mas eram cuidadosos e conseguiam evitar problemas com a polícia. Viviam com medo de Murl Bowen, pois a primavera de 1971 continha grandes promessas.

O basquete em Asher era pouco mais que uma boa maneira de o time de beisebol manter a forma. Ron começou a se destacar e levou o time a algumas vitórias. Havia algum interesse de duas ou três universidades pequenas, mas nenhum de sua parte. À medida que a temporada avançava, ele começou a receber cartas de olheiros do beisebol profissional, apresentando-se, prometendo que acompanhariam seus jogos em poucas semanas, solicitando tabelas, convidando-o a ir para acampamentos de testes durante o verão. Bruce Leba também recebia cartas. Os dois se divertiam comparando a correspondência. Eram cartas de olheiros do Phillies e Cubs numa semana, do Angels e Athletics na semana seguinte.

Quando a temporada de basquete terminou, ao final de fevereiro, era o chamado *showtime* em Asher.

O time começou devagar, com algumas vitórias por WO. Depois, engrenou de vez, quando as grandes escolas começaram a vir jogar em Asher. Ron começou como um rebatedor dos mais quentes e nunca mais esfriou. Os olheiros o rondavam, o time não parava de vencer, a vida era boa na Asher High. Como em geral enfrentavam os melhores jogadores das equipes adversárias, os atletas do treinador Bowen assistiam a arremessos incríveis todas as semanas. Com mais olheiros nas arquibancadas, Ron demonstrou que estava pronto para enfrentar os melhores arremessos de qualquer um. Ele fez 500 *hits* na temporada, com cinco *home runs* e 46 RBIs. Quase nunca era eliminado e ganhava muitas bases "de graça". Os olheiros gostavam de sua força e disciplina na base principal, de sua velocidade para a primeira base e especialmente do poder de seu braço.

Ao final de abril, ele foi indicado para o prêmio Jim Thorpe, como eminente atleta juvenil do estado de Oklahoma.

O Asher ganhou 26 jogos, perdeu cinco e em 1º de maio de 1971 derrotou o Glenpool por 5 x 0, para conquistar outro campeonato estadual.

O treinador Bowen indicou Ron e Bruce Leba para a seleção estadual. Os dois mereciam, mas quase perderam as vagas.

Poucos dias antes da formatura, com uma drástica mudança de vida pela frente, eles compreenderam que os dias de beisebol em Asher logo ficariam para trás. Nunca mais seriam tão ligados quanto haviam sido durante o último ano. Havia necessidade de uma comemoração, uma noite memorável de turbulência.

Na ocasião, Oklahoma City tinha três casas de striptease. Eles escolheram o Red Dog. Antes de partirem, pegaram uma garrafa pequena de uísque e uma embalagem de seis cervejas na cozinha de Leba. Deixaram Asher com as bebidas e já estavam de porre quando chegaram ao Red Dog. Pediram mais cerveja e admiraram as dançarinas, que pareciam se tornar mais bonitas a cada minuto que passava. E assim os dois garotos foram gastando seu dinheiro. O pai de Bruce determinara um toque de recolher rigoroso, a uma hora da madrugada, mas as mulheres e as bebidas levaram os dois a protelar a volta. Finalmente saíram, cambaleando, por volta de meia-noite e meia, a duas horas de carro de casa. Bruce, ao volante de seu novo Camaro turbinado, partiu a toda a velocidade. Mas parou de repente, quando Ron disse alguma coisa que lhe desagradou. Começaram a xingar um ao outro e decidiram acertar as contas ali mesmo. Saltaram do Camaro e iniciaram uma briga no meio da Tenth Street.

Depois de alguns minutos de socos e pontapés, ambos ficaram cansados e concordaram com uma trégua. Voltaram ao carro e retomaram a viagem para casa. Nenhum dos dois podia lembrar a causa da briga; foi um dos muitos detalhes da noite que se perderam para sempre num nevoeiro.

Bruce perdeu a saída da rodovia, pegou um retorno errado e decidiu, completamente perdido, seguir por estradas rurais desconhecidas na direção que julgava ser de Asher. Com a hora do toque de recolher ultrapassada, ele voava pelos campos. Seu companheiro estava estendido em coma alcoólico no banco traseiro. A situação parecia desesperadora quando Bruce divisou luzes vermelhas aproximando-se depressa, por trás.

Ele se lembrou de parar na frente da empresa Williams Meat Packing, mas não sabia qual era a cidade próxima. Nem mesmo qual era o condado em que estavam.

Bruce saltou do carro. O patrulheiro estadual foi muito gentil. Perguntou se ele havia bebido. Sim, senhor.

Sabia que estava guiando em alta velocidade?

Sim, senhor.

Conversaram um pouco. O guarda não parecia disposto a aplicar uma multa ou efetuar a prisão. Bruce já conseguira convencê-lo de que poderia chegar em casa são e salvo quando Ron esticou a cabeça pela janela traseira e gritou alguma coisa incompreensível, a voz engrolada. Quem é aquele?, perguntou o guarda.

Apenas um amigo.

O amigo gritou mais alguma coisa. O guarda mandou que Ron também saísse do carro. Por alguma razão, Ron abriu a porta que não dava para a estrada e, ao saltar, caiu numa vala profunda.

Os dois foram presos e levados para a cadeia, um lugar frio e úmido, com escassez de camas. Um carcereiro jogou dois colchões no chão de uma cela mínima. Ron e Bruce passaram a noite ali, tremendo de frio, apavorados, ainda bêbados. Sabiam que era melhor não chamar os pais.

Para Ron, foi a primeira de muitas noites atrás das grades. Na manhã seguinte, o carcereiro serviu-lhes café e bacon. Aconselhou-os a telefonarem para casa, o que ambos fizeram com a maior hesitação. Foram soltos duas horas depois. Bruce voltou para casa no Camaro, sozinho, enquanto Ron, por alguma razão, foi obrigado a seguir no carro com o Sr. Leba e o Sr. Williamson. Foi uma longa viagem de duas horas, agravada pela perspectiva de enfrentar o treinador Bowen.

Os pais exigiram que os garotos fossem imediatamente procurar o treinador, para contar a verdade. Murl dispensou-lhes o tratamento do silêncio, mas não retirou as indicações para as homenagens pós-temporada.

Eles chegaram à formatura sem outros incidentes. Bruce, o orador da turma, fez um discurso convencional. A cerimônia foi presidida por Frank H. Seay, um popular juiz distrital do condado próximo de Seminole.

A classe de 1971 da Asher High tinha 17 alunos. Para quase todos, a formatura foi um evento da maior importância, um marco significativo apreciado pelas famílias orgulhosas. Bem poucos pais haviam tido a oportunidade de ir para uma universidade; alguns nem tinham concluído o ensino médio. Para Ron e Bruce, no entanto, a cerimônia pouco significava. Ainda se regozijavam com a glória dos títulos estaduais; e ainda mais importante, sonhavam com a ida para um grande time. Não acabariam a vida na região rural de Oklahoma.

Um mês depois, ambos foram incluídos na seleção estadual, e Ron concorreu a jogador do ano no estado de Oklahoma. Na partida anual entre os melhores do estado, eles jogaram num estádio lotado, inclusive com muitos olheiros de grandes universidades e equipes profissionais. Depois do jogo, dois olheiros, um do Phillies, outro do Oakland A's, chamaram os garotos para uma conversa em que apresentaram propostas extra-oficiais. Se aceitassem uma bonificação de 18 mil dólares cada, o Phillies convocaria Bruce e o A's convocaria Ron. Ron achou que a proposta era muito baixa e recusou. Bruce começava a se preocupar com os joelhos, além de achar também que era pouco dinheiro. Tentou arrancar mais, alegando que pretendia jogar por dois anos pelo Seminole Junior College. Mais dinheiro poderia persuadi-lo a mudar de idéia. Mas a proposta não foi alterada.

Um mês depois, Ron foi recrutado pelo Oakland Athletics, na segunda rodada da convocação, sem a interferência de agentes. Foi o 41º jogador escolhido entre 800 e o primeiro de Oklahoma. O Phillies não escolheu Bruce, mas ofereceu-lhe um contrato. Outra vez ele recusou e foi para o Seminole Junior College. O sonho de jogarem juntos como profissionais começou a se desvanecer.

A primeira proposta oficial do Oakland foi insultuosa. Os Williamson não tinham agente ou advogado, mas sabiam que era uma tentativa de fazer Ron assinar um contrato barato.

Ele viajou sozinho para Oakland e se reuniu com os executivos do time. As conversas não foram produtivas e Ron voltou para Ada sem um contrato. Chamaram-no de volta e, na segunda visita, ele conversou com Dick Williams, o *manager*, e vários jogadores. O jogador de segunda base do A's era Dick Green, um homem cordial que mostrou a Ron a sede e o campo do time. Encontraram Reggie Jackson, o confiante superastro do time, o próprio Mister Oakland. Quando soube que Ron fora escolhido na segunda rodada das convocações, Reggie perguntou qual era a sua posição. Dick Green provocou Reggie ao responder:

– Ron é *right fielder*.

Era a posição de Reggie, o jogador que cobria o jardim direito do campo. Reggie, é claro, se julgava o dono absoluto da posição e comentou antes de se afastar:

– Cara, você não vai sair das ligas menores – disse ele, encerrando a conversa.

Oakland relutava em pagar uma bonificação grande porque queria Ron como receptor, o *catcher*, mas ainda não o vira jogar nessa posição. As conversações foram retomadas, mas com pouco dinheiro a mais sendo oferecido.

Houve conversas à mesa do jantar dos Williamson sobre a ida para uma universidade. Ron comprometeu-se a aceitar uma bolsa de estudos da Universidade de Oklahoma, e seus pais pressionavam-no para que concordasse com essa opção. Era sua única oportunidade para ter uma instrução superior, algo que nunca poderiam lhe tirar. Ron compreendia isso, mas argumentou que poderia ir para a universidade mais tarde. Quando Oakland subitamente ofereceu 50 mil dólares como bonificação para assinar o contrato, Ron apressou-se em pegar o dinheiro e esquecer a universidade.

Foi uma grande notícia em Asher e Ada. Ron era o jogador local que recebera a melhor proposta. Por um breve período, a atenção teve o efeito de torná-lo humilde. Seu sonho se transformava em realidade. Era agora um jogador de beisebol profissional. Os sacrifícios da família davam resultados. Ele sentia-se guiado pelo Espírito Santo para endireitar tudo com Deus. Voltou à igreja e, num culto na noite de domingo, foi até o altar e orou com o pregador. Depois dirigiu-se à congregação, agradecendo aos irmãos e irmãs em Cristo por seu amor e apoio. Deus o abençoara; sentia-se de fato afortunado. Enquanto fazia um esforço para conter as lágrimas, ele prometeu que usaria o dinheiro e seu talento exclusivamente para a glória do Senhor.

Ele comprou um novo Cutlass Supreme e algumas roupas. Comprou uma TV em cores nova para os pais. E perdeu o resto do dinheiro num jogo de pôquer.

Em 1971, o Oakland Athletics pertencia a Charlie Finley, um empresário independente que transferira o time de Kansas City em 1968. Ele se imaginava um visionário, mas agia mais como um bufão. Adorava surpreender o mundo do beisebol com inovações, como uniformes multicoloridos, bolas laranja (uma idéia de curta duração) e um aparelho mecânico que lançava bolas para o árbitro na base principal. Qualquer coisa para atrair mais atenção. Ele comprou um burro, deu-lhe o nome de Charley O. e fazia-o desfilar pelo campo, até mesmo em saguões de hotel.

Mas, ao mesmo tempo que freqüentava o noticiário com suas excentricidades, também construía uma dinastia. Contratou um *manager* competente, Dick Williams, e formou um time que incluía

Reggie Jackson, Joe Rudi, Sal Bando, Bert Campaneris, Rick Monday, Vida Blue, Catfish Hunter, Rollie Fingers e Tony LaRussa.

O A's do início da década de 1970 era sem dúvida o time mais sensacional do beisebol. Usavam travas brancas – o primeiro e único time a fazê-lo – e tinham uma coleção espetacular de uniformes com diferentes combinações de verde, dourado, branco e cinza. Adotaram um estilo da Califórnia, com cabelos mais compridos e barba, uma aparência de inconformismo. Num esporte que já tinha mais de um século e exigia que suas tradições fossem respeitadas, o A's destacava-se como uma afronta. O time tinha uma atitude. O país ainda estava de ressaca dos anos 1960. Quem precisava de autoridade? Todas as regras podiam ser infringidas, até mesmo num setor tão preconceituoso quanto o beisebol profissional.

Ao final de agosto de 1971, Ron fez sua terceira viagem a Oakland, desta vez como jogador do time, um astro do futuro, embora não tivesse disputado uma única partida como profissional. Tinha 18 anos, mas com seu rosto redondo e infantil, e com uma franja caindo sobre a testa, dava a impressão de não ter mais de 15. Os veteranos sabiam que as chances estavam contra ele – e contra qualquer garoto que assinava um contrato –, mas mesmo assim fizeram com que se sentisse bem-vindo. Já haviam passado pela mesma situação.

Menos de 10 por cento dos que assinam contrato como profissionais conseguem chegar às grandes ligas, mesmo que seja por apenas um jogo, mas nenhum garoto de 18 anos pensa nisso.

Ron passou pelo banco, conversou com outros jogadores, treinou como rebatedor antes do jogo e observou uns poucos torcedores entrarem no Coliseu de Oakland. Muito antes do primeiro arremesso, ele foi levado para uma cadeira especial atrás do banco, de onde viu o resto da partida de seu novo time. Voltou a Ada no dia seguinte, mais do que nunca determinado a passar das categorias inferiores e estourar na liga principal aos 20 anos de idade. Talvez com 21 anos. Vira, sentira e absorvera o clima eletrizante de um jogo da liga principal e nunca mais seria o mesmo.

Deixou os cabelos crescerem. Tentou cultivar um bigode, mas a natureza não cooperou. Os amigos achavam que ele estava rico e Ron bem que se empenhava em dar essa impressão. Era diferente, mais avançado do que a maioria dos moradores de Ada. Afinal, já estivera na Califórnia.

Ao longo do mês de setembro, ele observou entusiasmado o A's ganhar 101 jogos e garantir uma vaga na Divisão Oeste da Liga Americana. Logo estaria lá no alto com eles, como *catcher* ou jogando no centro, usando aqueles uniformes pitorescos, os cabelos compridos, o jogador mais sensacional do time.

Em novembro, ele assinou um contrato com a Topps Chewing Gum, cedendo à empresa o direito de exibir, imprimir e reproduzir seu nome, rosto, foto e assinatura num cartão de beisebol.

Como todos os garotos em Ada, ele colecionara milhares de cartões, trocara, emoldurara, amontoara numa caixa de sapatos e poupara cada moeda para comprar mais. Mickey Mantle, Whitey Ford, Yogi Berra, Roger Maris, Willie Mays, Hank Aaron, todos os grandes jogadores tinham cartões valiosos. Agora ele teria seu próprio cartão!

O sonho rapidamente se transformou em realidade.

Seu primeiro jogo, no entanto, foi pelo time de Coos Bay, no Oregon, na Classe A da Divisão Noroeste, muito longe de Oakland. A temporada de treino na primavera de 1972, em Mesa, Arizona, não teve nada de extraordinária. Não provocou reações de surpresa, não atraiu a atenção de ninguém. O Oakland ainda tentava determinar qual seria a posição ideal para ele. Puseram-no atrás da base principal, uma posição que ele não conhecia. Puseram-no no monte do arremessador, apenas porque ele era capaz de arremessar a bola com muita força.

O azar veio no final do treinamento da primavera. O apêndice supurou e ele voltou a Ada para a cirurgia. Enquanto esperava, impaciente, que seu corpo se curasse, começou a beber bastante, para passar o tempo. A cerveja era barata no Pizza Hut local. Quando se cansou de lá, passou a ir em seu Cutlass para Elks Lodge, bebendo bourbon e Coca-Cola. Sentia-se entediado e ansioso em ir para um estádio. Por alguma razão, não sabia direito por quê, encontrava refúgio na bebida. Finalmente, teve alta e partiu para o Oregon.

Jogando pelo Coos Bay-North Bend Athletics, ele acertou 41 rebatidas em 155 tentativas com o bastão, uma média de 0,265, que nada tinha de impressionante. Participou de 46 jogos e jogou alguns tempos. Mais tarde, ainda na temporada, seu contrato foi transferido para Burlington, Iowa, da Divisão Meio-Oeste, ainda na chamada Classe A. Era apenas uma troca de time, na melhor das hipóteses, não uma promoção. Ele participou de sete partidas apenas por Burlington, depois voltou para Ada no final da temporada.

Cada parada nas ligas menores é temporária e inquietante. Os jogadores ganham muito pouco, vivendo do escasso dinheiro para as refeições e da generosidade que o clube anfitrião por acaso oferecer. Em "casa", os jogadores dormem em motéis que oferecem preços módicos para locações mensais, ou se amontoam em pequenos apartamentos. Em viagens, sempre de ônibus, hospedam-se em mais motéis. E freqüentam bares de todos os tipos. São jovens em geral solteiros, longe da família e de qualquer estrutura que ela possa lhes proporcionar, por isso tendem a só ir dormir de madrugada. Mal saíram da adolescência, são imaturos porque foram mimados durante a maior parte de suas curtas vidas. Todos estão convencidos de que em breve começarão a ganhar muito dinheiro e a jogar nos grandes estádios.

E tratam de se divertir. Os jogos começam às sete horas da noite. A maioria já acabou às dez horas. Um rápido banho de chuveiro e depois seguem para os bares. Passam a noite acordados, dormem durante o dia numa cama ou no ônibus. Bebem muito, levam mulheres para a cama, jogam pôquer, fumam maconha... tudo isso faz parte da rotina miserável das ligas menores. E Ron entregou-se a essa vida com o maior entusiasmo.

Como qualquer pai, Roy Williamson acompanhou a temporada do filho com curiosidade e orgulho. Ronnie só telefonava ocasionalmente e escrevia ainda menos, mas Roy sempre dava um jeito de atualizar as estatísticas do filho. Por duas vezes, ele e Juanita foram de carro até o Oregon para vê-lo jogar. Ronnie sofreu muito durante seu ano como calouro, tentando se ajustar a bolas rápidas e curvas inesperadas.

Em Ada, Roy recebeu um telefonema do treinador do A's. Os hábitos de Ron fora do campo causavam alguma preocupação: muitas festas, bebida, noitadas, ressacas. O garoto estava cometendo excessos, o que não chegava a ser excepcional para alguém de 19 anos que passava a primeira temporada fora de casa. Mas talvez uma palavra firme do pai pudesse levá-lo a se controlar.

Ron também estava dando seus telefonemas. À medida que o verão passava e seu tempo em jogo continuava insuficiente, ele começou a se sentir frustrado com o *manager* e seus assessores, achando que vinha sendo mal aproveitado. Como poderia melhorar se o deixavam no banco?

Ele optou pela estratégia arriscada e quase nunca usada de passar por cima da autoridade dos treinadores. Começou a ligar para o escritório central do A's com uma lista de queixas. A vida era miserável nos campeonatos da Classe A, ele quase não entrava em campo e queria falar com os responsáveis para saber o que estava acontecendo.

O escritório central não lhe deu ouvidos. Com centenas de jogadores nas ligas menores, a maioria quilômetros à frente de Ron Williamson, os telefonemas e queixas só serviam para desgastá-lo. Tinham conhecimento dos números de Ron e da maneira como ele vinha se comportando.

E veio o aviso lá de cima de que o garoto precisava calar a boca e jogar melhor.

Quando voltou a Ada, no início do outono de 1972, Ron ainda era o herói local, com as vantagens e privilégios de ter vivido na Califórnia. Continuou em sua rotina de farras noturnas. Quando o Oakland A's ganhou pela primeira vez, ao final de outubro, a World Series, como são chamados os jogos entre os campeões das duas principais ligas do beisebol americano, Ron liderou uma efusiva comemoração em um dos bares locais.

– Esse é o meu time! – gritou ele, várias vezes, olhando para a televisão, enquanto os companheiros de copo admiravam-no.

Os hábitos de Ron, no entanto, mudaram de repente, quando ele conheceu e começou a namorar Patty O'Brien, uma linda jovem, ex-Miss Ada. O namoro logo se tornou sério e os dois se encontravam regularmente. Uma batista devota, Patty não bebia e não tolerava os péssimos hábitos de Ron. Ele sentiu-se mais do que feliz em aceitar tudo e prometeu que mudaria.

Em 1973, ele descobriu-se mais distante das grandes ligas. Depois de outra temporada medíocre em Mesa, Ron foi para o Burlington Bees, onde jogou apenas cinco partidas, antes de ser transferido para o Key West Conchs, da Liga do Estado da Flórida, na Classe A. Em 59 jogos, ele teve uma média lamentável de 0,137.

Pela primeira vez em sua vida, Ron começou a duvidar se conseguiria mesmo se tornar um astro nas ligas principais. Com duas temporadas sem o menor sucesso, ele aprendera rapidamente que o arremesso eficiente de uma bola, mesmo no nível da Classe A, era muito mais difícil de conseguir do que qualquer coisa que enfrentara quando estava na Asher High School. Cada arremessador lançava a bola com mais força e com uma curva mais acentuada. Cada jogador no campo era bom, e alguns chegariam às ligas principais. A bonificação pela assinatura do contrato há muito que fora gasta e desperdiçada. Seu rosto sorridente no cartão de beisebol não exibia mais o mesmo ânimo de apenas dois anos antes.

E ele tinha a sensação de que o mundo inteiro observava-o. Todos os seus amigos e as melhores pessoas de Asher e Ada esperavam que ele realizasse seus sonhos, que os pusesse no mapa. Seria o próximo grande astro de Oklahoma. Mickey conquistara seu lugar e sua fama nas ligas principais quando tinha 19 anos. Ron já estava atrasado nas previsões.

Ele voltou para Ada e para Patty, que sugeriu que arrumasse um bom emprego enquanto estivesse fora da temporada. Um tio conhecia alguém no Texas, e Ron seguiu de carro até Victoria, onde trabalhou por vários meses em uma firma construtora de telhados.

A 3 de novembro de 1973, Ron e Patty se casaram numa cerimônia concorrida, na Primeira Igreja Batista de Ada, a igreja que ela freqüentava. Ele tinha 20 anos e ainda era um aspirante a astro do beisebol.

A cidade considerava Ron Williamson seu maior herói. Agora ele casara com uma rainha da beleza, de uma excelente família. Sua vida era um conto de fadas.

Os recém-casados seguiram para os treinos da primavera, em Mesa, em fevereiro de 1974. Uma esposa recente aumentava a pressão para que Ron fosse finalmente promovido, talvez ainda não para a Classe AAA, o triplo A, mas pelo menos para o duplo A. Seu contrato para 1974 era com Burlington, mas ele não tinha planos de voltar para lá. Cansara de Burlington e Key West, e se o A's o mandasse de volta para esses lugares, então a mensagem era clara: não mais o consideravam como um possível astro.

Ele se empenhou mais nos treinos, correu mais, exercitou mais suas rebatidas, tudo como era no tempo do Asher. Até que um dia, durante um treinamento de rotina, quando fez um arremesso forte para a segunda base, sentiu uma dor intensa no cotovelo. Tentou ignorá-la, dizendo a si mesmo, como fazem todos os jogadores, que podia continuar, que a dor desapareceria, não passava de um pequeno problema de rotina. Mas a dor voltou no dia seguinte, ainda pior. Ao final de março, Ron mal conseguia arremessar uma bola.

Em 31 de março, o A's cortou-o da lista de jogadores para a temporada. Ron e Patty iniciaram a longa viagem de volta a Oklahoma.

Evitaram Ada e foram se fixar em Tulsa, onde Ron arrumou um emprego como representante comercial da Bell Telephone.

Não era uma carreira nova, mas apenas um salário, enquanto esperava que o braço curasse, até ser procurado por alguém ligado ao beisebol. Depois de alguns meses, porém, ele é que começou a procurar os outros, e descobriu que não havia ninguém interessado.

Patty arrumou um emprego num hospital. Os dois resolveram se estabelecer na cidade. Annette começou a mandar cinco ou dez dólares por semana, para o caso de precisarem de ajuda com as contas. O pequeno complemento foi suspenso quando Patty telefonou para avisar que Ron usava o dinheiro para comprar cerveja, uma coisa que ela não aprovava.

Havia atritos. Annette ficou preocupada porque o irmão voltara a beber. Mas ela pouco sabia do que ocorria no casamento. Patty era reservada e tímida por natureza, e nunca relaxara em seu relacionamento com os Williamson. Annette e o marido visitavam o casal uma vez por ano.

Quando foi preterido numa promoção, Ron deixou a Bell e passou a vender seguros de vida para a Equitable. Era o ano de 1975 e ele ainda não tinha um novo contrato para o beisebol profissional, ainda não fora procurado por nenhum time interessado em seu talento negligenciado.

Mas com sua confiança de atleta e personalidade extrovertida, ele vendia muitos seguros de vida. As vendas aconteciam com a maior naturalidade e ele se descobriu gostando do sucesso e do dinheiro. Também gostava de ficar em bares até tarde da noite. Patty detestava o álcool e não podia tolerar a bebedeira. A maconha era agora um hábito de Ron que ela também detestava. As oscilações de humor tornavam-se cada vez mais freqüentes. O jovem simpático com quem ela se casara estava mudando.

Ron ligou uma noite para os pais, na primavera de 1976, com a notícia de que tivera uma briga com Patty e haviam se separado. Roy e Juanita, assim como Annette e Renee, ficaram chocados com a notícia. Tinham a esperança de que ainda seria possível salvar o casamento. Todos os jovens casais passavam por algumas tempestades. Qualquer dia desses, Ronnie receberia o telefonema que tanto aguardava, voltaria a vestir o uniforme e reiniciaria sua carreira no beisebol. Suas vidas voltariam aos trilhos; o casamento sobreviveria a uns poucos dias sinistros.

Mas a situação era irreparável. Quaisquer que fossem os problemas, Ron e Patty optaram por não falar a respeito. Entraram com o pedido de divórcio, sob a alegação de divergências irreconciliáveis. A separação foi consumada. O casamento durara menos de três anos.

Roy Williamson tinha um amigo de infância chamado Harry Brecheen, ou Harry the Cat, como era conhecido nos seus tempos de beisebol. Haviam sido criados em Francis, Oklahoma. Harry era olheiro dos Yankees. Roy descobriu-o e deu o telefone dele para o filho.

A capacidade de persuasão de Ron deu resultado em junho de 1976, quando ele convenceu o pessoal dos Yankees que seu braço estava finalmente curado e se encontrava em melhor forma do que antes. Depois de ver tantos arremessos incríveis e compreender que não poderia rebatê-los, Ron decidiu aproveitar sua força maior: o braço direito. Fora a força de seu braço que sempre atraíra a atenção dos olheiros. Oakland sempre quisera convertê-lo num arremessador.

Ele assinou contrato com os Oneonta Yankees, da Liga Nova York-Pensilvânia, Classe A. Mal podia esperar pelo momento de sair de Tulsa. O sonho ressurgira.

Ele podia arremessar com muita força, é verdade, mas em geral não tinha a menor idéia do rumo da bola. Faltava qualidade no arremesso. Faltava experiência. E por arremessar com muita força e muito depressa, a dor voltou, lentamente a princípio, depois quase deixando-o com o braço inerte. O afastamento por dois anos cobrou seu tributo, e ao final da temporada ele foi dispensado de novo.

Outra vez evitando Ada, Ron voltou para Tulsa e para a venda de seguros. Annette visitava-o de vez em quando; e quando a conversa versava sobre o beisebol e seus fracassos, ele começava a chorar, histérico, e não conseguia mais parar. Admitiu para a irmã que tinha acessos prolongados e sombrios de depressão.

Ele retomou seus antigos hábitos, freqüentando bares, conquistando mulheres, tomando muita cerveja. Para se distrair, entrou num time de softball. Gostou de ser novamente o grande astro, mesmo que em pequena escala. Durante uma partida, numa noite fria, fez um arremesso para a primeira base. Alguma coisa estalou em seu ombro. Deixou o time e desistiu do softball, mas o dano já fora causado. Procurou um médico e submeteu-se a um rigoroso programa de reabilitação, mas sentia pouca melhoria.

E manteve a lesão em segredo, esperando mais uma vez que, com um bom descanso, pudesse estar curado na primavera.

A incursão final de Ron pelo beisebol profissional ocorreu na primavera seguinte, em 1977. Ele sobreviveu aos treinos e foi designado para o time de Fort Lauderdale, na Liga do Estado da Flórida. Foi ali que enfrentou sua última temporada, todos os 140 jogos, metade fora de casa, viajando em ônibus. À medida que os meses foram se arrastando, ele passou a ser usado tão pouco quanto era possível. Só foi arremessador em 14 jogos, 33 *innings*. Tinha 24 anos, com um braço lesionado que nunca curava por completo. A glória de Asher e os dias de Murl Bowen haviam desaparecido para sempre.

A maioria dos jogadores tem uma noção do inevitável, mas não era o que acontecia com Ron. Havia pessoas demais em Ada que contavam com ele. Sua família se sacrificara demais. Preterira a educação e um curso universitário para se tornar um profissional do beisebol; portanto abandonar a carreira não era uma opção. Fracassara no casamento e não estava acostumado ao fracasso. Além do mais, usava um uniforme dos Yankees, um símbolo que mantinha o sonho vivo todos os dias.

Ele resistiu bravamente até o final da temporada, quando os seus amados Yankees cortaram-no de novo.

CAPÍTULO 3

Poucos meses depois de a temporada terminar, Bruce Leba passava casualmente por um centro comercial de Tulsa, o Southroads Mall, quando avistou um rosto familiar. Parou no mesmo instante. Dentro de uma loja, a Toppers Menswear, estava o seu antigo companheiro, Ron Williamson, usando roupas elegantes e oferecendo outras aos clientes. Os dois trocaram um abraço apertado e conversaram sobre o que acontecera com cada um desde que haviam se visto pela última vez. Para dois garotos que eram quase como irmãos, ficaram surpresos ao constatarem como haviam se afastado de uma maneira tão radical.

Depois de se formarem em Asher, seguiram por caminhos separados e perderam o contato. Bruce jogara beisebol durante dois anos na universidade e depois largara o esporte, quando seus joelhos não agüentaram mais. A carreira de Ron não fora muito melhor. Cada um tinha um divórcio; nenhum dos dois sabia que o outro havia casado. Nenhum dos dois ficou surpreso ao saber que o outro continuava a ter a maior atração pela vida noturna.

Eram jovens, bonitos, sem compromissos, trabalhando muito, com dinheiro no bolso. Logo começaram a freqüentar as casas noturnas e se empenhar juntos na conquista de mulheres. Ron sempre adorara as mulheres, mas algumas temporadas nas ligas menores haviam incutido uma intensidade ainda maior na sua busca.

Bruce vivia em Ada. A partir daquele dia, sempre que passava por Tulsa, ele encontrava tempo para uma noitada com Ron e seus amigos.

Embora o esporte tivesse partido seus corações, o beisebol ainda era o tema predileto de suas conversas: os dias de glória em

Asher, o treinador Bowen, os sonhos outrora partilhados e os antigos companheiros de time que também haviam tentado e fracassado. Com a justificativa dos joelhos lesionados, Bruce conseguira um rompimento aceitável com o beisebol, ou pelo menos com os sonhos de glória nas ligas principais. O que não acontecera com Ron. Ele estava convencido de que ainda podia jogar, de que um dia tudo mudaria, seu braço curaria milagrosamente e alguém o chamaria para um grande time. A vida voltaria a ser boa. A princípio, Bruce deu de ombros para descartar o assunto; era apenas o resíduo da fama se desvanecendo. Como ele próprio aprendera, nenhuma estrela apaga tão depressa quanto a de um atleta juvenil. Alguns absorvem o golpe, aceitam e seguem em frente. Outros continuam a sonhar por décadas.

Ron era quase delirante em sua convicção de que ainda podia jogar beisebol. E sentia-se bastante perturbado, até mesmo arrasado por seus fracassos. Perguntava constantemente a Bruce o que as pessoas diziam a seu respeito em Ada. Estavam desapontadas com ele porque não se tornara um novo Mickey Mantle? Falavam sobre ele nos bares e cafés? Bruce assegurava que não.

Mas não importava. Ron estava convencido de que sua cidade natal o considerava um fracassado, e a única maneira de fazer todo mundo mudar de idéia era obter um último contrato e conquistar uma vaga nas ligas principais.

Acorde, companheiro, dizia Bruce. Esqueça o beisebol. O sonho acabou.

A família de Ron começou a notar mudanças drásticas em sua personalidade. Às vezes ele se mostrava nervoso, agitado, incapaz de se concentrar ou focalizar um único assunto antes de passar para o seguinte. Em reuniões de família, sentava em silêncio, como se fosse mudo, por alguns minutos, para depois se intrometer na conversa, com comentários apenas sobre si mesmo. Quando falava, insistia em dominar a conversa e todo assunto tinha que girar em torno dele. Tinha problemas para permanecer quieto, fumava sem parar e desenvolveu o estranho hábito de desaparecer da sala de repente. No Dia de Ação de Graças de 1977, Annette recebeu toda a família, cobrindo a mesa com o banquete tradicional. Assim que todos sentaram, Ron deixou a sala abruptamente, sem dizer nada, e atravessou a cidade até a casa da mãe. Não deu qualquer explicação.

Em outras reuniões, ele se retirava para um quarto, trancava a porta e ficava sozinho. Isso deixava o resto da família na maior apreensão, mas também proporcionava algum tempo para uma conversa agradável. E depois ele saía do quarto falando sem parar sobre o que estava pensando, sempre um assunto completamente desligado da conversa dos outros. Parava no meio da sala e arengava até se cansar, como um desvairado. Em seguida, voltava correndo para o quarto e tornava a trancar a porta.

Uma ocasião sua entrada turbulenta incluiu um violão, que começou a dedilhar, furioso, enquanto cantava, muito mal, e exigia que os outros cantassem também. Depois de algumas canções desagradáveis, ele voltou para o quarto. Suspiros, olhos revirados e a situação na sala voltou ao normal. Desolada, a família acabou se acostumando com esse comportamento.

Ron podia passar dias retraído e mal-humorado, irritado por nada ou por tudo; e, de repente, como se um interruptor fosse acionado, sua personalidade gregária voltava. A carreira no beisebol deixava-o deprimido e ele preferia não falar a respeito. Um telefonema encontrava-o desanimado, num estado lamentável, mas no seguinte ele se mostrava exuberante e jovial.

A família sabia que ele andava bebendo e havia rumores persistentes sobre o consumo de drogas. Talvez o álcool e as substâncias químicas estivessem causando um desequilíbrio e contribuindo para as incríveis oscilações de humor. Annette e Juanita fizeram algumas indagações, da forma mais delicada possível, e foram recebidas com hostilidade.

Depois descobriu-se que Roy Williamson estava com câncer e os problemas de Ron tornaram-se menos importantes. Os tumores eram no intestino e progrediram rapidamente. Embora fosse o preferido da mãe, Ronnie sempre amara e respeitara o pai. Sentiu-se culpado por seu comportamento. Não freqüentava mais a igreja e tinha sérios problemas com o cristianismo, mas apegava-se à convicção pentecostal de que o pecado sempre é punido. O pai, que levara uma vida limpa, era agora punido por causa da longa lista de iniqüidades do filho.

A saúde precária de Roy aumentou a depressão do filho. Concentrou-se em seu egoísmo: as exigências que fizera aos pais de boas roupas, material esportivo caro, acampamentos e viagens para jogar beisebol, a mudança temporária para Asher, tudo recompensado de uma maneira gloriosa com um único aparelho de TV em cores, comprado com o dinheiro da bonificação pela assinatura do contrato com o A's. Lembrou-se de Roy comprando sem reclamar roupas usadas, para que o filho pudesse vestir o melhor na escola. Recordou o pai se arrastando pelas calçadas quentes de Ada com a mala pesada, cheia de amostras, oferecendo baunilha e condimentos. E também viu o pai nas arquibancadas, sem jamais perder um jogo.

Roy foi submetido a uma cirurgia exploratória em Oklahoma City no início de 1978. O câncer estava avançado e se espalhava rápido. Os cirurgiões não podiam fazer nada. Ele voltou a Ada, rejeitou a quimioterapia e começou um doloroso declínio. Em seus últimos dias de vida, Ron veio de Tulsa e ficou ao lado do pai, transtornado e choroso. Pedia desculpas a todo instante e suplicava ao pai que o perdoasse.

Roy acabou se cansando. Amadureça, filho, disse ele. Seja um homem. Pare com toda essa choradeira e histeria. Siga em frente com sua vida.

Roy morreu em 1º de abril de 1978.

Em 1978, Ron ainda residia em Tulsa. Dividia um apartamento com Stan Wilkins, um metalúrgico quatro anos mais jovem. Os dois gostavam de violão e de música popular. Passavam horas tocando e cantando. Ron tinha uma voz forte, embora não trabalhada, e um talento promissor no violão, um sofisticado Fender. Podia sentar e tocar horas a fio.

As discotecas eram animadas em Tulsa e os dois saíam com freqüência. Depois do trabalho bebiam um pouco e seguiam para as discotecas, onde Ron era bem conhecido. Ele adorava as mulheres e não demonstrava a menor timidez na hora de conquistá-las. Corria os olhos pela multidão, escolhia a mais atraente e convidava-a para dançar. Se ela aceitava, era bem provável que ele acabasse levando-a para a cama. Seu objetivo era ter uma mulher diferente todas as noites.

Embora gostasse de beber, tomava cuidado quando estava a fim de uma mulher. Muito álcool poderia afetar seu desempenho. O que já não acontecia com determinadas substâncias químicas. A cocaína era a sensação em todo o país e encontrada sem qualquer dificuldade nas discotecas de Tulsa. Pouco se pensava nas doenças sexualmente transmissíveis. A maior preocupação era com o herpes; a AIDS ainda não se manifestara. Para as pessoas com essa inclinação, o final dos anos 1970 foi o ápice do hedonismo. E Ron Williamson estava fora de controle.

Em 30 de abril de 1978, a polícia de Tulsa foi chamada ao apartamento de Lyza Lentzch. Quando os guardas ali chegaram, ela comunicou que fora estuprada por Ron Williamson. Ele foi preso no dia 5 de maio, pagou uma fiança de dez mil dólares e foi solto.

Ron contratou John Tanner, um veterano advogado criminalista. Admitiu sem hesitar que tivera uma relação sexual com Lentzch, mas jurou que fora consensual. Haviam se conhecido numa discoteca e ela convidara-o a ir a seu apartamento, onde acabaram na cama. Tanner acreditou em seu cliente, uma ocorrência rara.

Para os amigos de Ron, a idéia de estupro era ridícula. As mulheres praticamente se jogavam nos braços de Ron. Ele podia escolher em qualquer bar, e não costumava espreitar donzelas em igrejas. As mulheres que ele conhecia em bares e discotecas estavam sempre ansiosas por sexo.

Embora humilhado pela acusação, ele estava determinado a se comportar como se nada o incomodasse. Continuou a se divertir como antes, e ria de qualquer sugestão de que se encontrava numa situação difícil. Tinha um bom advogado. Que viesse o julgamento.

Em particular, no entanto, ele sentia-se assustado com o processo, e por bons motivos. Ser acusado de um crime grave deixava qualquer um preocupado, mas enfrentar um júri que poderia mandá-lo para a prisão por muitos anos era uma perspectiva apavorante.

Ron escondeu a maior parte dos detalhes da família – Ada ficava a duas horas de carro –, mas todos notaram que sua personalidade se tornara mais contida. E as oscilações de humor eram cada vez mais extremas.

À medida que seu mundo se tornava mais sombrio, Ron reagia com os únicos instrumentos de que dispunha. Bebia mais, permanecia acordado até mais tarde, procurava mais mulheres, tudo num esforço para levar uma vida boa e fugir de suas preocupações. Mas o álcool alimentava a depressão, ou talvez a depressão exigisse mais álcool... qualquer que fosse a combinação, ele se tornava mais sombrio e mais desanimado. E menos previsível.

No dia 9 de setembro, a polícia de Tulsa recebeu um telefonema sobre outro alegado estupro. Uma mulher de 18 anos, Amy Dell Ferneyhough, voltou para seu apartamento por volta de quatro horas da madrugada, depois de passar uma longa noite numa discoteca. Estava brigada com o namorado, que dormia no apartamento com a porta trancada. Ela não conseguiu encontrar sua chave. Como precisava muito ir ao banheiro, desceu apressada pelo quarteirão, até uma loja de conveniências que passava a noite inteira aberta. Ali, encontrou Ron Williamson, que também se divertira durante a noite inteira. Os dois não se conheciam, mas começaram a conversar. Logo foram para o terreno baldio atrás da loja, onde fizeram sexo.

Segundo Ferneyhough, Ron agrediu-a a socos, rasgou a maior parte de suas roupas e estuprou-a.

Segundo Ron, Ferneyhough estava furiosa com o namorado por trancar a porta e deixá-la na rua, por isso concordou em dar uma rapidinha.

Pela segunda vez em cinco meses, Ron pagou a fiança e procurou John Tanner. Com duas acusações de estupro pairando sobre sua cabeça, ele finalmente renunciou à vida noturna e se tornou recluso. Vivia sozinho e quase não falava com ninguém. Annette conhecia alguns detalhes, porque lhe enviava dinheiro. Bruce Leba sabia muito pouco do que estava acontecendo.

Em fevereiro de 1979, o estupro de Ferneyhough foi a julgamento primeiro. Ron prestou depoimento, explicando para os jurados que de fato fizera sexo com a mulher, mas fora por consentimento mútuo. Por mais estranho que pudesse parecer, os dois haviam concordado em ter relações atrás de uma loja de conveniência, às quatro horas da madrugada. Os jurados deliberaram por uma hora, acreditaram nele e voltaram com o veredicto de inocente.

Em maio, outro júri foi reunido para ouvir as acusações de estupro de Lyza Lentzch. Mais uma vez, Ron ofereceu uma explicação satisfatória. Conhecera Lentzch numa discoteca, dançara com ela, gostara dela, ela também gostara dele, tanto que o convidara a ir para seu apartamento, onde fizeram sexo consensual. A vítima declarou em seu depoimento que decidira que não queria mais fazer sexo, que tentara evitá-lo muito antes de começar, mas ficara com medo de Ron Williamson e finalmente cedera para não ser machucada. Outra vez, os jurados acreditaram em Ron e deram o veredicto de inocente.

Ser chamado de estuprador pela primeira vez o humilhara. Sabia que o rótulo persistiria por muitos anos. Mas poucas pessoas ouviam a mesma acusação duas vezes, ainda mais num prazo de cinco meses. Como era possível que ele, o grande Ron Williamson, ficasse marcado como um estuprador? Independentemente das conclusões dos jurados, as pessoas comentariam, mantendo as histórias vivas. E o apontariam quando passasse pela rua.

Ele tinha 26 anos e durante a maior parte de sua vida fora o astro do beisebol, o atleta arrogante destinado à glória nas grandes ligas. Hoje ainda era o jogador confiante, com um braço lesionado que poderia curar. As pessoas em Asher e Ada não haviam se esquecido dele. Era jovem e o talento ainda existia. Todos conheciam seu nome.

Mas tudo mudaria com as acusações de estupro. Ele sabia que seria esquecido como jogador, passando a ser conhecido apenas como um homem acusado de estupro. Mantinha-se isolado, retirando-se cada vez mais para seu mundo sombrio e confuso. Começou a faltar ao trabalho, até que largou o emprego na Toppers Menswear. Seguiu-se a falência pessoal; e quando perdeu tudo, fez as malas e deixou Tulsa. Estava desmoronando, num mergulho cada vez mais profundo na depressão, no álcool e nas drogas.

Juanita esperava-o, na maior preocupação. Sabia pouco sobre os problemas em Tulsa, mas ela e Annette conheciam o suficiente para se sentirem angustiadas. Era evidente que Ron se encontrava em péssimas condições, bebendo muito, com terríveis oscilações de humor, um comportamento cada vez mais bizarro. Sua aparência era a pior possível, com os cabelos compridos, a barba por fazer, as roupas sujas. E era o mesmo Ron Williamson que no passado tanto gostava de ser elegante e impecável, que comprava as melhores roupas e nunca hesitava em comentar que uma determinada gravata não combinava com um paletó.

Ele arriou no sofá da sala da mãe e pegou no sono. Não demorou muito para que estivesse dormindo 20 horas por dia, sempre no sofá. Seu quarto estava disponível, mas ele se recusava até mesmo a entrar ali depois do escurecer. Havia alguma coisa naquele quarto, alguma coisa que o assustava. Embora tivesse o sono profundo, às vezes acordava sobressaltado, gritando que o chão estava coberto de cobras e que havia aranhas nas paredes.

Passou a ouvir vozes, mas não revelou para a mãe o que diziam. E, depois, começou a responder.

Tudo deixava-o cansado; comer e tomar banho exigiam um esforço extenuante, sempre seguido por um longo cochilo. Mantinha-se apático, desmotivado, até mesmo durante os breves períodos de sobriedade. Juanita nunca tolerara o álcool em sua casa. Detestava a bebida e o fumo. Uma espécie de trégua foi acertada quando Ron se mudou para o apartamento apertado na garagem, ao lado da cozinha. Ali ele podia fumar, beber e tocar violão sem perturbar a mãe. Quando queria dormir, voltava para a sala e arriava no sofá; e quando estava acordado, permanecia no apartamento.

De vez em quando ele melhorava de humor, sua energia voltava e precisava outra vez da vida noturna. Bebia e consumia drogas, cantava as mulheres... embora com um pouco mais de cautela. Passava dias sumido, na casa de amigos, pegando dinheiro emprestado de qualquer conhecido que encontrasse. Com outra mudança dos ventos, voltava ao sofá, morto para o mundo.

Juanita esperava, numa preocupação interminável. Não havia histórico de doença mental na família, e ela não tinha a menor idéia da maneira de lidar com a situação. Orava muito. Era uma mulher reservada e fazia tudo o que podia para que Annette e Renee não tomassem conhecimento dos problemas de Ronnie. As duas eram casadas e felizes. Ronnie era seu fardo, não delas.

Havia ocasiões em que Ron falava em arrumar um emprego. Sentia-se desprezível por não trabalhar e se sustentar. Um amigo conhecia alguém na Califórnia que precisava de empregados. Para alívio da família, Ron viajou para lá. Telefonou para a mãe poucos dias depois, em lágrimas, dizendo que vivia com adoradores do diabo que o apavoravam e não permitiam que fosse embora. Juanita mandou uma passagem de avião e ele conseguiu escapar.

Viajou para a Flórida, o Novo México e Texas, à procura de trabalho, mas nunca permanecia mais de um mês em qualquer lugar. Cada breve viagem deixava-o esgotado e passava mais tempo ainda jogado no sofá.

Juanita conseguiu convencê-lo a procurar um conselheiro de saúde mental, que deu o diagnóstico de maníaco-depressivo. Foi receitado lítio, mas ele não tomava regularmente. Trabalhava em meio expediente aqui e ali, mas nunca conseguia manter um emprego por muito tempo. Seu único talento era em vendas, mas nas condições em que se encontrava não tinha a menor possibilidade de conversar e persuadir alguém. Ainda se referia a si mesmo como um jogador de beisebol profissional, um grande amigo de Reggie Jackson. A esta altura, os moradores de Ada já sabiam que não era bem assim.

No final de 1979, Annette procurou o juiz distrital Ronald Jones, no tribunal do condado de Pontotoc. Explicou o caso do irmão e perguntou se o estado ou o sistema judiciário podia fazer alguma coisa para ajudar. Não, respondeu o juiz Jones, só se Ron representasse uma ameaça para si mesmo ou para os outros.

Num dia em que estava excepcionalmente melhor, Ron candidatou-se a treinamento num centro de reabilitação vocacional em Ada. O conselheiro ali ficou alarmado com sua condição e o encaminhou ao Dr. M. P. Prosser, no Hospital St. Anthony, em Oklahoma City, onde ele foi internado a 3 de dezembro de 1979.

Os problemas começaram logo, quando Ron exigiu privilégios que a equipe não podia conceder. Ele queria mais do tempo e atenção dos terapeutas e se comportava como se fosse o único paciente do hospital. Como não atendessem a seus desejos, ele deixou o hospital, apenas para voltar poucas horas mais tarde, pedindo para ser readmitido.

Em 8 de janeiro de 1980, o Dr. Prosser escreveu: "Esse rapaz tem demonstrado um comportamento um tanto bizarro e às vezes psicopata. Talvez nunca seja possível determinar se é um maníaco, como o conselheiro em Ada achou, ou um indivíduo esquizóide com tendências sociopatas, ou o inverso, um indivíduo sociopata com tendências esquizóides... Pode haver necessidade de um tratamento de longo prazo, mas ele acha que não precisa de tratamento para a esquizofrenia."

Ron vivia num sonho desde o início da adolescência, desde os dias de glória nos campos de beisebol. Nunca aceitara a realidade de que sua carreira acabara. Ainda acreditava que "eles" – os poderosos do beisebol – viriam procurá-lo, levariam-no para um grande time e o tornariam famoso. "Esta é a parte esquizofrênica real de seu transtorno", escreveu o Dr. Prosser. "Ele simplesmente quer jogar beisebol, de preferência como um astro."

Foi sugerido um tratamento de longo prazo para a esquizofrenia, mas Ron não quis nem considerar a possibilidade. Nunca foi efetuado um exame físico completo, porque ele não cooperava, mas o Dr. Prosser observou que era "um jovem saudável, musculoso, ativo, ambulativo... em condições físicas melhores do que as da maioria das pessoas de sua idade".

Quando podia trabalhar, Ron vendia os artigos domésticos da Rawleigh, de porta em porta, pelos mesmos bairros em que seu pai trabalhara. Mas era um trabalho tedioso, as comissões eram mínimas, ele tinha pouca paciência para preencher papelada... e, além de todo o resto, Ron Williamson, o grande astro do beisebol, não podia se sujeitar a vender produtos para a cozinha de porta em porta!

Sem tratamento, sem medicação, bebendo muito, Ron tornou-se um freqüentador habitual dos bares da cidade. Era um bêbado chato, falando alto, gabando-se de sua carreira no beisebol e assediando as mulheres. Assustava muitas pessoas. Era bem conhecido dos bartenders e seguranças. Se Ron Williamson aparecia para beber, todos sabiam. Um dos seus lugares prediletos era o Coachlight, onde os seguranças vigiavam-no com a maior atenção.

Não demorou muito para que as duas acusações de estupro em Tulsa o alcançassem em Ada. A polícia passou a vigiá-lo, às vezes seguindo-o por toda a cidade. Ele e Bruce Leba circularam pelos bares uma noite e pararam num posto para encher o tanque do carro. Um policial seguiu-os por alguns quarteirões, depois deteve-os com a acusação de roubo de gasolina. Embora fosse apenas pura implicância, eles só escaparam da prisão por um triz.

As prisões, no entanto, logo começaram. Em abril de 1980, dois anos depois da morte do pai, Ron foi preso na primeira acusação de dirigir embriagado.

Em novembro, Juanita Williamson convenceu o filho a procurar ajuda para o problema da bebida. Pressionado por ela, Ron foi ao centro em Ada dos Serviços de Saúde Mental de Oklahoma. Foi recebido por Duane Logue, um conselheiro para os casos de abuso de substâncias químicas. Ele admitiu seus problemas sem qualquer hesitação, contou que bebia há 11 anos, consumia drogas há pelo menos sete anos e que passara a beber muito mais depois que fora dispensado pelos Yankees. Não mencionou as duas acusações de estupro em Tulsa.

Logue encaminhou-o para uma instituição chamada Bridge House, em Ardmore, Oklahoma, a 80 quilômetros de distância. Ron apresentou-se no dia seguinte na Bridge House. Concordou em se submeter a um tratamento de 28 dias sem álcool, em condições de isolamento. Estava muito nervoso e disse várias vezes ao conselheiro que fizera "coisas terríveis". Em dois dias, tornou-se um solitário, dormindo por longas horas e faltando às refeições. Depois de uma semana, foi apanhado fumando em seu quarto, uma flagrante violação das regras. Anunciou então que estava cansado de tudo aquilo. Partiu com Annette, que por acaso se encontrava em Ardmore para visitá-lo. Mas retornou no dia seguinte, pedindo para ser readmitido. Foi informado que deveria voltar para Ada e apresentar uma nova solicitação dentro de duas semanas. Com receio da ira da mãe, ele preferiu não voltar para casa. Em vez disso, vagueou por algumas semanas, sem informar a ninguém sobre seu paradeiro.

Em 25 de novembro, Duane Logue enviou uma carta a Ron solicitando que comparecesse a uma consulta no dia 4 de dezembro. O Sr. Logue dizia: "Estou preocupado com seu bem-estar e espero vê-lo na data indicada."

A 4 de dezembro, Juanita comunicou ao escritório dos Serviços de Saúde Mental que Ron tinha um emprego e vivia em Ardmore. Conhecera novos amigos e se envolvera com uma igreja, aceitara Cristo outra vez e não precisava mais da ajuda do serviço de saúde mental. Seu caso foi arquivado.

Foi reaberto dez dias mais tarde, quando foi mais uma vez recebido por Duane Logue. Ron precisava de um tratamento de longo prazo, mas não queria concordar. Também não tomava de forma regular os medicamentos prescritos, basicamente lítio. Havia ocasiões em que admitia por livre e espontânea vontade que abusara no consumo de álcool e drogas, mas em outras negava de uma maneira categórica. Apenas umas poucas cervejas, alegava ele, se indagado.

Como não era capaz de manter um emprego, vivia sem dinheiro. Quando Juanita recusava-se a "emprestar", ele vagueava por Ada à procura de outra fonte. Não era de surpreender que seu círculo de amigos começasse a diminuir; a maioria das pessoas evitava-o. Várias vezes ele foi até Asher, onde sempre podia encontrar Murl Bowen no campo de beisebol. Ron contava uma história de falta de sorte para arrancar 20 dólares de seu antigo treinador. Enquanto prometia pagar tudo, Murl fazia um sermão sobre a necessidade de mudar sua vida.

O refúgio de Ron era Bruce Leba, que se casara novamente e levava uma vida muito mais tranqüila em sua casa, a alguns quilômetros da cidade. Cerca de duas vezes por mês, Ron cambaleava até sua porta, bêbado e desgrenhado, e suplicava a Bruce que lhe arrumasse um lugar para dormir. Bruce sempre o acolhia, ajudava-o a ficar sóbrio, alimentava-o e, em geral, emprestava dez dólares.

Em fevereiro de 1981, Ron foi preso de novo por dirigir embriagado. Declarou-se culpado. Depois de alguns dias na cadeia, foi até Chickasha para ver Renee e o marido, Gary. Eles o encontraram no quintal dos fundos num domingo, ao voltarem da igreja. Ron explicou que morava numa barraca, atrás da cerca nos fundos do terreno. Sua aparência parecia indicar que era verdade. Ele também contou que escapara de alguns soldados em Lawton, e que esses soldados tinham armas e explosivos guardados em suas casas e planejavam destruir a base. Por sorte, ele escapara a tempo e agora precisava de um lugar para viver.

Renee e Gary permitiram que ele ficasse no quarto do filho. Gary arrumou-lhe um emprego numa fazenda para carregar feno. Ron só ficou no trabalho por dois dias, porque disse que encontrara um time de softball que precisava dele. O fazendeiro telefonou e disse a Gary que Ron não seria bem-vindo se quisesse voltar. Acrescentou que, em sua opinião, Ron tinha graves problemas emocionais.

O interesse de Ron pelos presidentes americanos ressuscitou de repente e durante dias ele não falou de outra coisa. Não apenas podia citar seus nomes rapidamente, na ordem direta e inversa, mas também sabia tudo a respeito deles, como datas de nascimento, locais em que nasceram, prazos dos mandatos, vice-presidentes, esposas e filhos, destaques da administração e assim por diante. Todas as conversas na casa dos Simmons tinham de se concentrar num presidente americano. Nada mais podia ser tratado enquanto Ron estivesse presente.

Ele era absolutamente noturno. Embora estivesse disposto a dormir à noite, era incapaz de consegui-lo. Ainda por cima, gostava de assistir à televisão durante a noite inteira, com o som a todo o volume. Aos primeiros raios do sol, ele ficava sonolento e acabava dormindo. Os Simmons, cansados, os olhos injetados, aproveitavam um breve intervalo de descanso antes de saírem para trabalhar.

Ron queixava-se de dores de cabeça com freqüência. Gary ouviu ruídos estranhos uma noite e descobriu Ron vasculhando o armarinho de remédios, à procura de alguma coisa para aliviar a dor.

Quando os nervos não agüentaram mais, Gary sentou com Ron para a inevitável conversa séria. Explicou que Ron era bem-vindo em sua casa para ficar por tanto tempo quanto quisesse, mas tinha de se ajustar aos horários da família. Ron não deu sinais de compreender que tinha problemas. Foi embora. Voltou para a casa da mãe, onde passava o tempo todo deitado no sofá, ou refugiado em seu apartamento, aos 28 anos de idade, era incapaz de admitir que precisava de ajuda.

Annette e Renee preocupavam-se com o irmão, mas havia pouco que pudessem fazer. Ele continuava tão voluntarioso quanto antes e parecia contente com a vida de vagabundo que levava. Seu comportamento se tornava cada vez mais estranho; quase não havia dúvidas sobre sua deterioração mental. Mas esse assunto era proibido; haviam cometido o erro de falar com Ron sobre isso. Juanita podia persuadi-lo a ver um conselheiro ou procurar tratamento para o alcoolismo, mas ele nunca se submetia a uma terapia prolongada. Cada breve período de sobriedade era seguido por semanas de incerteza sobre o seu paradeiro ou o que andava fazendo.

Como diversão, se é que tinha alguma, Ron tocava violão, em geral na varanda da frente da casa da mãe. Podia sentar ali, tocar e cantar para os passarinhos por horas a fio; e quando cansava da varanda, levava sua apresentação para as ruas. Muitas vezes sem um carro ou sem dinheiro para pagar a gasolina, vagueava a pé por Ada. Era visto em vários lugares e a todas as horas com um violão.

Rick Carson, amigo de infância, era policial em Ada. Quando pegava o turno da noite, muitas vezes encontrava Ron caminhando pelas calçadas, até mesmo entre as casas, tocando violão e cantando, depois de meia-noite. Rick perguntava-lhe para onde ia. Nenhum lugar específico. Rick oferecia uma carona até em casa. Às vezes Ron aceitava, mas em outras dizia que preferia continuar a andar.

Em 4 de julho de 1981, ele foi preso por embriaguez e perturbação da ordem pública e declarou-se culpado. Juanita ficou furiosa e exigiu que o filho procurasse ajuda. Ron foi internado no Hospital Central Estadual, em Norman, onde foi avaliado pelo Dr. Sambajon, um psiquiatra da equipe. A única queixa de Ron era a de que queria "obter ajuda". Sua auto-estima e energia estavam em baixa. Era dominado por pensamentos de que não valia nada, que não tinha qualquer esperança. Até cogitava o suicídio. Declarou ao médico:

– Não posso fazer nada de bom para mim mesmo e para as pessoas ao meu redor. Não consigo manter um emprego e tenho uma atitude negativa.

Contou que seu primeiro episódio sério de depressão ocorrera quatro anos antes, quando a carreira no beisebol terminara, mais ou menos a ocasião em que o casamento entrara em colapso. Admitiu o abuso de álcool e drogas, mas achava que esse comportamento não contribuía para seus problemas.

O Dr. Sambajon achou-o "desgrenhado, sujo, desmazelado... indiferente aos cuidados pessoais". O raciocínio do paciente não estava muito deteriorado e ele tinha uma percepção do estado em que se encontrava. O diagnóstico foi transtorno distímico, uma forma branda de depressão. O Dr. Sambajon recomendou medicamentos, mais aconselhamento, mais terapia de grupo e continuação do apoio da família.

Depois de três dias no hospital, Ron queria sair. Deram-lhe alta. Uma semana depois ele voltou à clínica de saúde mental em Ada, onde foi recebido por Charles Amos, um assistente psicológico. Ron descreveu-se como um ex-jogador profissional de beisebol que entrara em depressão desde o fim da carreira. Também atribuiu a depressão à religião. Amos encaminhou-o para a Dra. Marie Snow, a única psiquiatra em Ada. Ela começou a recebê-lo para sessões semanais. Receitou Asendin, um antidepressivo muito usado, e Ron apresentou uma ligeira melhora. A Dra. Snow tentou convencer o paciente de que havia necessidade de uma psicoterapia mais intensiva, mas depois de três meses Ron abandonou o tratamento.

Em 30 de setembro de 1982, Ron foi outra vez acusado de dirigir embriagado. Foi detido, encarcerado e mais tarde se declarou culpado.

CAPÍTULO 4

Três meses depois do assassinato de Debbie Carter, os detetives Dennis Smith e Mike Kieswetter foram à casa dos Williamson e interrogaram Ron pela primeira vez. Juanita estava presente e participou da reunião. Quando indagado onde se encontrava na noite de 7 de dezembro, Ron disse que não lembrava... já haviam passado três meses. É verdade, ele freqüentava o Coachlight, além de outras casas nos arredores de Ada. Juanita foi pegar seu diário, procurou a data e disse que o filho chegara em casa às dez horas da noite. Ela mostrou o registro de 7 de dezembro.

Os detetives perguntaram se ele conhecia Debbie Carter. Ron respondeu que não tinha certeza. Claro que conhecia o nome, pois quase não se falava de outra coisa na cidade desde o crime. Smith mostrou uma foto da vítima. Ron examinou-a com a maior atenção. Talvez a tivesse conhecido antes, talvez não. Mais tarde, ele pediu para ver a foto de novo. Ela era vagamente familiar. Ron negou com veemência que soubesse qualquer coisa sobre o assassinato, mas opinou que o assassino devia ser um psicopata que a seguira até em casa, arrombara a porta e fugira da cidade depois de cometer o crime.

Cerca de meia hora depois, um dos detetives perguntou a Ron se concordaria em tirar as impressões digitais e dar amostras dos cabelos. Ele aceitou. Foram para a delegacia, onde o interrogatório foi encerrado.

Três dias depois, em 17 de março, os detetives voltaram com as mesmas perguntas. Ron tornou a declarar que não tinha nada a ver com o crime e que estava em casa na noite de 7 de dezembro.

A polícia também conversou com um homem chamado Dennis Fritz, cuja única ligação possível com a investigação de homicídio era sua amizade com Ron Williamson. Segundo um relatório preliminar da polícia, Fritz era "um suspeito ou pelo menos um conhecido de um suspeito no caso do homicídio de Carter". Dennis quase nunca ia ao Coachlight e não aparecera por lá durante os meses que precederam o assassinato. Nenhuma testemunha o vira lá; mais do que isso, em março de 1983 não havia qualquer testemunha que tivesse mencionado seu nome. Era novo na área e não conhecia direito a cidade. Nunca dera uma carona a Ron Williamson até o Coachlight. Não conhecia Debbie Carter pessoalmente, não tinha certeza se já a vira antes em algum lugar e não tinha a menor idéia do lugar em que ela morava. Mas como os investigadores estavam agora na trilha de Ron Williamson e pareciam ter adotado a teoria automática de que eram dois assassinos, precisavam de outro suspeito. Fritz era esse homem.

Dennis Fritz foi criado perto de Kansas City, onde concluiu o ensino médio. Recebeu o diploma de biologia em 1971 pela Universidade Estadual de Oklahoma. Em 1973, sua esposa, Mary, deu à luz a filha única do casal, Elizabeth. Na ocasião, moravam em Durant, Oklahoma. Mary trabalhava na universidade próxima e Dennis tinha um bom emprego na companhia ferroviária.

No Natal de 1975, enquanto Dennis trabalhava fora da cidade, Mary foi assassinada por um vizinho de 17 anos, com um tiro na cabeça, quando estava sentada numa cadeira de balanço em sua própria sala.

Dennis foi incapaz de trabalhar durante os dois anos subseqüentes. Ficara emocionalmente abalado, não tinha condições de fazer qualquer coisa que não cuidar de Elizabeth. Quando ela foi para a escola, em 1981, ele conseguiu se recuperar. Arrumou um emprego de professor de ciências numa escola na cidade de Konawa. Depois de alguns meses, mudou-se para uma casa alugada em Ada, não muito longe da casa dos Williamson e não muito longe do apartamento que Debbie Carter um dia alugaria. Sua mãe, Wanda, foi morar com ele em Ada para ajudar a criar Elizabeth.

Ele arrumou outro emprego, como professor de biologia e treinador de basquete, na pequena cidade de Noble, a uma hora de carro. A direção da escola permitiu que ele morasse num trailer estacionado no campus. Nos fins de semana, Dennis voltava a Ada, para ficar com Elizabeth e a mãe. Noble não tinha vida noturna. Em uma ou outra noite durante a semana, Dennis seguia de carro para Ada, a fim de ver a filha. Depois, tomava uma bebida em algum lugar ou talvez se encontrasse com uma mulher.

Uma noite, em novembro de 1981, Dennis estava em Ada. Sentia-se entediado, com vontade de tomar uma cerveja. Pegou o carro e foi até uma loja de conveniência. Sentado no banco da frente do velho Buick de sua mãe, estacionado na frente da loja, estava Ron Williamson, tocando violão e vendo o mundo passar. Dennis também tocou violão, pois por acaso trouxera o seu no banco traseiro do carro. Os dois começaram a conversar sobre música. Ron disse que morava a poucos quarteirões e convidou Dennis para uma *jam session* lá. Ambos procuravam ansiosos por amigos.

O apartamento era apertado e sujo, um lugar triste, pensou Fritz. Ron explicou que morava com a mãe, que não tolerava que se fumasse ou bebesse dentro de casa. Disse que não tinha emprego. Quando Dennis perguntou o que fazia durante o dia inteiro, ele respondeu que geralmente dormia. Mas era um homem bastante cordial, com uma conversa fácil, um riso efusivo. Dennis, no entanto, notou que ele tinha um ar desligado. Ficava com o olhar perdido no espaço por longos períodos e depois fitava Dennis como se o outro não estivesse ali. Um cara estranho, pensou Dennis.

Mas os dois gostavam de tocar violão e conversar sobre música. Depois de algumas visitas, Fritz começou a perceber que Ron bebia demais e tinha alterações de humor. Ron adorava cerveja e vodca. Sua rotina era começar a beber ao final da tarde, depois que ficava completamente desperto e longe da mãe. Mostrava-se apático e deprimido até que o álcool começava a fazer efeito. Era então que sua personalidade aflorava. Começaram a freqüentar juntos os bares da cidade.

Dennis apareceu uma ocasião, no início da tarde, mais cedo do que o habitual, antes de Ron começar a beber. Conversou com Juanita, uma mulher simpática, mas sofredora, que falava pouco. Parecia cansada do filho. E desapareceu de repente. Dennis encontrou Ron em seu quarto, olhando para as paredes. O quarto deixava Ron nervoso e por isso quase nunca entrava ali.

Havia fotos coloridas enormes de Patty, sua ex-esposa, e do próprio Ron, em vários uniformes de beisebol.

– Ela era linda – comentou Fritz, olhando para a foto de Patty.

– E eu tinha tudo isso – murmurou Ron, com tristeza e amargura.

Ele tinha 28 anos na ocasião e perdera por completo toda e qualquer esperança.

O circuito dos bares era sempre uma aventura. Ron nunca entrava discretamente em qualquer bar. Lá dentro, esperava ser o centro das atenções. Uma de suas rotinas prediletas era usar um terno elegante e alegar que era um rico advogado de Dallas. Em 1981, ele já passara tempo suficiente em tribunais para conhecer o jargão e os maneirismos. Sua "performance de Tanner" foi apresentada em bares de Norman e Oklahoma City.

Fritz permanecia em segundo plano e apreciava o espetáculo. Oferecia bastante espaço a Ron. Mas logo começou a se cansar das aventuras. Uma noitada com Ron em geral envolvia alguma espécie de conflito e um final inesperado.

Durante o verão de 1982, eles voltavam para Ada, depois de uma noite nos bares, quando Ron anunciou que queria ir para Galveston. Fritz cometera o equívoco de mencionar uma pescaria em alto-mar, partindo de Galveston, e Ron alegou que sempre desejara fazer isso. Os dois estavam de porre e uma viagem de carro de oito horas, sem qualquer planejamento, não parecia uma idéia tão absurda. Viajavam na picape de Dennis. Como sempre, Ron não tinha carro, não tinha carteira de motorista, não tinha dinheiro para a gasolina.

Eram as férias de verão, Fritz tinha algum dinheiro no bolso: então, por que não ir pescar? Eles compraram mais cerveja e seguiram para o sul.

Em algum lugar do Texas, Dennis precisou de um cochilo. Por isso, Ron pegou o volante. Quando Dennis acordou, havia um sujeito negro na traseira da picape.

– Peguei um carona – explicou Ron, orgulhoso.

Em algum lugar de Houston, pouco antes do amanhecer, eles pararam numa loja de conveniência para comprar cerveja e comida. Quando deixaram a loja, a picape havia desaparecido, roubada pelo carona. Ron disse que havia esquecido as chaves na ignição. Depois de pensar mais um pouco, admitiu que não apenas deixara as chaves na ignição, mas também devia ter deixado o motor ligado. Beberam algumas cervejas e meditaram sobre o azar. Fritz insistia em chamar a polícia, mas Ron achava que talvez não fosse uma boa idéia. Discutiram, e Dennis resolveu chamar de qualquer maneira. Ao ouvir a história, o policial riu na cara deles.

Estavam na região mais barra-pesada da cidade, mas encontraram um Pizza Hut. Comeram pizza e tomaram cerveja. Vaguearam pela cidade, completamente perdidos. Ao anoitecer, passaram por um bar de negros. Ron decidiu entrar e se divertir. Era uma idéia absurda, mas Fritz logo chegou à conclusão de que devia ser mais seguro lá dentro do que na rua. Dennis pediu uma cerveja e torceu para que ninguém os percebesse. Mas Ron, como era de esperar, começou a falar rápido e chamar atenção. Usava um terno e assumiu o papel do grande advogado de Dallas. Dennis angustiava-se pela picape roubada e rezava para não ser esfaqueado enquanto seu companheiro contava histórias mirabolantes sobre seu grande amigo, Reggie Jackson.

Havia um homem no bar chamado Cortez, e Ron logo fez amizade com ele. Quando Ron contou a história da picape roubada, Cortez caiu na gargalhada. Na hora de o bar fechar, Ron e Dennis foram embora com Cortez, cujo apartamento ficava próximo. Como não havia camas disponíveis, os dois brancos dormiram no chão. Ao despertar, com a maior ressaca, Fritz ainda sentia-se furioso pelo roubo da picape, mas queria voltar inteiro para Ada. Arrancou Ron de seu sono comatoso. Juntos, convenceram Cortez a levá-los de carro, por uma pequena remuneração, até um banco, onde Dennis esperava sacar algum dinheiro. Ao chegarem ao banco, Cortez ficou esperando no carro, enquanto Ron e Dennis entravam. Dennis pegou o dinheiro. Ao saírem, uma dúzia de carros da polícia surgiram de todas as direções, cercando Cortez. Guardas fortemente armados arrancaram-no do carro e levaram-no para o banco traseiro de um de seus carros.

Ron e Dennis tornaram a entrar no banco, avaliaram às pressas a batida policial no estacionamento e saíram pelo outro lado. Compraram passagens de ônibus. A viagem de volta para casa foi longa e angustiada. Fritz estava cansado de Ron, furioso porque ele deixara a picape ser roubada. Decidiu evitá-lo por um bom tempo.

Um mês depois, Ron ligou para Dennis, querendo sair. Desde a aventura em Houston que a amizade esfriara muito. Fritz gostava de sair para tomar algumas cervejas e dançar um pouco, mas mantinha as coisas sob controle. Ron era ótimo para se encontrarem em seu apartamento, beberem ali e tocarem violão, mas qualquer coisa podia acontecer quando saíam para os bares.

Dennis foi buscá-lo e seguiram para um bar. Explicou que seria uma noite curta, porque tinha um encontro marcado com uma mulher. Estava ativamente à procura de um envolvimento amoroso. A esposa morrera há sete anos e ele ansiava por um relacionamento estável. Não era o caso de Ron. Para ele, as mulheres serviam para o sexo e nada mais.

Mas foi difícil se livrar de Ron naquela noite. Quando Dennis foi procurar a namorada, Ron decidiu acompanhá-lo. Ao compreender finalmente que não era bem-vindo, ele se enfureceu e foi embora, mas não a pé. Roubou o carro de Dennis e foi para a casa de Bruce Leba. Fritz ficou com a mulher. Ao se levantar na manhã seguinte, descobriu que seu carro havia desaparecido. Procurou a polícia, apresentou queixa, depois ligou para Bruce Leba e perguntou se ele sabia de Ron. Bruce concordou em levar Ron e o carro roubado para Ada. Foram detidos pela polícia ao chegarem. As acusações foram retiradas, mas Dennis e Ron passaram meses sem se falar.

Fritz estava em casa, em Ada, quando recebeu um telefonema do detetive Dennis Smith. A polícia queria que ele comparecesse à delegacia para responder a algumas perguntas. Fritz quis saber qual era o tipo de perguntas. Diremos quando você chegar aqui, respondeu Smith.

Mesmo relutante, Fritz foi à delegacia. Nada tinha a esconder, mas qualquer contato com a polícia deixava-o nervoso. Smith e Gary Rogers perguntaram sobre seu relacionamento com Roy Williamson, um amigo que ele não via há meses. As perguntas foram impessoais a princípio, mas pouco a pouco se tornaram acusadoras:

– Onde você estava na noite de 7 de dezembro?

Dennis não lembrava assim de repente; precisava de algum tempo para pensar a respeito.

– Conhecia Debbie Carter?

Não. E assim por diante. Depois de uma hora, Fritz deixou a delegacia, apenas um pouco preocupado por estar envolvido na investigação.

Dennis Smith telefonou de novo e perguntou a Fritz se aceitaria se submeter a um polígrafo. Com seus conhecimentos científicos, Fritz sabia que os polígrafos não merecem a menor confiança. Não queria participar de um teste. Ao mesmo tempo, jamais conhecera Debbie Carter, e queria provar isso para Smith e Rogers. Concordou, relutante, e o teste foi marcado, na sede do OSBI em Oklahoma City. À medida que o dia se aproximava, Fritz foi ficando mais e mais nervoso. Para acalmar os nervos, tomou um Valium pouco antes da hora marcada.

O teste foi administrado por Rusty Featherstone, agente do OSBI, com Dennis Smith e Gary Rogers presentes. Quando acabou, os policiais examinaram os gráficos, balançando a cabeça, com expressões sombrias, pela má notícia.

Fritz foi informado de que "não passara" no teste.

– Impossível! – exclamou ele, sua primeira reação.

Está escondendo alguma coisa, insistiram os policiais. Fritz finalmente confessou que tomara um Valium, porque sentia-se muito nervoso. Os policiais ficaram irritados e exigiram que ele fizesse outro teste. Fritz achou que não tinha opção.

Featherstone levou o equipamento para Ada uma semana depois, instalando-o no porão da delegacia. Fritz sentia-se ainda mais nervoso do que antes, mas respondeu às perguntas com absoluta sinceridade e facilidade.

Ele "não passou" outra vez, agora ainda pior do que antes, segundo Featherstone, Smith e Rogers. O interrogatório depois do teste do polígrafo começou num clima de fúria. Rogers, bancando o "tira durão", lançou insultos e ameaças, dizendo várias vezes:

– Você está escondendo alguma coisa, Fritz.

Smith tentou assumir o papel de verdadeiro amigo de Fritz, mas era uma encenação inverossímil, além de muito conhecida.

Rogers vestia-se como um caubói, com botas e todo o resto. Sua tática era andar de um lado para outro da sala, insultando, ameaçando, falando sobre o Corredor da Morte e injeções letais. Subitamente, avançava para Fritz, espetava um dedo em seu peito e dizia que ele tinha de confessar. A rotina era bastante assustadora, mas não muito eficaz. Fritz disse várias vezes:

– Parem de me atormentar!

Rogers finalmente acusou-o de estupro e homicídio. Mostrou-se ainda mais furioso, a linguagem ainda mais abusiva, enquanto descrevia como Fritz e seu cúmplice, Williamson, haviam entrado no apartamento, estuprado e matado Debbie. Agora ele, Rogers, exigia uma confissão.

Sem provas, apenas uma confissão poderia solucionar o caso, e os policiais estavam desesperados para arrancá-la de Fritz. Mas ele se manteve firme. Não tinha nada a confessar. Depois de duas horas de agressões verbais, no entanto, queria oferecer alguma coisa. Contou a história de uma viagem que fizera com Ron até Norman, no verão anterior. Circularam por bares numa noite turbulenta, à procura de mulheres, até que uma embarcara no banco traseiro do carro de Dennis. Ficara histérica quando ele não quisera deixá-la sair. A mulher finalmente conseguira escapar e chamara a polícia. Ron e Dennis dormiram no carro, num estacionamento, escondendo-se da polícia. Não houve nenhuma acusação formal.

A história pareceu apaziguar os policiais, pelo menos por alguns minutos. O foco evidente era Williamson. Agora, tinham mais provas de que ele e Fritz eram amigos e companheiros de farra. A relevância para o assassinato de Carter era obscura para Fritz, mas também a maior parte do que os policiais diziam não fazia muito sentido. Fritz sabia que era inocente; e se Smith e Rogers estavam atrás dele, o verdadeiro assassino não tinha muito com que se preocupar.

Depois de pressioná-lo durante três horas, os policiais finalmente desistiram. Estavam convencidos do envolvimento de Fritz, mas o caso não seria resolvido sem uma confissão. Havia necessidade de um bom trabalho policial, e por isso eles começaram a vigiar Fritz, seguindo-o por toda a cidade, detendo-o sem qualquer motivo. Fritz acordou várias vezes para deparar com um carro da polícia estacionado na frente de sua casa.

Voluntariamente, ele ofereceu amostras de cabelos, sangue e saliva. Por que não concordar com tudo o que pediam? Não tinha nada a temer. A idéia de procurar um advogado passou por sua cabeça, mas por que se incomodar? Era absolutamente inocente e a polícia em breve compreenderia isso.

O detetive Smith investigou os antecedentes de Fritz e descobriu uma condenação em 1973, por cultivar maconha na cidade de Durant. Com essa informação, um policial de Ada procurou a escola em Noble onde Fritz era professor. Comunicou ao diretor que ele não apenas estava sendo investigado por homicídio, mas também tinha uma condenação por uso de drogas que deixara de mencionar quando se candidatara ao cargo. Fritz foi imediatamente demitido.

No dia 17 de março, Susan Land recebeu no OSBI as amostras enviadas por Dennis Smith de "pêlos pubianos e do couro cabeludo de Fritz e Williamson".

Em 21 de março, Ron foi à delegacia de polícia e submeteu-se voluntariamente ao teste do polígrafo, ministrado por B.G. Jones, outro técnico do OSBI. Jones declarou que o teste era inconclusivo. Ron também deu uma amostra da saliva. Uma semana depois, essa amostra foi encaminhada ao OSBI, junto com uma amostra de Dennis Fritz.

Em 28 de março, Jerry Peters, do OSBI, completou sua análise das impressões digitais. Declarou em seu relatório, sem qualquer possibilidade de contestação ou equívoco, que a impressão palmar no pedaço de gesso não pertencia a Debbie Carter, Dennis Fritz ou Ron Williamson. Deveria ser uma boa notícia para a polícia. Bastava encontrar uma impressão palmar equivalente e teriam o assassino.

Em vez disso, a polícia comunicou à família Carter que Ron Williamson era o principal suspeito. Embora não tivessem provas suficientes, os policiais seguiam todas as pistas e, lentamente, de uma forma metódica, foram desenvolvendo uma argumentação contra ele. Williamson, sem qualquer dúvida, parecia suspeito; comportava-se de uma forma estranha, com os horários mais insólitos, vivia com a mãe, não tinha um emprego, era conhecido como alguém que sempre assediava as mulheres, freqüentava os bares... e, o pior de tudo, morava perto do local do crime. Através de uma viela, poderia alcançar o apartamento de Debbie em poucos minutos!

Ainda por cima, ele tivera aqueles dois problemas em Tulsa. O homem tinha de ser um estuprador, independentemente das decisões dos jurados.

Não muito depois do crime, a tia de Debbie, Glenna Lucas, recebeu um telefonema anônimo de um homem que disse:

— Debbie está morta. Você será a próxima a morrer.

Glenna recordou, horrorizada, as palavras escritas com esmalte de unha: "Jim Smith, o próximo a morrer." A semelhança levou-a ao pânico; mas em vez de comunicar à polícia, ela procurou o promotor distrital.

Bill Peterson, um jovem corpulento, de uma proeminente família de Ada, era promotor há três anos. Seu distrito abrangia três condados – Pontotoc, Seminole e Hughes – e seu escritório ficava no prédio da Justiça do condado de Pontotoc. Conhecia a família Carter e, como qualquer promotor de cidade pequena, estava ansioso para encontrar um suspeito e solucionar o crime. Dennis Smith e Gary Rogers mantinham-no rotineiramente informado das investigações.

Glenna descreveu o telefonema anônimo para Bill Peterson. Os dois concordaram que o autor fora provavelmente Ron Williamson, e que o assassino era ele. Se saísse de seu apartamento na garagem e desse alguns passos pela viela nos fundos, poderia ver o apartamento de Debbie; e se desse alguns passos pela frente da casa da mãe, poderia ver a casa de Glenna. Ele estava bem ali, no meio de tudo, o homem estranho, sem emprego, de horários insólitos, espreitando a vizinhança ao redor.

Bill Peterson providenciou para que um gravador fosse instalado no telefone de Glenna, mas não houve outras ligações.

A filha de Glenna, Christy, de oito anos, tinha noção do sofrimento da família. Glenna sempre a mantinha por perto, nunca permitindo que ficasse sozinha ou usasse o telefone. Também fazia questão de que ela fosse vigiada na escola.

Havia comentários na casa... e também na família sobre Williamson. Por que ele mataria Debbie? O que a polícia estava esperando?

Os rumores continuaram. O medo logo espalhou-se pelo bairro e depois por toda a cidade. O assassino continuava à solta, onde todos podiam vê-lo... e todos sabiam seu nome. Por que a polícia não o tirava de circulação?

Um ano e meio depois de sua última sessão com a Dra. Snow, Ron precisava mesmo sair das ruas. Havia uma necessidade desesperada de um tratamento de longo prazo numa instituição. Em junho de 1983, outra vez por pressão da mãe, ele fez o percurso familiar, a pé, até a clínica de saúde mental de Ada. Pediu ajuda, dizendo mais uma vez que sentia-se deprimido e incapaz de trabalhar. Foi encaminhado para outra instituição, em Cushing, onde foi avaliado por Al Roberts, um conselheiro de reabilitação. Roberts constatou que o QI de Ron era de 114, "no âmbito normal de funcionamento intelectual", mas advertiu que ele podia estar sofrendo de algum grau de deterioração cerebral por causa do abuso de álcool.

O Sr. Roberts escreveu: "Esse homem pode estar manifestando um pedido de socorro." Ron era inseguro, tenso, preocupado, nervoso e deprimido.

É uma pessoa inconformada e se ressente com a autoridade. De comportamento errático e imprevisível, tem problemas para controlar os impulsos. É desconfiado e não acredita nas pessoas à sua volta. Carece de habilidades sociais e se mostra pouco à vontade em situações sociais. É do tipo que aceita pouca responsabilidade por seu próprio comportamento e pode reagir com raiva ou hostilidade, como uma defesa contra o sofrimento. Vê o mundo como um lugar ameaçador e assustador, e se defende com uma atitude hostil ou de retraimento. Ron parece muito imaturo e passa uma imagem de que é despreocupado.

Ron candidatou-se a um programa de treinamento vocacional na East Central University, em Ada, declarando que queria se formar em química; a alternativa era o curso de educação física para poder se tornar treinador. Concordou em se submeter a uma avaliação psicológica meticulosa, através de uma série de testes. O avaliador foi Melvin Brooking, um assistente psicológico do Centro de Reabilitação Vocacional.

Brooking conhecia Ron e a família Williamson muito bem, talvez até bem demais. Suas observações de comportamento continham o relato de vários incidentes. Referia-se a ele como "Ronnie".

Sobre a carreira esportiva, Brooking escreveu: "Não sei que tipo de estudante Ronnie foi no ensino médio, mas sei que ele foi um atleta destacado, embora sempre com a desvantagem de seus acessos de raiva dentro e fora do campo. Tinha em geral um comportamento rude e imaturo, uma atitude egocêntrica e arrogante. Sua atitude de *prima donna*, a incapacidade de conviver com outras pessoas e o desrespeito às normas e aos regulamentos faziam com que fosse um jogador desajustado aonde quer que fosse."

Sobre a família, ele disse: "A mãe de Ronnie sempre foi uma mulher trabalhadora, durante toda a sua vida. Foi proprietária de um salão de beleza no centro da cidade por muitos anos. Tanto a mãe como o pai de Ronnie apoiaram-no em suas muitas crises. É evidente que a mãe ainda o sustenta, embora esteja esgotada em termos emocionais, físicos e financeiros."

Sobre o casamento fracassado, ele escreveu: "Ronnie casou com uma jovem muito bonita, que havia sido Miss Ada. Mas, ao final, ela não pôde tolerar as bruscas mudanças de humor de Ronnie e sua incapacidade de ganhar a vida. Por isso decidiu se divorciar."

Obviamente, Ron foi franco sobre o abuso de álcool e drogas. Brooking observou: "Ronnie teve sérios problemas de abuso de álcool e drogas no passado... Ele toma muitos comprimidos. A maior parte do consumo de drogas parece ser uma tentativa de se medicar, a fim de sair da depressão profunda. Ele diz que não está mais bebendo nem consumindo drogas."

Brooking começou seu diagnóstico com o transtorno bipolar, descrevendo da seguinte maneira:

O transtorno bipolar significa que esse jovem sofre de fortes oscilações de humor, indo da alta excitação maníaca à depressão no nível do estupor. Diagnosticarei como do tipo deprimido porque é onde ele se situa a maior parte do tempo. As fases maníacas são em geral induzidas por drogas e de curta duração. Durante os últimos três ou quatro anos, Ronnie tem estado seriamente deprimido, vivendo nos fundos da casa da mãe, dormindo durante a maior parte do tempo, trabalhando muito pouco e totalmente dependente das pessoas para seu sustento. Saiu da casa da mãe três ou quatro vezes e fez importantes mudanças em sua vida, como se fosse se reabilitar, mas nunca deu continuação.

Brooking também diagnosticou em Ron um transtorno de personalidade paranóide, por causa de "uma suspeita e desconfiança difusas e injustificadas das pessoas, hipersensibilidade e afetividade restrita".

E, por precaução, ele acrescentou a dependência de álcool e substâncias químicas. O prognóstico era "cauteloso", e ele concluiu registrando: "Este jovem nunca teve estabilidade emocional desde que saiu de casa, há mais de dez anos. Sua vida foi uma sucessão de problemas e crises devastadoras. Ele continua a tentar pôr os pés em terra firme, mas até agora não foi capaz de conseguir."

A função de Brooking era avaliar Ron, não tratá-lo. Ao final do verão de 1983, a condição mental de Ron estava se agravando e ele não recebia a ajuda de que precisava. Era preciso uma internação, com psicoterapia de longo prazo, mas a família não tinha como arcar com as despesas e o estado não podia proporcionar; e, de qualquer forma, Ron teria de concordar.

Seu pedido à universidade incluía uma ajuda financeira. O pedido foi aprovado. Ron recebeu o aviso de que havia um cheque à sua disposição no escritório. Foi buscá-lo em seu estado de desleixo habitual, de bigode e cabelos compridos, acompanhado por dois homens de aparência escusa que pareciam muito interessados na perspectiva de Ron receber algum dinheiro. O cheque fora emitido em nome de Ron, mas também de um funcionário da universidade. Ron tinha pressa, mas foi informado de que teria de esperar numa longa fila pela assinatura do funcionário. Ele achava que o dinheiro era seu por direito e não tinha a menor vontade de esperar. Os dois companheiros também estavam ansiosos para que o cheque fosse logo descontado. Por isso, Ron falsificou a assinatura do funcionário.

E descontou o cheque de 300 dólares.

A falsificação foi testemunhada por Nancy Carson, esposa de Rick Carson, o amigo de infância de Ron que era policial em Ada.

A Sra. Carson trabalhava no escritório e conhecia Ron há muitos anos. Ficou consternada pelo que acabara de acontecer e telefonou para o marido.

Um funcionário da universidade que conhecia a família Williamson pegou o carro e foi até o salão de beleza de Juanita para informá-la sobre a falsificação. Se ela reembolsasse a universidade, não haveria uma queixa criminal. Juanita fez um cheque de 300 dólares e foi procurar o filho.

No dia seguinte, Ron foi preso por falsificar uma assinatura num documento, um crime com pena de prisão máxima de oito anos. Foi levado para a cadeia do condado de Pontotoc. Não podia pagar a fiança e a família não tinha como ajudá-lo.

As investigações do homicídio prosseguiram lentamente. Ainda não havia notícias do laboratório de criminalística sobre as primeiras apresentações de impressões digitais e amostras de cabelo e saliva. Amostras de 31 homens de Ada, inclusive Ron Williamson e Dennis Fritz, estavam sendo processadas. Glen Gore ainda não fora convidado a oferecer amostras de cabelos e saliva.

Em setembro de 1983, todas as amostras de cabelos estavam na mesa atulhada de serviço de Melvin Hett, outro perito em cabelos do OSBI.

A 9 de novembro, enquanto continuava na cadeia, Ron foi submetido a outro teste com o polígrafo, também ministrado por Rusty Featherstone, o agente do OSBI. Foi uma reunião de duas horas, com muitas perguntas antes de Ron ser ligado ao polígrafo. Ele negou de forma sistemática qualquer envolvimento ou conhecimento do assassinato. O teste foi outra vez considerado inconclusivo. Toda a entrevista foi gravada em videoteipe.

Ron adaptou-se à vida atrás das grades. Parou de beber e tomar comprimidos porque não tinha opção. Conseguiu manter o hábito de dormir 20 horas por dia. Mas sem medicamento ou tratamento de qualquer tipo, continuou num lento declínio mental.

Mais tarde, em novembro, outra presa, Vicki Michelle Owens Smith, contou ao detetive Dennis Smith uma estranha história sobre Ron. Dennis Smith fez o seguinte relato:

> Às três ou quatro horas da madrugada de sábado, Ron Williamson olhou por sua janela e avistou Vicki. Williamson gritou que ela era uma bruxa e que fora Vicki quem o levara à casa de Debbie Carter, e agora trazia o espírito de Debbie até sua cela para atormentá-lo. Williamson também gritou para que sua mãe o perdoasse.

Em dezembro, um ano depois do assassinato, Glen Gore foi convidado a comparecer à delegacia para prestar um depoimento. Ele negou qualquer envolvimento na morte de Debbie Carter. Disse que a vira no Coachlight poucas horas antes de sua morte, e acrescentou um detalhe novo, de que ela chamara-o para dançar porque estava sendo assediada por Ron Williamson. O fato de que ninguém presente no Coachlight comunicou à polícia ter visto Ron lá era aparentemente insignificante.

Por mais ansiosos que os policiais estivessem para montar uma acusação contra Ron, as provas ainda eram insuficientes. Não havia uma única impressão digital encontrada no apartamento de Carter que combinasse com as de Ron ou Dennis Fritz, uma falha gritante na teoria de que os dois se encontravam ali durante o longo e prolongado ataque. Não havia testemunhas oculares; ninguém ouvira qualquer som naquela noite. A análise de cabelos, um exame duvidoso, estava por fazer na mesa de trabalho de Melvin Hett.

Os indícios contra Ron eram de dois testes de polígrafo "inconclusivos", uma péssima reputação, o fato de morar não muito longe da vítima e o depoimento atrasado e insuficiente de Glen Gore.

Os indícios contra Dennis Fritz eram ainda mais fracos. Um ano depois do crime, o único resultado concreto da investigação fora a demissão de um professor secundarista de ciências.

Em janeiro de 1984, Ron declarou-se culpado da acusação de falsificação e foi condenado a três anos de prisão. Levaram-no para um estabelecimento correcional perto de Tulsa. Não demorou muito para que seu comportamento estranho atraísse a atenção dos responsáveis. Ele foi transferido para uma unidade de saúde mental intermediária onde ficaria em observação. O Dr. Robert Briody entrevistou-o na manhã de 13 de fevereiro e anotou: "Ele em geral é contido e parece ter o controle de seus atos." Durante uma entrevista naquela tarde, porém, o Dr. Briody viu uma pessoa diferente. Ron estava "hipomaníaco, ruidoso, irritadiço, agitado, com associações desconexas, fuga de idéias, pensamentos irracionais e alguma ideação paranóide". Foi sugerida uma avaliação adicional.

A segurança não era rigorosa na unidade intermediária. Ron descobriu um campo de beisebol nas proximidades e gostava de se esgueirar até lá à noite para ficar sozinho. Um policial encontrou-o uma noite ali, cochilando no campo, e levou-o de volta para a unidade. Ron foi advertido e teve de escrever um relatório:

> Eu me sentia deprimido na outra noite e precisava de algum tempo para pensar nas coisas. Sempre me senti em paz num campo de beisebol. Fui até o canto sudeste do campo e me enrosquei debaixo de uma árvore. Poucos minutos depois, um guarda me pediu para voltar ao prédio. Encontrei Brents no meio do campo e seguimos juntos até a porta da frente. Mas como esta carta atesta mandaram que eu escrevesse um relato.

Com o principal suspeito atrás das grades, as investigações do assassinato de Debbie Carter foram praticamente interrompidas. Passaram-se semanas quase sem atividade. Dennis Fritz trabalhou por um curto período numa clínica de repouso, depois numa fábrica. A polícia de Ada assediava-o de vez em quando, mas acabou perdendo o interesse. Glen Gore continuava na cidade, mas não tinha a menor importância para a polícia.

Os policiais sentiam-se frustrados, as tensões eram intensas e a pressão estava prestes a aumentar de uma forma dramática.

Em abril de 1984, outra jovem foi assassinada na cidade. Embora sua morte não tivesse qualquer relação com o assassinato de Debbie Carter, teria um profundo impacto nas vidas de Ron Williamson e Dennis Fritz.

Denice Haraway tinha 24 anos e estudava na East Central University. Trabalhava meio expediente na loja de conveniência McAnally's, na extremidade leste de Ada. Era casada há oito meses com Steve Haraway, também estudante na universidade, filho de um proeminente dentista da cidade. Os recém-casados residiam num pequeno apartamento que pertencia ao Dr. Haraway. Os dois trabalhavam enquanto estudavam.

No sábado, 28 de abril, por volta das oito e meia da noite, um cliente aproximava-se da entrada da McAnally's quando deparou com uma jovem atraente que saía da loja. Estava acompanhada por um jovem, também na casa dos 20 anos. Ele passava o braço pela cintura da jovem, como se fossem um casal de namorados. Foram até uma picape. A jovem entrou primeiro, pelo lado do carona. O rapaz sentou ao volante e bateu a porta. O motor pegou poucos segundos depois. Seguiram para o leste, deixando a cidade. A picape era velha, Chevrolet, pintada de cinza, toda manchada.

Dentro da loja, o cliente não avistou ninguém. A gaveta da caixa registradora estava aberta e fora esvaziada. Havia um cigarro ainda aceso no cinzeiro. Ao lado, havia uma lata de cerveja aberta. Ele viu por trás do balcão uma bolsa marrom e um livro didático aberto. O cliente tentou descobrir o funcionário, mas a loja estava vazia. Concluiu que talvez tivesse ocorrido um assalto e chamou a polícia.

Um guarda encontrou na bolsa marrom a carteira de motorista de Denice Haraway. O cliente examinou a foto no documento e fez uma identificação positiva. Era a mesma jovem que passara por ele quando entrava na loja apenas meia hora antes. Tinha certeza de que era mesmo Denice Haraway porque passava na McAnally's com freqüência e conhecia seu rosto.

O detetive Dennis Smith já estava na cama quando recebeu o telefonema.

– Isolem o local – disse ele antes de voltar a dormir.

Sua ordem, porém, não foi cumprida. O gerente da loja morava próximo e logo apareceu. Verificou o cofre; não fora aberto. Encontrou 400 dólares em dinheiro embaixo do balcão, esperando a transferência para o cofre. Havia ainda 150 dólares em outra gaveta da caixa registradora. Enquanto esperavam a chegada de um detetive, o gerente arrumou a loja. Esvaziou o cinzeiro com uma única ponta de cigarro e jogou fora a lata de cerveja. O guarda não o impediu. Se havia impressões digitais, perderam-se para sempre.

Steve Haraway estava estudando e esperando que a esposa voltasse para casa, depois que a McAnally's fechasse, às 11 horas da noite. Um telefonema da polícia deixou-o atordoado. Não demorou a chegar à loja, identificando o carro, os livros e a bolsa da mulher. Deu uma descrição e tentou lembrar o que ela vestia: jeans, tênis e uma blusa que ele não recordou como era.

Na manhã de domingo, todos os 33 homens da força policial de Ada foram chamados para uma busca. Patrulheiros estaduais vieram de distritos próximos. Dezenas de grupos locais, inclusive os irmãos da fraternidade de Steve na universidade, apresentaram-se como voluntários para a busca. O agente do OSBI Gary Rogers foi designado para comandar as investigações em nível estadual, enquanto Dennis Smith seria o encarregado da polícia de Ada, mais uma vez. O condado foi dividido em seções, com equipes distribuídas para procurar em cada rua, estrada, rio, vala e campo.

Uma funcionária da JP's, outra loja de conveniência, a menos de um quilômetro dali, apresentou-se para contar à polícia que dois rapazes estranhos haviam passado por lá, deixando-a assustada, pouco antes do desaparecimento de Denice. Ambos tinham vinte e poucos anos, cabelos compridos, comportamento suspeito. Jogaram uma partida de sinuca antes de irem embora numa picape velha.

O cliente da McAnally's vira apenas um homem saindo com Denice, e ela não parecia estar com medo dele. Mas sua descrição geral combinava com a descrição dos dois rapazes na JP's. Assim, a polícia tinha uma pista. Procuravam dois brancos, entre 22 e 24 anos de idade. Um deles tinha entre 1,73m e 1,78m, cabelos louros cobrindo as orelhas, pele clara. O outro tinha cabelos castanho-claros até os ombros e corpo delgado.

A busca intensa no domingo nada produziu, nem uma única pista. Dennis Smith e Gary Rogers encerraram-na depois do escurecer e fizeram planos para recomeçar na manhã seguinte.

Na segunda-feira, eles obtiveram na universidade uma foto em cores de Denice. Imprimiram cartazes com seu rosto bonito e a descrição geral: 1,65m, 50 quilos, olhos castanhos, cabelos louro-escuros, pele clara. O cartaz também dava as descrições dos dois jovens vistos na JP's, junto com uma descrição da picape velha. Foram postos em todas as vitrines de lojas de Ada, por guardas e voluntários.

Um desenhista da polícia trabalhou com a funcionária da JP's para reproduzir os dois rostos. Quando os desenhos foram mostrados ao cliente da McAnally's, ele declarou que pelo menos um deles era "parecido". Os dois retratos falados foram encaminhados à emissora de televisão local. Assim que a cidade viu os possíveis suspeitos, houve inúmeros telefonemas para a delegacia.

Ada tinha quatro detetives na ocasião: Dennis Smith, Mike Baskin, D.W. Barrett e James Fox. Logo ficaram assoberbados com as ligações. Mais de uma centena, com 25 nomes indicados como suspeitos em potencial.

Dois nomes se destacaram. Billy Charley foi sugerido por cerca de 30 pessoas. Por isso, ele foi chamado para ser interrogado. Compareceu à delegacia em companhia dos pais, que disseram que o filho passara toda a noite de sábado em casa com eles.

O outro nome indicado por cerca de 30 cidadãos preocupados foi o de Tommy Ward, um jovem que a polícia conhecia muito bem. Tommy fora detido várias vezes por pequenos delitos – perturbação da ordem pública por embriaguez, pequenos furtos –, mas nada violento. Tinha parentes por toda Ada. Os Ward eram conhecidos como gente decente, trabalhadores, que cuidavam de sua própria vida. Tommy tinha 24 anos, o segundo mais jovem de oito filhos, e abandonara a escola sem terminar o ensino médio.

Apresentou-se voluntariamente na delegacia. Os detetives Smith e Baskin perguntaram sobre a noite de sábado. Ele fora pescar com um amigo, Karl Fontenot. Depois, foram a uma festa. Voltaram a pé para casa às quatro horas da madrugada. Tommy não tinha qualquer veículo. Os detetives notaram que seus cabelos louros haviam sido cortados muito curtos, um trabalho malfeito, irregular, obviamente por alguém que não era um profissional. Tiraram uma foto polaróide da parte posterior de sua cabeça e puseram a data, 1º de maio.

Os suspeitos nos dois retratos falados tinham cabelos claros e compridos.

O detetive Baskin descobriu Karl Fontenot, um homem que não conhecia, e pediu-lhe que comparecesse à delegacia para responder a algumas perguntas. Fontenot concordou, mas não apareceu. Baskin não insistiu. Fontenot tinha cabelos compridos, mas escuros.

Enquanto as buscas continuavam, com crescente urgência, por todo o condado de Pontotoc e arredores, o nome e a descrição de Denice Haraway foram transmitidos para os departamentos de polícia de todo o país. Houve telefonemas de inúmeros lugares, mas nenhum foi de qualquer proveito. Denice simplesmente desaparecera sem deixar qualquer vestígio.

Quando Steve Haraway não estava distribuindo cartazes ou circulando por estradas secundárias, ficava trancado em seu apartamento, na companhia de uns poucos amigos. O telefone tocava a todo instante e a cada ligação havia um momento de esperança.

Não havia razão para Denice fugir de casa. Estavam casados há menos de um ano e ainda profundamente apaixonados. Ambos cursavam o último ano na faculdade, aguardavam ansiosos pela formatura quando deixariam Ada para viver em outro lugar. Steve tinha certeza de que ela fora levada contra a vontade.

A cada dia que passava aumentavam as chances de Denice não ser encontrada com vida. Se tivesse sido levada por um estuprador, seria solta depois de consumado o ato. Se fora seqüestrada, alguém já teria pedido um resgate. Surgiram boatos sobre um ex-amante no Texas, mas vieram e passaram. E houve também rumores sobre traficantes de drogas e outros bandidos similares, mas estes sempre surgiam com os crimes mais estranhos.

A cidade, mais uma vez, ficou chocada com o crime. Debbie Carter fora assassinada 17 meses antes, e a cidade mal se recuperara desse pesadelo. Agora, todas as portas eram trancadas, um toque de recolher imposto aos adolescentes e houve uma corrida para a compra de armas. O que estava acontecendo com aquela linda cidadezinha universitária que tinha duas igrejas em cada cruzamento?

As semanas foram passando. Pouco a pouco, a vida voltou ao normal para a maior parte da população de Ada. Não demorou muito para que o verão chegasse e os alunos entrassem em férias. Os rumores diminuíram, mas não cessaram por completo. Um suspeito no Texas gabou-se de ter matado dez mulheres. A polícia de Ada correu para interrogá-lo. O corpo de uma mulher com tatuagens nas pernas foi encontrado no Missouri. Denice não tinha tatuagens.

E assim foi, durante todo o verão, adentrando o outono. Não havia uma única pista de qualquer tipo que pudesse levar a polícia ao corpo de Denice Haraway.

E também não havia qualquer progresso na investigação do assassinato de Debbie Carter. Com dois crimes de grande repercussão permanecendo sem solução, o clima na polícia de Ada era cada vez mais opressivo e tenso. Havia longas horas de trabalho, sem nada para mostrar pelo tempo consumido. Pistas antigas foram investigadas de novo, com os mesmos resultados. As vidas de Dennis Smith e Gary Rogers eram consumidas pelos dois assassinatos.

Para Rogers, a pressão era ainda pior. Um ano antes do desaparecimento de Denice Haraway, um crime similar fora cometido em Seminole, uns 50 quilômetros ao norte de Ada. Uma jovem de 18 anos, Patty Hamilton, desaparecera de repente da loja de conveniência em que trabalhava e que ficava aberta 24 horas. Um cliente entrara e encontrara a loja vazia, a caixa registradora aberta e sem dinheiro, duas latas de refrigerante abertas no balcão. Não havia qualquer sinal de luta. Seu carro trancado fora encontrado na frente da loja. Ela desaparecera sem deixar qualquer pista. Durante um ano, a polícia presumira que ela fora seqüestrada e morta.

O agente do OSBI encarregado do caso de Patty Hamilton era Gary Rogers. Debbie Carter, Denice Haraway, Patty Hamilton... o agente Rogers tinha em sua mesa os assassinatos não resolvidos de três jovens.

Quando Oklahoma ainda era um território, Ada tinha uma reputação pitoresca e merecida de ser um refúgio para pistoleiros e bandidos. As disputas eram resolvidas à bala, e o mais rápido no gatilho se afastava sem qualquer receio de punição por parte das autoridades civis. Os assaltantes de bancos e ladrões de gado escapavam para Ada porque ainda era território indígena, não uma parte dos Estados Unidos. Os xerifes, quando podiam ser encontrados, não eram adversários à altura para os criminosos profissionais que se instalavam em Ada e nos arredores.

A reputação de cidade sem lei mudaria drasticamente em 1909, quando os moradores finalmente cansaram de viver com medo. Um respeitado rancheiro chamado Gus Bobbitt foi assassinado por um matador profissional contratado por um fazendeiro rival. O assassino e três cúmplices foram presos. Uma epidemia de enforcamentos varreu a cidade. Liderada pelos maçons, os membros mais proeminentes de Ada, uma turba de linchamento formou-se no início da manhã de 19 de abril de 1909. Quarenta membros deixaram a loja maçônica, solenes, na esquina da Twelfth com a Broadway no centro de Ada. Poucos minutos depois, chegaram à cadeia. Subjugaram o xerife, arrancaram os quatro bandidos de suas celas e arrastaram-nos pela rua até uma estrebaria, que fora escolhida para a ocasião. Os quatro tiveram os pulsos e tornozelos amarrados com arame, antes de serem enforcados com a devida cerimônia.

No início da manhã seguinte, um fotógrafo armou sua câmera na estrebaria e tirou algumas fotos. Uma foto sobreviveu ao longo dos anos, em preto e branco, um tanto esmaecida. Mostra claramente os quatro homens pendurados nas cordas, imóveis, quase serenos... e mortos. Anos mais tarde, a foto foi reproduzida num cartão-postal distribuído pela Câmara do Comércio.

Durante décadas, o linchamento foi o motivo de maior orgulho da cidade.

CAPÍTULO 5

No caso Carter, Dennis Smith e Gary Rogers não apenas tinham uma autópsia, amostras de cabelos e testes de polígrafo "suspeitos" como também estavam confiantes de que tinham o assassino. Ron Williamson estava longe, cumprindo uma sentença de prisão, mas logo voltaria. E dariam um jeito de incriminá-lo mais cedo ou mais tarde.

No caso Haraway, no entanto, eles não tinham nada: nem corpo, nem testemunha, nem uma única pista concreta. Os retratos falados feitos pelo desenhista da polícia podiam se aplicar à metade dos jovens de Ada. A polícia esperava por fatos novos.

E ele surgiu do nada, no início de outubro de 1984, quando um homem chamado Jeff Miller entrou na delegacia de polícia e pediu para falar com o detetive Dennis Smith. Disse que tinha informações sobre o caso Haraway.

Miller era um jovem local e nunca fora fichado, mas a polícia o conhecia bem, como um dos muitos jovens turbulentos da cidade que gostavam da noite e viviam mudando de emprego, em geral em fábricas. Miller sentou e contou sua história.

Na noite do desaparecimento de Denice Haraway fora realizada uma festa perto do Blue River, cerca de 40 quilômetros ao sul de Ada. Jeff Miller não estivera na festa, mas conhecia duas mulheres que haviam participado. Essas duas mulheres – e ele deu os nomes a Smith – mais tarde lhe contaram que Tommy Ward era um dos presentes. Em algum momento, logo no início da festa, faltaram bebidas. Ward, que não tinha carro, ofereceu-se para buscar cerveja e pegou emprestada a picape de Janette Roberts. Partiu sozinho, ficou sumido por horas; ao voltar, não trazia cerveja, estava transtornado e chorando. Quando indagado por que chorava, ele respondera que fizera uma coisa terrível. Todos na festa queriam saber o que fora. Por alguma razão, ele seguira até Ada, passando por muitos lugares que vendiam cerveja. Parara na McAnally's, a leste da cidade, seqüestrara, estuprara e matara a jovem que trabalhava ali, dera sumiço no corpo e agora sentia-se transtornado.

Confessar tudo isso para um bando de bêbados e maconheiros parecia a atitude mais lógica.

Miller não explicou por que as mulheres haviam contado a história para ele, em vez de procurarem a polícia. Também não deu qualquer razão para que esperassem cinco meses até revelarem tudo.

Por mais absurda que a história pudesse parecer, Dennis Smith decidiu investigá-la. Tentou localizar as duas mulheres, mas elas não moravam mais em Ada. (Quando Smith finalmente descobriu-as, um mês depois, elas negaram ter ido à festa, negaram ter visto Tommy Ward ali ou em qualquer outra festa, negaram ter ouvido uma história sobre uma jovem funcionária de uma loja que fora seqüestrada e assassinada, e negaram tudo que Jeff Miller incluíra em seu relato.)

Dennis Smith localizou Janette Roberts. Ela vivia em Norman, a 110 quilômetros, com o marido, Mike Roberts. A 12 de outubro, Smith e o detetive Mike Baskin foram a Norman, e bateram à porta de Janette sem qualquer aviso. Pediram-lhe que os acompanhasse até a delegacia de polícia para responder a algumas perguntas. Ela atendeu-os, embora relutante.

Durante a conversa com os policiais, Janette admitiu que ela, Mike, Tommy Ward e Karl Fontenot, entre muitos outros, haviam participado de uma festa perto do Blue River. Mas tinha certeza quase absoluta de que a festa não fora na noite do sábado em que a garota Haraway desaparecera. Muitas vezes emprestara a picape para Tommy Ward, mas ele nunca a pegara numa festa perto do rio (ou em qualquer outro lugar). Também não o vira chorando e transtornado. Nunca o ouvira contar que estuprara e matara uma jovem. Não senhor, isso nunca acontecera. Ela tinha certeza absoluta.

Os detetives tiveram uma surpresa agradável ao saberem que Tommy Ward vivia com os Roberts e trabalhava com Mike. Os dois eram empregados de uma empreiteira de material de impermeabilização para casas de madeira. O horário era puxado, muitas vezes do amanhecer ao anoitecer. Smith e Baskin decidiram permanecer em Norman até que Ward voltasse do trabalho para lhe fazerem algumas perguntas.

Tommy e Mike pararam para comprar umas cervejas na volta para casa. A cerveja foi uma das razões para Tommy não ir conversar com os detetives. Mais importante ainda, não gostava deles. Relutava em comparecer à delegacia de Norman. Os policiais de Ada já o haviam interrogado sobre o assassinato meses antes e ele achava que o assunto estava encerrado. Um dos motivos para deixar Ada fora o fato de que muitas pessoas comentavam sua semelhança com um dos suspeitos dos retratos falados da polícia. Cansara dessas sugestões. Olhara para o desenho muitas vezes e não podia perceber qualquer semelhança. Era apenas outro desenho, feito por um artista da polícia, que nunca vira o suspeito e nunca veria, e depois transmitido para uma comunidade ansiosa em associar o rosto a alguém que vivia em Ada. Todos queriam ajudar a polícia a resolver o crime. Era uma cidade pequena. O desaparecimento era uma grande notícia. Em um momento ou outro, todos os conhecidos de Tommy haviam arriscado um palpite sobre as prováveis identidades dos suspeitos.

Tommy tivera vários confrontos com a polícia de Ada ao longo dos anos. Não fora nada sério ou violento, mas eles o conheciam e Tommy os conhecia. Por isso, preferia evitar Smith e Rogers, se fosse possível.

Na opinião de Janette, se Tommy nada tinha a esconder, então era mais seguro comparecer à delegacia e conversar com Dennis Smith e Mike Baskin. Tommy nada tinha a ver com a garota Haraway, mas não confiava na polícia. Depois de hesitar durante uma hora, ele pediu a Mike que o levasse à delegacia de polícia de Norman.

Smith e Baskin levaram-no para uma sala com equipamento de vídeo e explicaram que queriam gravar a conversa. Tommy sentia-se nervoso, mas concordou. O aparelho foi ligado e os policiais leram os direitos de *Miranda*. Tommy assinou o documento de renúncia ao direito.

Os detetives começaram com bastante polidez; era apenas outro interrogatório de rotina, nada importante. Perguntaram a Tommy se lembrava da última conversa, cinco meses antes. Claro que ele lembrava. Dissera a verdade naquela ocasião? Claro que sim. Estava dizendo a verdade agora? Claro.

Em poucos minutos, Smith e Baskin, disparando perguntas incessantes, deixaram Tommy confuso sobre os dias daquela semana em abril. No dia do desaparecimento de Denice Haraway, Tommy trabalhara no encanamento na casa de sua mãe. Depois, tomara uma chuveirada e fora a uma festa na casa dos Roberts, em Ada. Saíra às quatro horas da madrugada e voltara a pé para casa. Ele dissera à polícia, cinco meses antes, que isso acontecera no dia anterior ao desaparecimento.

– Confundi os dias – alegou Tommy.

Mas os policiais não ficaram convencidos. E perguntaram:

– Quando você compreendeu que não estava nos dizendo a verdade?

Insistiram:

– Está nos dizendo a verdade agora?

E garantiram:

– Está se metendo numa encrenca muito séria.

O tom foi se tornando ríspido e acusador. Smith e Baskin mentiram, alegando que contavam com várias testemunhas que diriam que Tommy se encontrava numa festa perto do Blue River naquela noite de sábado, pegara uma picape emprestada e partira sozinho.

O dia está errado, disse Tommy, persistindo em sua versão. Ele fora pescar na sexta-feira, comparecera à festa dos Roberts no sábado e fora a uma festa perto do rio no domingo.

Tommy perguntou a si mesmo: por que os policiais mentiam? Ele sabia a verdade. As mentiras continuaram.

– Não é verdade que você pretendia assaltar a McAnally's? Temos pessoas que podem confirmar isso.

Tommy sacudiu a cabeça e manteve-se firme, mas sentia-se bastante perturbado. Se a polícia podia mentir de uma maneira tão descarada, o que mais não seria capaz de fazer?

Dennis Smith pegou uma foto grande de Denice Haraway e aproximou-a do rosto de Tommy.

– Conhece esta garota?

– Não, não conheço. Mas já vi sua foto.

– Você a matou?

– Não. Não seria capaz de matar ninguém.

– Quem a matou?

– Não sei.

Smith continuou a mostrar a foto, enquanto perguntava se ele achava que era uma mulher bonita.

– Sua família gostaria de enterrá-la. Gostaria de saber onde ela está para poder enterrá-la.

– Não sei onde ela está – disse Tommy, olhando para a foto e especulando por que o acusavam.

– Vai me dizer onde ela está, para que a família possa enterrá-la?

– Não sei.

– Use a imaginação – insistiu Smith. – Dois caras levaram-na para uma picape e sumiram. O que você acha que fizeram com o corpo?

– Não sei.

– Use a imaginação. O que você acha?

– Ela pode estar viva, por tudo que eu sei, por tudo que vocês sabem, por tudo que todo mundo sabe.

Smith continuou a mostrar a foto enquanto fazia perguntas. Todas as respostas de Tommy eram imediatamente descartadas, como se não fossem verdadeiras, ou os policiais não tivessem ouvido. Perguntaram várias vezes se achava que era uma mulher bonita. Acha que ela gritou ao ser estuprada? Não acha que sua família tem o direito de enterrá-la?

– Tommy, você rezou por causa disso? – perguntou Smith.

Ele finalmente largou a foto e perguntou a Tommy sobre sua saúde mental, sobre os retratos falados, sobre sua instrução. Tornou a pegar a foto, aproximou-a do rosto de Tommy e retomou as perguntas sobre assassinar a jovem, enterrar o corpo, e ela não era bonita?

Mike Baskin apelou para uma história sentimental, falando sobre o sofrimento da família de Denice.

– Para acabar com tanta angústia, basta nos dizer onde está o corpo.

Tommy concordou, mas disse que não tinha a menor idéia.

O gravador foi desligado. O interrogatório havia durado uma hora e 45 minutos. Tommy Ward nunca se desviou de sua declaração inicial: nada sabia sobre o desaparecimento de Denice Haraway. Ficou irritado com a conversa, mas concordou em fazer um teste no detector de mentiras dentro de poucos dias.

Os Roberts moravam a poucos quarteirões da delegacia de polícia de Norman. Tommy decidiu voltar para a casa a pé. O ar fresco era agradável, mas ele sentia-se furioso por ser tratado de uma maneira tão grosseira pelos policiais. Haviam mentido várias vezes para tentar enganá-lo.

Smith e Baskin, na volta para Ada, estavam convencidos de que haviam encontrado seu homem. Tommy Ward parecia mesmo com um dos rapazes de comportamento estranho que haviam aparecido na JP's naquela noite de sábado. Mudara a história sobre seu paradeiro na noite em que Denice desaparecera. E parecia bastante nervoso durante o interrogatório que haviam efetuado agora.

A princípio, Tommy sentiu alívio com a perspectiva de fazer o teste com o polígrafo. Diria a verdade, o teste comprovaria e os policiais deixariam de atormentá-lo. Mas depois começou a ter pesadelos sobre o assassinato; as acusações da polícia; os comentários sobre sua semelhança com o homem no retrato falado; o rosto bonito de Denice Haraway e a angústia de sua família. Por que estava sendo acusado?

A polícia achava que ele era culpado. Queriam que ele fosse culpado! Por que deveria confiar na polícia e fazer um teste no detector de mentiras? Deveria consultar um advogado? Ele telefonou para a mãe e disse que tinha medo da polícia e do polígrafo.

– Receio que eles me pressionem para dizer alguma coisa que eu não deveria falar – comentou Tommy.

Diga a verdade, aconselhou a mãe, e tudo acabará bem. Na manhã de quinta-feira, 18 de outubro, Mike Roberts levou Tommy de carro até o escritório do OSBI em Oklahoma City, um percurso de 20 minutos. O teste deveria durar uma hora. Mike esperaria no estacionamento e depois seguiriam direto para o trabalho. O patrão lhes dera duas horas de licença. Enquanto observava Tommy entrar no prédio, Mike Roberts não podia imaginar que o amigo dava os últimos passos no mundo livre. O resto de sua vida seria por trás dos muros de uma prisão.

Dennis Smith recebeu Tommy com um enorme sorriso e um aperto de mão efusivo. Levou-o para uma sala, onde ele ficou esperando, sozinho, por meia hora... um dos truques prediletos da polícia para deixar o suspeito ainda mais nervoso. Às dez e meia, ele foi levado para outra sala, onde o agente Rusty Featherstone o aguardava com seu polígrafo de confiança.

Smith desapareceu. Featherstone explicou como o aparelho funcionava, ou como deveria funcionar, enquanto prendia os eletrodos em Tommy. Quando as perguntas começaram, Tommy já estava suando. As primeiras perguntas foram fáceis – família, instrução, trabalho –, todos conheciam a verdade, e o aparelho confirmava. Tommy começou a pensar que seria tudo muito fácil.

Às onze e cinco, Featherstone leu para Tommy seus direitos de *Miranda* e passou a fazer perguntas sobre o caso Haraway. Por duas horas e meia de tortuoso interrogatório, Tommy apegou-se determinado à verdade: nada sabia sobre o desaparecimento de Denice Haraway.

Sem qualquer pausa, o teste prolongou-se até uma e meia da tarde, quando Featherstone desligou tudo e saiu da sala. Tommy sentiu-se aliviado, até mesmo exultante, porque a provação finalmente terminara. Passara pelo teste, a polícia o deixaria em paz.

Featherstone voltou em cinco minutos, examinando os gráficos, estudando os resultados. Perguntou a Tommy o que ele achava. Tommy respondeu que passara no teste, o assunto estava encerrado e agora precisava voltar ao trabalho.

Não tão depressa, disse Featherstone. Você foi reprovado.

Tommy ficou incrédulo, mas Featherstone disse que era óbvio que ele mentia e evidente seu envolvimento no seqüestro de Haraway. Não gostaria de falar a respeito?

Falar sobre o quê?

O polígrafo não mente, disse Featherstone, apontando para os resultados no papel. Você sabe alguma coisa sobre o crime, disse ele, insistente. As coisas seriam muito melhores para Tommy se fosse sincero, contasse o que aconteceu, dissesse a verdade. Featherstone, o policial bom, estava ansioso para ajudar Tommy. Mas se Tommy recusasse a gentileza, ele seria obrigado a entregá-lo a Smith e Rogers, os policiais maus, que estavam à espera, prontos para dar o bote.

Vamos falar sobre o que aconteceu, exortou Featherstone.

Não há nada para falar, insistiu Tommy. Ele disse várias vezes que o polígrafo devia estar com algum problema, pois ele dissera a verdade. Mas Featherstone não aceitou.

Tommy admitiu que se sentira nervoso antes do teste e estava ansioso agora porque chegaria atrasado no trabalho. Também admitiu que a conversa seis dias antes com Smith e Rogers o deixara transtornado e levara-o a ter um sonho.

Que tipo de sonho?

Tommy descreveu o sonho. Estava numa festa em que havia um barril de cerveja e de repente se descobria sentado numa picape com dois outros homens e uma mulher, ao lado da velha usina elétrica de Ada, onde fora criado. Um dos homens tentou beijar a mulher, ela recusou, e Tommy disse ao homem para deixá-la em paz. E depois ele queria ir para casa. "Você já está em casa", disse um dos homens. Tommy olhou pela janela e subitamente estava em casa. Pouco antes de acordar, viu-se numa pia, tentando em vão lavar um líquido preto que manchava suas mãos. A garota não era identificada nem os dois homens.

O sonho não faz sentido, disse Featherstone.

A maioria dos sonhos não faz sentido, respondeu Tommy.

Featherstone permaneceu calmo, mas continuou a pressionar Tommy para contar tudo sobre o crime, especialmente o lugar em que o corpo fora escondido. E ameaçou mais uma vez entregar Tommy aos "outros dois", que esperavam na sala ao lado, como se uma prolongada sessão de tortura fosse iminente.

Tommy sentia-se atordoado e confuso, muito assustado. Como não confessasse para Featherstone, o policial bom, foi entregue a Smith e Rogers, que já estavam furiosos e pareciam prontos para desfechar uma barragem de golpes. Featherstone permaneceu na sala por um momento. Assim que a porta foi fechada, Smith inclinou-se para Tommy, gritando:

– Você, Karl Fontenot e Odell Titsworth pegaram a garota, levaram para a usina, a estupraram e mataram, não é mesmo?

Não, disse Tommy, tentando pensar com clareza, sem entrar em pânico.

Conte tudo, seu filho-da-puta mentiroso, resmungou Smith. Você acaba de ser reprovado no teste do polígrafo, sabemos que está mentindo e sabemos que matou aquela mulher!

Tommy tentava situar Odell Titsworth, um nome que já ouvira, embora não conhecesse o homem pessoalmente. Odell vivia em algum lugar nos arredores de Ada, pelo que podia se lembrar, e tinha uma péssima reputação. Mas Tommy não se recordava de tê-lo encontrado alguma vez. Talvez o tivesse visto uma ou duas vezes, mas não dava para determinar agora, porque Smith não parava de gritar e apontar o dedo, parecia prestes a agredi-lo.

Smith repetiu sua teoria de que os três homens haviam seqüestrado a garota. Tommy disse que não, que não tivera nada a ver com isso.

– Nem mesmo conheço Odell Titsworth pessoalmente.

Claro que conhece, corrigiu Smith. Pare de mentir.

O envolvimento de Karl Fontenot na teoria era mais fácil de compreender, porque ele e Tommy haviam sido amigos que se encontravam intermitentemente durante dois ou três anos. Mas Tommy estava atordoado com as acusações e apavorado com a certeza arrogante de Smith e Rogers. Os dois continuaram com as ameaças e agressões verbais. A linguagem foi piorando e logo passou a incluir todos os palavrões e insultos possíveis.

Tommy suava muito, sentia-se tonto, fazia um esforço desesperado para pensar de maneira racional. Mantinha as respostas curtas. Não, não fiz isso. Não, não estive envolvido. Umas poucas vezes teve vontade de fazer comentários sarcásticos, mas estava assustado demais. Smith e Rogers estavam armados e pareciam prestes a explodir; e Tommy se encontrava trancado numa sala com eles e Featherstone. O interrogatório dava a impressão de que não terminaria tão cedo.

Depois de suar durante três horas com Featherstone e sofrer uma hora de tormento com Smith e Rogers, Tommy precisava de uma pausa. Queria ir ao banheiro, fumar um cigarro, desanuviar a cabeça. Necessitava de ajuda, de falar com alguém que pudesse lhe contar o que estava acontecendo.

Podem me dar um descanso?

Só mais alguns minutos, responderam os policiais.

Tommy notou uma câmera de vídeo numa mesa próxima, desligada, sem registrar o bombardeio verbal a que era submetido. Esse não pode ser o procedimento padrão da polícia, com toda a certeza, pensou ele.

Smith e Rogers lembraram a Tommy, várias vezes, que o estado de Oklahoma usa uma injeção letal para matar seus assassinos. Ele se defrontava com a morte, a morte inevitável, mas havia um meio de evitá-la. Conte tudo, diga o que aconteceu, leve-nos ao corpo e usaremos nossa influência para fazer um acordo.

– Não fiz nada – insistia Tommy.

Ele teve um sonho, informou Featherstone aos colegas.

Tommy relatou o sonho de novo e outra vez foi recebido com desaprovação. Os três policiais concordaram que o sonho não fazia muito sentido, ao que Tommy reiterou:

– A maioria dos sonhos não faz sentido.

Mas o sonho proporcionava aos policiais um farto material com que trabalhar. E trataram de aproveitar. Os outros dois homens na picape eram Karl Fontenot e Odell Titsworth, não é mesmo?

Não, insistiu Tommy. Os homens em seu sonho não eram identificados. Não tinham nomes.

Mentira. A garota era Denice Haraway, não é mesmo?

Não. A garota no sonho também não estava identificada.

Mentira.

Por mais uma hora, os policiais acrescentaram os detalhes necessários ao sonho de Tommy. Cada novo fato era negado por ele. Fora apenas um sonho, repetiu ele muitas e muitas vezes.

Apenas um sonho.

Mentira, diziam os policiais.

Depois de duas horas de pressão incessante, Tommy finalmente cedeu. A pressão veio do medo – Smith e Rogers estavam furiosos e pareciam mais do que capazes e dispostos a espancá-lo, se não o matassem a tiros –, mas também do horror de definhar até a morte antes de ser finalmente executado.

E era óbvio para Tommy que não teria permissão para ir embora enquanto não oferecesse alguma coisa aos detetives. Depois de cinco horas na sala, ele estava exausto, confuso e quase paralisado pelo medo.

Cometeu um erro, um erro que o levaria ao Corredor da Morte e mais tarde lhe custaria a liberdade pelo resto da vida.

Tommy decidiu entrar no jogo. Como era absolutamente inocente – e presumia que Karl Fontenot e Odell Titsworth também eram –, então podia dar aos policiais o que eles queriam. Entraria na ficção. A verdade logo seria descoberta. Amanhã ou no dia seguinte os policiais constatariam que a história não podia ser confirmada. Conversariam com Karl e ele diria a verdade. Encontrariam Odell Titsworth, que riria deles.

Entre no jogo. O bom trabalho policial descobrirá a verdade.

Se a confissão do sonho fosse bastante ridícula, como alguém poderia acreditar?

Odell não entrara na loja primeiro?

Claro, por que não?, disse Tommy. Era apenas um sonho.

Agora os policiais, finalmente, obtinham resultados. O suspeito cedia, pressionado por suas hábeis táticas.

Um assalto fora o motivo, não é mesmo?

Claro, qualquer coisa, era apenas um sonho.

Durante toda a tarde, Smith e Rogers acrescentaram mais e mais ficção ao sonho, e Tommy entrou no jogo.

Era apenas um sonho.

Mesmo enquanto a grotesca "confissão" era obtida, a polícia devia saber que tinha grandes problemas. O detetive Mike Baskin esperava na delegacia em Ada, sentado ao lado do telefone, desejando estar no OSBI, participando de tudo. Gary Rogers ligou por volta de três horas da tarde com a grande notícia: Tommy Ward estava falando! Entre no carro, vá até a usina elétrica a oeste da cidade e procure o corpo. Baskin partiu em disparada, certo de que a busca acabaria em breve.

Nada encontrou e concluiu que precisaria de vários homens para uma busca meticulosa. Voltou à delegacia. O telefone tocou de novo. A história mudara. Havia uma velha casa incendiada no lado direito da estrada, antes de chegar à usina. Era ali que o corpo estava.

Baskin tornou a partir, encontrou a casa, vasculhou os escombros, nada encontrou. Voltou à cidade.

A busca infrutífera continuou com o terceiro telefonema. A história mudara mais uma vez. Em algum lugar entre a usina e a casa incendiada havia um *bunker* de concreto. O corpo fora escondido ali.

Baskin chamou mais policiais e providenciou algumas lanternas. Encontraram o *bunker* e ainda procuravam quando a noite caiu.

Nada descobriram.

A cada telefonema de Baskin, Smith e Rogers faziam modificações no sonho de Tommy. As horas passavam, com o suspeito além da fadiga. Eles trabalhavam em dupla, o policial mau, o policial bom, vozes baixas e quase simpáticas, depois acessos de gritos, palavrões, insultos, ameaças.

– Está mentindo, seu filho-da-puta!

Essa era a frase predileta. Tommy ouviu-a, aos gritos, pelo menos mil vezes.

– Você deveria se sentir contente por Mike Baskin não estar aqui – declarou Smith. – Ele já teria estourado seus miolos.

Um tiro na cabeça não surpreenderia Tommy.

Depois do escurecer, quando compreenderam que o corpo não seria encontrado naquele dia, Smith e Rogers decidiram concluir a confissão. Com a câmera ainda desligada, eles conduziram Tommy por sua história, começando com os três assassinos saindo na velha picape de Odell Titsworth, planejando o assalto, compreendendo que Denice poderia identificá-los, e por isso levando-a para estuprá-la e matá-la. Os detalhes do local em que estava o corpo eram vagos, mas os detetives tinham certeza de que fora escondido em algum lugar nas proximidades da usina.

Tommy sentia-se completamente atordoado, mal conseguia balbuciar qualquer coisa. Tentou relatar a história, mas confundia e misturava os fatos. Smith e Rogers interrompiam-no a todo instante, repetiam a ficção e faziam com que ele recomeçasse. Ao final, depois de quatro ensaios, com poucas melhorias e sua estrela definhando depressa, os policiais resolveram ligar a câmera.

Conte tudo de novo, disseram a Tommy. E conte direito, sem aquela besteira de sonho.

– Mas a história não é verdadeira – protestou Tommy.

Conte assim mesmo, insistiram os policiais, e depois vamos ajudá-lo a provar que não é verdade.

E não venha com aquela besteira de que foi apenas um sonho.

Às 18h58, Tommy Ward olhou para a câmera e disse seu nome. Fora interrogado durante oito horas e meia e estava esgotado física e emocionalmente.

Fumava um cigarro, o primeiro da tarde, e tinha à sua frente uma lata de refrigerante, como se ele e os policiais tivessem concluído uma conversa amigável, tudo tranqüilo e civilizado.

Contou sua história. Ele, Karl Fontenot e Odell Titsworth seqüestraram Denice Haraway da loja, levaram-na até a usina no lado oeste da cidade, estupraram-na, mataram-na e jogaram o corpo em algum lugar próximo de um *bunker* de concreto perto do Sandy Creek. A arma do crime fora o canivete de Titsworth.

Era tudo um sonho, ele disse. Ou pretendia dizer. Ou pensou ter dito.

Por várias vezes ele usou o nome "Titsdale". Os detetives interrompiam-no para dar o nome verdadeiro, prestativos, "Titsworth". Tommy corrigia-se e continuava. Não parava de pensar: "Qualquer policial cego pode perceber que estou mentindo."

A câmera foi desligada 31 minutos depois. Tommy foi algemado, levado para Ada e trancafiado na cadeia. Mike Roberts ainda esperava no estacionamento do prédio do OSBI. Passara quase nove horas e meia ali.

Na manhã seguinte, Smith e Rogers convocaram uma entrevista coletiva e anunciaram que haviam solucionado o caso Haraway. Tommy Ward, 24 anos, de Ada, confessara e apontara dois outros cúmplices que ainda não haviam sido presos. Os policiais pediram aos repórteres que não dessem a notícia por mais dois dias, até prenderem os outros suspeitos. O jornal local atendeu ao pedido, o que não ocorreu com uma emissora de televisão. A notícia foi logo transmitida para todo o sudeste de Oklahoma.

Karl Fontenot foi preso poucas horas depois, perto de Tulsa, e levado para Ada. Smith e Rogers, exultantes com seu sucesso com Tommy, cuidaram do interrogatório. Embora uma câmera de vídeo estivesse preparada, não houve nenhum registro do interrogatório.

Karl tinha 20 anos de idade e morava sozinho desde os 16. Fora criado em Ada, na maior pobreza, pois o pai era alcoólatra. Karl testemunhara a morte da mãe num acidente de carro. Era um jovem impressionável, com poucos amigos e praticamente sem família.

Insistiu em dizer que era inocente e que nada sabia sobre o desaparecimento de Haraway.

Foi muito mais fácil fazer Karl ceder. Em menos de duas horas, Smith e Rogers tinham outra confissão gravada, muito parecida com a de Tommy, num grau suspeito.

Karl negou a confissão logo depois de ser levado para a cadeia. Declararia mais tarde: "Nunca fui preso em toda a minha vida, nem tinha ficha na polícia. Ninguém disse na minha cara que matei uma linda mulher e que receberia a pena de morte. Por isso, contei a história, na esperança de que me deixassem em paz. O que eles fizeram, depois que gravei o depoimento. Disseram que eu podia escrever ou gravar. Nem mesmo sabia o que significava a palavra depoimento, até que me disseram que eu havia confessado o crime. Esse é o motivo para que eu prestasse um depoimento que não era verdadeiro... queria que me deixassem em paz."

A polícia providenciou para que a imprensa divulgasse tudo. Ward e Fontenot haviam confessado. O mistério Haraway fora esclarecido, ou pelo menos a maior parte. Trabalhavam agora com Titsworth, e a polícia esperava acusar todos os três de homicídio dentro de poucos dias.

A casa incendiada foi encontrada. A polícia encontrou ali o resto do que parecia ser um maxilar. O fato foi noticiado pelo *Ada Evening News*.

Apesar das instruções cuidadosas que recebeu dos policiais, a confissão de Karl era um desastre. Havia enormes discrepâncias entre sua versão do crime e a de Tommy. Os dois entravam em contradição direta em detalhes, como a ordem em que os três estupraram Denice, se ela fora ou não esfaqueada pelos agressores durante o estupro, a localização e o número de ferimentos, se ela conseguira ou não se desvencilhar e correr alguns passos antes de ser alcançada e quando finalmente morrera. A discrepância mais gritante fora a maneira como haviam-na matado e o que fizeram com o corpo.

Tommy Ward dissera que ela levara várias facadas na traseira da picape de Odell, enquanto era estuprada. Morrera ali e o corpo fora jogado numa vala, perto do *bunker* de concreto. Fontenot não

recordava assim. Em sua versão, levaram-na para uma casa abandonada, onde Odell Titsworth a esfaqueara, metera o corpo por baixo
do assoalho, espalhara gasolina por toda parte e ateara fogo.

Mas os dois estavam em concordância quase total em relação
a Odell Titsworth. Ward e Fontenot haviam saído em sua picape,
tomaram cerveja e fumaram maconha. Depois que decidiram que
loja roubar, foram até a McAnally's. Odell entrara e roubara o
dinheiro. Saíra com a garota e dissera aos companheiros que
teriam de matá-la para que não pudesse identificá-los. Mostrara a
arma, um canivete de 15 centímetros. Esfaqueara Denice e queimara o corpo, ou não.

Embora admitissem seu envolvimento, a verdadeira culpa era
de Odell Titsworth, ou Titsdale, qualquer que fosse seu nome.

Na tarde de sexta-feira, 19 de outubro, a polícia prendeu
Titsworth e interrogou-o. Ele já recebera quatro condenações na
vida, exibia desprezo em relação aos policiais e tinha muito mais
experiência com suas táticas de interrogatório. Não cedeu um
centímetro sequer. Nada sabia sobre o caso Haraway, não se
importava nem um pouco com os depoimentos de Ward e
Fontenot gravados ou não. Jamais tivera qualquer contato pessoal
com os dois.

O interrogatório não foi gravado. Titsworth foi levado para a
cadeia, onde lembrou que no dia 26 de abril quebrara o braço
numa briga com a polícia. Dois dias depois, quando Denice desaparecera, ele estava na casa da namorada, com o braço engessado
e sentindo muita dor.

Nas duas confissões, os outros disseram que ele usava uma
camiseta e tinha os braços cobertos de tatuagens. Na verdade, ele
tinha o braço esquerdo coberto pelo gesso e nem chegara perto da
McAnally's. Quando investigou, Dennis Smith encontrou registros do hospital e da polícia que confirmavam a história de Odell.
Smith conversou com o médico, que descreveu uma fratura, entre
o cotovelo e o ombro, bastante dolorida. Seria impossível que
Titsworth carregasse um corpo ou cometesse uma agressão violen-

ta apenas dois dias depois de sofrer a fratura. Tinha o braço engessado e apoiado numa tipóia. Seria absolutamente impossível.

As confissões continuaram a ser desmentidas. Enquanto guardas reviravam os escombros da casa incendiada, o dono apareceu e perguntou o que faziam ali. Quando foi informado de que procuravam pelos restos do corpo de Haraway e que um dos suspeitos confessara ter incendiado a casa, o proprietário disse que não era possível. Ele mesmo queimara a casa, dez meses antes do desaparecimento de Haraway.

O legista forense completou a análise do fragmento de osso e concluiu que era de um gambá. Esse dado foi comunicado à imprensa.

Mas a imprensa não foi informada de que a casa pegara fogo dez meses antes, nem do braço fraturado de Odell Titsworth, nem que Ward e Fontenot haviam negado suas confissões imediatamente depois.

Na cadeia, Ward e Fontenot insistiam na afirmação de sua inocência. Diziam a qualquer um que quisesse ouvir que as confissões haviam sido arrancadas sob ameaças e promessas. A família Ward reuniu dinheiro suficiente para contratar um bom advogado. Tommy descreveu para ele, em detalhes, os truques usados por Smith e Rogers durante o interrogatório. Era apenas um sonho, disse ele mais de mil vezes.

Não havia família para ajudar Karl Fontenot.

A busca pelos restos mortais de Denice Haraway continuou. A pergunta óbvia, feita por muitas pessoas, era a seguinte:

– Se os dois confessaram, então por que a polícia não sabe onde o corpo foi enterrado?

A Quinta Emenda à Constituição dos Estados Unidos protege contra a auto-incriminação. Como a maneira mais fácil de esclarecer um crime é obter uma confissão, há um grande conjunto de leis que determinam o comportamento da polícia durante os interrogatórios. Muitas dessas leis foram aprovadas antes de 1984.

Cem anos antes, no processo *Hopt v. Utah*, a Suprema Corte decidiu que uma confissão não é admissível se foi obtida através da exploração de medos e esperanças do acusado. Ao se fazer isso, o acusado é privado da liberdade de vontade ou autocontrole que é necessária para prestar um depoimento voluntário.

Em 1897, no processo *Bram v. United States,* a Suprema Corte decidiu que um depoimento deve ser livre e voluntário, não extraído por qualquer tipo de ameaças, violências ou promessas por menores que sejam. Uma confissão obtida de um acusado que foi ameaçado não pode ser aceita.

Em 1960, no caso *Blackburn v. Alabama,* a Suprema Corte declarou: "A coação pode ser psicológica tanto quanto física." Ao se avaliar se uma confissão foi feita através de coação psicológica da polícia, os fatores seguintes são cruciais: (1) a duração do interrogatório; (2) se foi prolongado naturalmente; (3) quando ocorreu, de dia ou de noite, com uma suspeita forte nas confissões noturnas; e (4) o perfil psicológico – o grau de informação, sofisticação, instrução e assim por diante – do suspeito.

E no *Miranda v. Arizona,* o mais famoso de todos os casos de auto-incriminação, a Suprema Corte impôs salvaguardas processuais para proteger os direitos do acusado. Um suspeito tem o direito constitucional de *não* ser obrigado a falar, e qualquer declaração feita durante um interrogatório *não pode* ser usada no tribunal, a menos que a polícia e o promotor sejam capazes de provar que o suspeito compreendia claramente que (1) tinha o direito de permanecer calado, (2) qualquer coisa que dissesse poderia ser usada contra ele no tribunal e (3) tinha direito à presença de um advogado quer tivesse ou não condições de contratá-lo. Se, durante um interrogatório, o acusado solicita a presença de um advogado, então o procedimento deve parar imediatamente.

O *Miranda* foi decidido em 1966 e tornou-se uma sentença famosa de imediato. Muitos departamentos de polícia ignoraram, até que criminosos culpados foram libertados por não terem sido devidamente informados de seus direitos. Foi uma decisão bastante criticada por muitos defensores da lei e da ordem, que acusaram o Supremo de proteger os bandidos. Acabou sendo incorporada na cultura americana, com cada policial da TV dizendo as palavras "Você tem o direito de permanecer calado" ao efetuar uma prisão.

Rogers, Smith e Featherstone conheciam sua importância porque fizeram questão de que o procedimento de *Miranda* com Tommy ficasse registrado. Mas não se via no vídeo as cinco horas e meia ininterruptas de ameaças e agressões verbais.

As confissões de Tommy Ward e Karl Fontenot foram desastres constitucionais, mas, na ocasião, em outubro de 1984, os policiais ainda acreditavam que descobririam o corpo, tendo com isso uma prova concreta. Ainda faltavam meses para qualquer julgamento. Dispunham de tempo suficiente para desenvolver uma acusação sólida contra Ward e Fontenot... ou pelo menos era o que pensavam.

Mas Denice não foi encontrada. Tommy e Karl não tinham a menor idéia do lugar em que estava o corpo e repetiram isso várias vezes para a polícia. Os meses foram se arrastando sem que surgisse qualquer prova. As confissões foram se tornando mais e mais importantes. Ao final, tornaram-se a única prova do estado para o julgamento.

CAPÍTULO 6

Ron Williamson tinha pleno conhecimento do caso Haraway. Dispunha do melhor lugar para observar tudo: uma cama na cadeia do condado de Pontotoc. Depois de cumprir dez meses da sentença de três anos, ele obteve liberdade condicional. Voltou para Ada, onde permaneceu em prisão domiciliar. Era uma medida sem muito rigor, mas que restringia severamente seus movimentos. Não deu certo, o que não teve nada de surpreendente. Ron estava sem medicação, era incapaz de manter a noção da hora e data ou de qualquer outra coisa.

Em novembro, enquanto continuava em casa, foi acusado de "fuga deliberada da prisão domiciliar a que fora sentenciado pelo Departamento Correcional, por crime de falsificação, ao se ausentar de casa sem o consentimento das autoridades".

A versão de Ron foi a de que desceu a rua para comprar um maço de cigarros e voltou meia hora mais tarde do que era esperado. Foi preso, encarcerado e, quatro dias depois, acusado pelo crime de escapar de uma instituição penal. Fez um juramento de pobreza e solicitou um advogado designado pelo tribunal.

A cadeia fervilhava com o caso Haraway. Tommy Ward e Karl Fontenot já estavam ali. Os presos, sem terem absolutamente nada para fazer, falavam e falavam. Ward e Fontenot eram o centro das atenções, já que o crime de que haviam sido acusados era o mais recente e, sem a menor dúvida, o mais sensacional. Tommy descreveu a confissão do sonho e as táticas usadas por Smith, Rogers e Featherstone. Os detetives eram bem conhecidos de sua audiência.

Tommy insistiu, muitas vezes, que não tinha nada a ver com o desaparecimento de Denice Haraway. Os verdadeiros assassinos estavam soltos, alegava Tommy, rindo dos dois idiotas que haviam confessado e dos policiais que os enganaram.

Sem o corpo de Denice Haraway, Bill Peterson tinha um enorme desafio legal. Sua acusação consistia em duas confissões gravadas, sem qualquer prova física como base. A verdade contestava praticamente tudo que havia nas gravações. Era evidente que as confissões eram contraditórias. Peterson tinha dois retratos falados dos suspeitos, mas até isso era problemático. É verdade que um deles tinha semelhanças com Tommy Ward, mas ninguém nem sequer sugeria que o outro parecia com Karl Fontenot.

O Dia de Ação de Graças veio e passou sem que o corpo fosse descoberto. Chegou o Natal. Em janeiro de 1985, Bill Peterson convenceu um juiz de que havia evidências suficientes da morte de Denice Haraway. Durante uma audiência preliminar, as confissões foram apresentadas para um tribunal lotado. A reação geral foi de choque, embora muitos notassem as discrepâncias gritantes entre os relatos de Ward e Fontenot. Não obstante era tempo para um julgamento com ou sem cadáver.

Mas as disputas legais continuaram, intermináveis. Dois juízes recusaram-se a presidir o julgamento. A busca foi perdendo o ímpeto, até ser suspensa, um ano depois do desaparecimento de Denice. A maioria dos habitantes de Ada estava convencida de que Ward e Fontenot eram culpados – por que outro motivo confessariam? –, mas havia também especulação sobre a falta de provas. E por que o julgamento demorava tanto?

Em abril de 1985, um ano depois do desaparecimento de Denice Haraway, o *Ada Evening News* publicou uma reportagem de Dorothy Hogue sobre a frustração da cidade com o ritmo das investigações. "Crimes Violentos sem Solução Assombram Ada" era o título da matéria. Hogue resumiu os dois casos. A respeito de Haraway, ela escreveu: "Embora as autoridades tenham procurado em muitas áreas locais, antes e depois das prisões de Ward e Fontenot, nenhum vestígio de Haraway foi encontrado. Mesmo assim, o detetive Dennis Smith declarou que está convencido de que o caso já foi resolvido." As supostas confissões não foram mencionadas.

Sobre o caso Carter, Hogue escreveu: "As evidências encontradas na cena do crime e as evidências envolvendo o suspeito foram enviadas para o laboratório do Centro de Investigação do Estado de Oklahoma há pouco menos de dois anos, e a polícia disse que ainda esperava pelos resultados." O atraso do OSBI foi ressaltado. Dennis Smith declarou: "A polícia restringiu seu foco a um suspeito neste caso, mas ninguém jamais foi preso por causa desse crime."

Em fevereiro de 1985, Ron foi levado a julgamento pela acusação de fuga. O advogado designado pelo tribunal foi David Morris, um homem que conhecia bem a família Williamson. Ron declarou-se culpado da acusação de fuga e recebeu uma sentença de dois anos. A maior parte dela seria suspensa se Ron (1) se submetesse a um tratamento de saúde mental, (2) evitasse encrencas, (3) permanecesse no condado de Pontotoc e (4) se abstivesse do consumo de álcool.

Ele foi preso poucos meses depois por embriaguez e perturbação da ordem pública no condado de Pottawatomie. Bill Peterson entrou com uma petição para revogar a suspensão da sentença. Ele deveria cumprir o resto da sentença na prisão. David Morris foi outra vez designado pelo tribunal para defendê-lo. A audiência de revogação foi realizada no dia 26 de julho, presidida por John David Miller, juiz distrital especial. Ou pelo menos foi feita uma tentativa. Sem medicação, Ron não queria se calar. Discutiu com Morris, o juiz Miller, os guardas. Causou tanto tumulto que a audiência foi adiada.

Ele foi levado de novo a julgamento três dias depois. O juiz Miller pediu aos guardas que advertissem Ron sobre seu comportamento. Mas ele entrou no tribunal gritando e insultando. O juiz advertiu-o várias vezes, e ele criticou o juiz com freqüência. Exigiu um novo advogado, mas quando o juiz pediu uma razão, ele não deu nenhuma.

Seu comportamento foi lamentável, mas até mesmo no meio do tumulto era óbvio que precisava de ajuda. Às vezes parecia ligado no que estava acontecendo, mas minutos depois suas arengas eram incoerentes. Mostrava-se furioso, amargurado, revoltado contra o mundo.

Depois de várias advertências, o juiz Miller ordenou que ele fosse levado de volta para a cadeia e a audiência, outra vez suspensa. No dia seguinte, David Morris apresentou uma petição em que solicitava uma audiência para determinar a capacidade mental de Ron. Também apresentou uma petição para deixar a função de seu advogado.

Em seu mundo distorcido, Ron via-se como perfeitamente normal. Sentiu-se insultado pelo fato de o advogado colocar em dúvida sua estabilidade mental. Por isso parou de falar com ele. Morris também não agüentava mais.

A petição para uma audiência sobre a capacidade mental foi deferida. A petição para a mudança de advogado foi indeferida.

A audiência foi iniciada duas semanas depois e logo cancelada. Ron mostrou-se ainda mais louco do que antes. O juiz Miller determinou uma avaliação psiquiátrica.

No início de 1985, Juanita Williamson recebeu o diagnóstico de câncer no ovário. A doença progrediu rapidamente. Ela convivera durante dois anos e meio com os rumores constantes de que o filho matara Debbie Carter. Queria resolver a questão antes de morrer.

Juanita era meticulosa com os documentos. Mantivera um diário detalhado durante décadas. Seus registros comerciais eram perfeitos; se lhe dessem um minuto, podia informar a qualquer cliente as datas das últimas cinco vezes em que estivera no salão. Não jogava nada fora. Guardava contas pagas, cheques cancelados, recibos, boletins escolares dos filhos e outras recordações.

Conferira o diário uma centena de vezes e sabia que Ron passara a noite de 7 de dezembro de 1982 em casa com ela. Dera essa informação à polícia em mais de uma ocasião. Os policiais teorizaram que Ron poderia muito bem ter se esgueirado de casa, corrido pela viela dos fundos, cometido o crime e voltado. Esqueçam o motivo. Esqueçam as mentiras de Glen Gore sobre a presença de Ron no Coachlight naquela noite, assediando Debbie Carter. Eram questões insignificantes, os policiais já haviam identificado o culpado.

Mas os policiais também sabiam que Juanita Williamson era altamente respeitada. Era devota em sua fé cristã e muito conhecida em todas as igrejas pentecostais. Tinha centenas de clientes em seu salão de beleza e tratava todas como amigas íntimas. Se Juanita sentasse na cadeira das testemunhas e declarasse que Ronnie estivera em casa na noite do crime, o júri acreditaria. Talvez o filho estivesse com problemas, mas fora bem criado.

Agora, Juanita se lembrou de outra coisa. Em 1982, as locações de videocassetes estavam se tornando populares. Uma loja na rua descobrira o negócio. No dia 7 de dezembro, Juanita alugou um aparelho de vídeo e cinco de seus filmes prediletos, a que ela e Ron assistiram até o início da manhã seguinte. Ele passara aquela noite em casa, sentado no sofá, divertindo-se com os filmes antigos em companhia da mãe. E Juanita tinha o recibo da locação.

David Morris sempre cuidara dos problemas legais de menor importância de Juanita. Sentia uma profunda admiração por ela e de vez em quando defendia Ron em suas confusões, como um favor, embora ele estivesse longe de ser um cliente ideal. Morris ouviu a história de Juanita, examinou o recibo e não teve a menor dúvida de que ela dizia a verdade. Ficou aliviado, porque também ouvira, como a maioria dos habitantes da cidade, os rumores constantes sobre o envolvimento de Ron com o assassinato de Debbie Carter.

A maior parte do trabalho de Morris era de defesa criminal. Não tinha muito respeito pela polícia de Ada. Mas conhecia os policiais e marcou um encontro entre Dennis Smith e Juanita. Até levou-a à delegacia e sentou ao seu lado enquanto ela explicava tudo ao detetive. Smith ouviu-a com toda a atenção, estudou o recibo de locação e perguntou se ela se importaria de gravar um depoimento em vídeo. Claro que não.

David Morris olhava por uma janela, enquanto Juanita foi colocada na frente da câmera e respondeu às perguntas de Smith. Ao voltar para casa, ela sentia-se aliviada, certa de que o problema havia acabado para sempre.

Se havia uma fita na câmera de vídeo, nunca foi vista. Se o detetive Smith fez um relatório da entrevista, nunca foi apresentado nos procedimentos legais subseqüentes.

Sentado na cadeia, sem nada para fazer por dias e semanas, Ron preocupava-se com a mãe. Em agosto, ela estava morrendo no hospital, mas Ron não teve permissão para visitá-la.

Naquele mês, por determinação judicial, ele foi examinado outra vez pelo Dr. Charles Amos, que planejava ministrar alguns testes. Durante o primeiro, no entanto, ele notou que Ron simplesmente marcava "verdadeiro" para todas as respostas. Quando Amos questionou-o, ele respondeu:

– O que é mais importante: este teste ou minha mãe?

A avaliação foi cancelada, mas Amos anotou: "Deve ser ressaltado que na entrevista deste examinador com o Sr. Williamson foi constatada uma acentuada deterioração da função emocional desde o nosso último encontro, em 1982."

Ron suplicou à polícia que lhe permitisse ver a mãe antes de sua morte. Annette também suplicou. Ao longo dos anos, ela passara a conhecer os policiais na cadeia. Quando levava biscoitos e *brownies* para Ronnie, acrescentava alguns, para os outros presos e os carcereiros. Até fazia refeições completas para eles na cozinha da cadeia.

O hospital não ficava longe, ela argumentou. Era uma cidade pequena, todo mundo conhecia Ron e sua família. Era improvável que ele pudesse se apoderar de uma arma e ferir alguém. Finalmente, houve um acordo. Ron deixou a cadeia depois de meia-noite, algemado e acorrentado, cercado por guardas fortemente armados. Foi levado para o hospital, sentado numa cadeira de rodas e empurrado pelo corredor.

Juanita fora bastante clara, insistindo que não queria ver o filho algemado. Annette suplicara aos policiais, que acabaram concordando, embora relutantes. Mas em algum ponto do percurso o acordo foi esquecido. As algemas e as correntes nas pernas não foram removidas. Ron suplicou aos policiais que tirassem pelo menos as algemas, por alguns minutos, enquanto via a mãe pela última vez. Não era possível. E ele foi advertido de que deveria permanecer sentado na cadeira de rodas.

Ron pediu uma manta para esconder as algemas e correntes. Os policiais hesitaram – podia ser um risco de segurança –, mas acabaram cedendo. Levaram-no para o quarto de Juanita e exigiram que Annette e Renee se retirassem. Elas pediram para ficar, porque podia ser a última vez em que a família se reunia. Era arriscado demais, alegaram os policiais. Esperem no corredor.

Ron disse à mãe que a amava muito, que lamentava a confusão em que transformara sua vida, arrependia-se de todos os desapontamentos que causara. Chorou e suplicou que ela o perdoasse, o que Juanita fez, é claro. Ele citou passagens da Bíblia. A intimidade, porém, era difícil, porque os policiais permaneceram no quarto, pairando em torno de Ron, para que ele não pudesse saltar pela janela ou ferir alguém.

A despedida foi breve. Os guardas interromperam-na depois de uns poucos minutos, dizendo que tinham de voltar para a cadeia. Annette e Renee podiam ouvir o irmão chorando enquanto o levavam.

Juanita morreu a 31 de agosto de 1985. Inicialmente, a polícia negou o pedido da família para permitir que Ron comparecesse ao funeral. Só cedeu depois que o marido de Annette ofereceu-se para pagar a dois ex-policiais, seus primos, para ajudarem a vigiar Ron durante o serviço.

Pelo efeito dramático, os policiais trataram sua presença no funeral como um evento de segurança máxima. Exigiram que todos sentassem antes da entrada do criminoso. E se recusaram a tirar as algemas dele.

Essas precauções eram obviamente necessárias para um infrator que falsificara uma assinatura num cheque de 300 dólares.

A igreja estava lotada. O caixão aberto fora posto na frente do altar, para que todos pudessem ver o rosto encovado de Juanita. As portas no fundo foram abertas, e o filho, escoltado pelos guardas através da nave, tinha os tornozelos acorrentados, assim como os pulsos. As duas correntes eram unidas por outra, que passava em torno da cintura. Enquanto se arrastava, em passos pequenos, o retinir das correntes abalava os nervos dos presentes. Ao ver a mãe no caixão aberto, Ron começou a chorar e balbuciar:

– Perdão, mamãe, me perdoe...

O choro se tornou convulsivo quando ele se aproximou do caixão. Instalaram-no num banco, com guardas nos dois lados, as correntes retinindo a cada movimento. Ele estava nervoso, transtornado, maníaco, incapaz de permanecer quieto.

Ron estava na Primeira Igreja Pentecostal Holiness, no santuário em que fazia o culto quando menino, onde Annette ainda tocava o órgão todas as manhãs de domingo, onde a mãe quase nunca perdia uma reunião. Não parava de chorar enquanto contemplava o rosto murcho de Juanita.

Foi servido um almoço no salão comunitário da igreja depois da cerimônia. Ron arrastou-se até lá, os guardas sempre prontos para agarrá-lo. Vivia da comida da cadeia há quase um ano e os pratos trazidos por várias pessoas eram um autêntico banquete. Annette pediu ao policial no comando que as algemas fossem retiradas para que o irmão pudesse comer. O pedido foi negado. Ela suplicou. Não, foi a resposta categórica.

Parentes e amigos observaram compadecidos enquanto as irmãs, Annette e Renee, revezavam-se em alimentá-lo.

À beira da sepultura, depois de leituras da Bíblia e uma oração, as pessoas foram falar com Annette, Renee e Ron, oferecendo condolências e palavras gentis. Houve abraços polidos e abraços afetuosos, mas não de Ron. Incapaz de levantar os braços, ele foi obrigado a responder com beijos desajeitados nas mulheres e apertos de mãos contrafeitos para os homens, as correntes retinindo. Era setembro, ainda fazia muito calor e o suor escorria da sua testa para pingar nas faces. Como era incapaz de enxugar o rosto, Annette e Renee faziam isso por ele.

O Dr. **Charles Amos** apresentou ao tribunal um relatório em que declarava que Ron Williamson era uma pessoa mentalmente doente, conforme a definição da lei de Oklahoma, que não podia avaliar a natureza das acusações contra ele, que não podia ajudar o advogado em sua defesa e que só poderia alcançar o equilíbrio mental depois de ser submetido a um tratamento. Também declarava que, se Ron fosse solto sem tratamento, representaria uma ameaça para si mesmo e para os outros.

O juiz Miller aceitou as conclusões do Dr. Amos e decidiu que Ron era mentalmente incapaz. Ele foi levado para o Hospital Estadual do Leste, em Vinita, para outra avaliação e tratamento. Ali, foi examinado pelo Dr. R. D. Garcia, que receitou Dalmane e Restoril para insônia, Mellaril para alucinações e delírios, e Thorazine para esquizofrenia, hiperatividade, agressividade e a fase de hiperenergia da depressão maníaca. As drogas foram ajustadas ao longo de alguns dias. Ron se acalmou e começou a melhorar.

Depois de duas semanas, o Dr. Garcia concluiu: "Ele é um sociopata e tem um histórico de abuso de álcool. Deve continuar a tomar Thorazine, 100mg, quatro vezes por dia. Não representa risco de fuga."

Era um tanto irônico já que a revogação da prisão domiciliar fora por fuga.

Em resposta a perguntas escritas do tribunal, o Dr. Garcia declarou: "(1) É uma pessoa capaz de avaliar a natureza das acusações contra ele; (2) ... é capaz de conferenciar com seu advogado e ajudá-lo na preparação de sua defesa; (3) ... não está mais mentalmente doente; (4) ... mesmo que fosse solto sem tratamento, terapia ou treinamento, provavelmente não representaria uma ameaça significativa para a vida ou segurança de si mesmo ou de outros, a menos que se torne mais sociopata e possa ser considerado potencialmente perigoso, em particular quando beber demais."

Ron voltou a Ada, onde o processo de revogação foi reiniciado. Mas em vez de efetuar um inquérito pós-exame sobre sua competência, o juiz Miller simplesmente aceitou as conclusões do

Dr. Garcia. Ron, mentalmente incapaz por determinação judicial, nunca foi declarado capaz.

Com base nas conclusões do Dr. Garcia, a sentença suspensa foi revogada. Ron voltou à prisão pelo restante de sua pena de dois anos. Ao deixar o hospital, recebeu um suprimento de Thorazine para duas semanas.

Em setembro, Tommy Ward e Karl Fontenot foram levados a julgamento em Ada. Seus advogados argumentaram com veemência que os casos fossem separados; e ainda mais importante, insistiram que fossem julgados fora do condado de Pontotoc. Denice Haraway continuava desaparecida. Ainda se falava a respeito. Centenas de moradores haviam participado da busca. Seu sogro era um dentista local muito respeitado. Ward e Fontenot estavam na cadeia havia 11 meses. Suas confissões eram assuntos quentes nos cafés e barbearias desde outubro, quando os jornais as noticiaram pela primeira vez.

Como se podia esperar que os réus tivessem um júri imparcial? Os julgamentos notórios são transferidos todos os dias para outros foros.

As petições para mudança de foro foram indeferidas.

A outra guerra pré-julgamento foi sobre as confissões. Os advogados de Ward e Fontenot criticaram os depoimentos, especialmente os métodos usados pelos detetives Smith e Rogers para obtê-los. As histórias relatadas pelos acusados eram claramente inverídicas não havia uma única evidência física que comprovasse o que haviam dito.

Peterson reagiu com veemência. Sem as fitas, ele não tinha qualquer argumento. Depois de discussões longas e inflamadas, o juiz decidiu que as confissões poderiam ser vistas pelos jurados.

O estado chamou 51 testemunhas e poucas disseram qualquer coisa substancial. Muitas eram pessoas amigas de Denice Haraway, prestando depoimento para ajudar a provar que ela continuava desaparecida, presumivelmente morta. O julgamento só teve uma surpresa. Uma criminosa com várias condenações,

Terri Holland, foi chamada para prestar depoimento. Ela disse ao júri que estava na cadeia do condado em outubro, quando Karl Fontenot fora preso. Os dois conversaram algumas vezes e Fontenot admitira que ele, Tommy Ward e Odell Titsworth haviam seqüestrado, estuprado e matado a mulher.

Fontenot alegou jamais ter se encontrado com a mulher.

Terri Holland não foi a única delatora da cadeia a testemunhar. Um criminoso insignificante, Leonard Martin, também estava preso. A promotoria levou-o ao tribunal para dizer que uma ocasião ouvira Karl falando sozinho em sua cela e dizendo: "Eu sabia que seríamos apanhados. Eu sabia que seríamos apanhados."

Era assim a qualidade das evidências apresentadas pela promotoria, as provas oferecidas para persuadir o júri de culpa além de qualquer dúvida razoável.

Sem evidências físicas, as confissões gravadas eram mais do que cruciais, mas eram repletas de discrepâncias e mentiras óbvias. A promotoria foi obrigada a assumir a posição bizarra de admitir que Ward e Fontenot mentiam, ao mesmo tempo que pedia aos jurados para acreditarem neles apesar disso.

Por favor, ignorem todas as coisas sobre Titsworth, porque ele não teve qualquer envolvimento.

Por favor, ignorem questões banais, como a casa incendiada com o corpo dentro, porque a casa havia sido queimada dez meses antes.

Os monitores foram levados para a sala, as luzes diminuídas, as gravações apresentadas. Os detalhes macabros afloraram. Ward e Fontenot estavam agora a caminho do Corredor da Morte.

Em suas alegações finais, as primeiras que fazia num caso de homicídio, Chris Ross visou o dramático. Numa narrativa vívida, recordou os detalhes sinistros apresentados nas gravações, os ferimentos de faca, o sangue e as vísceras, o estupro brutal, o assassinato de uma jovem tão linda, o corpo incinerado.

Os jurados ficaram enfurecidos. Depois de breves deliberações, voltaram com veredictos de culpado e a pena de morte.

A verdade, porém, era a de que o corpo não fora esfaqueado e não fora queimado, independentemente do que Ward e Fontenot disseram em suas falsas confissões, e independentemente do que Bill Peterson e Chris Ross alegaram para o júri.

Denice Haraway foi assassinada com um único tiro na cabeça. O corpo foi encontrado no mês de janeiro seguinte por um caçador, no meio de um bosque perto do povoado de Gerty, no condado de Hughes, a 43 quilômetros de Ada, muito longe de qualquer local vasculhado.

A verdadeira causa da morte deveria ter convencido todos os envolvidos de que Ward e Fontenot haviam inventado suas histórias absurdas e foram coagidos a confessá-las. Não foi o que aconteceu.

A verdadeira causa da morte deveria ter levado as autoridades a admitirem que haviam errado, passando a procurar pelo verdadeiro assassino. Não foi o que aconteceu.

Depois do julgamento, mas antes de o corpo ser encontrado, Tommy Ward esperava a transferência para o Corredor da Morte, em McAlester, uma penitenciária 88 quilômetros a leste de Ada. Ainda atordoado pelos acontecimentos que o haviam levado agora a enfrentar a morte por injeção letal, ele sentia-se assustado, confuso e deprimido. Um ano antes, era um jovem comum de vinte e poucos anos, à procura de um bom emprego, uma boa festa e uma garota bonita.

Os verdadeiros assassinos continuavam à solta, rindo de nós, ele não parava de pensar. Especulava se os assassinos haviam tido a desfaçatez de assistir ao julgamento. Por que não? Estavam seguros.

Um dia ele recebeu visitas... dois policiais de Ada. Eram seus amigos agora, seus companheiros, preocupados com o que poderia lhe acontecer em McAlester. Foram atenciosos, calmos, comedidos em suas palavras, sem ameaças, sem gritar ou xingar, sem promessas de morte por injeção letal. Queriam muito encontrar o corpo de Denice Haraway, e por isso ofereciam um acordo. Se Tommy lhes dissesse onde ela fora enterrada, eles pressionariam Peterson para que a pena de morte fosse comutada para prisão perpétua. Alegaram ter essa autoridade, mas não tinham. O caso se encontrava agora muito além do controle da polícia.

Tommy também não sabia onde estava o corpo. Repetiu o que vinha dizendo há quase um ano: não tinha nada a ver com o crime. Mesmo enfrentando a morte, Tommy Ward ainda não podia dar aos policiais o que eles queriam.

Não muito depois das prisões de Ward e Fontenot, a história chegou ao conhecimento de um respeitado jornalista de Nova York, Robert Mayer, que na ocasião residia no sudoeste americano. Ele ouviu o relato da mulher que namorava; o irmão dela era casado com uma das irmãs de Tommy Ward.

Mayer ficou intrigado com a confissão do sonho e o estrago que causara. Por que alguém confessaria um crime terrível, mas preencheria o relato com mentiras? Ele foi a Ada e começou a investigar. Diligente, pesquisou o que acontecera durante o prolongado processo antes do julgamento, depois os fatos do julgamento, estudou a cidade, seus habitantes, o crime, a polícia, os promotores e, especialmente, Ward e Fontenot.

Ada observava-o com a maior atenção. Era raro ter um jornalista de tanta projeção na cidade, fazendo perguntas, prestes a escrever só Deus sabia o quê. Com o passar do tempo, Mayer conquistou a confiança da maioria dos participantes no drama. Entrevistou Bill Peterson demoradamente. Teve vários encontros com os advogados de defesa. Passou horas com os policiais. Durante uma dessas reuniões, Dennis Smith falou sobre a pressão de ter dois homicídios sem solução numa cidade tão pequena. Mostrou uma foto de Debbie Carter.

– Sabemos que Ron Williamson matou-a, mas ainda não conseguimos provar – disse Smith.

Ao iniciar o projeto, Mayer acreditava que havia uma boa possibilidade de que os dois condenados fossem mesmo culpados. Mas logo ficou horrorizado com as ações de Smith e Rogers, e com os procedimentos judiciais contra Ward e Fontenot. Não havia qualquer prova além das confissões, e por mais chocantes que fossem, tinham tantas contradições que não dava para acreditar que fossem verdadeiras.

Mesmo assim, Mayer empenhou-se em apresentar um relato equilibrado do crime e do julgamento. Seu livro, *The Dreams of Ada*, foi lançado pela Viking em abril de 1987. Era aguardado com a maior ansiedade pela cidade.

A reação foi rápida, mas previsível. Algumas pessoas descartaram o livro por causa da amizade do autor com a família Ward. Outras estavam convencidas de que os dois eram culpados porque haviam confessado, e nada as faria mudar de opinião.

Havia também uma convicção bastante difundida de que a polícia e os promotores tinham falhado mandando os homens errados para a prisão e deixando os verdadeiros assassinos à solta.

Contrariado com as críticas – é raro que um promotor de cidade pequena tenha um livro escrito sobre um de seus casos... e um livro nada lisonjeiro ainda por cima –, Bill Peterson resolveu entrar em ação no caso Debbie Carter. Tinha de provar alguma coisa.

A investigação estava num impasse – a pobre coitada fora assassinada há mais de quatro anos –, mas era tempo de levar alguém a julgamento.

Peterson e a polícia acreditavam há anos que o assassino era Ron Williamson. Talvez Dennis Fritz estivesse envolvido, talvez não, mas eles sabiam que Williamson estivera no apartamento de Carter naquela noite. Não tinham provas, apenas a intuição.

Ron saíra da prisão e voltara a Ada. Quando a mãe morreu, em agosto de 1985, ele estava na cadeia, aguardando uma audiência sobre sua capacidade, com a expectativa de passar mais dois anos preso. Annette e Renee, embora relutantes, venderam a pequena casa em que haviam sido criadas. Ao sair da prisão em liberdade condicional em outubro de 1986, Ron não tinha onde morar. Foi viver com Annette, o marido e o filho. Por alguns dias, tentou se adaptar. Mas os hábitos antigos logo voltaram: as refeições tarde da noite, que ele preparava fazendo o maior barulho, a rotina da televisão ligada durante a noite inteira, a todo o volume;

fumando e bebendo sem parar, cochilando durante o dia no sofá da sala. Depois de cerca de um mês, com os nervos à flor da pele, a família em polvorosa, Annette teve de lhe pedir para ir embora.

Os dois anos na prisão não haviam contribuído em nada para melhorar sua saúde mental. Ele entrara e saíra de vários hospitais estaduais, com diferentes médicos experimentando diferentes combinações de drogas. Com bastante freqüência, não havia qualquer medicação. Ele passava períodos com a população carcerária, até que alguém notava seu comportamento bizarro e o mandava para outra unidade psiquiátrica.

Quando ele foi solto, o Departamento Correcional determinou que procurasse um assistente social nos Serviços de Saúde Mental em Ada. No dia 15 de outubro, Ron se encontrou com Norma Walker, que anotou que ele estava tomando lítio, Navane e Artane. Achou-o simpático, controlado e um pouco estranho, "às vezes com o olhar fixo, sem dizer nada, por um minuto inteiro". Ele planejava cursar a faculdade de teologia, e talvez se tornar um ministro. Ou poderia abrir sua própria empresa de construção. Grandes planos, talvez grandiosos demais, pensou Walker.

Duas semanas depois, ainda medicado, Ron compareceu à nova consulta marcada. Parecia estar indo bem. Faltou às duas seguintes. Quando tornou a aparecer, a 9 de dezembro, queria falar com a Dra. Marie Snow. Parara de tomar os medicamentos porque conhecera uma mulher que não acreditava neles. A Dra. Snow tentou convencê-lo a voltar a tomar os remédios, mas Ron disse que Deus lhe determinara que renunciasse ao álcool e a todas as drogas.

Ele faltou às consultas marcadas para os dias 18 de dezembro e 14 de janeiro. Em 16 de fevereiro, Annette procurou Norma Walker e disse que o comportamento do irmão não podia ser controlado. Descreveu-o como "psicótico", e acrescentou que ele comentara que se mataria com um revólver. Ron apareceu no dia seguinte, nervoso, mas um tanto racional. Exigiu uma mudança na medicação. Três dias depois, Walker recebeu um telefonema da McCall's Chapel. Ron fazia uma cena ali, gritando que queria um emprego. Ela aconselhou a tratá-lo com cautela e chamar a polícia se fosse necessário. Naquela tarde, Annette e o marido levaram-no para uma reunião com Walker. Estavam transtornados, desesperados por ajuda.

Walker observou que Ron estava sem medicação, confuso, desorientado, delirante, desligado da realidade e completamente incapaz de cuidar de si mesmo. Duvidava que ele pudesse sobreviver sozinho sem a medicação adequada. A solução era "internação de longo prazo por sua capacidade mental reduzida e comportamento incontrolável".

Os três se retiraram sem qualquer plano e sem medicamentos. Ron vagueou por Ada e acabou desaparecendo. Gary Simmons estava uma noite em sua casa, em Chickasha, conversando com dois amigos, quando a campainha da porta tocou. Quando ele a abriu, o cunhado entrou, cambaleando, e desabou no chão da sala.

– Preciso de ajuda – balbuciou Ron várias vezes. – Estou louco e preciso de ajuda.

Barbudo, sujo, os cabelos compridos e emaranhados, ele estava desorientado, sem saber direito onde se encontrava.

– Não consigo mais suportar.

Os convidados de Gary não conheciam Ron e ficaram chocados com sua aparência e desespero. Um foi embora, o outro permaneceu. Ron ficou quieto, depois letárgico. Gary prometeu a Ron que encontraria alguma forma de ajuda. Levaram-no para o carro. A primeira parada foi no hospital mais próximo. Ele foi encaminhado ao centro de saúde mental local. De lá, mandaram-no para o Hospital Central Estadual, em Norman. Durante a viagem, Ron tornou-se quase catatônico. Conseguiu dizer que estava faminto. Gary conhecia uma churrascaria ali perto, famosa por suas porções generosas. Mas, quando pararam no estacionamento, Ron perguntou:

– Onde estamos?

– Vamos comer alguma coisa – respondeu Gary.

Ron jurou que não sentia a menor fome. Partiram de novo, a caminho de Norman.

– Por que paramos lá atrás? – indagou Ron.

– Porque você disse que tinha fome.

– Não disse não.

Ron estava irritado com Gary. Poucos quilômetros depois, Ron repetiu que sentia muita fome. Gary avistou um McDonald's e parou.

– O que estamos fazendo aqui? – perguntou Ron.

– Vamos comer alguma coisa.

– Por quê?

– Porque você disse que tinha fome.

– Não estou com fome. Gostaria que me levasse para o hospital o mais depressa possível, por favor.

Deixaram o McDonald's. Finalmente, chegaram a Norman. Ron anunciou, mais uma vez, que estava com fome. Gary, paciente, encontrou outro McDonald's. Ron perguntou por que haviam parado ali, o que nada teve de surpreendente.

A última parada, antes de chegarem ao hospital, foi para encher o tanque, no posto da Vickers na Main Street. Gary voltou ao carro com duas barras grandes de chocolate, que Ron pegou e devorou em segundos. Gary e o amigo ficaram surpresos com isso.

No hospital, Ron entrava e saía do estupor em que se encontrava. O primeiro médico ficou frustrado quando ele não quis cooperar. Assim que o médico se retirou, Gary censurou o cunhado.

A reação de Ron foi levantar, virar-se para uma parede, flexionar os braços, numa pose simplória de fisiculturista, e se manter assim, rígido, por vários minutos. Gary tentou lhe falar, mas foi em vão. Dez minutos passaram e Ron não se alterou. Olhava para o teto, sem emitir qualquer som, sem mexer um músculo sequer. Vinte minutos passaram e Gary estava quase indo embora. Depois de 30 longos minutos, Ron saiu da imobilidade, mas não quis falar com Gary.

Felizmente, uma equipe médica chegou logo depois e levou Ron para seu quarto. Ele disse a um médico:

– Eu só queria vir para cá porque precisava de um lugar para ficar.

Ele tomou lítio para a depressão, e Navane, uma droga antipsicótica usada no tratamento da esquizofrenia. Depois que se estabilizou, ele decidiu deixar o hospital, contrariando o conselho dos médicos. Voltou a Ada poucos dias depois.

A próxima viagem de Gary com o cunhado foi a Dallas, ao programa de uma missão cristã para ex-prisioneiros e viciados. O pastor confidenciou a Gary:

— As luzes de Ron estão acesas, mas não há ninguém em casa.

Ron registrou-se no centro de recuperação em Dallas. Assim que ele estava instalado, Gary despediu-se. Antes de partir, deu 50 dólares em dinheiro a Ron. Era uma violação das regras, embora nenhum dos dois soubesse. Gary voltou a Oklahoma... e Ron também. Horas depois de entrar no centro, ele usou o dinheiro para comprar uma passagem de volta a Ada. Chegou não muito depois de Gary.

Sua internação seguinte, no Hospital Central, não foi voluntária. A 21 de março, nove dias depois de ter alta, ele tentou o suicídio engolindo 20 comprimidos de Navane. A razão, informada para uma enfermeira, foi a de que se sentia deprimido porque não conseguia arrumar um emprego. Foi estabilizado e submetido a uma medicação apropriada, mas parou de tomá-la depois do terceiro dia. Os médicos concluíram que ele era um perigo para si mesmo e para os outros, e recomendaram um tratamento de 28 dias no Hospital Central. Teve alta em 24 de março.

De volta a Ada, Ron arrumou um quarto nos fundos de uma pequena casa, na Twelfth Street, no lado oeste da cidade. Não tinha cozinha nem água encanada. Para tomar um banho de chuveiro, quando o fazia, usava uma mangueira atrás da casa. Annette levava comida e tentava cuidar dele. Durante uma visita, ela notou que os pulsos do irmão sangravam. Ron cortara-os com uma lâmina de barbear para poder sofrer como todos os outros que haviam sofrido por sua causa. Queria morrer e encontrar o pai e a mãe, as duas pessoas que tanto magoara. Annette suplicou-lhe que procurasse um médico, mas ele se recusou. Também se recusou a pedir ajuda no Centro dos Serviços de Saúde Mental, onde já estivera tantas vezes.

Não estava mais tomando os medicamentos.

O velho proprietário da casa era generoso com Ron. O aluguel era barato, muitas vezes não cobrado. Havia na garagem um cortador de grama antigo, sem uma roda. Ron empurrava-o pelas ruas de Ada, aparando gramados por cinco dólares. Dava o dinheiro para o senhorio.

A 4 de abril, a polícia de Ada recebeu um telefonema de uma residência no quarteirão oeste da Tenth Street. O dono da casa disse ao policial que precisava viajar, mas receava pela segurança da família porque Ron Williamson era visto circulando pelo bairro a todas as horas da noite. Evidentemente, o homem conhecia Ron e vigiava-o com todo o cuidado. Disse ao policial que Ron estivera quatro vezes na loja de conveniência Circle K e duas ou três na Lowe's, outra loja de conveniências, tudo na mesma noite.

O policial foi receptivo — todos sabiam que Ron se comportava de uma maneira estranha —, mas não havia lei contra andar pelas ruas depois de meia-noite. Ele prometeu que faria o patrulhamento na área.

No dia 10 de abril, às três horas da madrugada, a polícia recebeu uma ligação de um funcionário da Circle K. Ron Williamson aparecera ali várias vezes, agindo de forma esquisita. O guarda Jeff Smith foi à loja. Enquanto estava ali, o suspeito apareceu de novo. Smith pediu que "Ronnie" fosse embora, o que ele fez.

Uma hora depois, Ron dirigiu-se à delegacia e anunciou que queria confessar vários crimes que cometera no passado. Recebeu um formulário para depoimento voluntário e começou a escrever. Admitiu ter roubado uma bolsa quatro anos antes no Coachlight, roubado um revólver de uma casa, acariciado duas garotas nas partes íntimas e agredido e quase estuprado uma garota em Asher. Mas abandonou a confissão e deixou a delegacia. O policial Rick Carson alcançou-o a alguns quarteirões dali. Ron tentou explicar o que fazia na rua àquela hora, mas estava muito confuso. Acabou dizendo que procurava gramados para aparar. Carson sugeriu que Ron voltasse para casa e disse que seria mais fácil encontrar gramados para aparar durante o dia.

No dia 13 de abril, Ron entrou na clínica de saúde mental e assustou as pessoas que trabalhavam ali. Uma delas disse que ele "babava". Ron queria falar com a Dra. Snow e seguiu pelo corredor que levava à sua sala. Ao ser informado que ela não estava, Ron foi embora sem qualquer incidente.

Três dias depois, o livro *The Dreams of Ada* foi lançado.

Por mais que quisesse indiciar Ron Williamson pelo homicídio de Debbie Carter, a polícia não tinha provas suficientes. Ao final da primavera de 1987, havia pouco mais evidências do que no verão de 1983. A análise dos cabelos pelo OSBI fora finalmente concluída, dois anos depois do crime, mas fora de pouca utilidade. Algumas das amostras tiradas de Ron e Dennis revelavam ser "microscopicamente compatíveis" com alguns dos cabelos encontrados na cena do crime, mas as comparações de cabelos não eram confiáveis.

A promotoria tinha um obstáculo significativo: a impressão palmar de sangue no pequeno pedaço de gesso cortado da parede do quarto de Debbie Carter. No início de 1983, Jerry Peters, do OSBI, examinara a impressão com todo o cuidado e concluíra que não era de Dennis Fritz ou de Ron Williamson. Também não combinava com a impressão de Debbie Carter. Era uma impressão deixada pelo assassino.

Mas Jerry Peters não poderia estar enganado, ou talvez efetuado um exame apressado, ou talvez esquecido alguma coisa? Se a impressão fosse de Debbie Carter, Fritz e Williamson não poderiam ser excluídos como suspeitos.

Peterson teve idéia de exumar o corpo e examinar outra vez as impressões palmares. Com alguma sorte, as mãos ainda não estariam decompostas demais. Um novo conjunto de impressões palmares, se examinadas de um ângulo diferente, poderia revelar novas informações e talvez ajudar a promotoria a levar os assassinos à justiça.

Peggy Stillwell recebeu um telefonema de Dennis Smith. Ele pediu-lhe que fosse à delegacia, mas recusou-se a explicar o motivo. Ela pensou, como sempre, que talvez tivessem descoberto algum fato novo. Na delegacia, encontrou Bill Peterson sentado atrás da mesa, com um papel à sua frente. Ele explicou que queriam exumar o corpo de Debbie e precisavam de sua assinatura. Charlie Carter já dera sua autorização.

Peggy ficou horrorizada. A idéia de remover da sepultura os restos mortais de sua filha era chocante. Disse que não. Peterson estava preparado para isso. Começou a pressionar, indagando se Peggy não queria que o homicídio fosse solucionado. Claro que queria. Mas não havia outro jeito? Não. Se ela queria que o assassino de Debbie fosse descoberto e levado a julgamento, teria de concordar com a exumação. Depois de alguns minutos de hesitação, Debbie assinou o documento. Deixou apressada a delegacia e foi para a casa da irmã, Glenna Lucas.

Relatou o encontro com Bill Peterson e os planos para desenterrar o corpo. Peggy sentia-se animada a esta altura, ansiosa para ver a filha de novo.

– Terei contato com ela, poderei abraçá-la novamente – murmurou Peggy várias vezes.

Glenna não demonstrava o mesmo entusiasmo. Não estava convencida de que esse reencontro seria saudável. E tinha dúvidas sobre as pessoas que comandavam a investigação. Nos quatro anos e meio desde o crime, ela fora obrigada a conversar com Bill Peterson em diversas ocasiões.

Peggy não se mostrava estável. Nunca aceitara o fato de que Debbie estivesse morta. Glenna pedira com freqüência a Peterson e à polícia para filtrarem quaisquer informações sobre a investigação por seu intermédio ou de outra pessoa da família. Peggy não era capaz de absorver notícias súbitas e precisava da proteção da irmã.

Glenna ligou imediatamente para Bill Peterson, querendo saber o que ele planejava fazer. Ele explicou que a exumação era necessária se a família queria que Ron Williamson e Dennis Fritz fossem levados a julgamento pelo crime. A impressão da palma ensangüentada era um obstáculo; se fosse provado que pertencia a Debbie, então ele e a polícia poderiam agir com urgência contra Fritz e Williamson.

Glenna ficou confusa. Como Peterson podia saber do resultado do novo exame se o corpo ainda tinha de ser exumado? Como podia ter tanta certeza de que a exumação serviria para incriminar Fritz e Williamson?

Peggy sentia-se obcecada em ver a filha de novo. Em determinado momento, ela comentou com Glenna:

– Esqueci como era o som de sua voz.

Glenna obteve a promessa de Bill Peterson de que a exumação seria efetuada rapidamente e os procedimentos completados antes que alguém soubesse.

Peggy se encontrava no trabalho, na Brockway Glass, quando uma colega aproximou-se para perguntar o que estava acontecendo no Cemitério Rosedale, junto da sepultura de Debbie. Ela deixou a fábrica, atravessou a cidade em disparada, mas só encontrou a sepultura vazia. Os restos mortais da filha já haviam sido removidos.

O primeiro conjunto de impressões palmares fora tirado por Jerry Peters, agente do OSBI, a 9 de dezembro de 1982, durante a autópsia. Na ocasião, as mãos estavam perfeitas e Peters não tivera a menor dúvida de que tirara impressões completas e meticulosas. Quando apresentara seu relatório, três meses depois, tinha certeza da conclusão de que a impressão ensangüentada no pedaço de gesso não fora deixada por Fritz, Williamson ou pela vítima.

Agora, porém, quatro anos e meio depois, com o homicídio ainda sem solução e as autoridades à procura de uma nova pista, ele descobriu de repente que tinha dúvidas sobre seu trabalho anterior. Três dias depois da exumação, ele apresentou um relatório revisado, em que concluía que a impressão ensangüentada combinava com a palma de Debbie Carter. Pela primeira e única vez em 24 anos de carreira, Jerry Peters mudara de idéia.

O relatório era exatamente do que Bill Peterson precisava. Com a prova de que a impressão ensangüentada não pertencia a algum assassino desconhecido, mas fora deixada por Debbie, enquanto lutava por sua vida, ele estava livre para ir atrás de seus principais suspeitos. E era importante alertar os moradores da cidade... os jurados em potencial.

Embora as autoridades alegassem que a exumação e seus detalhes eram confidenciais, Peterson mesmo assim conversou com um repórter do *Ada Evening News*, que reproduziu o que ele teria declarado: "O que descobrimos com a exumação confirmou nossas suspeitas. Estávamos conferindo algumas evidências."

O que exatamente foi descoberto? Peterson não queria confirmar os detalhes, mas uma "fonte" se prontificou a contar tudo: "O corpo foi exumado para que se pudesse tirar as impressões palmares da mulher e comparar com uma impressão palmar ensangüentada encontrada na parede de seu apartamento."

A fonte acrescentou: "A eliminação da possibilidade de que a impressão palmar ensangüentada fosse de outra pessoa além da vítima era crucial para a investigação."

– Eu me sinto melhor sobre o caso – declarou Peterson.

Ele obteve mandados judiciais para a prisão de Ron Williamson e Dennis Fritz.

Na manhã de sexta-feira, 8 de maio, Rick Carson viu Ron empurrando o cortador de grama de três rodas por uma rua no lado oeste da cidade. Os dois conversaram por um momento. Ron, com os cabelos compridos, sem camisa, jeans rasgada e tênis, parecia tão infeliz como sempre. Queria um emprego na prefeitura e Rick prometeu que pegaria o formulário de solicitação. Ron disse que esperaria em casa naquela noite.

Carson comunicou a seu tenente que sabia que o suspeito estaria naquela noite em seu apartamento, na West Twelfth. A prisão foi planejada, e Rick, convidado a participar. Se Ron se mostrasse violento, Rick deveria assegurar-se de que ninguém saísse ferido. Por isso, quatro outros policiais foram destacados para efetuar a prisão, inclusive o detetive Mike Baskin.

Ron foi detido sem incidentes. Usava a mesma jeans e os mesmos tênis, ainda sem camisa. Na cadeia, Baskin leu os direitos de

Miranda e perguntou se ele queria falar. Claro, por que não? O detetive James Fox também participou do interrogatório.

Ron reafirmou que jamais tivera qualquer contato pessoal com Debbie Carter, nunca estivera em seu apartamento e, pelo que sabia, nunca a vira. Não hesitou em momento algum, apesar dos gritos e ameaças dos policiais que reiteravam com insistência que sabiam que Ron era culpado.

Ron ficou na cadeia do condado. Há pelo menos um mês que não tomava os medicamentos.

Dennis Fritz morava com a mãe e uma tia em Kansas City e trabalhava agora com a pintura de casas. Deixara Ada poucos meses antes. Sua amizade com Ron Williamson era apenas uma lembrança distante. Não falava com um detetive há quatro anos e quase esquecera o assassinato de Debbie Carter.

Estava assistindo à televisão sozinho na noite de 8 de maio. Havia trabalhado o dia inteiro e ainda usava o macacão sujo de tinta. A noite era quente e as janelas estavam abertas. O telefone tocou. Uma voz de mulher, não identificada, perguntou:

– Dennis Fritz está?

– É ele mesmo que está falando.

A mulher desligou. Talvez fosse engano, ou quem sabe uma ex querendo alguma coisa. Ele tornou a se acomodar na frente da televisão. A mãe e a tia já dormiam, nos fundos da casa. Eram quase onze e meia.

Quinze minutos depois, ele ouviu várias portas de carros batendo. Levantou-se, descalço, e foi até a porta da frente. Avistou um pequeno exército de homens prontos para o combate, vestidos de preto, fortemente armados, avançando pelo gramado. Mas o que está acontecendo? Por uma fração de segundo, ele pensou em chamar a polícia.

A campainha tocou. Quando ele abriu a porta, dois policiais agarraram-no, puxaram-no para fora e perguntaram:

– Você é Dennis Fritz?

– Sim, sou eu.

— Então está preso por homicídio em primeiro grau – anunciou um deles, enquanto o outro o algemava.

— De que homicídio estão falando?

Um pensamento ocorreu-lhe: quantos homens com o nome de Dennis Fritz existem em Kansas City? É claro que pegaram o cara errado.

A tia apareceu na porta, viu a equipe da SWAT avançando para Dennis com as submetralhadoras apontadas, prontas para disparar, e ficou histérica. A mãe veio correndo do quarto, enquanto a polícia entrava na casa para "garantir a segurança". Quando indagados "segurança contra o que ou contra quem", eles não souberam responder. Dennis não tinha uma arma de fogo. Não havia outros assassinos conhecidos ou suspeitos no local, mas os homens da SWAT tinham seus procedimentos.

No momento em que Dennis já começava a acreditar que seria metralhado, ergueu os olhos e viu um homem com um chapéu Stetson branco avançando pelo caminho. Dois pesadelos do passado surgiram à sua frente. Dennis Smith e Gary Rogers juntaram-se ao tumulto com um sorriso de orelha a orelha.

Ah, sim, aquele homicídio, pensou Dennis. Então esses dois caubóis caipiras haviam enganado a Unidade de Captura de Fugitivos de Kansas City, levando-a a efetuar essa prisão teatral, mas sem o menor sentido.

— Posso calçar os sapatos? – perguntou Dennis.

Os policiais, relutantes, concordaram. Fritz foi levado para o banco traseiro de um carro da polícia. O extasiado Dennis Smith sentou ao seu lado. Um dos detetives de Kansas City sentou ao volante. Ao partirem, Fritz olhou para os homens fortemente armados da SWAT e pensou: Que estupidez! Qualquer guarda comum poderia efetuar a prisão na mercearia da esquina. Por mais atordoado que estivesse com a prisão, ele não podia deixar de achar engraçada a decepção dos policiais de Kansas City.

A última imagem registrada em sua mente foi a da mãe parada na porta da frente com as mãos na boca.

Levaram-no para uma pequena sala de interrogatório numa delegacia de Kansas City. Smith e Rogers leram os seus direitos de

Miranda e depois anunciaram que tencionavam obter uma confissão. Dennis pensou em Ward e Fontenot, e decidiu não dizer nada. Smith tornou-se o policial bom, o amigo que queria ajudar, enquanto Rogers assumiu o papel do durão, gritando, xingando, ameaçando, cutucando Fritz no peito várias vezes.

Quatro anos haviam transcorrido desde a última sessão. Em junho de 1983, depois que Fritz fora "reprovado" no segundo teste do polígrafo, Smith, Rogers e Featherstone mantiveram-no no porão da delegacia de polícia de Ada durante três horas, atormentando-o. Nada haviam conseguido na ocasião, e também não estavam conseguindo agora.

Rogers estava furioso. Os policiais sabiam há anos que Fritz e Williamson tinham estuprado e assassinado Debbie Carter. Agora, o crime fora solucionado. Só faltava uma confissão.

– Não tenho nada para confessar – insistiu Fritz várias vezes.

Uma das frases prediletas de Rogers era:

– Está insultando minha inteligência.

Em cada vez, Fritz sentiu-se tentado a dizer: "Que inteligência?" Mas não queria ser esbofeteado. Depois de duas horas de agressões, Fritz finalmente disse:

– Está bem, confessarei tudo.

Os policiais ficaram aliviados. Como não tinham provas, poderiam resolver o caso com uma confissão. Smith saiu correndo para buscar um gravador. Rogers arrumou papel e canetas.

Depois que estava tudo pronto, Fritz olhou para o gravador e declarou:

– Eis toda a verdade. Não matei Debbie Carter e não sei nada sobre seu assassinato.

Smith e Rogers ficaram furiosos. Houve mais ameaças, mais insultos. Fritz foi sacudido e intimidado, mas manteve-se firme. Insistiu na sua inocência. O interrogatório foi finalmente suspenso. Ele recusou a extradição para Oklahoma e esperou na cadeia o andamento do processo.

Mais tarde, ainda naquele sábado, Ron foi levado da cadeia à delegacia, para um novo interrogatório. Smith e Rogers, de volta da emocionante prisão de Fritz, esperavam-no. O objetivo era fazer com que ele falasse.

O interrogatório fora planejado desde o dia anterior à prisão. O livro *The Dreams of Ada* acabara de ser publicado e revelava críticas aos métodos de Smith e Rogers. Decidiram que Smith, que residia em Ada, deveria ser substituído por Rusty Featherstone, que residia em Oklahoma City. Também decidiram não usar o vídeo.

Dennis Smith estava no prédio, mas permaneceu longe da sala de interrogatório. Depois de comandar a investigação por quatro anos, convencido na maior parte do tempo de que Williamson era culpado, mesmo assim ele evitava o interrogatório crucial.

A polícia de Ada tinha muitos equipamentos de áudio e vídeo, que eram usados com freqüência. Os interrogatórios, especialmente as confissões, eram quase sempre gravados em videoteipe. A polícia conhecia muito bem o tremendo impacto de mostrar uma confissão ao júri. Era só perguntar a Ward e Fontenot. O segundo teste de polígrafo de Ron, quatro anos antes, na delegacia de Ada, fora gravado por Featherstone.

Quando as confissões não eram gravadas em vídeo, costumavam ser registradas em áudio. A polícia dispunha de inúmeros gravadores.

E quando não se gravava nem em vídeo nem em áudio, pedia-se em geral que o suspeito escrevesse – se era capaz de ler e escrever – sua versão do que acontecera. Se o suspeito por acaso fosse analfabeto, um detetive escrevia o depoimento, lia para o réu e pedia-lhe que assinasse.

Nenhum desses métodos foi usado no dia 9 de maio. Williamson, que tinha uma certa cultura e um vocabulário muito maior que o de seus interrogadores, observou Featherstone fazer anotações. Disse que conhecia os direitos de *Miranda* e que concordava em falar.

A versão da polícia foi a que se segue:

WILLIAMSON disse: "Muito bem, 8 de dezembro de 1982, eu costumava freqüentar o Coachlight e estava ali uma noite, procurando por uma mulher, uma mulher bonita, e pensei que deveria segui-la até sua casa."

WILLIAMSON hesitou, depois agiu como se quisesse dizer alguma coisa que começava com a letra F, mas depois fez outra pausa. E continuou: "Pensei como seria se alguma coisa ruim acontecesse naquela noite e a segui até em casa."

WILLIAMSON fez outra pausa e falou sobre a ocasião em que roubou um aparelho de som. WILLIAMSON disse depois: "Eu estava com DENNIS e fomos para o Holiday Inn. Dissemos a uma mulher que tínhamos um bar no nosso carro, e a pegamos e ela entrou no carro."

WILLIAMSON falava com frases esporádicas e o agente ROGERS pediu a WILLIAMSON para se concentrar e voltar a falar sobre o caso DEBBIE CARTER.

WILLIAMSON disse: "Tudo bem, eu sonhei que matava DEBBIE, estava em cima dela, tinha um fio em torno de seu pescoço, dei várias facadas nela, puxei o fio e apertei-o bem em seu pescoço."

WILLIAMSON disse: "Estou preocupado porque não quero que isso tenha conseqüências para minha família", e depois ele disse: "Minha mãe está morta agora."

O agente ROGERS perguntou a WILLIAMSON se ele e DENNIS estavam lá naquela noite, e WILLIAMSON respondeu: "Sim." O agente FEATHERSTONE perguntou a WILLIAMSON: "Vocês foram até lá com a intenção de matá-la?" WILLIAMSON respondeu: "Provavelmente."

O agente FEATHERSTONE perguntou: "Por quê?"

WILLIAMSON respondeu: "Ela me deixou zangado."

O agente FEATHERSTONE perguntou: "O que está querendo dizer com isso? O que ela significava para você? Era uma vagabunda?"

WILLIAMSON respondeu: "Não."

WILLIAMSON fez uma breve pausa, para depois dizer: "Ó meu Deus, vocês não podem esperar que eu confesse. Tenho uma família, tenho um sobrinho para proteger. Minha irmã; isso vai ser terrível para ela. Não para minha mãe, pois agora ela está morta. Isso não sai da minha cabeça."

Por volta de 1.938 horas WILLIAMSON disse: "Se vão me julgar por isso, eu quero o TANNER de Tulsa. Não, quero DAVID MORRIS."

A menção de um advogado assustou os detetives, que interromperam a confissão. Ligaram para David Morris, que os instruiu a suspenderem imediatamente o interrogatório de Ron.

O depoimento não foi assinado por Ron. Nunca lhe foi mostrado.

Com outra confissão de sonho, os policiais e promotores achavam que estavam indo muito bem no caso. Haviam aprendido com Ward e Fontenot que a falta de uma prova física não deveria ser empecilho para uma acusação formal. O fato de Debbie Carter não ter sido esfaqueada não tinha relevância. Os jurados condenam se ficarem adequadamente chocados.

Se a confissão de um sonho podia incriminar Williamson, então outra podia completar o serviço. Poucos dias depois, um carcereiro chamado John Christian passou pela cela de Ron. Os dois haviam crescido no mesmo bairro. A família Christian tinha vários filhos, um deles da idade de Ron, que era muitas vezes convidado para jantar ou almoçar na casa de Ron. Jogaram beisebol juntos nas ruas e nas ligas, e foram colegas na Byng Junior High.

Sem tratamento e sem medicamento, Ron estava longe de ser um prisioneiro-modelo. A cadeia do condado de Pontotoc é um *bunker* de concreto, sem janelas, construída por algum motivo no lado oeste da praça do tribunal. Os tetos são baixos, os ambientes, apertados e claustrofóbicos; e quando alguém grita, todo mundo escuta. Ron gritava com freqüência. Quando não gritava, estava cantando, chorando, gemendo, queixando-se, protestando sua inocência ou falando sobre Debbie Carter. Foi levado para uma das duas solitárias, tão longe quanto possível dos outros presos. Mas a cadeia era tão pequena que Ron podia causar o maior tumulto em qualquer lugar que estivesse.

Só John Christian conseguia acalmá-lo, e assim os outros presos passaram a gostar da troca de guarda. Quando chegava à cadeia, Christian ia direto para a cela de Ron e acalmava-o. Conversavam sobre os velhos tempos, os jogos de que haviam participado, os amigos daquela época. Também conversavam sobre o caso Carter e como era injusto que Ron fosse acusado. Por oito horas, Ron conseguia ficar quieto. A solitária era apenas um buraco, mas ele conseguia dormir e ler. Antes de terminar seu turno, Christian ia falar com Ron, em geral encontrando-o a andar de um lado para outro, fumando, preparando-se para começar o tumulto assim que o novo guarda chegasse.

Na noite de 22 de maio, Ron não conseguia dormir. Sabia que Christian estava de serviço. Ron chamou-o. Queria falar sobre o assassinato. Tinha um exemplar do *The Dreams of Ada* e disse que também podia fazer uma confissão de sonho. Segundo Christian, Ron disse:

— Agora imagine que sonhei que foi isso que aconteceu. Imagine que eu morava em Tulsa, que passei o dia inteiro bebendo e tomando Quaaludes, peguei o carro e fui para o Buzzy's Club (Coachlight Club). Imagine que bebi mais e fiquei num porre ainda maior. E suponha que fui parar na casa de Debbie Carter, bati à porta, e ela disse espere um instante que estou ao telefone. Imagine que arrombei a porta, estuprei e matei Debbie.

Williamson disse depois:

— Não acha que se eu fosse o assassino não teria pegado algum dinheiro com os amigos e deixado a cidade?

Christian não deu muita importância à conversa, mas repetiu-a para um colega. Foi repetida tanto que acabou chegando ao conhecimento de Gary Rogers. O detetive considerou que era uma evidência adicional contra seu assassino. Dois meses depois, ele pediu a Christian para repetir o que Ron dissera. Rogers escreveu um relatório, acrescentou as interrogações que julgou apropriadas. Assim, a polícia e a promotoria tinham a segunda confissão de sonho. Não foi incluída uma única palavra mencionando as muitas negativas de envolvimento no crime que Ron fizera.

Como sempre, os fatos não eram importantes. Ron não morava em Tulsa na ocasião do crime. Não tinha carro nem carteira de motorista.

CAPÍTULO 7

Para Annette Hudson e Renee Simmons, a notícia de que o irmão fora preso e acusado de homicídio foi um golpe terrível. Desde que ele deixara a prisão, em outubro, as duas andavam profundamente preocupadas com a deterioração de sua saúde mental e bem-estar físico. Mas não tinham a menor idéia de que era iminente uma acusação de homicídio. Os rumores persistiam havia anos, mas tanto tempo se passara que a família presumiu que a polícia estava ocupada com outros suspeitos e outros crimes. Quando Juanita morreu, dois anos antes, estava confiante de que apresentara a Dennis Smith uma evidência incontestável de que Ron não tinha qualquer envolvimento no crime. Annette e Renee também acreditavam nisso.

As duas levavam uma existência frugal, criando suas famílias, trabalhando fora de vez em quando, pagando as contas, guardando algum dinheiro sempre que era possível. Não dispunham dos recursos necessários para contratar um advogado criminalista. Annette falou com David Morris, mas ele não tinha interesse no caso. John Tanner vivia em Tulsa, longe demais e caro demais.

Embora Ron as tivesse arrastado pelas agruras do sistema judiciário em várias ocasiões, as irmãs ainda estavam despreparadas para sua prisão repentina, sob a acusação de homicídio. Os amigos se afastaram. Os olhares e fofocas começaram. Uma conhecida disse para Annette:

– Não é culpa sua. Você não podia evitar o que seu irmão fez.

– Meu irmão não é culpado – protestou Annette.

Ela e Renee repetiam isso a todo instante, mas poucas pessoas queriam ouvir. Esqueça a presunção de inocência. Os policiais encontraram o assassino; por que prenderiam Ron se ele não fosse culpado?

O filho de Annette, Michael, então com 15 anos, sofreu durante uma discussão em sala de aula sobre eventos locais, o principal sendo a prisão de Ron Williamson e Dennis Fritz pelo assassinato de Debbie Carter. Como seu sobrenome era Hudson, nenhum dos colegas sabia que o acusado era tio de Michael. Os sentimentos da turma eram de revolta contra os dois acusados. Annette esteve na escola na manhã seguinte. O problema foi resolvido. O professor pediu desculpas e prometeu redirecionar as discussões em sala de aula.

Renee e Gary Simmons moravam em Chickasha, a cerca de uma hora de carro. A distância lhes proporcionava algum alívio. Annette, porém, nunca saiu de Ada; embora quisesse agora desesperadamente fugir, tinha de ficar para ajudar o irmão caçula.

No domingo, 10 de maio, o *Ada Evening News* publicou uma reportagem na primeira página sobre as prisões, com uma foto de Debbie Carter. Bill Peterson forneceu a maior parte dos detalhes. Confirmou que o corpo fora exumado e que a impressão palmar misteriosa pertencia de fato à vítima. Alegou que Williamson e Fritz eram suspeitos há mais de um ano, mas não explicou por quê. Sobre a investigação propriamente dita, ele declarou:

– Chegamos ao fim das investigações há cerca de seis meses e começamos a decidir como dar andamento ao processo.

A informação de que o FBI estivera envolvido nas investigações tinha um interesse especial. A polícia de Ada solicitara ajuda dois anos antes. O FBI estudara as evidências e fornecera à polícia um perfil psicológico dos assassinos, mas Peterson não comunicou isso ao jornal.

No dia seguinte saiu outra reportagem na primeira página, desta vez com fotos de Ron e Dennis. Eram as fotos tiradas pela polícia no momento em que os dois foram fichados. Ambos pareciam bastante ameaçadores para serem condenados.

A matéria repetia os detalhes do dia anterior; especificamente, que os dois haviam sido presos e acusados de estupro em primeiro grau, estupro mediante objetos e homicídio em primeiro grau. Por mais estranho que pudesse parecer, as "autoridades" recusavam-se a comentar se os dois haviam feito declarações sobre o crime. Era evidente que os repórteres de Ada haviam se acostumado tanto a confissões que presumiam que tais depoimentos eram comuns em todas as investigações criminais.

Embora omitissem informações sobre a primeira confissão de sonho de Ron, as autoridades divulgaram o relatório usado para justificar as prisões. Segundo a reportagem, o relatório dizia que "pêlos pubianos e do couro cabeludo foram recolhidos do corpo e das roupas de cama de Debbie Carter, e eram microscopicamente compatíveis com os cabelos de Ronald Keith Williamson e Dennis Fritz".

E os dois tinham longas fichas criminais. Ron contava com 15 delitos – como dirigir o carro embriagado – e um crime de falsificação pelo qual cumprira pena de prisão. Fritz tinha dois casos de embriaguez ao volante, algumas multas de trânsito, mais uma antiga condenação por uso de maconha.

Bill Peterson confirmava de novo que o corpo fora exumado para se reexaminar uma impressão palmar que se constatara ser da vítima. Ele acrescentou que os dois homens "eram suspeitos no caso há mais de um ano".

A reportagem lembrava a todos, no final, que "Carter morreu por asfixia, quando uma toalhinha foi empurrada por sua garganta durante o estupro".

Nessa mesma segunda-feira, Ron foi levado da cadeia para o tribunal, atravessando o gramado, cerca de 50 passos, para sua primeira audiência perante o juiz John David Miller, o magistrado que cuidava das questões preliminares. Ele disse que não tinha um advogado e que não sabia se poderia pagar algum. Foi levado de volta para a cadeia.

Poucas horas depois, um preso chamado Mickey Wayne Harrell alegou ter ouvido Ron chorando, ao mesmo tempo que balbuciava: "Perdoe-me, Debbie." Isso foi imediatamente comunicado ao carcereiro. Mais tarde, Ron teria perguntado a Harrell se ele poderia fazer uma tatuagem em seu braço com as palavras "Ron Ama Debbie".

Com o suspeito de um crime famoso aguardando julgamento, os rumores fervilhavam na cadeia. As manobras de delação, sempre uma parte da vida carcerária porque a polícia estimulava, começaram a aumentar. O meio mais rápido de recuperar a liberdade, ou pelo menos conseguir uma redução na sentença, era ouvir ou alegar ter ouvido um suspeito importante ter confessado seu crime, no todo ou em parte, e depois negociar o depoimento com o promotor. Na maioria das cadeias, a delação era rara, porque os informantes temiam a retaliação dos outros presos. Em Ada, a delação era bastante praticada porque proporcionava resultados.

Dois dias depois, Ron foi levado de volta ao tribunal para tratar da questão de seu representante legal. A audiência, presidida pelo juiz John David Miller, não transcorreu bem. Ainda sem medicação, Ron desandou a falar alto, numa atitude beligerante:

– Não matei ninguém! Já estou cansado dessa acusação! Lamento pela família, mas...

O juiz Miller tentou interrompê-lo, mas Ron queria falar:

– Não a matei. Não sei quem a matou. Minha mãe estava viva na ocasião e sabia onde eu me encontrava no momento do crime.

O juiz Miller tentou explicar a Ron que aquela audiência não era para os réus se defenderem, mas Ron continuou:

– Quero que essas acusações sejam arquivadas – disse ele várias vezes. – Isso é um absurdo.

O juiz Miller perguntou se ele compreendia as acusações. Ron respondeu:

– Sou inocente. Nunca estive em companhia dela, nunca entrei num carro com ela.

Enquanto seus direitos eram lidos, para constar dos autos, Ron continuou a falar:

— Estive na cadeia três vezes e em todas tentaram dizer que eu tinha alguma coisa a ver com esse crime.

Quando o nome de Dennis Fritz foi lido em voz alta, Ron interrompeu:

— O cara não teve nada a ver com isso. Eu o conhecia na ocasião. Ele não esteve no Coachlight.

O juiz finalmente registrou a alegação de inocência. Ron foi levado de volta à cadeia, praguejando amargurado. Annette acompanhou toda a audiência chorando baixinho.

Ela visitava o irmão na cadeia todos os dias, em algumas ocasiões até duas vezes se os carcereiros permitiam. Conhecia a maioria, e todos conheciam Ronnie. Assim, as normas eram um pouco alteradas para se permitir mais visitas.

Ron estava perturbado, ainda sem medicação, precisando da ajuda de um profissional. Era um homem enfurecido e amargurado pela prisão por um crime que não cometeu. Também se sentia humilhado. Durante quatro anos e meio convivera com a suspeita de que cometera um crime hediondo. A suspeita já era bastante terrível. Ada era sua cidade natal. Conhecia as pessoas, tinha amigos novos e antigos, os fiéis que acompanharam seu crescimento na igreja, os torcedores que se lembravam dele como um grande atleta. Os sussurros e olhares eram angustiantes, mas os suportara durante anos. Era inocente, e a verdade, se os policiais fossem capazes de encontrá-la algum dia, limparia seu nome.

Mas ser preso de repente, jogado na cadeia, ter sua foto publicada no jornal como criminoso era um golpe devastador.

E ele não tinha certeza se alguma vez na vida se encontrara com Debbie Carter.

Enquanto aguardava numa cela da cadeia de Kansas City a conclusão do processo de extradição que o mandaria de volta para Ada, Dennis Fritz não podia deixar de pensar na ironia de sua prisão. Assassinato? Há anos que arcava com as conseqüências do assassinato de sua esposa. Muitas vezes quase que se sentira também uma vítima.

Assassinato? Nunca machucara ninguém. Era baixo, franzino, avesso a brigas e violência. Claro que já estivera em muitos bares e lugares turbulentos, mas sempre dera um jeito de escapulir antes que as brigas começassem. Quando Ron Williamson não começava uma briga, ele certamente acabava com uma. Mas não Dennis. Ele só era suspeito por causa de sua amizade com Ron.

Fritz escreveu uma longa carta ao *Ada Evening News* para explicar por que resistia à extradição. Disse que se recusava a voltar com Smith e Rogers porque não podia acreditar que fora acusado de homicídio. Era inocente, nada a tinha ver com o crime e precisava de algum tempo para se organizar. Estava tentando encontrar um bom advogado para defendê-lo e a família levantava o dinheiro necessário.

Ele resumiu seu envolvimento na investigação. Como nada tinha a esconder e queria cooperar, fizera tudo o que a polícia pedira: dera amostras de saliva, impressões digitais, caligrafia e cabelos (até mesmo do bigode); submetera-se a dois testes de polígrafo, nos quais fora "reprovado", segundo Dennis Smith. Fritz alegou que descobrira mais tarde que não fora reprovado nos testes.

Sobre a investigação, Fritz escreveu: "Durante três anos e meio eles tiveram acesso a minhas impressões digitais, caligrafia e amostras de cabelos para combiná-las com as evidências encontradas na cena do crime e com quaisquer outras. Se tivessem encontrado alguma coisa, há muito tempo que já teriam me prendido. Mas, segundo seu jornal, há seis meses eles chegaram ao fim das investigações e tinham de dar uma solução ao caso. Não sou estúpido e sei que um laboratório de criminalística não precisa de três anos e meio para examinar as amostras que apresentei voluntariamente."

Dennis, ex-professor de ciências, já havia estudado evidências de cabelos anos antes de ter de oferecer amostras dos seus próprios. A carta incluía o seguinte parágrafo: "Como posso ser acusado de estupro e homicídio com base em provas tão frágeis como exame de cabelos que só permitem a identificação por grupos étnicos e não de características individuais de pessoas de um mesmo grupo étnico? Qualquer testemunha com conhecimento técnico na área sabe que pode haver meio milhão de pessoas com as mesmas características de cabelos."

Ele concluiu com uma alegação desesperada de inocência e fez uma indagação: "Sou culpado até que seja provado que sou inocente, ou inocente até que seja provado que sou culpado?"

O condado de Pontotoc não contava com um defensor público em tempo integral. As pessoas acusadas de crimes que não tinham condições de contratar um advogado eram obrigadas a assinar um atestado de pobreza. O juiz designava então um advogado local para defendê-las.

Como poucas pessoas de recursos eram acusadas de crimes, a maioria dos crimes mais graves envolvia réus pobres. Assaltos, uso de drogas e agressões com lesões corporais eram os crimes das classes inferiores; e como a maioria dos réus era culpada, os advogados designados pelo tribunal podiam investigar, interrogar, negociar com a promotoria, cuidar da papelada e arquivar processos recebendo honorários modestos.

E esses honorários eram tão modestos que quase todos os advogados preferiam evitar os casos. O sistema aleatório de defensoria tinha muitos problemas. Muitas vezes, os juízes distribuíam os processos para advogados com pouca ou nenhuma experiência em direito penal. Não havia dinheiro para testemunhas técnicas e outras despesas.

Nada afugenta mais os advogados de uma cidade pequena do que um caso de pena de morte. A alta visibilidade faz com que o advogado seja vigiado atentamente, enquanto se empenha em defender os direitos de um réu pobre acusado de algum crime hediondo. As horas de trabalho exigidas são um fardo pesado e podem muito bem levar ao fechamento de um pequeno escritório de advocacia. Os honorários não são nada em comparação com o volume de trabalho. E os recursos se prolongam por uma eternidade.

O maior receio é o de que ninguém concorde em representar o acusado, o que obriga o juiz a designar alguém compulsoriamente. Há quase sempre muitos advogados presentes quando um tribunal está em sessão. Mas fica logo vazio quando um réu de pena capital é apresentado com um atestado de pobreza. Os advogados fogem para seus escritórios, trancam as portas e desligam os telefones.

Talvez o mais pitoresco freqüentador do tribunal de Ada fosse Barney Ward, um advogado cego conhecido por suas roupas vistosas, vida difícil, histórias mirabolantes e tendência a se "envolver" na maioria das fofocas jurídicas da cidade. Parecia estar a par de tudo o que acontecia no tribunal.

Barney perdera a visão na adolescência, quando uma experiência de química na escola dera errado. Lidou com a tragédia como se fosse um contratempo passageiro. Terminou o ensino médio e ingressou na universidade em Ada. A mãe servia como sua leitora. Depois de se formar, foi para Norman e especializou-se em direito na Universidade de Oklahoma, outra vez com a mãe ao seu lado. Formou-se, passou no exame da Ordem dos Advogados, voltou para Ada e candidatou-se ao cargo de promotor do condado. Foi aceito e durante muitos anos ficou na função. Em meados da década de 1950, abrira um escritório de advocacia especializado em direito penal. Logo ganharia a reputação de ser um vigoroso defensor de seus clientes. De raciocínio rápido, Barney era capaz de farejar um ponto fraco qualquer na argumentação da promotoria. Também sabia ser implacável com as testemunhas de acusação. Era brutal na reinquirição e adorava uma boa briga.

Em uma confrontação famosa, Barney até desferiu um soco em outro advogado. Numa audiência, discutia com David Morris uma questão relativa às provas. Os dois estavam frustrados. O clima era tenso. Morris cometeu o erro de dizer:

– Escute, juiz, até mesmo um cego pode ver isso.

Barney avançou em sua direção, desferiu um soco com a direita, errando por pouco. A ordem foi restaurada. Morris desculpou-se, mas se manteve a distância.

Todos conheciam Barney. Era visto com freqüência em companhia de sua fiel assistente, Linda, que lia tudo para ele e tomava anotações. De vez em quando ele usava um cão-guia, embora preferisse uma jovem. Era amigo de todo mundo e jamais esquecia uma voz. Os outros advogados elegeram-no para presidente da Ordem dos Advogados. Barney era tão apreciado que foi convidado a ingressar num clube de pôquer. Apresentou um baralho em Braille e alegou que era o único que podia dar as cartas. Não demorou muito para que estivesse recolhendo quase todas as fichas. Os outros jogadores decidiram que Barney podia continuar a jogar, mas nunca mais daria as cartas. Seus ganhos diminuíram consideravelmente.

Os outros advogados convidavam Barney, todos os anos, para a caça de cervos. Durava uma semana inteira, era só para homens, com muito uísque e pôquer, piadas obscenas e filés suculentos... e alguma caçada, se sobrasse tempo. O sonho de Barney era matar um cervo. No bosque, os amigos encontraram um macho de bom tamanho, manobraram Barney para a posição sem fazerem barulho, puseram um rifle em suas mãos, ajustaram a mira com todo o cuidado e depois sussurraram: "Fogo." Barney puxou o gatilho. Errou de longe, mas os amigos alegaram que o cervo escapara da morte por um triz. Barney contou essa história por muitos e muitos anos.

Como acontece com quem gosta de beber muito, ele finalmente teve de parar. Na ocasião, usava um cão-guia, que teve de ser substituído quando não conseguiu se descondicionar de levar Barney à loja de bebidas. Era evidente que ele ia até lá com freqüência, porque, segundo o folclore local, a loja faliu quando perdeu seu maior comprador de uísque.

Ele adorava ganhar dinheiro e não tinha muita paciência com os clientes que não podiam pagar. Seu lema era "inocente até que se prove insolvente". Em meados da década de 1980, no entanto, Barney já passara do auge. Sabia-se que perdia muitos detalhes durante um julgamento por estar cochilando. Usava grossos óculos escuros, que cobriam boa parte do rosto. Os juízes e advogados nunca sabiam se ele estava prestando atenção ou dormindo. Seus oponentes logo passaram a se aproveitar disso. A estratégia – sussurrada, porque Barney ouvia tudo – era prolongar uma audiência até depois do almoço, entrando pela tarde, quando ele sempre tirava seu cochilo. Se fosse possível, arrastá-la até as três horas da tarde, quando as chances de vencer Barney aumentavam de maneira drástica.

Dois anos antes, ele fora procurado pela família de Tommy Ward, com quem não tinha qualquer parentesco, mas dispensara o caso. Estava convencido de que Ward e Fontenot eram inocentes, mas preferia não atuar em processos envolvendo pena de morte. Havia muita documentação, e não era um dos seus fortes.

Agora, ele foi procurado outra vez. O juiz John David Miller pediu a Barney para defender Ron Williamson. Barney era o mais experiente advogado criminalista do condado e seus conhecimentos seriam necessários. Depois de uma breve hesitação, ele aceitou. Um advogado íntegro, conhecia a Constituição em todos os seus detalhes. Acreditava que cada réu, por mais impopular que fosse, tinha direito a uma defesa vigorosa.

Em 1º de junho de 1987, Barney Ward foi designado pelo tribunal para defender Ron, seu primeiro cliente de pena de morte. Annette e Renee ficaram satisfeitas. Conheciam-no e sabiam de sua reputação como um dos melhores advogados criminalistas da cidade.

Advogado e cliente tiveram um começo difícil. Ron estava cansado da cadeia, e a cadeia também se cansara dele. As reuniões foram realizadas numa pequena sala de visitas perto da porta da frente, um lugar que Barney achou aconchegante demais para um cliente tão indócil. Ele deu um telefonema e combinou mais um exame psiquiátrico de Ron. Foi receitado um novo suprimento de Thorazine. Para grande alívio de Barney e de todos na cadeia, a droga funcionou muito bem... tão bem que os guardas passaram a abusar dela, a fim de manterem o sossego. Ron voltou a dormir como um bebê.

Durante uma reunião, no entanto, ele mal conseguia falar. Barney conversou com os carcereiros, a dosagem foi reajustada e Ron readquiriu vida.

De um modo geral, ele não cooperava com seu advogado. Oferecia pouco mais que um fluxo incessante de negativas vagas. Vinha sendo arrastado para uma condenação, como Ward e Fontenot. Barney sentia-se frustrado desde o dia em que foi designado, mas seguiu em frente.

Glen Gore estava na cadeia sob acusação de seqüestro e agressão com lesões corporais. Seu defensor, designado pelo tribunal, era Greg Saunders, um jovem advogado que abrira um escritório de direito civil em Ada. Durante uma reunião com o cliente na cadeia, Saunders e Gore quase se atracaram. Saunders seguiu direto para o tribunal e pediu ao juiz Miller que o retirasse do caso. O juiz Miller negou. Saunders propôs então que aceitaria o próximo caso de homicídio se conseguisse se livrar de Gore. Combinado, disse o juiz Miller. A partir deste momento você é o advogado de Dennis Fritz, acusado do homicídio de Debbie Carter.

Embora estivesse apreensivo com a defesa de um homicídio, Greg Saunders também estava animado com a perspectiva de trabalhar com Barney Ward. Quando estudava na universidade, em Ada, ele sonhava ser um advogado de tribunal. Chegava a matar aulas quando sabia que Barney estaria atuando em algum julgamento. Observara Barney arrasar testemunhas hesitantes e intimidar promotores. Barney respeitava os juízes, mas não os temia. Sabia conversar com os jurados. Nunca usava a deficiência visual como uma muleta, mas em momentos cruciais podia aproveitá-la para despertar simpatia. Para Greg Saunders, Barney era um advogado brilhante num tribunal.

Trabalhando de forma independente, mas também em discreta cooperação, eles apresentaram um caminhão de petições que deixaram atordoadas todas as pessoas na promotoria. O juiz Miller marcou uma audiência para 11 de junho, a fim de tratar de questões levantadas pela promotoria e pela defesa. Barney exigia saber o rol de todas as testemunhas que a promotoria esperava usar no julgamento. A legislação de Oklahoma garantia esse direito da defesa, mas Bill Peterson relutava em cumpri-lo. Só queria revelar as testemunhas que usaria na audiência preliminar. Não podia ser assim, decidiu o juiz Miller. Peterson recebeu a determinação de comunicar à defesa, em tempo hábil, os nomes de quaisquer novas testemunhas.

O empenho de Barney era intenso. Conseguiu persuadir o juiz na maioria das petições. Mas também exibia alguns sinais de frustração. Chegou a comentar que fora designado pelo tribunal, mas não queria gastar muito tempo no caso. Prometeu que faria um trabalho competente, mas preocupava-se com a perspectiva de se manter ocupado demais em seu primeiro caso de homicídio com pena de morte.

No dia seguinte, ele apresentou uma petição em que solicitava um advogado adicional para Ron. A promotoria não fez qualquer objeção. No dia 16 de junho, Frank Baber foi designado pelo juiz Miller para ajudar Barney. A disputa judicial e a batalha das petições continuaram, enquanto os dois lados se preparavam para a audiência preliminar.

Dennis Fritz foi colocado em uma cela não muito distante da que era ocupada por Ron Williamson. Não podia ver Ron, mas podia ouvi-lo. Quando não estava sob o efeito dos remédios, Ron gritava sem parar. Passava horas de pé junto das barras de ferro da porta da cela, berrando muitas e muitas vezes:

– Sou inocente! Sou inocente!

A voz profunda e rouca ressoava pelo prédio. Era como um animal ferido numa jaula, precisando muito de ajuda. Os outros presos já estavam estressados e a voz persistente de Ron acrescentava outra densa camada de angústia.

Muitos presos gritavam em resposta, escarneciam de Ron, falavam do assassinato de Debbie Carter. As discussões e os insultos podiam às vezes ser divertidos, mas em geral deixavam todos com os nervos abalados. Os carcereiros transferiram Ron de sua cela de isolamento para uma cela grande com uma dúzia de outros presos, uma medida que se provou desastrosa. Os homens tinham pouca privacidade e quase que viviam ombro a ombro. Ron não respeitava o espaço de ninguém. Não demorou para que fosse apresentado um abaixo-assinado pelos outros presos suplicando que os carcereiros mandassem Ron de volta para o isolamento. Para impedir um motim ou um assassinato, os guardas concordaram.

Havia também longos períodos de silêncio em que todos, presos e guardas, podiam respirar mais facilmente. Logo toda a cadeia sabia que John Christian entrara de serviço, ou que os guardas tinham dado a Ron outra dose de Thorazine.

O Thorazine aquietava-o, embora às vezes houvesse outros efeitos colaterais. Provocava coceiras nas pernas com bastante freqüência. O "passo do Thorazine" tornou-se parte da rotina da cadeia, com Don se roçando nas barras da cela, de um lado para outro, por horas a fio.

Fritz falava com ele e tentava acalmá-lo, mas era inútil. Os gritos de Ron, protestando sua inocência, eram angustiantes de se ouvir, ainda mais para Dennis, que o conhecia melhor. Era evidente que Ron precisava de muito mais do que um vidro de calmantes.

As drogas neurolépticas são sinônimos de tranqüilizantes e antipsicóticos. São usadas principalmente no tratamento da esquizofrenia. O Thorazine é um neuroléptico. Tem uma história tortuosa. Começou a inundar os hospitais psiquiátricos oficiais na década de 1950. É uma droga potente, que reduz num nível considerável a percepção e o interesse. Os psiquiatras favoráveis à droga alegam que cura de fato o paciente ao corrigir a química cerebral alterada.

Os críticos, porém, em maior quantidade que os defensores, citam numerosos estudos que demonstram que a droga produz uma longa e assustadora lista de efeitos colaterais. Sedação, sonolência, letargia, deficiência de concentração, pesadelos, dificuldades emocionais, depressão, desespero, ausência de interesse espontâneo pelo ambiente, uma redução ou embotamento da percepção e controle motor do paciente. O Thorazine é tóxico para a maioria das funções cerebrais e causa disrupções em quase todas.

Os críticos mais rigorosos chamam de "nada mais que uma lobotomia química". Alegam que o único propósito real do Thorazine é poupar dinheiro das instituições psiquiátricas e prisões, tornando os pacientes e presos mais controláveis.

O Thorazine era dado a Ron pelos carcereiros, às vezes com instruções de seu advogado. Em muitas ocasiões, no entanto, não havia qualquer supervisão. Ele recebia um comprimido quando se tornava muito barulhento.

Embora Dennis Fritz tivesse permanecido em Ada por quatro anos depois do crime, era considerado agora um risco de fuga. Como no caso de Ron, a fiança afixada foi exorbitante, impossível de ser paga. Como todos os réus, os dois eram presumidos inocentes, mas mesmo assim foram mantidos na cadeia, para que não fugissem nem ficassem à solta nas ruas para matar outras mulheres.

Havia a presunção de inocência, mas eles teriam que esperar quase um ano até serem levados a julgamento.

Poucos dias depois da chegada de Dennis à cadeia, um homem chamado Mike Tenney apareceu de repente na porta de sua cela. Gordo e calvo, sem falar direito, Tenney tinha mesmo assim um sorriso efusivo e uma atitude cordial. Tratava Dennis como um velho amigo. E queria desesperadamente falar sobre o assassinato de Debbie Carter.

Dennis passara tempo suficiente na cidade para saber que a cadeia era uma cloaca de delatores, mentirosos e assassinos. Sabia também que qualquer conversa com qualquer pessoa poderia ser repetida num tribunal numa versão distorcida que prejudicaria a pessoa em julgamento. Cada preso, guarda, policial, faxineiro, cozinheiro, todos eram delatores em potencial, ansiosos por ouvir detalhes para depois negociar as informações com as autoridades.

Tenney disse que era novo ali. Alegou ser carcereiro, mas na verdade não estava na folha de pagamento do condado. Embora ninguém tivesse solicitado, e certamente sem apoiar-se no conhecimento ou na experiência, Tenney tinha muitos conselhos para Dennis. Na opinião dele, Dennis estava encrencado e podia não escapar da execução. A única maneira de salvar a própria pele era confessar, fazer um acordo com Peterson no gabinete da promotoria, atribuindo toda a culpa a Ron Williamson.

Peterson seria justo.

Dennis só escutava.

Tenney não desistia. Voltava todos os dias, balançando a cabeça diante da situação crítica de Dennis, discorrendo sobre o sistema, como achava que funcionava e oferecendo sábios conselhos, absolutamente gratuitos.

Dennis só escutava.

Foi marcada uma audiência preliminar para o dia 20 de julho, a ser presidida pelo juiz John David Miller. Como na maioria das jurisdições, as audiências preliminares eram cruciais em Oklahoma porque o estado era obrigado a mostrar o jogo, dizendo ao tribunal e a todos que testemunhas apresentaria e o que elas diriam.

O desafio para um promotor numa audiência preliminar era o de oferecer apenas as evidências necessárias para convencer o juiz de que havia motivos suficientes para acreditar que o réu era culpado, mas sem revelar tudo para a defesa. Era um jogo que exigia habilidade, com uma margem de risco.

Em circunstâncias normais, no entanto, um promotor tinha pouco com que se preocupar. Os juízes locais têm dificuldades para se reeleger se negam provimento a acusações criminais.

Mas com evidências tão frágeis contra Fritz e Williamson, Bill Peterson tinha de pressionar ao máximo na audiência preliminar. Contava com tão pouco para oferecer que não podia reter nada. E o jornal local estaria presente, ansioso para noticiar cada palavra. Três meses depois de seu lançamento, *The Dreams of Ada* ainda era discutido com veemência na cidade. A audiência preliminar seria o primeiro desempenho de Peterson num julgamento importante desde que o livro saíra.

Uma multidão compareceu ao tribunal. A mãe de Dennis Fritz estava ali, assim como Annette Hudson e Renee Simmons. Peggy Stillwell, Charlie Carter e as duas outras filhas do casal chegaram cedo. Os *habitués*, advogados entediados, fofoqueiros locais, funcionários ociosos e aposentados sem nada para fazer esperavam para ver de perto os dois assassinos. Ainda faltavam meses para o julgamento propriamente dito, mas haveria depoimentos ao vivo na audiência.

Antes da audiência, por pura diversão, a polícia de Ada informou a Ron que Dennis havia finalmente confessado, incriminando ambos no estupro e homicídio. A notícia chocante deixou Ron transtornado.

Dennis sentava em silêncio à mesa da defesa, ao lado de Greg Saunders, examinando alguns documentos, à espera do início da audiência. Ron sentava próximo, ainda algemado e acorrentado, lançando olhares furiosos para Fritz, como se quisesse esganá-lo. Subitamente, sem qualquer aviso, Ron levantou-se e começou a gritar com Fritz. Uma mesa foi arremessada, indo bater na assistente de Barney, Linda. Dennis deu um pulo da cadeira e tratou de se afastar enquanto os guardas seguravam Ron.

– Dennis, você é um filho-da-puta nojento! – berrou Ron. – Vamos acertar as contas de uma vez por todas!

A voz profunda e rouca ressoava no tribunal. Barney foi atingido e caiu da cadeira. Os guardas cercaram Ron e tentaram subjugá-lo. Ele chutava e se debatia como um louco. Dennis, Greg Saunders e os outros afastaram-se apressados, olhando incrédulos para o bolo de homens no meio do tribunal.

Foram necessários vários minutos para dominar Ron, que era maior do que todos os guardas. Ao ser retirado do tribunal, Ron descarregou uma série de impropérios e ameaças contra Fritz.

Depois que a poeira assentou, as mesas e cadeiras foram rearrumadas e todos soltaram um suspiro de alívio. Barney não vira a briga, mas sabia que estivera no meio da confusão. Levantou-se, então, e declarou:

Quero que conste dos autos que neste momento estou apresentando um pedido de afastamento do caso. O cliente não quer cooperar comigo. Se estivesse me pagando, eu não estaria mais aqui. Não posso defendê-lo, Meritíssimo, simplesmente não posso. Não sei quem vai defendê-lo, mas eu não posso. E se eu... se eu não tiver apoio aqui... recorrerei a instâncias superiores. Não posso mais continuar. Estou velho demais para isso, Meritíssimo. Não quero ter mais nada a ver com ele em quaisquer circunstâncias. Não tenho certeza de sua culpabilidade... e isso não vem ao caso... mas não vou mais aturar essa situação. Daqui a pouco o cliente tentará me agredir, e, quando isso acontecer, ele vai ficar em maus lençóis, e eu provavelmente em piores.

O juiz Miller respondeu no mesmo instante:
– Pedido indeferido.

Foi um sofrimento para Annette e Renee verem o irmão se comportar como um louco, tendo de ser arrastado do tribunal acorrentado. Era um homem doente e precisava de ajuda, uma longa temporada numa instituição com bons médicos que pudessem ajudá-lo a ficar bom. Como o estado de Oklahoma podia submetê-lo a julgamento quando era evidente que ele estava tão doente?

Do outro lado da sala, Peggy Stillwell observara o louco, pensando em toda a violência que ele infligira à sua filha.

Depois de restabelecida a ordem, o juiz Miller ordenou que trouxessem Williamson de volta. Na sala de detenção, os guardas haviam explicado a Ron que seu comportamento fora inapropriado no tribunal. Por isso, novas explosões seriam tratadas com rigor. Mas, quando levaram-no de novo ao tribunal, ele começou a xingar Dennis Fritz assim que o viu. O juiz mandou-o de volta para a cadeia, determinou que os espectadores se retirassem e esperou durante uma hora.

Na cadeia, os guardas reiteraram as advertências. Mas Ron não se importava. As confissões falsas eram comuns no condado de Pontotoc, e ele não podia acreditar que os guardas tivessem arrancado uma de Dennis Fritz. Ron era inocente e estava determinado a não ser perseguido como Ward e Fontenot. Se pudesse pôr as mãos no pescoço de Dennis, descobriria a verdade.

Sua terceira entrada no tribunal foi igual às duas primeiras. Ele foi logo gritando:

— Fritz, vamos acertar as contas... você e eu, de uma vez por todas!

O juiz Miller tentou interrompê-lo, mas Ron insistiu:

— Isso mesmo, vamos acertar as contas! Nunca matei ninguém!

— Segurem-no! — ordenou o juiz Miller para os guardas. — Sr. Williamson, mais explosões de fúria e esta audiência continuará sem a sua presença.

— Não tem problema para mim!

— Espero que compreenda...

— Prefiro não ficar aqui. Prefiro voltar para minha cela.

— Deseja renunciar a seu direito de estar presente na audiência preliminar?

— Isso mesmo.

— Não há ninguém ameaçando-o ou forçando-o a fazer isso. É uma opção pessoal...

— Eu estou ameaçando! — exclamou Ron, lançando um olhar enfurecido para Dennis.

— Ninguém o ameaçou... é sua decisão pessoal renunciar...

— Eu disse que estou ameaçando.

— Está bem. Não deseja permanecer nesta audiência. Isso é correto?

— É sim.

— Podem levá-lo para a cadeia do condado. Deve constar dos autos que o réu Ronald K. Williamson renuncia a seu direito de comparecimento neste tribunal devido a explosões de raiva e total perturbação da ordem. E o tribunal considera que esta audiência não pode ser conduzida com sua presença com base... em suas declarações e explosões aqui manifestadas.

Ron foi para sua cela e a audiência preliminar prosseguiu.

Em 1956, a Suprema Corte dos Estados Unidos, num caso conhecido como *Bishop v. United States*, decidiu que a condenação de um réu mentalmente incapaz era uma negação do devido processo. Quando há dúvidas sobre a capacidade mental de uma pessoa, a falta de realização de uma verificação apropriada é uma privação de seus direitos constitucionais.

Depois de Ron Williamson ter passado dois meses na cadeia, ninguém ainda colocara em dúvida sua sanidade mental, nem na promotoria nem na defesa. As evidências eram óbvias e clamorosas. Seu histórico médico era extenso, à disposição do tribunal. Suas arengas na cadeia, embora um tanto reguladas pelo medicamento que seu advogado e os carcereiros lhe administravam, eram advertências evidentes. Sua reputação em Ada era conhecida, em particular pela polícia.

E seu comportamento no tribunal já fora observado em ocasiões anteriores. Dois anos antes, quando o estado tentava revogar a suspensão da sentença pela acusação de fuga, Ron perturbara tanto a audiência que fora enviado a um hospital psiquiátrico para avaliação. Quem presidira aquela sessão fora John David Miller, o mesmo juiz que agora conduzia a audiência preliminar. Na ocasião, o juiz Miller decidira que ele era mentalmente incapaz.

Agora, dois anos depois e com a pena de morte como uma possibilidade, o juiz Miller achava que não havia necessidade de exames de avaliação do estado mental de Ron.

Oklahoma tinha um estatuto que permitia ao juiz, inclusive numa audiência preliminar, suspender o processo se a sanidade de um réu fosse colocada em dúvida. Não havia necessidade de petição da defesa. A maioria dos advogados criminalistas costuma alegar que seus clientes têm um histórico de problemas mentais e que devem ser avaliados. Mesmo sem isso, porém, é dever do juiz proteger os direitos constitucionais do réu.

O silêncio do juiz Miller deveria ter sido questionado por Barney Ward. Como advogado de defesa, ele poderia ter solicitado uma avaliação psicológica completa de seu cliente. O próximo passo seria solicitar uma audiência de competência, o mesmo procedimento de rotina que David Morris seguira dois anos antes. O passo final seria uma defesa de insanidade.

Com Ron ausente, a audiência preliminar prosseguiu em sossego e ordem. Prolongou-se por vários dias, sem que Ron deixasse sua cela. Não fazia muita diferença se ele era ou não suficientemente capaz para ajudar em sua própria defesa.

O Dr. Fred Jordan foi o primeiro a prestar depoimento. Fez um relato da autópsia e da causa da morte, asfixia pelo cinto em torno do pescoço ou a toalhinha enfiada na boca, ou provavelmente as duas coisas.

As mentiras começaram com a segunda testemunha, Glen Gore, que declarou que na noite de 7 de dezembro estava no Coachlight, com um grupo, inclusive Debbie Carter, que fora sua colega de escola e conhecera durante a maior parte de sua vida. Em algum momento durante a noite, ela pedira a Gore que a "salvasse" ou "resgatasse", porque Ron Williamson não parava de assediá-la.

Ele não vira Dennis Fritz no Coachlight na noite de 7 de dezembro.

Na reinquirição, Gore disse que contara isso à polícia em 8 de dezembro, mas o relatório do depoimento à polícia não menciona Ron Williamson. Nem o relatório apresentado à defesa, conforme era determinado pelas normas processuais.

Assim, Glen Gore tornou-se a única testemunha com uma evidência concreta contra Ron Williamson. Ao pô-lo em contato e em conflito com Debbie Carter poucas horas antes do crime, ele determinara, em termos técnicos, a ligação entre o acusado e sua vítima. Todas as outras provas eram circunstanciais.

Somente um promotor tão determinado quanto Bill Peterson seria bastante temerário para permitir que um criminoso como Glen Gore servisse de testemunha em seu caso. Gore fora levado à audiência preliminar algemado e acorrentado. Cumpria uma pena de 40 anos por invasão de domicílio, seqüestro e tentativa de homicídio de um policial. Cinco meses antes, entrara na casa da ex-esposa, Gwen, e a tomara como refém, junto com a filha pequena. Estava embriagado e a manteve sob a mira de uma arma durante cinco horas. Quando um policial, Rick Carson, olhou pela janela, Gore apontou e atirou. Atingiu Carson no rosto. Por sorte, o ferimento não foi grave. Antes de ficar sóbrio e se entregar, Gore também atirou em outro policial.

Não fora a sua primeira altercação violenta com Gwen. Em 1986, durante a dissolução do tumultuado casamento, Gore fora acusado de entrar à força na casa de Gwen e esfaqueá-la várias vezes com uma faca de cortar carne. Ela sobreviveu e apresentou queixa. Gore enfrentou duas acusações, de invasão de domicílio e agressão com lesões corporais usando uma arma letal.

Dois meses antes, ele fora acusado de agredir Gwen ao tentar sufocá-la.

Em 1981, ele fora acusado de entrar à força na casa de outra mulher. Gore também tinha uma acusação de agressão com lesões corporais no tempo em que servia ao exército, além de uma longa lista de condenações por pequenos delitos.

Uma semana depois que seu nome foi arrolado como uma testemunha adicional contra Ron Williamson, foi feito um acordo pelo qual ele se declarava culpado e obtinha uma redução da pena. Ao mesmo tempo, foram arquivadas uma acusação de seqüestro e uma de agressão à mão armada. Quando Gore foi condenado, os pais da ex-esposa encaminharam uma carta ao tribunal, em que solicitavam uma longa sentença de prisão. A carta dizia:

Queremos que saibam o quanto achamos que esse homem é perigoso. Ele pretende matar nossa filha, nossa neta e a nós. Foi o que nos disse. Instalamos alarmes na casa de nossa filha, mas tudo falhou. Se entrássemos em detalhes sobre todas as ocasiões em que ele agrediu nossa filha, seria uma carta interminável. Por favor, dêem à nossa filha tempo suficiente para criar a menina, antes que ele saia da prisão e o terror recomece. Só assim nossa neta não terá de passar por todo aquele tormento novamente.

Barney Ward desconfiara durante anos que Glen Gore estava envolvido na morte de Debbie Carter. Era um criminoso contumaz, com um histórico de violência contra mulheres, e fora a última pessoa vista com a vítima. Era incompreensível que a polícia demonstrasse tão pouco interesse por Gore.

As impressões digitais de Gore não haviam sido submetidas ao OSBI para análise. As impressões de 44 pessoas foram examinadas, mas não as de Gore. Em determinado momento, ele concordou em fazer um teste no polígrafo, mas não chegou a ser realizado. A polícia de Ada perdeu o primeiro conjunto de amostras de cabelos dadas por Gore cerca de dois anos depois do homicídio. Ele apresentou outro conjunto, talvez mais outro. Ninguém podia se lembrar com precisão.

Barney, com uma fantástica capacidade de ouvir e se lembrar de rumores que circulam em um tribunal, estava convencido de que Gore deveria ser investigado pela polícia.

E tinha certeza de que seu cliente, Ronnie Williamson, não era culpado.

O mistério de Gore seria parcialmente explicado 14 anos depois. Glen Gore, ainda na prisão, assinou um depoimento em que declarava que vendia drogas em Ada no início da década de 1980. Mencionou as metanfetaminas. Algumas de suas transações envolviam policiais de Ada, especificamente Dennis Corvin, que Gore descreveu como um "principal fornecedor". Era um freqüentador do Harold's Club, onde Gore trabalhava.

Quando Gore lhes devia dinheiro, os policiais prendiam-no sob falsas alegações. Na maior parte do tempo, porém, deixavam-no em paz. Sob juramento, ele disse em seu depoimento:

– Eu sabia que recebia um tratamento favorável dos policiais de Ada durante a maior parte do início da década de 1980 porque havia me envolvido em transações de drogas com eles.

E mais:

– Esse tratamento favorável terminou quando eu não estava mais envolvido em negócios de drogas com a polícia de Ada.

Ele atribuiu a culpa por sua sentença de 40 anos ao fato de que "não vendia mais drogas para a polícia de Ada".

A respeito de Williamson, Gore disse que não sabia se Ron esteve no Coachlight na noite do crime. Os policiais mostraram uma fileira de fotos, apontaram para Ron e explicaram que aquele era o homem em quem estavam interessados.

– Eles fizeram então uma sugestão expressa de que eu identificasse o Sr. Williamson.

E mais:

– Até hoje não sei se Ron Williamson estava mesmo no bar na noite em que Debbie Carter desapareceu. Fiz a identificação porque sabia que a polícia esperava que eu fizesse isso.

O depoimento de Gore foi tomado por um advogado e revisado por seu próprio advogado, antes de ser assinado.

A testemunha seguinte da promotoria foi Tommy Glover, um freqüentador habitual do Coachlight e uma das últimas pessoas a verem Debbie Carter com vida. Em seu primeiro depoimento, dissera que se lembrava de que ela conversava com Glen Gore no estacionamento e que o empurrara antes de partir em seu carro.

Mas quatro anos e sete meses depois ele se lembrou das coisas de uma maneira um pouco diferente. Glover declarou na audiência preliminar que viu Gore conversar com Debbie e que depois ela foi embora em seu carro. Nada mais.

Charlie Carter prestou depoimento em seguida. Contou como encontrara a filha na manhã de 8 de dezembro de 1982.

Jerry Peters, agente do OSBI, "especialista em cena do crime", foi chamado para depor. Não demorou muito para que ficasse numa situação delicada. Barney farejou algo errado e pressionou Peters sobre suas opiniões conflitantes na questão da impressão palmar no pedaço de gesso. Uma opinião firme em março de 1983... e depois, surpresa, uma reviravolta em maio de 1987. O que levara Peters a reconsiderar sua opinião original de que a impressão palmar não pertencia a Debbie Carter, Ron Williamson ou Dennis Fritz? Poderia ter sido porque a primeira opinião não ajudava a promotoria?

Peters admitiu que nada acontecera durante quatro anos, até que no início de 1987 recebeu um telefonema de Bill Peterson, exortando-o a ponderar sobre sua conclusão anterior. Depois da exumação, ele mudou de idéia de repente, apresentando um relatório que era exatamente o que a promotoria queria.

Greg Saunders também pressionou-o em defesa de Dennis Fritz. Era evidente que a prova fora reconstruída. Mas era apenas uma audiência preliminar, não um julgamento que exigia provas além de qualquer dúvida razoável.

Peters também declarou que das 21 impressões digitais encontradas no apartamento 19 eram da própria Debbie Carter, uma de Mike Carpenter e a outra de Dennis Smith. Não havia nenhuma impressão digital de Fritz ou Williamson.

A estrela da promotoria era a espantosa Terri Holland. De outubro de 1984 a janeiro de 1985, ela ficara detida na cadeia do condado de Pontotoc por emissão de cheques sem fundos. No que concerne aos crimes não solucionados no estado de Oklahoma, foi uma permanência de quatro meses produtiva e extraordinária.

Primeiro, ela alegou ter ouvido Karl Fontenot admitir tudo sobre o seqüestro e assassinato de Denice Haraway. Testemunhou no primeiro julgamento de Ward/Fontenot, em setembro de 1985, e relatou ao júri todos os detalhes sinistros que os detetives Smith e Rogers haviam fornecido durante a confissão do sonho de Tommy Ward. Depois do depoimento, ela recebeu uma sentença leve para a acusação dos cheques sem fundos, apesar de ter duas condenações anteriores. Ward e Fontenot foram para o Corredor da Morte; Terri Holland deixou o condado.

Partiu sem pagar as multas determinadas pelo tribunal, nada que as autoridades levassem muito a sério em circunstâncias normais. Mesmo assim, ela foi localizada e trazida de volta. Sob a iminência de novas acusações, surgiu de repente com uma informação surpreendente para os investigadores. Na cadeia, também ouvira Ron Williamson fazer uma confissão completa.

Que golpe de sorte impressionante para os policiais! Não apenas haviam gerado uma confissão de sonho – seu instrumento predileto de investigação –, mas também contavam agora com uma delatora, a segunda arma predileta.

Holland foi vaga sobre o motivo exato pelo qual não falara a ninguém sobre a confissão de Ron até a primavera de 1987. Mais de dois anos haviam passado sem que ela dissesse uma única palavra. Nunca perguntaram por que ela se apressara em contar a Smith e Rogers a confissão de Fontenot.

No banco das testemunhas, durante a audiência preliminar, ela deu uma grande demonstração de sua criatividade. Com Ron ausente, tinha liberdade para inventar todos os tipos de histórias. Falou de uma ocasião em que ele gritou com a própria mãe ao telefone:

– Vou matá-la como matei Debbie Carter!

O único telefone na cadeia ficava numa parede de um escritório na frente. Nas raras ocasiões em que tinham permissão para dar telefonemas, os presos eram obrigados a se inclinar por cima de um balcão, estender o braço para pegar o fone e falar na presença de quem estivesse trabalhando ali. A escuta por outro preso era improvável, se não impossível.

Terri Holland contou que certa vez dera um telefonema para uma igreja, pedira cigarros a alguém de lá e ameaçara incendiar a igreja se não fosse atendido.

Mais uma vez, ninguém podia confirmar sua declaração. E ela não foi interrogada sobre a configuração da cadeia e como exatamente as celas das mulheres podiam ficar tão perto das dos homens. Peterson conduziu-a no depoimento:

– Ouviu-o falar alguma vez sobre o que fizera com Debbie Carter?

– Ouvi sim. Foi no pátio, logo depois que trouxeram Tommy Ward e Karl Fontenot.

– O que ele disse a respeito do que fizera com Debbie Carter?

– Ele disse apenas... não sei como dizer. Disse que ela pensava que era melhor do que ele, e que mostrara à vadia que não era.

– Mais alguma coisa?

– Disse que a obrigou a fazer amor com ele, só que não foi assim que falou. Não me lembro como ele disse. Disse que enfiou uma garrafa de Coca-Cola... não, um vidro de ketchup em seu rabo e a calcinha pela garganta, e que deu uma lição nela.

Bill Peterson seguiu em frente, com suas perguntas que conduziam a testemunha:

– Ele disse que Debbie deveria ter aceitado logo o que ele queria ou algo parecido?

– Disse que tentou sair com ela, mas ela não queria nada com ele, e disse que teria sido melhor para ela se aceitasse desde o início e fizesse tudo o que ele queria.

– E que ele não teria de fazer o que fez se ela tivesse aceitado? – indagou Peterson, desesperado para estimular sua frágil testemunha.

– Não teria de matá-la.

Era incrível que Bill Peterson, como um representante da justiça, com o dever de procurar a verdade, fosse capaz de evocar tanto lixo.

Uma parte crucial da delação é a recompensa. Terri Holland pôde fazer um acordo para se livrar das acusações e sair da cadeia. Concordou com um plano de pagamento mensal do que devia, mas logo abandonou suas obrigações.

Na ocasião, poucas pessoas sabiam que Terri Holland tinha uma história antiga com Ron Williamson. Poucos anos antes, quando vendia os produtos da Rawleigh em Ada, ele deparara com um momento de sexo inesperado. Batera numa porta e uma voz de mulher lhe dissera para entrar. Quando entrou, uma mulher chamada Marlene Keutel surgiu na sua frente completamente nua. Parecia não haver mais ninguém em casa, e uma coisa logo levou a outra.

Marlene Keutel era mentalmente desequilibrada e cometeu suicídio uma semana depois do episódio. Ron voltou várias vezes para lhe vender novos produtos, mas nunca mais a encontrara em casa. Não sabia que ela havia morrido. A irmã de Marlene Keutel era Terri Holland. Pouco depois do encontro sexual, Marlene contara tudo a Terri, alegando que Ron a estuprara. Não foi apresentada nenhuma acusação, nem mesmo cogitada. Embora soubesse que a irmã era louca, ainda assim Terri achava que Ron era o responsável pela morte de Marlene. Ron esquecera havia muito esse encontro sexual fortuito e não tinha a menor idéia de quem era Terri Holland.

O primeiro dia da audiência preliminar arrastou-se com o depoimento laborioso de Dennis Smith, que descreveu em detalhes a cena do crime e as investigações. A única surpresa ocorreu quando Smith discutiu as mensagens deixadas pelos assassinos: a da parede feita com esmalte de unha vermelho, o "Não procurem a genti, ou sinão" com ketchup na mesa da cozinha e as palavras quase ilegíveis na frente e nas costas de Debbie. Os detetives Smith e Rogers achavam que a caligrafia podia ser identificada. Por isso, quatro anos antes, haviam pedido a Dennis Fritz e Ron Williamson para escreverem alguma coisa em cartões brancos.

Os detetives não tinham virtualmente nenhuma experiência com análise grafológica, mas ficaram convencidos de que as letras combinavam, o que nada tinha de surpreendente. As amostras dadas por Fritz e Williamson, palavras escritas com uma caneta em um cartão branco, eram parecidas, de forma suspeita, com a mensagem escrita numa parede com esmalte de unha vermelho e com a mensagem deixada na mesa da cozinha.

Eles levaram suas suspeitas para um agente do OSBI não-identificado. Segundo Smith, esse agente concordou e ofereceu uma confirmação "verbal". Na reinquirição conduzida por Greg Saunders, Smith declarou:

– A letra, de acordo com a pessoa com quem conversamos, era parecida com a letra na mensagem que encontramos na parede do apartamento.

– E a mensagem na mesa da cozinha?

– As duas eram similares.

Poucos minutos depois, Barney interrogou Smith sobre a análise grafológica. Perguntou a Smith se ele tinha um relatório do OSBI sobre a letra de Ron.

– Não apresentamos as amostras ao OSBI – admitiu Smith.

Barney assumiu uma expressão de absoluta incredulidade. Por que as amostras não foram submetidas ao OSBI? Eles dispõem de técnicos para uma análise grafológica. Talvez pudessem eliminar Ron e Dennis como suspeitos. Smith caiu na defensiva:

– Havia semelhanças nas caligrafias, mas isso baseado em nossas observações, nada realmente científico. Isto é, constatamos as semelhanças, mas sabe como é, comparar dois tipos de escrita como esses é quase uma impossibilidade. Uma coisa escrita com um pincel e outra com uma caneta são muito diferentes.

Barney disse:

– Não está tentando dizer a esse tribunal que há uma possibilidade de que esses dois homens, Dennis Fritz e Ronnie Williamson, tenham se revezado com o pincel de unha, ou pincel de esmalte de unha, e cada um escreveu uma letra da mensagem na parede, ou qualquer coisa dessa natureza, o que lhe permitiria chegar às mesmas conclusões, é isso?

– Não, mas acho que foi nossa opinião que os dois escreveram as mensagens, não necessariamente a mesma mensagem, havia várias caligrafias diferentes no apartamento.

Embora o testemunho sobre as caligrafias tenha sido apresentado na audiência preliminar como um meio de reforçar as acusações, os argumentos se provaram frágeis demais para serem usados no julgamento, até mesmo por Bill Peterson.

Ao final do primeiro dia, o juiz Miller estava preocupado com a ausência de Ron. Numa reunião em seu gabinete, manifestou suas apreensões para os advogados:

– Li alguma jurisprudência falando sobre a ausência dos réus. Mandarei que o Sr. Williamson seja trazido de volta ao tribunal quando faltar 15 minutos para as nove horas e perguntarei mais uma vez se ele deseja ou não estar presente na audiência. Se ele disser que sim, então ficará no tribunal.

Ao que o Dr. Barney perguntou, prestativo:

– Quer que eu mande aplicar uma dose de 100 miligramas de...

– Não estou lhe dizendo o que deve fazer – interrompeu o juiz Miller.

Às 8h45 da manhã seguinte, Ron foi levado de volta ao tribunal. O juiz Miller lhe disse:

– Sr. Williamson, ontem manifestou a vontade de não estar presente durante esta audiência preliminar.

– Não quero ficar aqui – respondeu Ron. – Não tive nada a ver com esse crime. Nunca... não sei quem a matou. Não sei de nada a respeito.

– Muito bem. Sua atitude e comportamento inadequados... pode reivindicar o direito de estar presente, se assim desejar, mas terá de prometer que não perturbará a ordem neste tribunal. E terá de fazer isso para ter esse direito. Deseja estar presente?

– Não. Não quero ficar aqui.

– E compreende que tem o direito de permanecer aqui e ouvir os depoimentos de todas as testemunhas?

– Não quero continuar aqui. Não posso ajudar em qualquer coisa que todos aqui venham a fazer. Já cansei de ficar maluco por causa disso. Sofri demais. E não quero ficar aqui.

– Muito bem, a decisão é sua. Não deseja estar presente?

– Isso mesmo.

– E renuncia a seu direito de confrontar as testemunhas ao fazer isso, nos termos da Constituição?

– Renuncio. Todos vocês podem me acusar de uma coisa que eu não fiz. Todos vocês podem fazer qualquer coisa que quiserem.

Ron fez uma pausa. Olhou para Gary Rogers e acrescentou:

– Você me assusta, Gary. Pode me acusar depois de passar quatro anos e meio me atormentando. Todos vocês podem fazer isso porque são vocês que estão no controle, não eu.

Ron foi levado de volta à cadeia. A audiência recomeçou com o resto do depoimento de Dennis Smith. Gary Rogers foi a testemunha seguinte, com um entediante relato das investigações.

Depois, dois agentes do OSBI depuseram, Melvin Hett e Mary Long, sobre as provas técnicas envolvidas: impressões digitais, análises de cabelos e os componentes no sangue e na saliva. Assim que a promotoria concluiu sua apresentação, Barney chamou dez testemunhas, todos carcereiros ou ex-carcereiros. Ninguém se recordava de ter ouvido qualquer coisa parecida com o que Terri Holland alegava, mesmo que remotamente.

Ao final dos depoimentos, Barney e Greg Saunders pediram ao tribunal que desconsiderasse as acusações de estupro, porque não haviam sido apresentadas no prazo de três anos depois do crime, como determina a lei do estado de Oklahoma. Não há prescrição para homicídio, mas todos os outros crimes têm um prazo. O juiz Miller disse que decidiria mais tarde sobre o pedido.

Dennis Fritz estava quase perdido no meio da confusão. O foco de Peterson era Ron Williamson. Suas principais testemunhas – Gore, Terri Holland, Gary Rogers (com a confissão do sonho) – depuseram contra ele. A única prova – um tanto remota – que ligava Fritz ao crime era o depoimento de análise de cabelos de Melvin Hett.

Greg Saunders alegou, com uma longa e convincente argumentação, que o estado não atendera à obrigação de provar a causa da ligação de Dennis Fritz com o crime. O juiz Miller decidiu que consideraria a questão.

Barney foi mais longe, apresentou uma moção em que pedia que o tribunal negasse provimento a todas as acusações devido à fragilidade das provas. Greg seguiu seu exemplo. Quando o juiz não deu uma decisão imediata, ficou patente que considerava os méritos dos pedidos da defesa. A polícia e a promotoria compreenderam que precisavam de mais provas.

Os peritos técnicos têm uma grande influência sobre os júris, ainda mais numa cidade pequena, e quando os peritos são funcionários do estado e chamados pela promotoria para depor contra réus de crimes, suas opiniões são consideradas infalíveis.

Barney e Greg Saunders sabiam que os depoimentos dos funcionários do OSBI sobre os cabelos e as impressões digitais eram suspeitos, mas precisavam de alguma ajuda para contestá-los. Teriam permissão para reinquirir e tentar desacreditar os peritos do estado, mas também sabiam que os advogados de defesa raramente ganham essas discussões. É difícil acuar os peritos e os jurados logo se tornam confusos. O que a defesa mais precisava agora era de um ou dois peritos à sua disposição.

Apresentaram uma petição em que solicitavam essa ajuda. Essas petições são comumente apresentadas, mas quase nunca deferidas. Peritos custam dinheiro, e muitas autoridades locais, inclusive juízes, assustam-se com a perspectiva de obrigar os contribuintes a pagar a conta muito alta de um réu pobre.

O pedido foi contestado. O que não se disse foi que Barney era cego. Se alguém precisava de ajuda para analisar fibras de cabelos e impressões digitais, era Barney Ward.

CAPÍTULO 8

A guerra de papeladas continuou. A promotoria corrigiu a denúncia retirando as acusações de estupro. Os advogados de defesa criticaram o novo indiciamento. Havia necessidade de outra audiência.

O juiz distrital era Ronald Jones, do condado de Pontotoc, que fazia parte do 22.º Distrito Judicial, juntos com os condados de Seminole e Hughes. O juiz Jones fora eleito em 1982. Era conhecido por favorecer a promotoria e ser duro com os réus, o que não chegava a ser surpreendente. Ele acreditava na eficiência da pena de morte. Era um cristão devoto, um diácono batista, também conhecido pelos apelidos de Ron Batista e Bíblia Jones, e seguia as normas com absoluto rigor. Mas tinha uma fraqueza por conversões na cadeia, e alguns advogados aconselhavam seus clientes que um súbito interesse pela descoberta de Deus poderia ser benéfico na hora de enfrentar o juiz Jones.

A 20 de agosto, sem demonstrar qualquer arrependimento, Ron foi levado à sua presença para a denúncia, a primeira vez que os dois se encontravam no tribunal. O juiz Jones falou com Ron, perguntando como ele estava. Ron tinha muita coisa a dizer.

– Tenho uma coisa a declarar, senhor – começou Ron, falando muito alto. – Eu... sinto muito pela família Carter, tanto quanto por seus amigos.

O juiz Jones pediu silêncio. Ron continuou:

– Senhor, sei que não quer... eu não fiz aquilo, senhor.

Os guardas seguraram-no e ele se calou. O indiciamento foi adiado para que o juiz Jones pudesse analisar a transcrição da audiência preliminar.

Ron voltou à presença do juiz duas semanas depois, com mais petições de seus advogados. Os carcereiros haviam ajustado as doses de Thorazine. Quando Ron estava em sua cela e todos queriam sossego, aumentavam as doses de Thorazine para felicidade geral. Mas quando ele deveria comparecer ao tribunal, diminuíam a dosagem para que parecesse mais clamoroso e beligerante. Norma Walker, dos Serviços de Saúde Mental, desconfiou que os carcereiros manipulavam as doses de Ron e fez uma anotação em sua agenda.

A segunda vez em que Ron se defrontou com o juiz Jones não correu muito bem. Ron falou demais. Declarou que era inocente e alegou que as pessoas mentiam a seu respeito. Disse em determinado momento:

– Minha mãe sabia que eu estava em casa naquela noite.

Ele acabou sendo levado de volta para a cadeia. A audiência continuou. Barney Ward e Greg Saunders solicitaram julgamentos separados. Insistiram na questão. Saunders, em particular, queria seu próprio júri, sem a desvantagem de um co-réu como Ron Williamson.

O juiz Jones concordou e determinou que os julgamentos fossem separados. Ele também levantou a questão da capacidade mental de Ron, dizendo a Barney no tribunal que o assunto precisava ser tratado antes do julgamento. Ron foi finalmente indiciado, entrou com uma alegação formal de inocente e voltou para a cadeia.

O caso de Fritz seguia agora um curso diferente. O juiz Jones ordenara uma nova audiência preliminar, porque o estado apresentara tão poucas evidências contra Dennis na primeira.

As autoridades não tinham testemunhas suficientes.

Em circunstâncias normais, uma promotoria sem provas concretas deixa a polícia na maior preocupação. Mas não é assim que acontece em Ada. Ninguém entrou em pânico. A cadeia do condado de Pontotoc tinha muitos delatores em potencial. O primeiro que encontraram contra Dennis Fritz foi uma criminosa recorrente de pequenos delitos, Cindy McIntosh.

Dennis fora estrategicamente transferido para uma cela próxima de Ron, para que os dois pudessem conversar. A hostilidade terminara; Dennis convencera Ron de que não confessara.

Cindy McIntosh alegou que chegara bastante perto para ouvir uma conversa dos dois. Comunicou à polícia que tinha boas informações. Segundo McIntosh, Fritz e Williamson conversavam sobre algumas fotos mostradas na primeira audiência preliminar. Ron não estava presente na ocasião e mostrou-se curioso pelo que Dennis vira. As fotos eram da cena do crime, e Ron perguntou a Dennis:

– Ela [Debbie Carter] estava na cama ou no chão?

No chão, respondeu Dennis.

Para a polícia, isso era uma prova evidente de que eles estiveram no apartamento e cometeram o estupro com morte.

Bill Peterson foi rapidamente convencido. A 22 de setembro, ele entrou com uma petição para acrescentar Cindy McIntosh ao rol de testemunhas da promotoria.

O delator seguinte foi James Riggins, embora sua carreira na delação fosse de curta duração. Tirado da prisão para ser indiciado no condado de Pontotoc, Riggins estava sendo levado de volta à cela, à noite. Ao passar por outra cela, ouviu alguém lá dentro, talvez Ron, admitir que matara Debbie Carter, que tinha duas acusações por estupro em Tulsa e que se livraria do processo por homicídio, da mesma forma como escapara dos processos por estupro. Riggins não sabia para quem Ron confessara tudo isso, mas esses detalhes não eram importantes no mundo da delação.

Cerca de um mês depois, Higgins mudou de idéia. Num depoimento à polícia, disse que fora incorreto em relação a Ron Williamson, que o homem que ouvira confessando o crime fora Glen Gore.

As confissões são contagiantes em Ada. A 23 de setembro, um jovem viciado em drogas, chamado Ricky Joe Simmons, entrou na delegacia de polícia e anunciou que matara Debbie Carter e queria contar tudo. Dennis Smith e Gary Rogers não tiveram dificuldades para providenciar a aparelhagem de vídeo. Simmons iniciou seu relato. Admitiu que abusava das drogas há muitos anos. Sua predileta era uma mistura caseira chamada *crank*, que incluía, entre muitos ingredientes, ácido de bateria. Ele disse que finalmente largara as drogas e encontrara Deus. Lia a Bíblia numa noite de dezembro de 1982 – ele achava que era 1982, mas não tinha certeza – e por alguma estranha razão começou a perambular pela cidade. Encontrou uma mulher, presumivelmente Debbie Carter, mas não tinha certeza. Deu várias versões, conflitantes, sobre a maneira como os dois ficaram juntos. Poderia tê-la estuprado, mas talvez não o tivesse feito, e achava que a sufocara até a morte com as mãos, depois do que orara e vomitara por todo o apartamento.

Vozes estranhas lhe diziam o que fazer. Os detalhes eram indistintos e em determinado momento Simmons comentou:

– Parecia um sonho.

Por mais estranho que possa parecer, Smith e Rogers não se mostraram animados com a perspectiva de mais uma confissão de sonho.

Quando pressionado sobre o motivo pelo qual esperara quase cinco anos para se apresentar, ele finalmente pôde explicar que todos os comentários recentes na cidade sobre o crime haviam-no levado a lembrar aquela fatídica noite de 1982, ou talvez tivesse sido 1981. Mas não era capaz de recordar como entrou no apartamento de Debbie, ou quantos cômodos tinha, ou em que cômodo a matara. Depois, subitamente, recordou-se do vidro de ketchup e das palavras rabiscadas na parede. Mais tarde, ele disse que um amigo no trabalho falara sobre os detalhes.

Durante a confissão, Simmons alegou ter se livrado das drogas, mas era evidente para Smith e Rogers que o *crank* cobrara seu tributo. E descartaram sua história sem hesitar. Embora tivesse tantas imprecisões quanto a confissão de Tommy Ward, os detetives não se impressionaram. Depois de algum tempo, Smith achou que já ouvira o suficiente e anunciou:

– Na minha opinião, você não matou Debbie Carter.

Os policiais ofereceram-se para providenciar aconselhamento psicológico. Simmons, ainda mais confuso, insistiu que a matara. Os dois detetives insistiram que não.

Agradeceram a Simmons por seu tempo e mandaram-no embora.

As boas notícias eram raras na cadeia do condado de Pontotoc. Mas no início de novembro Ron recebeu uma carta inesperada. Um juiz de direito administrativo havia lhe concedido os benefícios de incapacidade, nos termos da Lei de Seguridade Social.

Um ano antes, Annette solicitara os benefícios em nome de Ron, alegando que ele era incapaz de trabalhar desde 1979. O juiz, Howard O'Bryan, analisou a extensa ficha médica e marcou uma audiência para o dia 26 de outubro de 1987. Ron foi levado da cadeia para a audiência.

Em sua decisão, o juiz O'Bryan ressaltou: "É evidente que o reclamante tem a documentação médica adequada para demonstrar um histórico de alcoolismo, depressão estabilizada com lítio, sendo classificado como um caso atípico de transtorno bipolar, agravado por um transtorno de personalidade, provavelmente fronteiriça, paranóide e anti-social. Sem a devida medicação ele é beligerante, abusivo, fisicamente violento, tem delírios religiosos e um transtorno de raciocínio."

E mais: "Há reiterados episódios de desorientação em relação ao tempo, déficit de atenção, além de uma deficiência no pensamento abstrato e no nível da percepção."

O juiz O'Bryan não encontrou qualquer dificuldade para chegar à conclusão de que Ron tinha "transtorno bipolar agudo, transtorno de personalidade e transtorno por abuso de substâncias". Além disso, sua condição era bastante grave para impedi-lo de conseguir um emprego fixo.

O período de incapacidade de Ron começara a 31 de março de 1985 e ainda continuava.

A principal função do juiz administrativo era determinar se os reclamantes eram mesmo incapacitados, em termos físicos ou mentais, e assim tinham direitos a benefícios mensais. Eram casos importantes, mas não de vida ou morte. Os juízes Miller e Jones, por outro lado, tinham o dever de garantir que cada réu, em particular os que tinham a possibilidade de serem condenados à morte, recebesse um julgamento justo. Era tristemente irônico que o juiz O'Bryan fosse capaz de perceber os problemas óbvios de Ron, enquanto os juízes Miller e Jones não conseguiam.

Barney estava bastante preocupado para providenciar uma avaliação de Ron. Acertou tudo para que o exame fosse realizado no Departamento de Saúde do condado de Pontotoc. A diretora da clínica, Claudette Ray, efetuou uma série de testes psicológicos e apresentou um relatório a Barney. Terminava da seguinte maneira: "Ron está conscientemente ansioso por causa do estresse situacional. Sente-se impotente para mudar sua situação ou melhorar em termos pessoais. Pode se comportar de forma imprópria, deixando, por exemplo, de comparecer à audiência preliminar, o que o beneficiaria por causa de seu pânico e pensamento confuso. A maioria das pessoas faria questão de ouvir as informações e opiniões que influenciariam sua vida ou morte no futuro."

Barney guardou o relatório em seu arquivo. Solicitar uma audiência de competência era um procedimento rotineiro, algo que Barney já fizera antes. Seu cliente estava na cadeia, a cerca de 30 metros do tribunal, um lugar que Barney visitava quase todos os dias.

O caso suplicava para que alguém levantasse a questão da incapacidade mental.

A acusação contra Dennis Fritz recebeu um grande impulso com o depoimento de um índio semi-alfabetizado chamado James C. Harjo. Aos 22 anos, Harjo já estava na cadeia por roubo com arrombamento. Fora apanhado ao entrar pela segunda vez na mesma casa. Em setembro e outubro, enquanto esperava a transferência para uma penitenciária estadual, seu companheiro de cela foi Dennis Fritz.

Os dois mantinham relações amigáveis. Dennis sentia pena de Harjo e escrevia cartas para ele, a maioria enviada para a esposa.

Sabia também o que a polícia planejara. De dois em dois dias, Harjo era retirado da cela, sem qualquer motivo aparente, já que não precisava mais comparecer ao tribunal. Assim que voltava, ele punha-se a fazer perguntas a Dennis sobre o assassinato de Debbie Carter. Numa cadeia repleta de delatores se insinuando, Harjo devia ser o pior.

O esquema era tão óbvio que Dennis preparou uma declaração de um parágrafo, que fazia Harjo assinar cada vez que os policiais tiravam-no da cela. Uma das frases: "Dennis Fritz sempre diz que é inocente."

E Dennis recusava-se categoricamente a conversar sobre o caso com ele.

Isso não deteve Harjo. Em 19 de novembro, Peterson arrolou James C. Harjo como uma testemunha da promotoria. Nesse mesmo dia, recomeçou a audiência preliminar para Dennis, presidida pelo juiz John David Miller.

Quando Peterson anunciou que sua próxima testemunha seria Harjo, Dennis sentiu um calafrio. O que o estúpido garoto teria inventado?

Harjo, sob juramento e mentindo muito mal, explicou a Bill Peterson, que se mantinha bastante compenetrado, ter sido companheiro de cela de Fritz. Os dois haviam mantido relações amigáveis a princípio, mas uma conversa desandara na noite do Halloween. Harjo fazia perguntas a Dennis sobre detalhes do crime. Dennis tinha dificuldades com os detalhes, e Harjo, habilmente, abriu buracos em seu relato. Convencido de que Dennis era culpado, decidiu confrontá-lo. O que deixou Dennis muito nervoso. Ele pôs-se a andar de um lado para outro da área de exercícios, obviamente sufocado pela culpa. Ao voltarem para a cela, fitou Harjo com lágrimas nos olhos e disse:

– Não tínhamos a intenção de machucá-la.

No tribunal, Dennis não foi capaz de suportar tamanho absurdo. Gritou para a testemunha:

– Você está mentindo! Está mentindo!

O juiz Miller restaurou a ordem. Harjo e Peterson continuaram com sua história. No relato de Harjo, Dennis expressara uma profunda preocupação com a filha pequena:

– O que ela pensaria se soubesse que o pai é um assassino?

Depois, veio uma informação incrível. Dennis teria confessado para Harjo que ele e Ron haviam levado cerveja para o apartamento de Debbie. Assim que acabaram de estuprá-la e matá-la, recolheram as latas vazias, apagaram as impressões digitais que haviam deixado no apartamento e foram embora.

Na reinquirição, Greg Saunders perguntou a Harjo se Dennis explicara como ele e Ron haviam limpado suas impressões digitais invisíveis, ao mesmo tempo que deixavam dezenas de outras. Harjo não tinha a menor idéia. Admitiu que havia pelo menos seis outros presos nas proximidades quando Dennis fizera sua confissão na noite do Halloween, mas ninguém mais ouvira. Greg apresentou cópias das declarações preparadas por Dennis e assinadas por Harjo.

Harjo já estava desacreditado ao prestar juramento, mas ficou parecendo um idiota insensato depois da reinquirição de Saunders. Mas não fazia a menor diferença. O juiz Miller não tinha outra opção a não ser determinar que Dennis fosse levado a julgamento. Pela lei de Oklahoma, um juiz numa audiência preliminar não tinha permissão para determinar a credibilidade de uma testemunha.

As datas dos julgamentos foram marcadas, depois adiadas. O inverno de 1987-88 arrastou-se, com Ron e Dennis suportando a vida na cadeia ao mesmo tempo que torciam para que seu dia no tribunal chegasse logo. Depois de meses atrás das grades, eles ainda acreditavam na possibilidade de justiça e que a verdade seria revelada.

Nas disputas antes do julgamento, a única vitória significativa da defesa fora a decisão do juiz Jones de que seriam julgados em separado. Embora tivesse se manifestado contra as petições por julgamentos separados, havia uma imensa vantagem em julgar um antes do outro. O melhor era julgar Fritz primeiro e deixar o jornal relatar os detalhes para uma cidade ansiosa e muito curiosa.

Desde o dia do crime que a polícia insistia que havia dois assassinos. Os dois primeiros (e únicos) suspeitos haviam sido Fritz e Williamson. Em cada etapa – suspeita, investigação, acusação, prisão, indiciamento, audiência preliminar – os dois estiveram sempre ligados. Suas fotos ao serem fichados haviam sido publicadas lado a lado pelo jornal local. Os títulos das reportagens costumavam repetir "Williamson e Fritz...".

Se Bill Peterson pudesse obter uma condenação para Fritz no primeiro julgamento, os jurados de Williamson começariam a procurar pela forca assim que sentassem.

Em Ada, a noção de justiça era julgar Fritz primeiro e realizar imediatamente depois o julgamento de Ron Williamson... o mesmo tribunal, o mesmo juiz, as mesmas testemunhas e o mesmo jornal relatando tudo.

No dia 1º de abril, três semanas antes do julgamento de Ron começar, seu advogado designado pelo tribunal, Frank Baber, apresentou uma petição em que solicitava seu afastamento. Baber obtivera um cargo de promotor em outro distrito.

O juiz Jones deferiu a petição. Baber foi embora. Barney ficou sem qualquer ajuda... sem os olhos de alguém com experiência judicial para ajudá-lo a peneirar os documentos, provas, fotos e diagramas que seriam apresentados contra seu cliente.

Em 6 de abril de 1988, cinco anos e meio depois do assassinato de Debbie Carter, Dennis Fritz foi escoltado para o tribunal lotado, no segundo andar do prédio do Judiciário, no condado de Pontotoc. Estava barbeado, os cabelos cortados e usava seu único terno, comprado pela mãe para o julgamento. Wanda Fritz sentava na primeira fila, tão perto do filho quanto era possível. Ao lado sentava sua irmã, Wilma Foss. As duas não perderiam uma única palavra do julgamento.

Quando as algemas foram retiradas, Dennis olhou para a multidão e especulou quais seriam os escolhidos entre a centena de jurados em potencial. Quais daqueles eleitores registrados, sentados ali, seriam incumbidos de julgá-lo?

Sua longa espera chegava ao fim. Depois de suportar 11 meses na cadeia sufocante, ele se encontrava agora no tribunal. Tinha um bom advogado e presumia que o juiz garantiria um julgamento justo; 12 de seus pares avaliariam as evidências com todo o cuidado e logo compreenderiam que Peterson não tinha qualquer prova concreta.

O início do julgamento foi um alívio, mas também assustador. Afinal, era o condado de Pontotoc, e Dennis sabia muito bem que pessoas inocentes podiam ser incriminadas. Dividira uma cela, por um curto período, com Karl Fontenot, um homem simples e confuso que agora se encontrava no Corredor da Morte por um homicídio em que não tivera a menor participação.

O juiz Jones entrou no tribunal e cumprimentou os candidatos a jurados. As questões preliminares foram tratadas primeiro. Só depois começou a seleção do júri. As horas foram passando, com os idosos, surdos e doentes sendo dispensados. Depois começaram as perguntas, algumas dos advogados, mas a maior parte do juiz Jones. Greg Saunders e Bill Peterson discutiam que jurados manter e que jurados eliminar.

Em determinado momento do longo processo, o juiz Jones fez a seguinte pergunta a um jurado em potencial chamado Cecil Smith:

– Qual era o seu último emprego?

Cecil Smith:

– Eu trabalhava na Comissão Administrativa de Oklahoma.

Não houve mais perguntas a respeito. O que Cecil Smith deixou de mencionar em sua resposta abreviada foi o fato de que tinha uma longa carreira policial.

Momentos depois, o juiz Jones perguntou a Cecil Smith se conhecia o detetive Dennis Smith ou se tinham algum parentesco.

Cecil Smith: – Não há nenhum parentesco.

Juiz Jones: – Mas você o conhece?

Cecil Smith: – Conheço sim. Conversei com ele várias vezes, talvez tenhamos tratado de alguns problemas de trabalho.

Horas depois, os jurados prestaram juramento. Uma preocupação de Fritz foi a presença de Cecil Smith no júri. Quando sentou no recinto do júri, o Sr. Smith lançou um olhar duro para Dennis, o primeiro de muitos.

O julgamento de fato começou no dia seguinte. Nancy Shew, assistente do promotor distrital, delineou para os jurados que provas seriam apresentadas. Greg Saunders refutou, dizendo em suas alegações iniciais que havia, na verdade, bem poucas provas.

A primeira testemunha foi Glen Gore, trazido da penitenciária. Sob a inquirição direta de Peterson, Gore apresentou seu depoimento um tanto estranho de que *não* vira Dennis Fritz com Debbie Carter na noite do crime.

A maioria dos promotores prefere começar com uma testemunha forte, capaz de situar o acusado nas proximidades da vítima mais ou menos na hora do crime. Peterson optou pelo contrário. Gore disse que podia ter visto Dennis no Coachlight em algum momento indeterminado do passado, ou talvez nunca o tivesse visto ali.

A estratégia da promotoria tornou-se clara com a primeira testemunha. Gore falou mais sobre Ron Williamson do que sobre Dennis Fritz. Peterson, por sua vez, fez mais perguntas sobre Ron. A tática da culpa por associação fora acionada.

Antes que Greg Saunders tivesse a oportunidade de impugnar Gore por causa de sua extensa ficha criminal, Peterson decidiu desacreditar sua própria testemunha. Perguntou a Gore sobre sua ficha criminal. Havia muitas condenações, por crimes como seqüestro, agressão com agravantes e por atirar contra um policial.

Não apenas a principal testemunha da promotoria deixou de implicar Dennis, mas foi também revelado como um criminoso endurecido, cumprindo uma pena de prisão de 40 anos.

Com um começo pífio, Peterson continuou com outra testemunha, que não sabia de nada. Tommy Glover descreveu para o júri como viu Debbie Carter conversar com Glen Gore antes de deixar o Coachlight e voltar para casa. Depois de um breve depoimento, Glover foi dispensado sem ter mencionado o nome de Dennis Fritz.

Gina Vietta relatou os estranhos telefonemas de Debbie na madrugada de 8 de dezembro. Também declarou que vira Fritz no Coachlight em diversas ocasiões, mas não na noite do crime.

Em seguida, Charlie Carter contou a história comovente da descoberta da filha morta. O detetive Dennis Smith foi chamado para depor. Peterson conduziu-o pelo longo processo de descrever a cena do crime e apresentar numerosas fotos. Falou sobre a investigação que comandara, a coleta de amostras de cabelos e saliva e assim por diante. A primeira pergunta de Nancy Shew sobre possíveis suspeitos não envolveu Dennis Fritz como era de esperar:

— Interrogou um homem chamado Ronald Keith Williamson em algum momento de sua investigação?

— Sim, interroguei.

Sem interrupção ou objeção, Smith pôs-se a falar da investigação sobre Ron Williamson. Explicou como e por que ele se tornara um suspeito. Nancy Shew lembrou finalmente quem estava sendo julgado e perguntou sobre uma amostra de saliva de Dennis Fritz.

Smith descreveu como coletara a saliva e a encaminhara ao laboratório do OSBI em Oklahoma City. Shew interrompeu a inquirição direta neste momento e cedeu a testemunha para a reinquirição. Quando ela se sentou, a promotoria não explicara como e por que Dennis Fritz se tornara um suspeito. Não havia precedentes de seu relacionamento com a vítima. Ninguém o situava remotamente próximo na ocasião do crime, embora Smith declarasse que Fritz morava "perto" do apartamento de Debbie. Não houve qualquer referência ao motivo.

Fritz foi finalmente associado ao homicídio com o depoimento de Gary Rogers, a testemunha seguinte, que declarou:

— Foi através de nossa investigação de Ron Williamson que surgiu o nome do réu, Dennis Fritz, como cúmplice de Ron Williamson.

Rogers explicou ao júri como ele e Dennis Smith haviam concluído que aquele crime teria exigido dois assassinos. O crime parecia violento demais para um único homem. Além disso, o(s) assassino(s) havia(m) deixado uma pista, com a frase "Não procurem a genti, ou sinão". A palavra "genti" indicava mais de um assassino, e Smith e Rogers basearam-se nessa indicação.

Através de um eficiente trabalho policial, haviam descoberto que Williamson e Fritz eram amigos. Isso, na teoria dos detetives, ligava os dois assassinos.

Greg Saunders instruíra Dennis a ignorar o júri, mas ele descobriu que isso era impossível. Aquelas 12 pessoas tinham seu destino nas mãos, talvez sua própria vida, e ele não podia deixar de observá-las de vez em quando. Cecil Smith sentava na primeira fila. Sempre que Dennis olhava para o júri, Smith fitava-o com uma expressão furiosa.

Qual será o problema desse homem?, especulou Dennis. Ele não demorou a descobrir.

Durante um recesso, Greg Saunders entrava no tribunal quando um velho advogado, um dos veteranos de Ada, perguntou-lhe:

– Quem foi o filho-da-puta espertinho que deixou Cecil Smith participar do júri?

– Bom, acho que fui eu. Quem é Cecil Smith?

– Ele foi chefe de polícia daqui, só isso.

Saunders ficou aturdido. Seguiu direto para a sala do juiz Jones e pediu que o julgamento fosse cancelado, sob a alegação de que o jurado faltou com a verdade durante o processo de seleção, e que era evidente que o jurado tinha um viés a favor da polícia e da promotoria.

O pedido foi indeferido.

O Dr. Fred Jordan depôs sobre a autópsia. Os jurados ouviram os detalhes macabros. Foram apresentadas fotos do corpo e passadas de mão em mão no recinto do júri. Provocaram choque e indignação, inerentes a qualquer julgamento de homicídio. Vários jurados lançaram olhares de repulsa para Fritz.

Com o depoimento objetivo e incontestável do Dr. Jordan ainda pairando no ar, a promotoria decidiu apresentar algumas de suas testemunhas pouco convencionais. Um homem chamado Gary Allen prestou juramento e sentou no banco das testemunhas. O envolvimento de Allen era bastante tênue. Ele disse ao júri que morava perto de Dennis Fritz. Uma madrugada, no início de dezembro de 1982, por volta das três e meia, ouviu dois homens fazendo barulho perto de seu apartamento. Não se lembrava da data exata, mas por alguma razão tinha certeza de que fora antes de 10 de dezembro. Os dois homens – não os vira com bastante clareza para poder identificá-los – estavam no quintal, rindo, gritando, molhando um ao outro com uma mangueira de jardim. Fazia muito frio e os homens não usavam camisa. Ele conhecia Dennis Fritz há algum tempo e teve a impressão de reconhecer sua voz. Mas não tinha certeza. Prestou atenção ao barulho durante cerca de dez minutos e depois voltou a dormir.

Quando Allen foi dispensado, havia algumas expressões de perplexidade no tribunal. Qual era exatamente o propósito daquele depoimento? A situação se tornaria ainda mais desconcertante com a testemunha seguinte, Tony Vick.

Vick morava no pequeno apartamento debaixo do de Gary Allen e conhecia Dennis Fritz. Também conhecia Ron Williamson. Declarou que vira Ron na varanda de Dennis e que sabia com certeza que os dois haviam feito uma viagem ao Texas no verão de 1982.

O que mais o júri precisava saber?

Os depoimentos continuaram com Donna Walker, que trabalhava numa loja de conveniência. Ela identificou Dennis no tribunal e disse que o conhecia muito bem. Em 1982, Dennis era um cliente freqüente da loja, um bebedor de café regular, que gostava de conversar com ela no início da manhã. Ron também era cliente, e ela tinha certeza de que os dois eram amigos. Mas de repente, depois do assassinato, os dois pararam de tomar café em sua loja. Desapareceram, pelo menos para ela. Então, depois de algumas semanas de ausência, eles voltaram à loja, como se nada tivesse acontecido. Mas haviam mudado! Como?

– No comportamento, na maneira como se vestiam. Estavam antes sempre barbeados, e de repente pareciam no fundo do poço, as roupas sujas, a barba por fazer, os cabelos desgrenhados. A atitude era diferente. Acho que pareciam bastante nervosos, meio paranóicos.

Quando pressionada por Greg Saunders, Walker não soube explicar por que esperou cinco anos para dar esse depoimento crucial à polícia. Ela admitiu que a polícia a procurara em agosto, depois da prisão de Ron e Dennis.

O desfile continuou com Letha Caldwell, uma divorciada que estudara com Ron no colégio. Ela disse ao júri que Dennis Fritz e Ron Williamson costumavam visitar a sua casa, tarde da noite, em horários irregulares, e que estavam sempre bebendo. Em algum momento, ela passou a sentir medo e pediu-lhes que não aparecessem mais. Como eles se recusassem a atendê-la, ela comprou uma arma e lhes mostrou. Só assim os dois compreenderam que ela falava sério.

O depoimento nada tinha a ver com o assassinato de Debbie Carter, e em muitos tribunais teria sido excluído como totalmente irrelevante para as questões em julgamento.

A objeção finalmente veio no depoimento de Rusty Featherstone, agente do OSBI. Peterson, numa tentativa desajeitada de provar que Ron e Dennis divertiam-se em Norman quatro meses antes do assassinato, chamou Featherstone para depor. Featherstone realizara dois testes de polígrafo com Dennis em 1983, mas os resultados, por muitas e excelentes razões, eram inadmissíveis como provas. Durante os interrogatórios, Dennis relatara uma noite em Norman que envolvera bares e bebidas. Quando Peterson tentou extrair essa história de Featherstone, Greg Saunders levantou uma objeção. O juiz Jones concordou, achando que era mesmo irrelevante. Peterson aproximou-se do juiz e disse:

– Ele [Featherstone] atesta a associação de Ron Williamson com Dennis Fritz em agosto de 1982.

– Explique a relevância dessa informação – pediu o juiz Jones.

Peterson não soube explicar e Featherstone logo deixou o tribunal. Era outra participação de outra testemunha que nada sabia sobre o assassinato de Debbie Carter.

A testemunha seguinte também foi improdutiva, embora seu depoimento fosse mais interessante. William Martin era o diretor da escola de Noble, onde Dennis era professor em 1982. Ele declarou que na manhã de 8 de dezembro, uma quarta-feira, Dennis ligara para avisar que estava doente. Um professor substituto dera suas aulas. Segundo os registros de freqüência que Martin levou ao tribunal, Dennis faltara um total de sete dias durante o ano letivo de nove meses.

Depois de 12 testemunhas, a promotoria ainda não tinha nada contra Dennis Fritz. Só havia provado, além de qualquer dúvida razoável, que ele tomava bebidas alcoólicas, andava com pessoas de péssima reputação (Ron Williamson), morava num apartamento com a mãe e a filha no mesmo bairro em que Debbie Carter residia e faltara ao trabalho no dia seguinte ao crime.

O estilo de Peterson era metódico. Achava que era necessário construir uma acusação lentamente, bloco a bloco, testemunha por testemunha, nada exuberante ou persuasivo. Acumule as evidências pouco a pouco, removendo todas as dúvidas da mente dos jurados. Mas Fritz era um desafio e tanto, porque não havia provas concretas.

Havia necessidade de delatores.

O primeiro a depor foi James Harjo, trazido da penitenciária, como Gore. Um tanto obtuso, Harjo não apenas assaltara a mesma casa duas vezes como também usara um meio de acesso idêntico: o mesmo quarto, a mesma janela. Ao ser capturado, Harjo fora interrogado pela polícia. Com caneta e papel, coisas a que Harjo não era acostumado, os policiais usaram desenhos para compreender sua história. O que deixou Harjo bastante impressionado. Quando estava na cadeia com Dennis, ele decidira esclarecer o assassinato de Debbie Carter, por exortação dos policiais, rabiscando numa folha de papel.

Explicou essa estratégia astuciosa para os jurados. Na área de exercícios apinhada da cadeia, ele interrogara Dennis sobre o assassinato. Em determinado momento, quando seus Xs e Os chegaram ao clímax, ele comentara:

— Parece que você é mesmo culpado.

Dennis, acabrunhado pela lógica implacável de Harjo, murchara sob o fardo e murmurara, em lágrimas:

— Não tínhamos a intenção de machucá-la.

Quando Harjo relatara essa história pela primeira vez, na audiência preliminar, Dennis não fora capaz de se conter e gritara:

— Você está mentindo! Está mentindo!

Mas com os jurados observando atentamente, ele tinha de sofrer tudo de novo sem demonstrar qualquer emoção. Embora fosse difícil, Dennis sentiu-se animado ao perceber que vários jurados reprimiam o riso pela história absurda de Harjo.

Na reinquirição, Greg Saunders deixou claro que Dennis e Harjo estavam em uma das duas áreas de exercícios da cadeia, pequenos espaços abertos acessíveis para quatro celas, cada uma com dois beliches. Cada área era projetada para oito homens, mas em geral ficava mais apinhada. Mesmo ali, os homens quase que respiravam uns em cima dos outros. Mas, surpreendentemente, ninguém na cadeia do condado de Pontotoc jamais ouvira a dramática confissão de Dennis.

Harjo declarou que gostava de dizer mentiras para Ron sobre Dennis, e vice-versa. Greg Saunders perguntou:

— Por que você mentia sobre Dennis e Ron Williamson? Por que ia de um para outro contando mentiras?

— Apenas para observar e verificar o que eles diziam. Eles seriam capazes de cortar a garganta um do outro, o que era evidente para quem observasse.

— E mentia para Ron sobre Dennis, ou mentia para Dennis sobre Ron, é isso o que fazia para que esganassem um ao outro?

— Era só para ver... só para saber o que eles diriam.

Harjo admitiu mais tarde que não sabia o que significava a palavra "perjúrio".

O informante seguinte foi Mike Tenney, o aprendiz de carcereiro usado pela polícia para obter dados desfavoráveis sobre Dennis. Com pouca experiência ou treinamento, Tenney iniciou sua carreira na polícia como carcereiro. Sua primeira missão foi Dennis Fritz. Ansioso para impressionar os que podiam contratá-lo em caráter permanente, ele passava muito tempo junto da cela de Dennis, conversando sobre tudo, mas em particular sobre o assassinato de Debbie Carter. Tinha muitos conselhos para oferecer. Em sua abalizada opinião, a situação de Dennis parecia grave. Por isso, a melhor coisa a fazer nessas circunstâncias seria negociar um acordo para salvar a própria pele, depondo contra Ron Williamson. Peterson seria justo.

Dennis aceitara a conversa, mas tomando cuidado para não dizer nada, porque qualquer coisa poderia ser repetida no tribunal.

Como era novo na polícia, Tenney não prestara muitos depoimentos. Logo no começo, tentou recordar uma história sobre Dennis e Ron pulando de bar em bar em Oklahoma City. A história não tinha a mais remota ligação com o assassinato de Debbie Carter. Saunders levantou uma objeção. O juiz Jones deferiu-a.

Tenney ficou numa posição delicada quando declarou que ele e Dennis haviam discutido a questão de fazerem um acordo e assumir a culpa. Mencionou isso duas vezes, um fato bastante prejudicial, porque sugeria que Dennis cogitara de se declarar culpado.

Greg Saunders protestou com veemência e pediu que o julgamento fosse cancelado. O juiz Jones indeferiu.

Tenney finalmente conseguiu prestar seu depoimento sem que os advogados interferissem. Explicou ao júri que conversava com freqüência com Dennis. Depois de cada conversa, voltava para a mesa na entrada da cadeia e anotava tudo o que era dito. Segundo seu supervisor, Gary Rogers, era assim que se devia agir. Um competente trabalho policial. Durante uma conversa, Dennis teria dito:

– Digamos que pode ter acontecido assim. Talvez Ron tenha arrombado a porta e entrado no apartamento de Carter. E depois digamos que ele foi em frente e fez uma porção de coisas. Ron queria dar uma lição na mulher e exagerou um pouco. Ela morreu. Digamos que aconteceu assim. Mas não vi Ron matá-la. E por isso não posso dizer ao promotor uma coisa que não vi.

Depois de Tenney, o julgamento entrou em recesso até o dia seguinte. Dennis voltou para a cadeia. Com todo o cuidado, tirou o terno novo e pendurou-o num cabide. Um guarda levou o terno para a sala da frente. Ele deitou. Fechou os olhos e especulou como o pesadelo acabaria. Sabia que as testemunhas mentiam... mas os jurados também saberiam?

Na manhã seguinte, Bill Peterson chamou Cindy McIntosh para prestar depoimento. Ela admitiu que estava na cadeia, sob a acusação de passar cheques sem fundos, quando conhecera Dennis Fritz e Ron Williamson. Declarou que ouvira os dois conversando sobre as fotos do assassinato de Debbie Carter.

– Ela estava na cama ou no chão? – perguntou Ron a Dennis.

Não houve resposta.

McIntosh admitiu que não fora condenada pelas acusações de emitir cheques sem fundos.

– Cobri os cheques e me deixaram sair.

Com os delatores esgotados, Peterson voltou a provas mais verossímeis. Um pouco mais verossímeis. Chamou quatro testemunhas que trabalhavam para o laboratório de criminalística do estado. O impacto que causaram nos jurados foi profundo, como sempre acontece. Eram técnicos instruídos, diplomados, experientes e trabalhavam para o estado de Oklahoma. Eram os peritos! E estavam ali para depor contra o réu, para ajudar a provar sua culpa.

O primeiro foi Jerry Peters, perito em impressões digitais. Ele explicou ao júri que examinara 21 impressões digitais encontradas no apartamento e no carro de Debbie. Dezenove eram da própria Debbie, uma do detetive Dennis Smith, a outra de Mike Carpenter. Não havia uma única impressão digital de Dennis Fritz ou Ron Williamson.

Era estranho que o perito declarasse que nenhuma das impressões digitais encontradas pertencia aos acusados.

Larry Mullins descreveu como tirara as impressões palmares de Debbie em maio passado, quando seu corpo fora exumado. Entregara as novas impressões a Jerry Peters, que subitamente começara a ver coisas que não havia percebido quatro anos e meio antes.

A teoria da promotoria, a mesma que seria usada contra Ron Williamson, era a de que Debbie ficara ferida durante a agressão violenta e prolongada, seu sangue acabara indo parar na palma esquerda e essa palma tocara num pedaço da parede, um pouco acima do rodapé do quarto. Como a palma não pertencia a Ron ou Dennis, e certamente não podia pertencer ao verdadeiro assassino, tinha de ser de Debbie.

Mary Long era uma criminalista que trabalhava principalmente com fluidos corporais. Explicou ao júri que cerca de 20 por cento das pessoas não mostram seu tipo sangüíneo em fluidos do corpo, como saliva, sêmen e suor. Esse segmento é conhecido entre os peritos como "não-secretores". Com base nos exames que efetuara nas amostras de sangue e saliva de Ron e Dennis, ela tinha certeza de que os dois eram não-secretores.

O homem que deixara o sêmen na cena do crime também era não-secretor, provavelmente, embora Long não pudesse ter certeza já que a amostra era insuficiente.

Portanto 80 por cento da população eram eliminados como suspeitos. Ou "cerca" de 80 por cento, alguns pontos a mais ou a menos. Mesmo assim, Fritz e Williamson tinham agora a pecha sinistra de "não-secretores".

A matemática de Long foi demolida na reinquirição quando Greg Saunders forçou-a a admitir que a maior parte das amostras de sangue e saliva que analisara no caso de Debbie Carter vinha de não-secretores. Das 20 amostras que ela examinara, 12 eram de não-secretores, inclusive Fritz e Williamson.

Ou seja, 60 por cento no grupo de suspeitos eram não-secretores, em contraste com a média nacional de apenas 20 por cento.

Ronnie como um Police Eagle, aos dez anos.

A família Williamson por volta de 1970: Annette, Ron e Renee, com seus pais, Juanita e Roy.

Retrato tirado durante o ensino médio, aos dezoito anos.

Two Asher Players Honored---
On All-State Baseball Teams

Ron Williamson of the state Class B champion Asher Indians was picked as an outfielder on the Daily Oklahoman's South team and was on the Oklahoma Journal's first team. Another Asher star, third baseman Bruce Leba was named to the Daily Oklahoman's South squad.

Bruce Leba   Ron Williamson

Murl Bowen *(direita)*. Seu time, o Asher, ganhou 2.115 jogos, ainda um recorde.

Ron, à extrema direita, no início de sua última temporada. *(abaixo)*

1977
FORT LAUDERDALE
YANKEES
35¢

Yankee Manager Eddie Napoleon and Pitching Coach Sammy Ellis Instructing a Group of Yankee Prospects

Como jogador de uma das ligas menores pelos Yankees, 1976. *(acima)*

Debbie Carter, dois dias antes de ser assassinada.

A cena do crime – Debbie vivia no segundo andar.

Denice Haraway, raptada em 28 de abril de 1984.

Tommy Ward e Karl Fontenot sendo escoltados
para o julgamento.

Foto de registro policial
de Ron Williamson.

Foto de registro policial
de Dennis Fritz.

O promotor Bill Peterson

Ron sendo escoltado do tribunal do
condado de Pontotoc após ter sido
considerado culpado pelo assassinato
e ter recebido a pena de morte.

Greg Wilhoit passou quatro anos
na Unidade F, condenado por um
assassinato que não cometeu.
Ele e Ron Williamson se tornaram
grandes amigos no Corredor
da Morte.

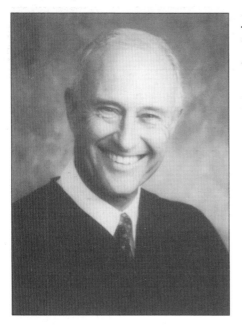

Juiz Frank H. Seay. Como um epílogo a sua decisão de conceder um novo julgamento a Ron, ele disse: "Que Deus nos ajude, se algum dia, neste grande país, virarmos a cabeça para o outro lado enquanto pessoas que não tiveram um julgamento justo são executadas. Isso quase aconteceu neste caso."

Depois de onze anos na prisão, Ron retorna a Ada.

O réu com a equipe de advogados que o defendeu. Primeira fila: Kim Marks e Penny Stewart; segunda fila: Bill Luker, Janet Chesley, Ron, Jenny Landrith, Mark Barrett e Sara Bonnell. (15 de abril de 1999)

Dennis Fritz e Ron Williamson no tribunal enquanto ouviam o juiz
Tom Landrith revogar as acusações e mandá-los para casa. (15 de abril de 1999)

Barry Scheck e Mark Barrett comemoram durante a coletiva
concedida à imprensa depois que Ron e Dennis foram
libertados. (15 de abril de 1999)

Ron no estádio dos Yankees duas semanas após ser inocentado.

Annette e Renee com o irmão, pouco antes de sua morte.

Não importava. Seu depoimento ajudou a excluir muitos e ajudou a aumentar a suspeita que pairava sobre a cabeça de Dennis Fritz.

A última testemunha do estado foi de longe a mais eficaz. Peterson guardou seu golpe devastador para o último round. Quando Melvin Hett terminou seu depoimento, o júri estava convencido.

Ele era o perito em cabelos do OSBI, um veterano de muitos julgamentos, um homem que ajudara a mandar muitas pessoas para a prisão.

O exame criminalístico de cabelos humanos teve seu começo difícil em 1882. Num caso em Wisconsin nesse ano, um "perito" do estado comparou uma amostra de cabelo "conhecido" com os fios encontrados na cena do crime, declarando que vinham da mesma fonte. A fonte foi condenada, mas a Suprema Corte de Wisconsin reverteu a decisão, afirmando categórica: "Essa evidência é de uma natureza muito perigosa."

Milhares de réus inocentes seriam poupados se essa decisão fosse acatada por todo o país. Em vez disso, investigadores, laboratórios de criminalística e promotores continuaram a usar a análise de cabelos, o que era com freqüência a única pista deixada no local de um crime. A análise de cabelos tornou-se tão comum e tão controvertida que foi estudada muitas vezes ao longo do século XX.

Muitos estudos indicaram um elevado índice de erro. Em resposta à controvérsia, o Law Enforcement Assistance Administration do Departamento de Justiça patrocinou um programa de eficiência de laboratórios de criminalística em 1978. Duzentos e quarenta dos melhores laboratórios de criminalística de todo o país participaram do programa, que comparou suas conclusões das análises de diferentes tipos de evidências, inclusive cabelos.

A avaliação de cabelos teve resultados lamentáveis. A maioria dos laboratórios estava incorreta quatro em cinco vezes.

Outros estudos alimentaram os debates sobre depoimentos de análise de cabelos. Em um desses estudos, a precisão aumentou quando o examinador comparou um cabelo da cena do crime com amostras de cinco homens diferentes, sem indicação de quem era o suspeito predileto dos policiais. A possibilidade de distorção não-intencional foi removida. Durante o mesmo estudo, porém, a precisão caiu de forma drástica, quando o examinador foi informado sobre quem era o verdadeiro "suspeito". Pode ocorrer uma conclusão preconcebida, com uma distorção das descobertas para apontar o suspeito.

Os peritos em cabelos pisam numa fina camada de gelo legal, e suas opiniões costumam ser apresentadas com ressalvas, como a seguinte: "Os cabelos conhecidos e os cabelos da cena do crime são microscopicamente compatíveis e podem ter vindo da mesma fonte."

Há uma enorme chance de que possam *não* provir da mesma fonte. Mas essa declaração quase nunca é oferecida voluntariamente, pelo menos não no tribunal.

As centenas de fios de cabelos recolhidos por Dennis Smith na cena do crime seguiram um caminho demorado e tortuoso até chegarem ao tribunal. Pelo menos três diferentes peritos do OSBI examinaram esses cabelos, junto com dezenas de cabelos conhecidos, recolhidos dos possíveis suspeitos apontados pelos detetives Smith e Rogers, pouco depois do crime.

Primeiro, Mary Long coletou e organizou todos os cabelos no laboratório de criminalística, mas logo transferiu tudo para Susan Land. Quando Susan Land recebeu os cabelos, em março de 1983, Dennis Smith e Gary Rogers já estavam convencidos de que os assassinos eram Fritz e Williamson. Para consternação dos investigadores, no entanto, o relatório de Land concluía que os cabelos encontrados na cena do crime eram microscopicamente compatíveis apenas com os cabelos de Debbie Carter.

Por um breve período, Fritz e Williamson ficaram livres da ameaça, embora não tivessem meios de saber. E, anos depois, seus advogados não seriam informados das conclusões de Susan Land.

O estado precisava de uma segunda opinião.

Em setembro de 1983, alegando o estresse e a pressão da sobrecarga de trabalho de Land, seu chefe ordenou que ela "transferisse" o caso para Melvin Hett. Essa transferência era bastante excepcional, e ainda mais estranha pelo fato de que Hett e Land trabalhavam em diferentes laboratórios de criminalística, em diferentes regiões do estado. Land trabalhava no laboratório central de criminalística, em Oklahoma City. Hett trabalhava numa sucursal na pequena cidade de Enid. Sua área de atuação estendia-se por 18 condados, mas Pontotoc não era um deles.

Hett demonstrou ser metódico. Levou 27 meses para analisar os cabelos, um longo período, ainda mais extraordinário pelo fato de que examinava apenas as amostras de Fritz, Williamson e Debbie Carter. As outras 21 amostras não eram importantes e podiam esperar.

Como sabiam quem matara Debbie Carter, os policiais, prestativos, informaram Melvin Hett. Quando ele recebeu as amostras de Susan Land, a palavra "suspeito" estava escrita ao lado dos nomes de Fritz e Williamson.

Glen Gore ainda não oferecera amostras à polícia de Ada.

Em 13 de dezembro de 1985, três anos depois do crime, Melvin Hett concluiu seu primeiro relatório constatando que 17 cabelos da cena do crime eram microscopicamente compatíveis com as amostras conhecidas de Fritz e Williamson.

Depois de passar mais de dois anos e mais de 200 horas analisando as primeiras amostras, Hett se animou consideravelmente e analisou as outras 21 em menos de um mês. A 9 de janeiro de 1986, ele terminou o segundo relatório, constatando que todas as outras amostras tiradas de homens de Ada não eram compatíveis com nada encontrado no apartamento de Debbie Carter.

E ainda não haviam pedido a Glen Gore para fornecer amostras de seus cabelos.

Era um trabalho tedioso e passível de erros. Hett mudou de idéia várias vezes enquanto trabalhava com seu microscópio. Houve um momento em que teve certeza de que um cabelo pertencia a Debbie Carter, mas depois chegou à conclusão de que era de Fritz.

É assim a natureza da análise de cabelos. Hett contestou algumas das conclusões de Susan Land, e até conseguiu impugnar seu próprio trabalho. Inicialmente, ele descobriu que um total de 13 pêlos pubianos vinham de Fritz e apenas dois de Williamson. Mais tarde, porém, ele mudou os números, 12 para Fritz e dois para Williamson. Depois, 11 para Fritz, mais dois fios de cabelo da cabeça.

Por alguma razão, os cabelos de Gore finalmente entraram em cena em julho de 1986. Alguém na polícia de Ada acordou e compreendeu que Gore fora negligenciado. Dennis Smith coletou amostras do couro cabeludo e de pêlos pubianos de Gore e do assassino confesso Ricky Joe Simmons, despachando para Melvin Hett, que obviamente andava muito ocupado porque nada aconteceu durante um ano. Em julho de 1987, pediram a Gore para fornecer novas amostras. Ele perguntou: "Por quê?" Porque a polícia não conseguia encontrar as amostras anteriores.

Meses passaram sem qualquer relatório de Hett. Na primavera de 1988, os julgamentos estavam se aproximando e ainda não havia relatório de Hett sobre as amostras de Gore e Simmons.

Em 7 de abril de 1988, depois de iniciado o julgamento de Fritz, Melvin Hett finalmente apresentou seu terceiro e último relatório. Os cabelos de Gore não eram compatíveis com os cabelos da cena do crime. Hett levou quase dois anos para chegar a essa conclusão, e o momento era mais do que suspeito. Era outra indicação evidente de que a promotoria acreditava tão firmemente na culpa de Fritz e Williamson que achava desnecessário esperar até que todas as análises de cabelos fossem concluídas.

Apesar dos perigos e incertezas, Melvin Hett acreditava piamente na análise de cabelos. Ele e Peterson estabeleceram relações amigáveis. Antes do julgamento de Fritz, Hett enviou ao promotor alguns artigos científicos que apregoavam a confiabilidade dessa prova famosa por sua falibilidade. Mas não forneceu ao promotor nenhum dos numerosos artigos que condenavam a análise de cabelos e os depoimentos nela baseados.

Dois meses antes do julgamento de Fritz, Hett foi de carro a Chicago e entregou suas conclusões a um laboratório particular chamado McCrone. Ali, um certo Richard Bisbing, conhecido de Hett, revisou seu trabalho. Bisbing fora contratado por Wanda Fritz para revisar a análise de cabelos e testemunhar no julgamento. Para pagá-lo, Wanda teve de vender o carro de Dennis.

Bisbing demonstrou ser muito mais eficiente com seu tempo, mas os resultados foram igualmente conflitantes.

Em menos de seis horas, Bisbing refutou todas as conclusões de Hett. Ao examinar apenas 11 pêlos pubianos que Hett tinha certeza de que eram microscopicamente compatíveis com Fritz, Bisbing descobriu que só três eram acurados. Ou seja, só três "podiam" vir de Dennis Fritz. Hett estava errado em relação aos outros oito.

Sem se impressionar com a avaliação desfavorável de seu trabalho por outro perito, Hett voltou a Oklahoma preparado para prestar depoimento, sem mudar de opinião.

Seu depoimento aconteceu na tarde de sexta-feira, dia 8 de abril. Ele se lançou de imediato numa preleção prolixa, repleta de termos científicos, visando mais impressionar o júri do que informá-lo. Dennis, com um diploma universitário e experiência de professor de ciências, não conseguiu entender o que Hett dizia, e teve certeza de que os jurados também não compreendiam. Observou-os várias vezes. Estavam totalmente perdidos, mas era evidente que se sentiam impressionados com as palavras do perito. Ele sabia tanta coisa!

Hett usou e abusou de palavras e termos como "morfologia", "córtex", "projeção de escala", "aderência superficial", "fibras corticais" e "corpos ovóides", como se todos no tribunal soubessem exatamente o que ele estava querendo dizer. Quase nunca parava para explicar o que alguma coisa significava.

Hett foi o astro da promotoria, com uma aura de confiabilidade estimulada por sua experiência, vocabulário, confiança e conclusões inabaláveis de que alguns dos cabelos de Dennis Fritz eram compatíveis com alguns cabelos encontrados na cena do crime. Seis vezes durante a inquirição direta ele afirmou que os cabelos de Dennis e os cabelos suspeitos eram microscopicamente compatíveis e podiam provir da mesma fonte. Nem uma única vez ele mencionou ao júri a verdade de que os cabelos podiam com a mesma facilidade *não* provir da mesma fonte.

Ao longo do depoimento de Hett, Bill Peterson referiu-se várias vezes ao "réu Ron Williamson e o réu Dennis Fritz". Nessa ocasião, Ron estava trancafiado numa cela, sozinho, dedilhando seu violão, completamente alheio ao fato de que era julgado *in absentia* e que as coisas não corriam nada bem.

Hett encerrou o depoimento com um resumo de suas conclusões. Onze pêlos pubianos e dois fios do couro cabeludo podiam ter vindo de Dennis Fritz. Eram os mesmos 11 pêlos pubianos que ele levara para o laboratório da McCrone em Chicago e mostrara a Richard Bisbing para uma segunda opinião.

A reinquirição de Greg Saunders pouco produziu. Hett foi forçado a admitir que a análise de cabelos é especulativa demais para ser usada em identificações positivas. Como a maioria dos peritos, ele conseguiu se desvencilhar das perguntas mais difíceis, recorrendo a seu estoque interminável de termos científicos vagos.

Quando ele foi dispensado, a promotoria encerrou sua apresentação.

A primeira testemunha chamada pela defesa foi Dennis Fritz. Ele falou sobre seu passado, a amizade com Ron e assim por diante. Admitiu que fora condenado por cultivar maconha em 1973 e que mentira a respeito quando solicitara o emprego de professor na escola em Noble, sete anos depois. Sua razão para fazer isso era simples: precisava de um emprego. Negou várias vezes ter conhecido Debbie Carter, e é claro que não sabia de nada a respeito de seu assassinato.

Ele foi entregue à reinquirição de Bill Peterson.

Há um adágio antigo na advocacia medíocre: quando não se tem fatos, a saída é gritar. Peterson adiantou-se, lançou um olhar furioso para o assassino dos cabelos suspeitos e desatou a berrar.

Em poucos segundos, o juiz Jones chamou-o para uma pequena repreensão.

– Pode não gostar do réu, mas não deve descarregar sua raiva neste tribunal.

– Não estou com raiva! – protestou Peterson, ainda em voz muito alta.

– Está sim. É a primeira vez que levanta a voz para falar comigo.

– Está bem.

Peterson estava enfurecido por Fritz ter mentido no pedido de emprego. Isso comprovava, pura e simplesmente, que não se podia acreditar em Dennis. E Peterson, dramático, apresentou outra mentira: um formulário que Dennis preenchera quando empenhara uma pistola numa loja de penhores em Durant, Oklahoma. Mais uma vez, Dennis tentara esconder o crime de cultivar maconha.

Duas ocorrências evidentes de fraude, mas nenhuma das duas, é claro, tinha qualquer relação com o assassinato de Debbie Carter. Peterson arengou, por tanto tempo quanto era possível, sobre essas duas mentiras confessadas.

Era irônico – e seria cômico, se as circunstâncias não fossem tão tensas – que Peterson se mostrasse tão indignado com uma testemunha que não podia dizer a verdade. Isso partindo de um promotor cuja acusação baseava-se em depoimentos de prisioneiros e delatores.

Quando finalmente decidiu seguir adiante, Peterson não tinha para onde ir. Pulava das alegações de uma testemunha de acusação para outra, mas Dennis fez um esforço eficiente para manter sua posição. Depois de uma reinquirição belicosa de uma hora, Peterson foi para sua mesa.

A única outra testemunha chamada por Greg Saunders foi Richard Bisbing, que discordou da maioria das conclusões de Melvin Hett.

Era o final da tarde de sexta-feira. O juiz Jones suspendeu o julgamento pelo fim de semana. Dennis percorreu o curto caminho de volta à cadeia, trocou de roupa e tentou relaxar no buraco abafado que era a cela. Estava convencido de que o estado fracassara em seu intuito de provar que ele era culpado, mas não se sentia nem um pouco confiante. Vira as expressões indignadas dos jurados ao verem as fotos macabras da cena do crime. Observara-os quando ouviam Melvin Hett e acreditavam em suas conclusões.

Para Dennis, foi um longo fim de semana.

As alegações finais começaram na manhã de segunda-feira. Nancy Shew foi a primeira a falar pela promotoria. Fez um relato de cada uma das testemunhas de acusação e do que haviam dito.

Greg Saunders reagiu com o argumento de que nada fora provado pelo estado, que o ônus de provar que Dennis era culpado, além de qualquer dúvida razoável, não fora atendido, que aquele não passava de um típico caso de culpa por associação e que o júri deveria considerar que seu cliente era inocente.

Bill Peterson teve a última palavra. Durante quase uma hora, ele divagou e divagou, regurgitando os pontos altos de suas testemunhas na tentativa desesperada de convencer os jurados de que deveriam acreditar nos bandidos e delatores.

O júri retirou-se para deliberar ao meio-dia. Voltou seis horas depois para anunciar que estava dividido, em 11 para um. O juiz Jones mandou-os de volta com a promessa de um jantar. Por volta de oito horas da noite, os jurados retornaram com o veredicto de culpado.

Dennis ouviu o veredicto num silêncio congelado, atordoado porque era inocente, chocado porque fora condenado por provas tão insignificantes. Queria criticar os jurados, o juiz, os policiais, o sistema, mas o julgamento ainda não terminara.

Por outro lado, ele não estava totalmente surpreso. Observara os jurados e percebera sua desconfiança. Representavam a cidade de Ada, e a cidade precisava de uma condenação. Se os policiais e Peterson estavam tão convencidos de que Dennis era o assassino, então ele devia mesmo ser.

Dennis fechou os olhos e pensou na filha, Elizabeth, agora com 14 anos, idade suficiente para compreender a culpa e a inocência. Agora que ele fora condenado, como poderia convencê-la de que era inocente?

Enquanto a multidão deixava o tribunal, Peggy Stillwell desmaiou no gramado em frente. Estava exausta, dominada pela emoção, pelo desespero. Foi levada às pressas para o hospital mais próximo, mas logo teve alta.

Com a questão da culpa agora decidida, o julgamento entrou logo na fase da atribuição da pena. Em tese, o júri determinaria a sentença com base nas circunstâncias agravantes apresentadas pelo estado, visando obter a pena de morte, e nas circunstâncias atenuantes apresentadas pelo réu, que se esperava que salvassem sua vida.

A fase de apenação de Fritz foi breve. Peterson chamou Rusty Featherstone para depor, e ele finalmente conseguiu dizer ao júri que Dennis admitira em conversa que passara uma noite pulando de bar em bar, em companhia de Ron, em Norman, cerca de quatro meses antes do crime. Essa foi toda a extensão de seu depoimento. Os dois suspeitos de homicídio haviam de fato viajado de carro por 110 quilômetros até Norman, passando a noite em visitas a vários bares.

A próxima e última testemunha aprofundando-se na história era uma mulher, Lavita Brewer. Enquanto tomava um drinque no bar de um Holiday Inn, em Norman, ela conhecera Fritz e Williamson. Depois de vários drinques, os três saíram juntos. Partiram, com Brewer sentada no banco traseiro, Dennis ao volante, Ron ao seu lado. Dennis dirigia depressa, avançando sinais vermelhos, além de cometer outras infrações. Em algum momento, ainda no início da aventura, Brewer ficou histérica. Embora os dois nunca a tivessem tocado ou ameaçado, ela decidiu que queria saltar do carro. Mas Dennis recusou-se a parar. Essa situação prolongou-se por cerca de 15 a 20 minutos. Depois, o carro diminuiu a velocidade, o suficiente para que ela abrisse a porta e saltasse. Correu para um telefone público e chamou a polícia.

Ninguém saiu ferido. Não foram apresentadas acusações. Ninguém jamais foi condenado.

Para Bill Peterson, no entanto, o incidente era prova evidente de que Dennis Fritz era uma ameaça permanente para a sociedade e deveria ser condenado à morte, a fim de proteger as outras mulheres. Lavita Brewer foi a melhor e única testemunha que ele pôde apresentar.

Durante sua argumentação eloqüente em favor da pena de morte, Peterson olhou para Dennis, apontou um dedo e declarou:

– Dennis Fritz, você merece morrer, junto com Ron Williamson, pelo que fizeram com Debra Sue Carter.

Ao que Dennis interrompeu para dizer ao júri:

– Não matei Debbie Carter.

Duas horas depois, o júri voltou com uma sentença de prisão perpétua. Depois que o veredicto foi lido, Dennis levantou-se, olhou para os jurados e começou:

– Senhoras e senhores do júri, eu gostaria apenas de dizer...

– Não tem permissão para falar – interrompeu o juiz Jones.

– Não pode fazer isso, Dennis – acrescentou Greg Saunders.

Mas Dennis não podia ser contido e continuou:

– Deus no céu sabe que eu não fiz isso. Só quero que saibam que eu os perdôo. E vou orar por vocês.

De volta à cela, na escuridão sufocante de seu pequeno canto do inferno, ele não encontrou qualquer alívio no fato de ter escapado da pena de morte. Tinha 38 anos, um inocente sem qualquer tendência violenta. A perspectiva de passar o resto da vida na cadeia era angustiante.

CAPÍTULO 9

Annette Hudson acompanhara atentamente o julgamento de Fritz através da leitura das notícias diárias no *Ada Evening News*. Na terça-feira, 12 de abril, a manchete na primeira página dizia: "Fritz Julgado Culpado no Assassinato de Carter." Como sempre, a reportagem mencionava seu irmão: "Ron Williamson, que também é acusado de homicídio em primeiro grau no caso Carter, deverá ser julgado aqui no dia 21 de abril." Todas as seis matérias sobre o julgamento de Fritz mencionavam o envolvimento de Ron e seu iminente julgamento.

Como esperam encontrar um júri imparcial?, perguntou-se Annette várias vezes. Se um co-réu é considerado culpado, como outro pode obter um julgamento justo na mesma cidade?

Ela comprou um terno cinza para Ron, uma calça azul-marinho, duas camisas de colarinho brancas, duas gravatas e sapatos.

A 20 de abril, um dia antes de seu julgamento começar, Ron foi levado ao tribunal para uma conversa com o juiz Jones. O juiz estava preocupado com a possibilidade de o réu tumultuar o julgamento. Era uma preocupação válida considerando seus antecedentes. Com Ron de pé à sua frente, o juiz disse:

– Quero saber como será sua atitude amanhã, pois preciso garantir que não haja perturbações. Compreende minha preocupação?

Ron: – Não haverá problemas, desde que não comecem a dizer que matei alguém.

Juiz Jones: – Não sabe que é exatamente isso o que vão dizer?

Ron: – Sei, mas não é certo.

O juiz Jones sabia que Ron fora um grande atleta, por isso usou a analogia de uma competição esportiva.

– É como se fosse um jogo. Cada lado tem uma oportunidade de atacar, mas também tem a oportunidade de defender. Mas você não pode discordar, porque cada lado tem as mesmas oportunidades. É parte do processo.

Ron: – Sim, só que a bola que estão chutando sou eu.

Para a promotoria, o julgamento de Fritz fora um bom aquecimento para o evento principal. Praticamente as mesmas testemunhas seriam usadas, quase na mesma ordem. Mas no julgamento seguinte o estado tinha duas vantagens adicionais. Primeira, o réu era mentalmente incapaz, propenso a derrubar mesas e gritar palavrões, um comportamento que a maioria das pessoas desaprovava, inclusive os jurados. Ele podia ser extremamente assustador, deixava as pessoas apavoradas. Segunda, seu advogado era cego e estava sozinho. Desde que o outro advogado designado pelo tribunal, Baber, retirara-se do caso em abril, não houvera substituto. Barney era rápido e excepcional na reinquirição, mas não competente ao argumentar sobre impressões digitais, fotos e análises de cabelos.

Para a defesa, era ótimo que o julgamento começasse logo de uma vez. Barney estava cansado de Ron Williamson e frustrado com a quantidade de horas que o caso consumia, em detrimento de seus outros clientes, todos pagantes. E ele tinha medo de Ron, um medo físico. Providenciou para que seu filho, que não era advogado, sentasse atrás de Ron, à mesa da defesa. Barney planejava manter-se tão distante quanto possível, o que não era muito longe; e se Ron fizesse algum movimento agressivo contra Barney, seu filho pularia de trás para derrubá-lo.

Era esse o nível de confiança entre advogado e cliente.

Mas poucas pessoas no tribunal lotado, naquele dia 21 de abril, sabiam que o filho se encontrava ali para proteger o pai do cliente.

Quase todos os presentes eram jurados em potencial, que desconheciam aquele ambiente e não tinham a menor idéia de quem era quem. Havia também repórteres, advogados interessados e a fauna habitual de curiosos que os julgamentos em cidades pequenas sempre atraem. Em particular os julgamentos por homicídio.

Annette Hudson e Renee Simmons sentaram na primeira fila, tão perto de Ronnie quanto possível. Várias amigas de Annette ofereceram-se para sentar com ela durante o julgamento e dar apoio. Annette recusou. O irmão era doente e imprevisível, e ela não queria que as amigas o vissem algemado e acorrentado. Também não queria submetê-las a depoimentos explícitos e repulsivos. Ela e Renee haviam sofrido durante a audiência preliminar e tinham uma boa idéia do que teriam de suportar durante o julgamento.

Não havia amigos de Ron ali.

No outro lado do corredor, a família Carter também sentava na primeira fila, o mesmo lugar que ocupara durante o julgamento de Fritz. Os lados opostos tentavam evitar o contato visual.

Era uma quinta-feira, quase um ano depois da exumação do corpo da vítima e das prisões de Ron e Dennis. O último tratamento significativo de Ron fora no Hospital Central Estadual, cerca de 13 meses antes. A pedido de Barney, ele fora examinado uma vez por Norma Walker, em Ada, uma breve visita, que começara e terminara como a maioria de suas visitas à clínica local. Durante um ano, sua medicação, quando recebia alguma, era dispensada de maneira irregular pelos carcereiros. O tempo passado na solitária da cadeia, um autêntico buraco, em nada contribuíra para melhorar sua saúde mental.

Mas sua saúde mental não preocupava mais ninguém além da família. Nem a promotoria, nem a defesa, nem o próprio tribunal levantaram a questão.

Era chegada a hora de um julgamento.

A excitação do primeiro dia de julgamento desapareceu rapidamente com o entediante processo de seleção do júri. As horas passaram, com acusação e defesa interrogando os candidatos a jurados, enquanto o juiz Jones dispensava um depois do outro, metodicamente.

Ron, por sua vez, estava se comportando direito. Parecia simpático, com os cabelos cortados, a barba feita, roupas novas. Escreveu páginas de anotações, sempre sob os olhos atentos do filho de Barney, que apesar de tão entediado quanto os outros conseguia vigiar o cliente. Ron não tinha a menor idéia do motivo pelo qual era observado daquela maneira.

Ao final da tarde, os 12 jurados foram finalmente escolhidos, sete homens e cinco mulheres, todos brancos. O juiz Jones deu suas instruções e mandou-os para casa. Não ficariam isolados.

Annette e Renee sentiam-se esperançosas. Um jurado era genro de um vizinho, que residia em frente a Annette. Outro era parente de um pregador pentecostal que devia saber de Juanita Williamson e de sua devoção à igreja. Outro era um primo distante de um parente por afinidade dos Williamson.

A maioria dos jurados parecia familiar. Annette e Renee já os haviam visto em Ada, em uma ocasião ou outra. Era mesmo uma cidade pequena.

Os jurados voltaram às nove horas da manhã seguinte. Nancy Shew apresentou as alegações iniciais da promotoria, quase uma cópia em carbono da que usara para Fritz. Barney adiou suas considerações iniciais para o momento em que o estado concluísse sua apresentação das provas e testemunhas.

A primeira testemunha convocada pela promotoria foi Glen Gore, mais uma vez. Mas as coisas não transcorreram como haviam sido planejadas. Depois de dar seu nome, Gore permaneceu calado, recusando-se a prestar depoimento. Parecia convidar o juiz Jones a prendê-lo por desacato. Que diferença faria? Ele já estava mesmo condenado a 40 anos. Seus motivos não eram bem claros, mas talvez tivessem alguma relação com o fato de que cumpria a pena na penitenciária estadual, onde os delatores eram desprezados pelos outros presos, ao contrário do que ocorria na cadeia do condado de Pontotoc, onde a delação era disseminada.

Depois de alguns momentos de confusão, o juiz Jones decidiu que o depoimento de Gore na audiência preliminar, em julho do ano anterior, seria lido para o júri. Isso foi feito. Embora o impacto fosse um tanto atenuado, o júri ainda assim ouviu o relato fictício da presença de Ron no Coachlight na noite do crime.

Barney foi privado da oportunidade de interrogá-lo sobre seus numerosos crimes e sua natureza violenta. A defesa também não teve a chance de interrogar a testemunha sobre seu paradeiro e movimentos na noite do assassinato.

Com Gore fora do caminho, a promotoria prosseguiu com a acusação. Tommy Glover, Gina Vietta e Charlie Carter deram os mesmos depoimentos pela terceira vez.

Gary Allen contou a mesma história estranha de ouvir dois homens se molharem com uma mangueira de jardim às três e meia da madrugada, no princípio de dezembro de 1982, mas declarou firmemente que não podia identificar Ron Williamson. O outro homem podia ter sido Fritz, mas talvez não fosse.

A verdade era que Gary Allen não podia identificar ninguém e não tinha a menor idéia do dia em que o incidente ocorrera. Era um viciado em drogas muito conhecido da polícia local e fora colega de Dennis Smith na universidade.

Smith procurara-o pouco depois do assassinato e perguntara se ele vira ou ouvira qualquer coisa suspeita na madrugada de 8 de dezembro. Allen dissera que vira dois homens se molhando com uma mangueira na casa ao lado, mas não podia se lembrar da data. Dennis Smith e Gary Rogers chegaram à conclusão precipitada de que eram Fritz e Williamson, lavando o sangue de Debbie Carter. Pressionaram Allen por detalhes, até mostraram uma foto da cena do crime. Sugeriram que os dois homens eram Fritz e Williamson, mas Allen não podia e não queria identificá-los.

Pouco antes do julgamento, Gary Rogers passou pelo apartamento de Allen e outra vez sugeriu detalhes. Não eram Fritz e Williamson que ele vira de madrugada, por volta de 8 de dezembro?

Allen insistiu que não podia ter certeza. Rogers puxou o paletó para o lado, a fim de que Allen pudesse ver o revólver em seu quadril. Ele disse que Allen podia sofrer envenenamento de chumbo se sua memória não melhorasse. Melhorou, mas apenas o suficiente para depor.

Dennis Smith depôs para conduzir os jurados pela cena do crime, como tiraram fotos e impressões digitais, como fizeram a coleta de evidências. As fotos foram mostradas aos jurados, com as mesmas reações previsíveis ao verem a vítima. O fotógrafo da polícia usara a escada de um caminhão dos bombeiros para tirar algumas fotos de cima do apartamento de Debbie. Peterson usou uma dessas fotos para pedir a Smith que informasse ao júri onde ficava a casa de Williamson. A uns poucos quarteirões de distância.

– Deixem-me ver essas fotos – pediu Barney.

As fotos lhe foram entregues. Como era a norma tácita em Ada, Barney deixou a sala com sua assistente, Linda, que descreveu cada uma em detalhes.

A inquirição direta foi superficial, mas Barney tinha uma carga pesada para disparar na reinquirição. Sempre achara estranho que os dois assassinos pudessem ter cometido um crime tão hediondo sem deixarem uma única impressão digital no local. Pediu a Smith que indicasse as melhores superfícies para um investigador passar o pó à procura de impressões digitais. Superfícies lisas e firmes, como vidro, espelho, plástico duro, madeira pintada e assim por diante. Depois, ele levou Smith pelo pequeno apartamento, forçando-o a admitir que negligenciara muitos lugares óbvios, como aparelhos na cozinha, o vidro da janela aberta do quarto, os acessórios do banheiro, batentes das portas, espelhos. A lista foi aumentando e logo ficou patente que Smith fizera um péssimo trabalho na busca de impressões digitais.

Com a testemunha acuada, Barney continuou a pressionar. Quando se tornava muito agressivo, Bill Peterson ou Nancy Shew podia protestar contra sua tática, e quase sempre as objeções provocavam uma resposta mordaz de Barney.

Gary Rogers prestou depoimento em seguida. Fez um resumo das investigações. Mas sua contribuição mais importante para a argumentação da promotoria foi o relato para o júri da confissão do sonho, feita por Ron no dia seguinte à sua prisão. Parecia ótimo na inquirição direta, mas Barney tinha algumas restrições.

Estava curioso sobre o motivo pelo qual a confissão não fora gravada. Rogers admitiu que a polícia possuía e usava com freqüência uma câmera de vídeo. Pressionado por Barney, admitiu também que às vezes não era usada, quando os investigadores não tinham certeza do que a testemunha poderia dizer. Por que correr o risco de gravar alguma coisa prejudicial para a promotoria, mas útil para o réu?

Rogers admitiu que a polícia tinha um gravador e que ele sabia como operá-lo. Não fora usado no interrogatório com Ron, porque isso não estaria de acordo com os procedimentos normais. Barney também não aceitou essa alegação.

Rogers admitiu ainda que a polícia tinha um amplo estoque de papel e lápis, mas hesitou e se atrapalhou quando tentou explicar por que ele e Rusty Featherstone não permitiram que Ron escrevesse seu próprio depoimento. Também se recusaram a permitir que ele o visse depois que acabaram. Barney foi empilhando uma suspeita após outra. Enquanto pressionava a testemunha sobre os procedimentos excepcionais, Rogers cometeu um grave erro. Mencionou o interrogatório de Ron em 1983, gravado em vídeo, em que Ron negava firmemente qualquer envolvimento.

Barney mostrou-se incrédulo. Por que não fora informado dessa gravação? A lei exigia que a promotoria apresentasse todas as evidências que pudessem inocentar o réu. Barney apresentara todas as petições apropriadas dentro dos prazos, meses antes. Em setembro do ano anterior, o tribunal determinara que a promotoria fornecesse ao advogado de defesa todas as declarações feitas por Ron na investigação de homicídio.

Como os policiais e o promotor podiam guardar a fita durante quatro anos e meio, escondendo-a da defesa?

Barney tinha poucas testemunhas à sua disposição, já que o processo contra Ron era basicamente um caso de "admissão", em que o estado usava diversas testemunhas – um grupo um tanto imperfeito – para declarar que Ron, em várias ocasiões e por vários meios, admitira o crime. A única maneira objetiva de lutar contra tais depoimentos era negá-los, e a única pessoa que podia negar a admissão era o próprio Ron. Barney planejara pôr o réu para depor em sua defesa, mas sentia-se apavorado com a perspectiva.

A gravação de 1983 teria sido um poderoso instrumento para mostrar ao júri. Há quatro anos e meio, muito antes de a promotoria reunir seu rol de testemunhas escusas, muito antes de Ron ter uma extensa ficha na polícia, ele sentara diante de uma câmera e negara reiteradamente qualquer envolvimento.

Numa decisão famosa, de 1963, no processo *Brady v. Maryland*, a Suprema Corte dos Estados Unidos decidira que "a supressão pela promotoria de evidências favoráveis a um acusado, quando solicitadas, viola o devido processo legal, em que as evidências são materiais para a culpa ou punição, independentemente da boa-fé ou má-fé da promotoria".

Os investigadores dispõem de todos os recursos e muitas vezes descobrem testemunhas ou outras evidências favoráveis ao suspeito ou réu. Durante décadas, eles puderam ignorar essas evidências exculpatórias, prosseguindo na acusação. *Brady* igualou as chances e passou a fazer parte dos procedimentos. Uma petição de *Brady* é uma das muitas moções de rotina que um advogado criminalista apresenta logo no início do caso. Uma moção de *Brady*. Uma audiência de *Brady*. Material de *Brady*. "Peguei-o por causa de *Brady*." O termo entrou para o vernáculo da prática do direito penal.

Agora, Barney estava diante do juiz, com Rogers ainda no banco das testemunhas, enquanto Peterson olhava para os sapatos, apanhado numa flagrante violação de *Brady*. Ele pediu a anulação do julgamento, mas o juiz indeferiu. O juiz Jones prometeu que realizaria uma audiência sobre o assunto... depois que o julgamento acabasse!

Era a tarde de sexta-feira e todos sentiam-se cansados. O juiz Jones determinou um recesso até oito e meia da manhã de segunda-feira. Ron foi algemado, cercado por guardas, e deixou o tribunal. Até agora comportara-se muito bem, e isso não passou despercebido.

A primeira página do *Ada Evening News,* no domingo, deu a seguinte manchete: "Williamson Controlado Durante Primeiro Dia do Julgamento."

A primeira testemunha na segunda-feira foi o Dr. Fred Jordan. Pela terceira vez no mesmo banco, ele relatou a autópsia e a causa da morte. Também foi a terceira vez que Peggy Stillwell passou pela mesma provação, mas nem por isso o sofrimento foi menor. Por sorte, ela não podia ver as fotos mostradas aos jurados. Só dava para ver suas reações, e isso já era suficiente.

O Dr. Jordan foi seguido por Tony Vick, o vizinho; Donna Walker, a empregada da loja de conveniência; e Letha Caldwell, a conhecida da madrugada... todos os três tão inúteis quanto haviam sido no julgamento de Fritz.

O fogo cerrado começou quando Terri Holland foi chamada em seguida. Durante a audiência preliminar, ela pudera desfiar suas invenções sem qualquer receio de ser apanhada. Agora, com Ron lançando-lhe olhares furiosos e conhecendo a verdade, as coisas seriam diferentes.

A ficção começou logo – Holland descrevia declarações que o réu teria feito na cadeia a respeito de Debbie Carter –, e era óbvio que Ron estava prestes a explodir. Ele balançava a cabeça, rangia os dentes, olhava para Holland como se tivesse vontade de matá-la. Até que Holland declarou:

– Ele disse que se ela tivesse feito tudo o que ele queria, nunca a teria matado.

Ron soltou um "Oh!" bem alto.

Nancy Shew perguntou:

– Alguma vez ouviu uma ligação telefônica que ele tenha feito que se relacionasse de qualquer forma com Debbie Carter?

Holland: – Eu trabalhava na lavanderia. Ron falava ao telefone com a mãe... tentava persuadi-la a trazer cigarros ou alguma outra coisa, não me lembro direito, mas eles... Ron gritava com ela. E disse que se ela não fizesse o que ele queria, ia matá-la como fizera com Debbie Carter.

Ao que Ron berrou:

– Ela está mentindo!

Nancy Shew continuou:

– Ouviu-o alguma vez descrever ou falar sobre os detalhes da morte de Debbie Carter?

Holland: – Ele estava dizendo... acho que foi no pátio, os caras ali... que ele... ele disse que enfiou uma garrafa de Coca-Cola no rabo dela e a calcinha pela garganta...

Ron levantou-se de um pulo, apontou para Holland e gritou:

– Você está mentindo! Eu nunca disse uma coisa dessas em toda a minha vida! Não matei aquela mulher, e digo que você é mentirosa!

Barney: – Fique quieto, Ron.

Ron: – Nem mesmo sei quem você é... vai pagar por isso.

Houve uma pausa, em que todos prenderam a respiração. Barney levantou-se devagar. Sabia exatamente o que tinha de fazer: um trabalho de reparação. A principal testemunha de acusação errara em dois fatos cruciais, a calcinha e a garrafa de Coca-Cola, um problema típico com depoimentos fabricados.

Com o tribunal tenso, uma testemunha mentirosa revelada e Barney já esperando para dar o bote, Nancy Shew tentou consertar o estrago.

Shew: – Srta. Holland, deixe-me perguntar sobre os detalhes que acabou de relatar. Até onde sua memória vai, tem certeza que são esses os objetos que ele declarou que usou? Disse que foi uma garrafa de Coca-Cola.

Barney: – Meritíssimo, por favor... Ouvi o que ela disse, e não quero que essa promotora mude o depoimento da testemunha. Protesto contra isso.

Holland: – Ele disse garrafa de Coca-Cola ou garrafa de ketchup, ou...

Barney: – Estão vendo o que eu disse? Por favor, Meritíssimo.

Holland: – Já se passaram quatro anos.

Ron: – E você é uma...

Barney: – Cale-se.

Shew: – Srta. Holland, poderia... sei que ouviu coisas diferentes...

Barney: – Por favor, Meritíssimo.

Shew: – Poderia pensar em...

Barney: – Protesto! A promotoria está conduzindo a testemunha e fazendo perguntas indutivas.

Juiz: – Formule uma pergunta direta, sem presumir nada antes.

Shew: – Ele alguma vez disse por que... você disse que ele disse que matou...

Holland: – Ele queria ir para a cama com Debbie Carter.

Ron: – Você é uma mentirosa!

Barney: – Cale-se!

Ron (levantando-se): – Ela é uma mentirosa. Não vou ficar sentado aqui. Não matei Debbie Carter, e ela está mentindo.

Barney: – Ronnie, sente-se.

Peterson: – Meritíssimo, podemos ter um recesso, por favor? Barney... protesto contra os comentários explicativos de defesa, Meritíssimo.

Barney: – Não há comentários explicativos.

Juiz: – Um momento.

Barney: – Estou falando com o réu.

Juiz: – Um momento. Faça a próxima pergunta. Sr. Williamson, devo adverti-lo que não tem permissão para falar do lugar em que se encontra agora.

Shew: – Srta. Holland, pode recordar se alguma vez ele disse por que fez o que fez?

Holland: – Porque ela não queria ir para a cama com ele.

Ron: – Está mentindo. Diga a verdade. Nunca matei ninguém em toda a minha vida.

Barney: – Meritíssimo, eu gostaria de perguntar se podemos ter um recesso por poucos minutos.

Juiz: – Está bem. Lembrem-se de suas instruções. O júri pode se retirar.

Ron: – Posso falar com ela, por favor? Deixem-me falar com ela. Do que ela está falando?

Uma breve interrupção esfriou o clima. Com o júri ausente, o juiz Jones teve uma boa conversa com Ron, que lhe assegurou que se comportaria. Quando o júri voltou, o juiz explicou que o caso deveria ser decidido com base apenas nas provas, nada mais. Não por comentários dos advogados, muito menos por comentários e ações do réu.

Mas a ameaça assustadora de Ron "... vai pagar por isso" fora claramente ouvida pelos jurados. E eles também sentiram medo.

Durante a confusão, Nancy Shew foi incapaz de ressuscitar completamente a testemunha. Com perguntas que induziram a testemunha, ela conseguiu transformar a garrafa de Coca-Cola numa garrafa de ketchup. Mas o pequeno detalhe da calcinha na boca não foi corrigido. A toalhinha de banho ensangüentada nunca foi mencionada por Terri Holland.

A "artista" seguinte chamada pela promotoria, para ajudar a descobrir a verdade, foi Cindy McIntosh. Mas a pobre coitada estava tão confusa que não pôde se lembrar da história que deveria contar. Teve um branco e acabou sendo dispensada sem cumprir seus deveres.

Mike Tenney e John Christian relataram suas conversas com Ron tarde da noite, na cela, e lembraram coisas estranhas que ele dissera. Nenhum dos dois se deu ao trabalho de mencionar que Ron negara reiteradamente qualquer envolvimento no crime e costumava bradar com freqüência que era inocente.

Depois de um almoço rápido, Peterson apresentou os agentes do OSBI, na mesma ordem do julgamento de Fritz. Jerry Peters foi o primeiro e contou como tirara as impressões das mãos de Debbie depois da exumação, porque ficara indeciso sobre uma pequena porção da palma esquerda. Barney tentou pressioná-lo, querendo saber como e por que exatamente isso se tornara importante quatro anos e meio depois da autópsia, mas Peters mostrou-se esquivo. Ele se preocupara com suas conclusões iniciais por todo esse tempo? Ou por acaso Bill Peterson telefonara um dia, no início de 1987, para fazer algumas sugestões? Peters foi vago.

Larry Mullins deu a mesma opinião de Peters: a impressão palmar ensangüentada no pedaço de gesso pertencia a Debbie Carter, não a um assassino misterioso.

Mary Long declarou que Ron Williamson era um não-secretor, o que o situava na minoria de cerca de 20 por cento da população. O estuprador de Debbie estava provavelmente nesse grupo. Com algum esforço, Barney pressionou-a a dizer o número exato de pessoas que examinara, chegando a um total de 20, inclusive a vítima. E desse número, 12 eram não-secretores, ou 60 por cento do total. Depois, ele escarneceu da matemática da testemunha.

Susan Land prestou um breve depoimento. Começara a análise dos cabelos no caso Carter, mas depois transferira o trabalho para Melvin Hett. Quando pressionada por Barney sobre o motivo para essa transferência, ela respondeu:

– Naquele momento em particular, eu trabalhava em vários casos de homicídio, com todo o estresse e tensão. Apenas achei que não podia ser objetiva, e não queria cometer um erro em qualquer coisa.

Melvin Hett prestou juramento em seguida e logo apresentava a mesma preleção erudita que oferecera alguns dias antes, no julgamento de Fritz. Descreveu o processo meticuloso de comparar pelo microscópio cabelos conhecidos e cabelos da cena do crime. Fez um trabalho eficiente para demonstrar que a análise de cabelos era absolutamente confiável. Tinha de ser, pois era sempre usada em julgamentos de crimes. Disse ao júri que trabalhara em "milhares" de casos analisando cabelos. Apresentou alguns desenhos de diferentes tipos de cabelos e explicou que um cabelo tem entre 25 e 30 características distinguíveis.

Quando falou de Ron Williamson, declarou que dois pêlos pubianos, encontrados na cama, eram microscopicamente compatíveis e poderiam vir da mesma fonte: Ron Williamson. E dois fios do couro cabeludo encontrados na toalhinha ensangüentada eram microscopicamente compatíveis e poderiam ter vindo da mesma fonte: Ron Williamson.

Os quatros fios poderiam também *não* ser de Ron, mas Hett não mencionou isso.

Tropeçando na língua, Hett começou com seu logro. Ao depor sobre os dois fios do couro cabeludo, ele disse:

– Esses eram os únicos cabelos que combinavam ou eram compatíveis com Ron Williamson.

O termo "combinar" é proibido na análise de cabelos, porque é extremamente enganador. Os leigos no júri podiam ter dificuldades com o conceito de cabelos microscopicamente compatíveis, mas não têm problemas para compreender uma combinação. É uma idéia que se pode absorver com mais rapidez e facilidade. Como no caso de uma impressão digital, uma combinação elimina todas as dúvidas.

Depois que Hett falou em "combinação" pela segunda vez, Barney protestou. O juiz Jones indeferiu-o, dizendo que ele poderia tratar disso na reinquirição.

O ato mais egrégio de Hett, no entanto, foi a maneira como ele prestou depoimento. Em vez de dar uma aula para os jurados, Hett optou por simplesmente abençoá-los com suas opiniões.

Para ajudar o júri a avaliar a evidência, a maioria dos peritos em cabelos leva para o tribunal fotos ampliadas dos cabelos analisados. Uma foto de um cabelo conhecido é montada ao lado de uma foto de cabelo da cena do crime. O perito explica em detalhes as semelhanças e diferenças. Como Hett disse, há cerca de 25 características diferentes nos cabelos, e um perito eficiente explica ao júri o que exatamente está dizendo.

Hett não fez nada disso. Depois de trabalhar no caso Carter por quase cinco anos, centenas de horas, três relatórios diferentes, ele não mostrou ao júri uma única foto ampliada de seu trabalho. Nem um único fio de cabelo de Ron Williamson foi comparado com um único fio de cabelo encontrado no apartamento de Debbie.

Hett simplesmente disse aos jurados que tinham de confiar nele. Não peçam confirmações, apenas acreditem em suas opiniões.

A implicação evidente do depoimento de Hett foi a de que quatro dos cabelos encontrados no apartamento de Carter eram de Ron Williamson. Na verdade, esse foi o único propósito de chamar Hett para prestar depoimento.

Sua presença e depoimento realçaram a injustiça de esperar que um réu pobre tivesse um julgamento justo sem o acesso a peritos judiciais. Barney solicitara essa ajuda meses antes, mas o juiz Jones recusara.

O juiz Jones deveria saber melhor. Três anos antes, um julgamento importante de Oklahoma foi parar na Suprema Corte dos Estados Unidos. O resultado abalou os tribunais criminais do país. Em *Ake v. Oklahoma*, a Suprema Corte decidiu: "Quando um estado incumbe seu poder Judiciário de arcar com a defesa de um réu sem condições financeiras num processo criminal, deve tomar as providências para garantir que o réu tenha uma oportunidade justa de apresentar sua defesa. ... A justiça não pode ser igual quando um réu, simplesmente por causa de sua pobreza, tem negada a oportunidade de participar de maneira significativa num processo judicial em que sua liberdade está em jogo."

A decisão de *Ake* exigiu que os instrumentos básicos para uma defesa adequada fossem fornecidos pelo estado ao réu pobre. Isso foi ignorado pelo juiz Jones nos julgamentos de Fritz e Williamson.

As provas técnicas eram uma parte crucial da acusação. Jerry Peters, Larry Mullins, Mary Long, Susan Land e Melvin Hett eram todos peritos. Ron contava apenas com Barney, um advogado competente, mas que infelizmente era incapaz de ver as evidências.

A promotoria deu por encerrada sua apresentação de provas após o testemunho de Melvin Hett. No início do julgamento, Barney abrira mão de fazer suas alegações iniciais naquele momento, reservando-as para o começo da apresentação da defesa. Era uma manobra arriscada. A maioria dos advogados de defesa prefere se dirigir aos jurados logo de saída, começando a lançar dúvidas sobre as evidências que a promotoria vai apresentar. As alegações iniciais e as alegações finais são as únicas ocasiões em que um advogado pode se dirigir diretamente ao júri, e são oportunidades propícias demais para se desperdiçar.

Barney, depois que a promotoria encerrou sua apresentação, surpreendeu a todos ao renunciar novamente a seu direito de fazer alegações iniciais. Não foi indicada nenhuma razão para isso, e nenhuma foi pedida, mas era uma tática incomum.

Barney chamou sete carcereiros para depor. Todos negaram ter ouvido alguma vez Ron Williamson acusar-se por qualquer forma no assassinato de Debbie Carter.

Wayne Joplin era funcionário do tribunal do condado de Pontotoc. Barney chamou-o para depor sobre o histórico de Terri Holland. Ela fora presa no Novo México em outubro de 1984. Levada de volta a Ada e posta na cadeia, logo ajudara a esclarecer dois casos de homicídios sensacionais, embora esperasse dois anos para comunicar à polícia a dramática confissão que Ron lhe fizera. Declarara-se culpada das acusações de emitir cheques sem fundos, recebera uma sentença de cinco anos, com três anos de suspensão, fora obrigada a pagar as custas judiciais de 70 dólares, restituição de 527,09 dólares, mais honorários advocatícios de 225 dólares, na base de 50 dólares por mês, dez dólares por mês para o Departamento Correcional e 50 dólares por mês para o Fundo de Compensação das Vítimas de Crimes.

Ela fez um único pagamento de 50 dólares, em maio de 1986, e o resto foi aparentemente perdoado.

Barney estava reduzido a uma única testemunha, o próprio réu. Permitir o depoimento de Ron era arriscado. Ele era instável – no início do dia desfechara um ataque contra Terri Holland – e os jurados já tinham medo dele. Tinha uma ficha criminal que

Peterson com certeza usaria para destruir sua credibilidade. Ninguém tinha certeza da quantidade de medicamentos que ele vinha tomando, se é que tomava algum. Era furioso e imprevisível; e, o pior de tudo, não fora preparado por seu advogado. Barney adiantou-se para dizer em particular ao juiz Jones:

– Agora a diversão vai começar. Gostaria de pedir um recesso, a fim de fazer tudo o que for possível para acalmá-lo. Ele parece... ora, não tem levantado e sentado a todo instante como fazia antes. De qualquer forma, preciso mesmo de um recesso.

– Está reduzido a uma única possível testemunha? – perguntou o juiz Jones.

– Isso mesmo, só tenho uma. Usou a frase certa, Meritíssimo.

Quando a sessão foi suspensa para o recesso do meio-dia, Ron desceu a escada, a caminho da cadeia. Viu o pai da vítima e gritou:

– Charlie Carter, eu não matei sua filha!

Os guardas levaram-no ainda mais depressa. À uma hora da tarde, Ron prestou juramento. Depois de algumas perguntas preliminares, ele negou ter tido qualquer conversa com Terri Holland. Negou também ter conhecido Debbie Carter.

Barney perguntou quando ele tomara conhecimento da morte de Debbie Carter.

– No dia 8 de dezembro, minha irmã, Annette Hudson, telefonou lá para casa. Minha mãe atendeu. E ouvi a mãe dizer: "Sei que não foi Ronnie, porque ele estava em casa." Perguntei à mãe o que acontecera. Ela disse que Annette ligara para contar que uma moça fora morta em nosso bairro.

A falta de preparação tornou-se evidente poucos minutos depois, quando Barney perguntou à testemunha sobre seu primeiro encontro com Gary Rogers. Ron disse:

– Foi pouco depois disso que fui à delegacia para fazer um teste no detector de mentiras.

Barney quase sufocou.

– Ronnie, não... você não deve falar sobre isso.

Qualquer menção ao polígrafo na presença do júri era proibida. Se a promotoria fizesse isso, seria motivo para anulação do julgamento. Ninguém se dera ao trabalho de informar a Ron.

Segundos depois, ele tornou a violar a norma ao relatar uma conversa com Dennis Fritz:

– Eu estava com Dennis Fritz, na estrada, e contei a ele que Dennis Smith me telefonara para dizer que os resultados do teste com o polígrafo haviam sido inconclusivos.

Barney mudou de assunto. Falaram por um instante sobre a condenação de Ron pela assinatura falsificada no cheque. Depois de umas poucas perguntas sobre o lugar em que ele se encontrava na noite do crime, Barney concluiu com uma pergunta tímida:

– Você matou Debbie Carter?

– Não, senhor. Não fui eu.

– Creio que isso é tudo.

Em sua pressa de fazer o cliente sair do banco das testemunhas com o mínimo de dano possível, Barney deixou de refutar as alegações da maioria das testemunhas da promotoria. Ron poderia ter explicado sua "confissão de sonho" para Rogers e Featherstone na noite seguinte à sua prisão. Poderia explicar suas conversas na cadeia com John Christian e Mike Tenney. Poderia ter explicado como era a cadeia, para que os jurados entendessem que era impossível que Terri Holland ouvisse o que ele dissera sem que outros ouvissem também. Poderia ter negado categoricamente as declarações de Glen Gore, Gary Allen, Tony Vick, Donna Walker e Letha Caldwell.

Como todos os promotores, Peterson estava ansioso para liquidar o réu na reinquirição. O que ele não esperava, porém, era que o réu não se mostrasse nem um pouco intimidado. Peterson começou com uma tentativa de tirar proveito da amizade de Ron com Dennis Fritz, agora um assassino condenado.

– Não é verdade, Sr. Williamson, que o senhor e Dennis Fritz eram amigos, o único que cada um tinha?

– Vamos colocar de outra maneira – respondeu Ron, friamente. – Você conseguiu incriminá-lo e agora tenta me incriminar também.

As palavras ressoaram pelo tribunal enquanto Peterson respirava fundo. Ele mudou de assunto, perguntando se Ron se lembrava de ter conhecido Debbie Carter, uma coisa que ele sempre negara. Quando a pergunta foi feita de novo, Ron se irritou:

– Peterson, vou deixar isso bem claro para você mais uma vez.

O juiz Jones interveio, instruindo a testemunha a responder de forma objetiva. E Ron negou outra vez que conhecesse pessoalmente Debbie Carter.

Peterson fez alguns rodeios, desfechou alguns socos, acertando o ar. Tornou a se meter numa encrenca quando retomou sua ficção.

– Sabe onde estava depois das dez horas da noite de 7 de dezembro?

Ron: – Em casa.

Peterson: – Fazendo o quê?

Ron: – Depois de dez horas da noite, há cinco anos, eu podia estar assistindo à televisão ou dormindo.

Peterson: – Não é verdade que saiu por aquela porta, desceu pela viela...

Ron: – Não é não, companheiro.

Peterson: – ... desceu por aquela viela.

Ron: – De jeito nenhum, cara.

Peterson: – Você e Dennis Fritz.

Ron: – Não... claro que não.

Peterson: – Subiram para o apartamento.

Ron: – De jeito nenhum.

Peterson: – Sabe onde Dennis Fritz estava naquela noite?

Ron: – Sei que ele não estava no apartamento de Debbie Carter. Isso eu posso garantir.

Peterson: – Como sabe que ele não estava no apartamento de Debbie Carter?

Ron: – Porque você armou para cima dele.

Peterson: – Como sabe que ele não estava no apartamento de Debbie Carter?

Ron: – Seria capaz de apostar a minha vida nisso, digamos assim.

Peterson: – Diga-nos como sabe.

Ron: – Não... não me faça mais perguntas. Vou sair daqui e você pode falar para o júri. Mas estou dizendo que você armou para cima dele, conseguiu incriminá-lo e agora tenta fazer a mesma coisa comigo.

Barney: – Ronnie...

Ron: – Minha mãe sabia que eu estava em casa. Você vem me perseguindo há cinco anos. Agora pode fazer o que quiser comigo. Não me importo mais.

Peterson encerrou a reinquirição e sentou.

Durante as alegações finais, Barney fez o possível para denegrir a polícia e seu trabalho: as investigações intermináveis, a perda das amostras de cabelos de Gore, a aparente cegueira ao não considerarem Gore como um suspeito, o trabalho relapso de Dennis Smith na verificação das impressões digitais na cena do crime, os numerosos pedidos de amostras de Ron, as táticas duvidosas usadas para tomar sua confissão do sonho, a omissão em fornecer à defesa a declaração anterior de Ron, as opiniões sempre mudando dos peritos do OSBI. A lista de erros era longa e significativa. Barney referiu-se à polícia, mais de uma vez, como um bando de trapalhões.

Como fazem todos os bons advogados, ele argumentou que havia muitas dúvidas razoáveis e fez um apelo para que os jurados usassem o bom senso.

Peterson argumentou que não havia a menor dúvida. Os policiais, todos excelentes profissionais, é claro, realizaram um trabalho exemplar em sua investigação. A promotoria apresentara ao júri provas incontestáveis da culpa.

Ele pegou uma frase que ouvira de Melvin Hett e se perdeu na terminologia. Ao falar sobre a análise de cabelos, Peterson disse:

– Assim, durante um longo período, o Sr. Hett está examinando cabelos e eliminando, examinando e eliminando, junto com outros casos. E então, em 1985, há uma combinação.

Mas Barney mantinha-se vigilante. Protestou no mesmo instante:

– Se o tribunal permite, não há uma combinação aqui desde que Oklahoma se tornou estado. Protestamos contra o uso desse termo.

A objeção foi deferida.

Peterson continuou, resumindo o que cada testemunha dissera. Quando mencionou Terri Holland, Ron ficou tenso.

Peterson: – Terri Holland nos contou o que recorda depois de dois anos, e seu depoimento foi de que ouviu o réu dizer à mãe que se ela não lhe trouxesse alguma coisa...

Ron levantou-se de um pulo.

– Espere aí!

Peterson: – ... ele a mataria, como também matara Debbie Carter.

Ron: – Cale a boca, cara. Eu nunca disse isso!

Barney: – Sente-se. Fique quieto.

Juiz: – Sr. Williamson.

Ron: – Eu não disse isso para a minha mãe.

Barney: – Ronnie.

Juiz: – Escute o que diz seu advogado.

Ron sentou, fervendo de raiva. Peterson continuou, recapitulando os depoimentos das testemunhas da promotoria sob uma ótica tão favorável que Barney foi obrigado a protestar várias vezes, até pedir ao juiz Jones para lembrar ao promotor que deveria se ater aos fatos.

Os jurados retiraram-se para suas deliberações às dez e quinze da manhã de quarta-feira. Annette e Renee permaneceram no tribunal por mais algum tempo, mas depois saíram para almoçar. Era difícil comer. Depois de ouvirem cada palavra dos depoimentos, estavam ainda mais convencidas de que o irmão era inocente. Mas era o tribunal de Peterson. A maioria das decisões lhe fora favorável. Com as mesmas testemunhas e poucas evidências, ele obtivera o veredicto de culpado contra Fritz.

Elas desprezavam o homem. Ele era pomposo, arrogante, passava por cima das pessoas. Detestavam-no pelo que ele estava fazendo com Ron.

As horas passaram. Às quatro e meia da tarde veio o aviso de que o júri já tinha o veredicto. O juiz Jones ocupou seu lugar e disse que os espectadores deviam evitar manifestações ruidosas. Annette e Renee ficaram de mãos dadas, orando.

No outro lado do corredor, a família Carter também se mantinha de mãos dadas e orava. A provação estava quase acabando.

Faltavam 20 minutos para as cinco horas quando o primeiro jurado entregou o veredicto ao escrevente, que deu uma olhada e levou para o juiz Jones. Ele anunciou o veredicto: culpado de todas as acusações. Em silêncio, os Carter levantaram as mãos, num gesto de vitória. Annette e Renee choraram baixinho, assim como Peggy Stillwell.

Ron abaixou a cabeça, abalado, mas não totalmente surpreso. Depois de 11 meses na cadeia do condado de Pontotoc, ele se tornara parte de um sistema podre. Sabia que Dennis Fritz era inocente, mas mesmo assim fora condenado, pelos mesmos policiais, pelo mesmo promotor, no mesmo tribunal.

O juiz Jones estava ansioso para encerrar o julgamento. Sem qualquer pausa, determinou que o estado iniciasse imediatamente a fase da determinação da pena. Nancy Shew explicou aos jurados que o crime era hediondo, atroz e cruel, que fora cometido com o propósito de evitar a prisão, e como havia uma grande probabilidade de que Ron matasse de novo, pois era uma ameaça permanente à sociedade, deveria ser condenado à morte.

Para provar isso, a promotoria chamou quatro testemunhas, quatro mulheres que Ron já conhecia e que nunca se deram ao trabalho de apresentar queixas criminais contra ele. A primeira foi Beverly Setliff, que declarou que no dia 14 de junho de 1981, sete anos antes, vira Ron Williamson na frente de sua casa, tarde da noite, quando se preparava para dormir.

– Ei, sei que você está aí e vou pegá-la! – gritara ele.

Ela nunca o havia visto antes. Trancou as portas e ele desapareceu. Não chamou a polícia nem sequer pensou nisso. Também não pensou em apresentar uma queixa. Mas no dia seguinte encontrou um guarda numa loja de conveniência e relatou o incidente. Se fizeram um relatório formal, ela nunca o viu.

Três semanas depois ela tornaria a ver Ron e um amigo lhe disse o nome dele. Seis anos passaram. Quando Ron foi preso, ela procurou a polícia para contar a história.

A testemunha seguinte foi Lavita Brewer, a mesma mulher que depusera contra Dennis Fritz. Ela repetiu a história: como conheceu Ron e Dennis num bar em Norman, entrou no carro com os dois, ficou com medo, saltou e chamou a polícia. Segundo sua versão, Ron não a tocou ou ameaçou de qualquer forma. Ela ficara histérica no banco traseiro do carro de Dennis porque ele não queria parar para deixá-la sair. A pior coisa que Ron fizera, durante todo o episódio, fora mandá-la calar a boca.

Ela acabou pulando do carro, fugiu, chamou a polícia, mas não registrou a queixa.

Letha Caldwell depôs outra vez. Conhecia Ron desde os tempos de colégio, em Byng, e sempre fora sua amiga. No início da década de 1980, ele e Dennis Fritz começaram a aparecer em sua casa, sempre bebendo. Um dia ela trabalhava em seus canteiros de flores quando Ron apareceu. Começaram a conversar. Ela continuou a trabalhar, o que o deixou irritado. Em determinado momento, ele segurou-a pelo pulso. Ela se desvencilhou e entrou na casa, só depois se lembrando de que os filhos pequenos estavam ali. Ron seguiu-a, mas não tornou a tocá-la, e foi embora pouco depois. Ela não comunicou o incidente à polícia.

A última testemunha foi a que mais danos causou. Uma divorciada chamada Andrea Hardcastle contou uma história angustiante de uma provação que durara mais de quatro horas. Em 1981, Ron e um amigo foram à sua casa e tentaram convencê-la a sair com eles. Queriam levá-la para o Coachlight. Andrea estava tomando conta de seus três filhos e mais duas crianças, por isso não podia sair. Os homens foram embora. Mas Ron voltou pouco depois, para buscar um maço de cigarros esquecido. Entrou na casa sem ser convidado e passou uma cantada em Andrea. Já passava de dez horas da noite, as crianças dormiam e ela ficou assustada. Não tinha o menor interesse por sexo. Ron explodiu e agrediu-a várias vezes, no rosto e na cabeça, exigindo que ela fizesse sexo oral. Andrea recusou. Foi nesse instante que compreendeu que, quanto mais falava, menos ele a agredia.

Por isso, ficaram conversando. Ron falou de sua carreira no beisebol, o casamento fracassado, como gostava de tocar violão, de Deus e religião, sua mãe. Fora colega de escola do ex-marido de Andrea, que às vezes trabalhava como segurança no Coachlight. Havia momentos em que Ron mantinha-se sossegado, pacífico, até choroso, mas em outros momentos era instável, veemente e furioso. Andrea preocupava-se com as cinco crianças. Enquanto Ron falava, ela procurava um meio de sair daquela situação crítica. Ele explodia em acessos violentos, agredindo-a, tentando arrancar suas roupas. Estava bêbado demais para manter uma ereção.

Em determinado momento, Ron teria dito que achava que precisava matá-la. Andrea rezava fervorosamente. Decidira fingir que aceitaria tudo. Convidara-o a voltar na tarde seguinte, quando as crianças não estariam em casa e poderiam fazer todo o sexo que quisessem. A proposta foi tão atraente que Ron resolveu ir embora.

Ela telefonou para o ex-marido e o pai. Juntos, os dois circularam pelas ruas, à procura de Ron. Estavam armados e não hesitariam em fazer justiça com as próprias mãos.

O rosto de Andrea ficara num estado lamentável, com cortes, hematomas, os olhos inchados. Ron usava um anel com uma cabeça de cavalo, e isso abrira a pele em vários pontos em torno dos olhos. A polícia fora chamada no dia seguinte, mas ela se recusara a apresentar uma queixa. Ron morava perto e ela tinha pavor do que ele poderia fazer.

Barney não estava preparado para esse depoimento e se confundiu numa reinquirição desanimada.

O tribunal ficou em silêncio quando a testemunha foi dispensada. Os jurados olhavam furiosos para o réu. Era o momento do enforcamento.

Inexplicavelmente, Barney não chamou testemunhas para atenuar os danos e tentar salvar a vida de Ron. Annette e Renee estavam no tribunal, prontas para depor. Nenhuma palavra fora dita durante todo o julgamento sobre a incapacidade mental de Ron. Nenhum documento fora apresentado.

As últimas palavras que os jurados ouviram de alguém no banco das testemunhas foram as de Andrea Hardcastle.

Bill Peterson pediu a pena de morte nas alegações finais. E tinha mais evidências para apresentar, um ou dois fatos novos que não haviam sido provados durante o julgamento. Não houvera qualquer menção a um anel com uma cabeça de cavalo até o depoimento de Andrea Hardcastle. Peterson tirou algumas conclusões precipitadas. Expandiu a evidência, alegando que Ron usara o mesmo anel quando agredira Debbie Carter, pois seus ferimentos no rosto eram muito parecidos com os que Andrea Hardcastle descrevera, as lesões que ela teria sofrido em janeiro de 1981. Era uma idéia extravagante. Não havia nenhuma prova, mas também não havia necessidade de qualquer prova. Dramático, Peterson declarou ao júri:

– Ele deixou sua assinatura com Andrea Hardcastle e sublinhou com Debbie Carter.

Encerrou seus comentários assim:

– Quando voltarem para cá, senhoras e senhores, vou pedir que digam: Ron Williamson, você merece morrer pelo que fez com Debra Sue Carter.

No momento certo, Ron gritou:

– Eu não matei Debbie Carter!

Os jurados se retiraram, mas as deliberações sobre a pena foram rápidas. Em menos de duas horas voltaram com a sentença de morte.

Num caso insólito de revisão judicial, o juiz Jones marcou uma audiência no dia seguinte para tratar da violação de *Brady* pela promotoria. Embora estivesse exausto e não agüentasse mais aquele caso, Barney ainda sentia bastante indignação contra a polícia e Peterson por terem deliberadamente escondido o videoteipe do interrogatório de Ron no polígrafo em 1983.

Mas por que se incomodar àquela altura dos acontecimentos? A gravação não trazia nenhum benefício após o fato.

Não foi surpresa para ninguém quando o juiz Jones decidiu que a supressão do vídeo pelas autoridades não era uma violação de *Brady*, no final das contas. A fita não estava realmente escondida, fora entregue depois do julgamento, uma espécie de apresentação atrasada.

Ron Williamson estava a caminho do Pavilhão F, o famoso Corredor da Morte da Penitenciária Estadual de Oklahoma em McAlester.

CAPÍTULO 10

O estado de Oklahoma leva muito sério a pena de morte. Quando a Suprema Corte dos Estados Unidos aprovou o reinício das execuções, em 1976, o Legislativo de Oklahoma apressou-se em realizar uma sessão especial com o propósito exclusivo de promulgar o estatuto da pena de morte. No ano seguinte, os legisladores debateram a idéia inovadora da morte por injeção letal, em vez de voltar a usar a Old Sparky, a velha e confiável cadeira elétrica do estado. O argumento era o de que as substâncias químicas eram mais misericordiosas; e, assim, haveria menos probabilidade de atrair ataques constitucionais por punição cruel e desumana; e, assim, haveria mais probabilidade de acelerar as execuções. No excitamento da sessão especial, com a imprensa observando atentamente e os eleitores estimulando, os legisladores debateram as várias maneiras de tirar a vida humana. Alguns partidários da linha dura defendiam a forca e o pelotão de fuzilamento, mas no final a injeção letal foi aprovada por uma maioria esmagadora. Oklahoma tornou-se o primeiro estado a adotá-la.

Mas não foi o primeiro estado a usá-la. Para profunda frustração de legisladores, policiais, promotores e uma vasta maioria do público, Oklahoma logo ficou atrás de outros estados mais ativos na aplicação da pena de morte. Treze longos anos passaram sem uma única execução. Finalmente, em 1990, a espera terminou e a câmara da morte voltou a ser usada.

Rompida a barragem, veio a inundação. Desde 1990 que Oklahoma tem executado mais condenados do que qualquer outro estado. Nenhum outro, nem mesmo o Texas, sequer chega perto.

As execuções em Oklahoma são efetuadas em McAlester, uma penitenciária de segurança máxima, cerca de 160 quilômetros a sudeste de Oklahoma City. O Corredor da Morte é ali, em uma seção infame chamada Unidade H.

A prática faz a perfeição, e as execuções em McAlester são realizadas com a maior precisão. Para o preso cujo momento chegou, o último dia é consumido a receber visitas, parentes, amigos, quase sempre seu advogado. É claro que as visitas são angustiantes, ainda mais porque não pode haver contato físico. As pessoas conversam e choram através do telefone, separadas por uma espessa parede de vidro. Não há abraços ou beijos de despedida da família, apenas um desesperado "Eu amo você", através de um fone preto. Muitas vezes o preso e a visita trocam um beijo simbólico, comprimindo os lábios contra o vidro. Também imitam o contato das mãos.

Não há lei que proíba o contato físico antes de uma execução. Cada estado tem suas normas, e Oklahoma prefere manter o ritual tão rigoroso quanto possível.

Se o diretor da penitenciária estiver de bom humor, permite que o preso dê alguns telefonemas. Depois que acabam as visitas, é o momento para a última refeição. Há um limite de 15 dólares para o cardápio, e o diretor pode vetar qualquer coisa. Cheeseburgers, frango frito, peixe frito e sorvete são os alimentos mais pedidos.

O preso começa a ser preparado cerca de uma hora antes da execução. Troca de roupa, pondo um traje azul-claro, muito parecido com um macacão de cirurgião. É imobilizado numa maca com tiras largas de velcro. Ao iniciar sua última viagem, recebe uma saudação dos companheiros. Eles sacodem e chutam as portas das celas. Gritam e vaiam. O tumulto se prolonga até pouco antes do momento marcado para a execução, quando pára subitamente.

Enquanto o preso é preparado, a câmara da morte está esperando, muito bem organizada. As testemunhas, com expressões sombrias, entram nas duas salas de observação, uma para a família da vítima, outra para a família do assassino. A sala para os parentes da vítima tem 24 cadeiras dobráveis, mas algumas são reservadas para a imprensa, em geral quatro ou cinco, duas para os advogados e umas poucas para o diretor e seus assessores. O xerife local e o promotor quase nunca perdem uma execução.

Por trás dessa sala, além de um espelho transparente do outro lado, fica a sala para a família do assassino. Tem 12 cadeiras dobráveis, mas com freqüência só umas poucas são ocupadas. Alguns condenados não querem que a família assista à execução. Outros não têm família.

E algumas vítimas não têm família. De vez em quando, essa sala de testemunhas também fica meio vazia.

As duas salas são separadas e os dois grupos tomam o cuidado de evitar um o outro. Ao ocuparem seus lugares, as testemunhas não têm nada para ver ainda, pois a vista da câmara da morte é bloqueada por persianas.

A maca entra na câmara e é empurrada para o lugar marcado. Os técnicos estão esperando, com tubos intravenosos, um para cada braço. Depois que tudo está devidamente inserido e ajustado, as persianas são levantadas e as testemunhas podem ver o condenado. O espelho impede que ele veja a família da vítima, mas ele pode ver seus parentes. Um microfone projeta-se da parede, pouco mais de meio metro acima de sua cabeça.

Um médico liga um aparelho de monitoramento do coração. Um assistente do diretor fica de pé num pequeno pódio branco, registrando tudo num caderno. Há um telefone na parede ao seu lado, para o caso de chegar uma notícia de última hora, com algum juiz suspendendo a execução, ou uma mudança de ânimo no gabinete do governador. Em anos passados, um capelão postava-se em outro canto, lendo a Bíblia em voz alta durante a execução. Mas ele se aposentou.

O diretor se adianta e pergunta ao condenado – homem ou mulher – se quer dizer suas últimas palavras. Quase nunca ele quer, mas de vez em quando um condenado pede perdão, proclama sua inocência, ora ou faz alguma denúncia amargurada. Um deles cantou um hino. Outro apertou a mão do diretor e agradeceu-lhe e a toda a equipe da prisão por terem cuidado bem dele durante sua prolongada visita.

Há um limite de tempo, dois minutos, para as últimas palavras, mas quase nunca é invocado.

Os condenados estão sempre relaxados e contidos. Aceitaram seu destino e tiveram muitos anos para se preparar para aquele momento. Muitos se mostram satisfeitos. Preferem a morte ao horror de viver mais 20 ou 30 anos na Unidade H.

Numa sala pequena, por trás da maca, há três carrascos escondidos. Não devem ser vistos. Suas identidades são desconhecidas na prisão. Não são funcionários públicos, mas contratados sem vínculo empregatício por um antigo diretor, há muitos anos. Suas chegadas e partidas de McAlester são envoltas em mistério. Só o diretor sabe quem são, de onde vêm e onde obtêm as substâncias químicas. Ele paga 300 dólares em dinheiro a cada um por execução.

Os tubos ligados nos braços do condenado passam por aberturas de cinco centímetros na parede, entrando na pequena sala em que os carrascos trabalham.

Depois que todas as formalidades são cumpridas, quando o diretor tem certeza de que não haverá mais telefonemas de última hora, ele acena com a cabeça e as injeções começam.

Primeiro, é injetada uma solução salina, para dilatar as veias. A primeira droga é o anestésico sódio tiopental, que deixa o condenado desacordado. Há outra aplicação de solução salina e depois a segunda droga, brometo de vecurônio, para interromper a respiração. Mais solução salina e a terceira droga, cloreto de potássio, que pára o coração.

O médico se adianta, efetua um exame rápido e declara a morte. As persianas são fechadas. As testemunhas, muitas bastante emocionadas, deixam o local apressadas e em silêncio. A maca também deixa a câmara. O corpo vai para uma ambulância. A família deve tomar providências para recuperá-lo ou será enterrado no cemitério da prisão.

Do lado de fora dos portões da prisão, dois grupos mantêm vigílias diferentes. O grupo dos Sobreviventes de Homicídios senta na frente de seus veículos e espera pela notícia sempre bem recebida de que a execução foi consumada. Costumam levar um quadro com três painéis, um memorial às vítimas dos assassinos. Mostra fotos coloridas de crianças e estudantes sorridentes; poemas aos mortos; manchetes ampliadas anunciando um terrível duplo homicídio; muitas e muitas fotos dos que foram assassinados pelos habitantes do Corredor da Morte. O memorial é chamado "Lembrem-se das Vítimas".

Não muito longe, um sacerdote católico lidera o outro grupo, num círculo de orações e canto de hinos. Alguns opositores da pena de morte comparecem a todas as execuções, orando não apenas pelos condenados, mas também por suas vítimas.

Os dois grupos se conhecem e se respeitam, mas mantêm uma firme divergência.

Quando vem do interior da prisão a notícia de que a execução foi consumada, mais orações são oferecidas. Depois, as velas são apagadas e os hinários guardados.

Abraços são trocados, despedidas, feitas. Até a próxima execução.

Quando Ron Williamson chegou a McAlester, em 29 de abril de 1988, a Unidade H estava sendo discutida, mas ainda não fora construída. A direção da prisão queria um Corredor da Morte novo para alojar a crescente população de condenados à morte. Mas o Legislativo não estava disposto a gastar o dinheiro.

Em vez disso, Ron foi levado para o Pavilhão F, que abrigava 81 outros condenados. O Pavilhão F, ou Corredor da Morte, como era comumente chamado, compreendia os dois andares de baixo de uma ala da velha prisão, ou Big House, uma monstruosidade de quatro andares construída em 1935 e finalmente abandonada 50 anos depois. Décadas de superpopulação, violência, ações judiciais e rebeliões levaram ao fechamento inevitável.

Na vasta, vazia e dilapidada Big House, apenas o Pavilhão F ainda era usado, com o único propósito de alojar os condenados num ambiente isolado.

Ron foi levado para o Pavilhão F. Recebeu duas calças cáqui, duas camisas azuis de mangas curtas, duas camisetas brancas, dois pares de meias brancas e duas cuecas largas e brancas. Todas as roupas eram usadas. Estavam limpas, mas tinham manchas permanentes, em particular as cuecas. Os sapatos eram botinas de trabalho, de couro preto, também usados. Ron também recebeu um travesseiro, cobertor, papel higiênico, escova e pasta de dentes. Durante a breve orientação, foi explicado que ele poderia comprar outros artigos de higiene pessoal, além de comida, refrigerantes e uns poucos outros itens, no reembolsável da prisão, mais conhecido como "cantina", um lugar que não teria permissão para visitar. Qualquer dinheiro que recebesse do mundo exterior seria lançado em sua conta e ele poderia usá-lo para comprar coisas na cantina.

Depois que vestiu as roupas da prisão e completou as formalidades, Ron foi levado para a ala em que passaria os anos seguintes, à espera de que o estado o executasse. Tinha as mãos e os tornozelos algemados. Com o travesseiro, cobertor, roupas extras e outros itens em seus braços, os guardas abriram a enorme porta de barras de ferro e o desfile começou.

Por cima de sua cabeça, pintado com letras pretas garrafais, estava o endereço: CORREDOR DA MORTE.

O corredor tinha 30 metros de comprimento e menos de quatro metros de largura, com celas nos dois lados. O teto tinha pouco menos de dois metros e meio de altura.

Ron e os dois guardas foram andando devagar. Era um ritual, uma breve cerimônia de recepção. Os vizinhos sabiam de sua chegada e gritavam:

– Novo homem no corredor!

– Carne nova no pedaço!

– E aí, benzinho?

Braços estenderam-se entre as barras das portas das celas, quase a ponto de alcançá-lo. Braços brancos, braços negros, braços pardos. Braços com tatuagens. Banque o durão, disse Ron a si mesmo. Não demonstre medo. Os homens chutavam as portas, berravam, xingavam, faziam ameaças sexuais. Sempre banque o durão.

Já vira prisões antes e sobrevivera a 11 meses na cadeia do condado de Pontotoc. Nada podia ser pior, pensou Ron.

Pararam na frente da cela 16. As manifestações cessaram. Seja bem-vindo ao Corredor da Morte. Um guarda destrancou a porta e Ron entrou em seu novo lar.

Há uma velha gíria em Oklahoma usada para se referir aos presos em McAlester: "Ele está passando uma temporada no Big Mac." Ron deitou no catre estreito e fechou os olhos, sem acreditar que estava mesmo trancafiado no Big Mac.

A cela tinha camas de armação de metal, uma mesa e uma cadeira de metal presas no concreto, uma combinação de vaso sanitário e pia de aço inoxidável, um espelho, estantes de metal e uma lâmpada. Tinha seis metros de comprimento por dois de largura e 1,80m de altura. O chão era coberto por quadrados pretos e brancos de linóleo. As paredes de tijolos eram brancas, pintadas tantas vezes que haviam se tornado lisas.

Graças a Deus que havia uma janela, pensou ele; e embora não tivesse qualquer vista, pelo menos deixava entrar a luz do dia. Não havia janelas na cadeia de Ada.

Ele foi até a porta, de barras, com uma abertura conhecida como buraco do feijão, para a passagem da bandeja de comida e pequenos pacotes. Olhou pelo corredor. Só podia avistar três homens, o que ficava bem na sua frente, na cela 9, e os dois nas celas nos lados. Ron não disse nada, e eles também não falaram.

Os novos presos, de um modo geral, pouco falavam durante os primeiros dias. O choque de chegar a um lugar novo, em que viveriam por alguns anos, antes de serem executados, era opressivo. Havia medo por toda parte: medo do futuro, medo de nunca mais tornar a ver o que fora perdido, medo de não sobreviver, medo de ser esfaqueado ou estuprado por um dos assassinos impiedosos que se podia ouvir respirando a poucos passos de distância.

Ron fez a cama e arrumou suas coisas. Gostava da privacidade. Quase todos os presos do Corredor da Morte ficavam sozinhos numa cela, mas havia a opção de um companheiro de cela. O barulho era constante ali: presos conversando, guardas rindo, uma televisão em alto volume, um rádio, alguém gritando para um amigo no outro lado do corredor. Ron permanecia afastado da porta, tão longe do barulho quanto era possível. Dormia, lia livros e fumava. Todos fumavam no Corredor da Morte, e o cheiro de tabaco antigo e novo pairava no ar, como um nevoeiro denso e pungente. Havia alguma ventilação, mas era velha demais para funcionar. As janelas, é claro, não podiam ser abertas, embora fossem obstruídas por grossas barras de ferro. A monotonia era terrível. Não havia uma programação diária. Não havia atividades que se pudesse aguardar. Uma breve hora num pátio, às vezes. O tédio era entorpecente.

Para os homens trancados ali 23 horas por dia, com muito pouco para fazer, o ponto alto indiscutível era comer. Três vezes por dia, as bandejas de comida eram levadas pelo corredor num carrinho e enfiadas pelo "buraco do feijão". O preso fazia todas as refeições na cela, sozinho. O café-da-manhã era servido às sete horas, com ovos mexidos, cereais meio moídos, um pouco de bacon na maioria dos dias e duas ou três torradas. O café era frio e fraco, mas mesmo assim muito apreciado. O almoço era de sanduíche e feijão, de vários tipos. O jantar era a pior refeição, com alguma carne indefinida e legumes não muito bem cozidos. As porções era ridiculamente mínimas e a comida estava sempre fria. Era preparada em outro prédio e empurrada em carrinhos sem qualquer pressa. Quem se importava? Afinal, aqueles homens iam mesmo morrer. A comida era horrível, mas a hora da refeição era importante.

Annette e Renee mandavam dinheiro, e Ron comprava comida, cigarros, artigos de higiene pessoal e refrigerantes da cantina. Preenchia um pedido em que relacionava alguns dos poucos itens disponíveis. Entregava o pedido ao homem mais importante no Corredor da Morte. Era o Run Man, um preso que caíra nas boas graças dos guardas e tinha permissão para passar a maior parte do tempo fora de sua cela, prestando serviços aos outros presos. Era ele quem transmitia as notícias e entregava bilhetes, trazia as roupas lavadas e as mercadorias da cantina, dava conselhos e de vez em quando vendia drogas.

O pátio de exercícios era uma coisa sagrada, uma área cercada do tamanho de duas quadras de basquete, ao lado do Pavilhão F.

Durante uma hora por dia, cinco dias por semana, cada preso tinha permissão para sair até "o pátio", a fim de tomar sol, conversar com os outros presos e jogar basquete, cartas ou dominó. Os grupos eram pequenos, em geral seis homens de cada vez, tudo controlado com firmeza pelos próprios presos. Amigos – e somente amigos – saíam juntos para o pátio. Um preso novo tinha de ser convidado antes de poder se sentir seguro. Havia brigas e espancamentos, e os guardas vigiavam o pátio com a maior atenção. Durante o primeiro mês, Ron preferiu sair sozinho. Havia assassinos demais no Corredor da Morte, e ele não deveria estar ali.

O único outro ponto de contato entre os presos era nos chuveiros. Tinham permissão para tomar três banhos por semana, 15 minutos no máximo, e apenas dois homens de cada vez. Se um preso não queria ou não confiava no parceiro de banho, tinha permissão para tomar banho sozinho. Era o que Ron fazia. Havia muita água quente e fria, mas não se misturavam. Tinha de ser um banho escaldante ou gelado.

As outras vítimas do sistema judiciário do condado de Pontotoc já estavam no Corredor da Morte quando Ron chegou, embora ele não soubesse disso a princípio. Tommy Ward e Karl Fontenot esperavam ali há quase três anos, enquanto seus recursos corriam pelos tribunais.

O Run Man entregou a Ron um bilhete, ou "pipa", uma mensagem não-autorizada que os guardas costumavam ignorar. Era de Tommy Ward, dando um olá e desejando tudo de bom. Ron mandou um bilhete em resposta e pediu cigarros. Embora sentisse pena de Tommy e Karl, ficou aliviado por saber que nem todos no Corredor da Morte eram carniceiros. Sempre acreditara que os dois eram inocentes e pensara muito neles durante sua própria provação.

Tommy passara algum tempo com Ron na cadeia de Ada, e por isso sabia que ele era emocionalmente instável. Os guardas e os outros presos de lá escarneciam dos dois. Anos antes, no meio da noite, uma voz gritara, de um ponto escuro da cadeia:

– Tommy, aqui é Denice Haraway. Por favor, diga a eles onde está meu corpo.

Ele ouvia os guardas cochichando e os outros presos contendo o riso. Tommy ignorava as zombarias, até que resolveram deixá-lo em paz. Mas Ron não era capaz de fazer isso.

– Ron, por que você matou Debbie Carter? – gritava alguém, zombeteiro, a voz ecoando pela cadeia de Ada.

Ron levantava-se de um pulo e começava a gritar. No Corredor da Morte, Tommy batalhava para preservar a própria sanidade todos os dias. O horror do lugar já era bastante terrível para os assassinos legítimos, mas para um inocente era literalmente enlouquecedor. Ele temeu pelo bem-estar de Ron desde a sua chegada.

Um dos guardas no Corredor da Morte conhecia os detalhes do assassinato de Debbie Carter. Não muito depois da chegada de Ron, Tommy ouviu o guarda gritar:

– Ron, aqui é Debbie Carter. Por que você me matou?

Ron, que a princípio manteve-se quieto, começou a gritar e protestar sua inocência. Os guardas gostaram de sua reação e as zombarias começaram. Os outros presos também acharam graça e aderiram à brincadeira.

Poucos dias depois da chegada de Ron, Tommy foi subitamente tirado de sua cela, algemado e acorrentado por vários guardas truculentos. Era uma coisa séria, embora ele não tivesse a menor idéia do lugar para onde ia. Não lhe disseram.

Escoltaram-no pelo corredor, um garoto magricela cercado por guardas em quantidade suficiente para proteger o presidente dos Estados Unidos.

– Para onde vamos? – perguntou ele.

Mas a resposta era importante demais para ser revelada. Ele seguiu pelo corredor, deixou o Pavilhão F, atravessou a rotunda da Big House, vazia exceto pelos pombos, e entrou numa sala de reunião no prédio da administração.

O diretor o esperava, e tinha uma má notícia.

Mantiveram-no algemado e acorrentado, sentado na extremidade da mesa, ocupada por assistentes, secretárias e quaisquer outros funcionários que quisessem testemunhar o macabro comunicado. Os guardas mantiveram-se impassíveis, postados atrás de Tommy, como sentinelas, prontos para entrar em ação se ele tentasse qualquer coisa ao receber o aviso. Todos ao redor seguravam uma caneta, preparados para registrar o que ia acontecer.

O diretor falou em tom solene. A má notícia era a de que ele não recebera a ordem de manter em suspenso a execução. Portanto a hora de Tommy havia chegado. Era verdade, parecia bastante cedo, pois os recursos ainda não tinham três anos. Mas às vezes essas coisas acontecem.

O diretor lamentava muito, mas apenas cumpria seu dever. Faltavam duas semanas para o grande dia.

Tommy respirou fundo, tentando absorver a notícia. Tinha advogados trabalhando em suas apelações, que levariam anos para serem esgotadas, conforme fora informado muitas vezes. Havia uma boa chance de um novo julgamento em Ada.

Era o ano de 1988. Oklahoma não realizava uma execução há mais de 20 anos. Talvez estivessem um pouco enferrujados e não soubessem o que faziam.

O diretor continuou a falar. Iniciariam os preparativos imediatamente. Um item importante era o que fazer com o corpo.

O corpo, pensou Tommy. Meu corpo?

Muitos presentes olhavam para seus blocos de anotações, de rosto franzido, enquanto escreviam as mesmas palavras. Por que todas essas pessoas estão aqui?, perguntou-se Tommy.

Podem me mandar para minha mãe, disse Tommy, ou tentou dizer.

Tinha os joelhos fracos quando se levantou. Os guardas levaram-no de volta para o Pavilhão F. Ele deitou na cama e chorou, não por si mesmo, mas por sua família, em especial pela mãe.

Dois dias depois, foi informado de que ocorrera um erro. Alguns documentos haviam se extraviado. A ordem de suspensão da execução continuava em vigor. A Sra. Ward não receberia tão cedo o corpo do filho.

Esses equívocos não eram raros. Várias semanas depois que o irmão deixou Ada, Annette recebeu uma carta do diretor da prisão. Ela presumiu que era uma questão de rotina. Talvez estivesse certa ao se considerar a disposição para puxar o gatilho que prevalecia em McAlester.

Prezada Sra. Hudson:

É com pesar que venho comunicar que o seu irmão, Ronald Keith Williamson, nº 134846, deve ser executado a 18 de julho de 1988, às 12h02, na Penitenciária Estadual de Oklahoma.

Seu irmão será transferido da atual cela para outra na manhã anterior à data da execução. Nessa ocasião, os horários de visita serão mudados e passarão a ser os seguintes: das 9h às 12h, 13h às 16h e 18h às 20h.

As visitas durante as últimas 24 horas serão limitadas ao clérigo, advogado e dois outros visitantes, que devem ser aprovados pelo diretor. Seu irmão tem o direito de contar com cinco testemunhas presentes na execução. Essas testemunhas deverão ser aprovadas pelo diretor.

Por mais difícil que seja, deverão ser tomadas as providências para o funeral, uma responsabilidade da família. Se essa responsabilidade não for assumida pela família, o estado cuidará do enterro. Por favor, informe-nos sobre sua decisão nessa questão.

Se precisar de informações adicionais, ou de ajuda em outras questões, por favor entre em contato conosco.

Atenciosamente,
James L. Saffle, Diretor

A carta tinha a data de 21 de junho de 1988, menos de dois meses depois da chegada de Ron em McAlester. Annette sabia que os recursos eram automáticos em casos de pena de morte. Talvez alguém devesse informar isso às autoridades encarregadas das execuções.

Por mais inquietante que a carta fosse, ela não se desesperou. O irmão era inocente e isso seria provado um dia, em um novo julgamento. Ela acreditava nisso, com absoluta convicção, e jamais teria qualquer hesitação. Lia a Bíblia, orava sempre e conversava com seu pastor.

Ainda assim, não podia deixar de se perguntar que tipo de pessoas dirigia a prisão em McAlester.

Depois de uma semana no Corredor da Morte, Ron foi um dia até a porta da cela e cumprimentou o homem na cela 9, do outro lado do corredor. Greg Wilhoit respondeu e trocaram algumas palavras. Nenhum dos dois tinha vontade de estender a conversa. No dia seguinte, Ron tornou a cumprimentá-lo e conversaram mais um pouco. No dia seguinte, Greg comentou que era de Tulsa. Ron já residira lá, dividindo um apartamento com Stan Wilkins.

– O metalúrgico? – perguntou Greg.

Isso mesmo. Greg o conhecia. A coincidência foi divertida e serviu para quebrar o gelo. Conversaram sobre velhos amigos e lugares em Tulsa.

Greg também tinha 34 anos, também adorava beisebol, também tinha duas irmãs que o apoiavam.

E também era inocente.

Foi o início de uma profunda amizade, que ajudou ambos a sobreviverem à provação. Greg convidou Ron a comparecer à capela, para o serviço religioso realizado ali uma vez por semana com a presença de muitos condenados. Algemados e acorrentados, os presos eram levados para uma pequena sala, onde entoavam orações, acompanhadas por um capelão, Charles Story. Ron e Greg quase nunca perdiam o culto e sempre sentavam juntos.

Greg Wilhoit estava em McAlester havia nove meses. Era um metalúrgico, um dirigente sindical, fichado por porte de maconha, mas nada violento.

Greg e a esposa, Kathy, separaram-se em 1985. Tinham duas filhas pequenas e uma porção de problemas. Greg ajudou Kathy a se mudar para um apartamento. Passava por lá quase todas as noites para ver as meninas. Ambos tinham a esperança de que o casamento pudesse ser refeito, mas precisavam de algum tempo a sós. Permaneceram sexualmente ativos e fiéis, nenhum dos dois indo para a cama com outra pessoa.

No dia 1º de junho, três semanas depois da separação, um vizinho do edifício de Kathy ficou alarmado com o choro incessante das meninas. Foi bater na porta. Como não houvesse resposta, chamou a polícia. Lá dentro, na sala no primeiro andar, encontraram o corpo de Kathy. No segundo andar, as duas meninas pequenas estavam em seus berços, famintas e assustadas.

Kathy fora estuprada e estrangulada. A morte ocorrera entre uma da madrugada e seis horas da manhã. Quando a polícia interrogou-o, Greg disse que estava em casa, dormindo sozinho. Assim, seu álibi não tinha qualquer testemunha. Ele negou, categórico, qualquer envolvimento no assassinato da esposa e ficou ressentido com as perguntas da polícia.

Os investigadores encontraram uma impressão digital num telefone arrancado da parede, largado no chão, ao lado do corpo de Kathy. Essa impressão digital não combinava com Greg ou a esposa. A polícia também encontrou pêlos pubianos e, ainda mais importante, o que parecia ser uma marca de dentada no seio de Kathy. Um perito do laboratório de criminalística confirmou que o assassino mordera com força o seio de Kathy durante o ataque.

Como o casal estava separado, Greg logo se tornou o principal suspeito, embora a impressão digital não combinasse. Melvin Hett, no laboratório de criminalística do estado, concluiu que os pêlos pubianos não eram microscopicamente compatíveis com as amostras apresentadas por Greg. A polícia pediu a Greg para apresentar uma impressão de seus dentes, para a comparação com a marca da mordida.

Greg não gostou de ser um suspeito. Era absolutamente inocente e não confiava na polícia. Com a ajuda dos pais, gastou 25 mil dólares para contratar um advogado.

A polícia não gostou do fato de Greg contratar um advogado. Conseguiram uma ordem judicial para que ele apresentasse uma impressão de seus dentes. Greg cumpriu a ordem. Não soube de mais nada durante cinco meses. Criava as duas filhas, trabalhava como metalúrgico e torcia para que o incidente com a polícia pertencesse ao passado. Até um dia, em janeiro de 1986, em que a polícia bateu em sua porta com um mandado de prisão por homicídio em primeiro grau, punível com a morte.

Seu primeiro advogado, embora bem pago e com uma boa reputação, mostrou-se interessado em negociar um acordo pelo qual Greg se declarava culpado. Greg despediu-o um mês antes do julgamento. Foi então que cometeu o tremendo erro de contratar George Briggs, um velho e cansado advogado, ao final de uma carreira longa e pitoresca. Seus honorários eram de 2.500 dólares, uma pechincha, mas que também deveria ter sido como um sinal vermelho de alerta.

Briggs era da velha escola de advogados do interior. Você arruma suas testemunhas, eu arrumo as minhas e vamos ter uma boa briga no tribunal. Nada de procedimentos probatórios antes do julgamento. Quando em dúvida, confie em seus instintos no tribunal.

Briggs também era alcoólatra e viciado em analgésicos, que começara a tomar poucos anos antes, depois que um acidente de motocicleta deixara-o com o cérebro parcialmente paralisado. Num bom dia, ele recendia a álcool, mas ainda era capaz de fazer o que tinha de fazer. Num mau dia, podia roncar no tribunal, urinar na própria calça e vomitar no gabinete do juiz. Era visto com freqüência a cambalear pelos corredores do tribunal. Greg e seus pais ficaram alarmados quando Briggs esvaziou algumas garrafas de cerveja durante um almoço.

O alcoolismo e o vício em analgésicos eram bem conhecidos pelo juiz que presidia o julgamento e pela Ordem dos Advogados do estado de Oklahoma, mas ninguém fazia nada para deter Briggs, ajudá-lo ou proteger seus clientes.

A família de Greg localizou um perito em mordidas no Kansas, mas Briggs estava muito ocupado – ou de ressaca – para conversar com o homem. Briggs não entrevistava as testemunhas antes de seus depoimentos e não fazia qualquer preparativo, até onde Greg podia determinar.

O julgamento foi um pesadelo. A promotoria chamou dois peritos em mordidas, um dos quais concluíra a faculdade de odontologia menos de um ano antes. Briggs não fez nada para refutar seus depoimentos. O júri deliberou por duas horas e meia e concluiu que Greg era culpado. Briggs não alegou circunstâncias atenuantes, e o júri deliberou durante mais uma hora para determinar a pena de morte.

Trinta dias depois, Greg foi levado de volta ao tribunal para receber a sentença de morte.

Na cela 9, Greg pendurava jornais nas barras de sua porta para que ninguém pudesse vê-lo. Convenceu-se de que não estava no Corredor da Morte, mas sim num pequeno casulo, em outro lugar, deixando o tempo passar, enquanto lia vorazmente e assistia aos programas de TV no pequeno aparelho enviado pela família. Não falava com ninguém, a não ser com o Run Man, que no primeiro contato perguntara se ele não queria comprar um pouco de maconha. Greg queria.

A princípio, Greg não percebeu que uns poucos condenados, mais afortunados, deixavam o Corredor da Morte vivos. De vez em quando os recursos produziam resultados, bons advogados interferiam, juízes acordavam, milagres aconteciam. Mas ninguém informara-o sobre isso. Ele tinha certeza de que seria executado, e até queria que tudo acabasse o mais depressa possível.

Durante seis meses, só saía de sua cela para tomar o banho de chuveiro, rápido e sozinho. Pouco a pouco, porém, ele passou a conhecer um outro preso. Começou a ser convidado para as visitas ao pátio, uma hora de exercício e socialização. Depois que desandou a falar, passou a ser detestado. Greg era uma raridade no Corredor da Morte, um condenado que apoiava a pena de morte. Você comete o pior crime, tem de pagar com a pior pena, argumentava ele, sem hesitar. Essas opiniões não tinham precedentes ali.

Ele também desenvolveu o hábito irritante de assistir a *David Letterman* a todo o volume. O sono é apreciado no Corredor da Morte, e muitos homens passam metade do dia em outro mundo. Quando você dorme, consegue ludibriar o sistema. O sono é um momento seu, não do estado.

Os assassinos condenados não hesitam em fazer ameaças de morte. Greg logo ouviu os boatos de que era um homem marcado. Cada Corredor da Morte tem pelo menos um chefe e vários outros presos que querem assumir o comando. Há facções disputando o controle. Saqueiam os fracos, muitas vezes exigindo pagamento pelo direito de continuarem a "viver" no Corredor da Morte. Quando chegou a Greg a notícia de que teria de pagar uma taxa, ele riu e mandou o aviso de que nunca pagaria nada a ninguém por viver num buraco como aquele.

O Corredor da Morte era controlado por Soledad, o apelido de um assassino que passara algum tempo nessa famosa prisão da Califórnia. Soledad não gostava da posição de Greg a favor da pena de morte, e gostava ainda menos de David Letterman; e como qualquer chefe digno de respeito deve estar sempre disposto a matar, Greg tornou-se o alvo.

Todos têm inimigos no Corredor da Morte. As hostilidades são terríveis e podem surgir de repente, por qualquer motivo. Um maço de cigarros pode provocar um ataque no pátio ou no chuveiro. Dois maços podem acarretar a morte.

Greg precisava de um amigo para vigiar suas costas.

A primeira visita de Annette a McAlester foi triste e assustadora. Não que ela esperasse outra coisa. Preferia não ir, mas Ronnie só podia contar com as irmãs.

Os guardas apalparam-na e revistaram sua bolsa. Deslocar-se pelas diversas camadas da Big House era como afundar na barriga escura de uma besta. Portas batiam com estrondo, chaves tilintavam, os guardas lançavam olhares furiosos, como se ela não tivesse o que fazer ali. Annette sentia-se atordoada, andava como uma sonâmbula, com um nó na garganta, o coração disparado.

Eram de uma boa família, moravam numa boa casa, numa rua arborizada. Freqüentavam a igreja aos domingos. Haviam assistido a mil jogos de beisebol quando Ron era menino. Como era possível que tudo acabasse assim?

Isso vai se tornar um hábito, ela admitiu para si mesma. Ouviria os mesmos sons e veria os mesmos guardas muitas vezes no futuro. Perguntou se podia trazer coisas, como biscoitos, roupas, dinheiro. Não, foi a resposta imediata. Só moedas. Annette entregou ao guarda um punhado de moedas de 25 centavos, torcendo para que ele as entregasse a Ronnie.

A sala de visitas era comprida e estreita, dividida ao meio por grossas placas de acrílico com divisórias para proporcionar o mínimo de privacidade. Todas as conversas eram através do telefone. A placa de acrílico impedia qualquer contato físico.

Ronnie apareceu depois de algum tempo. Ninguém tinha qualquer pressa na prisão. Ele parecia saudável, até dava a impressão de que engordara um pouco, mas também ele ganhava e perdia peso de maneira drástica.

Agradeceu a Annette por ter vindo, disse que estava sobrevivendo bem, mas precisava de dinheiro. A comida era horrível e ele queria comprar alguma coisa para comer na cantina. Também sentia-se desesperado por um violão, alguns livros e revistas, um pequeno aparelho de televisão, que também poderia ser comprado na cantina.

– Tire-me daqui, Annette – suplicou ele várias vezes. – Não matei Debbie Carter e você sabe disso.

Ela nunca duvidou que o irmão fosse inocente, embora algumas pessoas da família agora tivessem dúvidas. Annette e o marido, Marlon, trabalhavam fora, tentavam criar uma família e economizar um pouco. O dinheiro era apertado. O que ela podia fazer? Os advogados de réus carentes, remunerados pelo estado, estavam organizando os recursos para Ronnie.

Venda sua casa e contrate um bom advogado, disse ele. Venda tudo. Faça qualquer coisa. Mas tire-me daqui.

A conversa foi tensa e houve lágrimas. Outro preso entrou na sala, para uma visita, e sentou no reservado ao lado de Ronnie.

Annette mal podia vê-lo através do vidro, mas ficou intrigada, querendo saber quem ele era, quem matara.

Roger Dale Stafford, informou Ronnie, o famoso assassino da churrascaria. Tinha nove sentenças de morte, o recorde atual no Corredor da Morte. Executara seis pessoas, entre as quais cinco adolescentes, nos fundos de uma churrascaria em Oklahoma City depois de um assalto fracassado. Mais tarde, assassinara uma família de três pessoas.

São todos assassinos, disse Ronnie várias vezes. Só sabem falar sobre os crimes que cometeram. Não se ouve outra coisa no Corredor da Morte. Tire-me daqui!

Sente-se seguro?, perguntou Annette.

Claro que não, pois estou vivendo com um bando de assassinos. Ronnie sempre acreditara na pena de morte, mas agora era um defensor intransigente. Só que não podia revelar essa opinião no ambiente em que vivia.

Não havia limite de tempo para as visitas. Acabaram se despedindo, com promessas sinceras de escrever e telefonar. Annette estava emocionalmente esgotada quando deixou McAlester.

Os telefonemas logo começaram. Havia um telefone num carrinho empurrado até as celas no Corredor da Morte. Um guarda apertava os números e estendia o fone pela porta da cela. Como todas as ligações eram a cobrar, os guardas não se importavam com a freqüência com que eram feitas. Por tédio e desespero, não demorou muito para que Ron gritasse pelo carrinho do telefone mais do que qualquer outro.

Ele começava, em geral, pedindo dinheiro, 20 ou 30 dólares, para comer e comprar cigarros. Annette e Renee tentavam mandar 40 dólares por mês cada uma, mas tinham suas próprias despesas e pouco dinheiro extra. Nunca mandavam o suficiente, e Ron sempre lembrava isso. Mostrava-se furioso com freqüência, alegando que as irmãs não o amavam ou não queriam tirá-lo da prisão. Era inocente, todo mundo sabia disso, mas não havia ninguém lá fora disposto a soltá-lo além das irmãs.

As ligações quase nunca eram agradáveis, embora elas fizessem um esforço para não brigar com o irmão. Em algum momento, Ron conseguia geralmente lembrar às duas que as amava.

O marido de Annette pagava assinaturas da revista *National Geographic* e do *Ada Evening News*. Ronnie queria acompanhar o que acontecia na cidade.

Não muito depois de sua chegada a McAlester, ele soube pela primeira vez da bizarra confissão de Ricky Joe Simmons. Barney sabia da confissão gravada, mas optara por não usá-la no julgamento e não contar ao cliente. Um investigador do Sistema de Defensoria do Réu Carente levou o vídeo da confissão a McAlester e mostrou-o a Ron. Ele ficou furioso. Outro homem admitira ter matado Debbie Carter e o júri nunca tomara conhecimento!

A notícia seria destaque em Ada, com toda a certeza, e ele queria ler a respeito no jornal local.

Ricky Joe Simmons tornou-se outra obsessão, talvez a principal, e Ron a manteria por muitos anos.

Ron tentou ligar para todos; queria que o mundo soubesse de Ricky Joe Simmons. Sua confissão era a garantia da saída de Ron da prisão, e ele queria que alguém tomasse providências para levar Simmons a julgamento. Ligou para Barney, outros advogados, autoridades do condado, até mesmo velhos amigos, mas a maioria recusou-se a aceitar a ligação a cobrar.

As normas foram mudadas e os privilégios de ligações à vontade foram restringidos, depois que dois ou três presos no Corredor da Morte foram surpreendidos a ligar para as famílias de suas vítimas, apenas por diversão. Em média, apenas duas ligações por semana passaram a ser permitidas, e todos os números tinham de ser aprovados antes.

Uma vez por semana, o Run Man empurrava um carrinho com livros bastante usados pelo Pavilhão F. Greg Wilhoit lia tudo que havia disponível, biografias, romances de mistério, *westerns*. Stephen King era um dos autores prediletos, mas ele adorava os livros de John Steinbeck.

Encorajou Ron a ler também, e não demorou muito para que estivessem discutindo os méritos de *As vinhas da ira* e *A leste do*

Éden, conversas excepcionais no Corredor da Morte. Passavam horas nas portas de suas celas, falando e falando sobre livros, beisebol, mulheres, seus julgamentos.

Ficaram surpresos ao descobrir que a maioria dos presos no Corredor da Morte não insiste em sua inocência. Em vez disso, os presos tendem a exagerar seus crimes quando conversam entre si. A morte era um tema constante: homicídios, julgamentos por homicídio, outros homicídios que ainda seriam cometidos.

Quando Ron continuou a alegar que era inocente, Greg começou a acreditar. Cada preso tem a transcrição de seu julgamento. Greg leu a transcrição do julgamento de Ron, todas as duas mil páginas. Ficou chocado com o julgamento em Ada. Ron também leu a transcrição do julgamento de Greg. Ficou igualmente chocado com o julgamento no condado de Osage.

Acreditaram um no outro e ignoraram o ceticismo dos companheiros.

Nas primeiras semanas no Corredor da Morte, a amizade foi terapêutica para Ron. Alguém finalmente acreditava nele, alguém com quem podia conversar por horas, alguém que o escutava com inteligência e simpatia. Longe da cadeia de Ada, que mais parecia uma caverna, capaz de falar tudo para um amigo, seu comportamento tornou-se estável. Não ficava andando de um lado para outro, não proclamava sua inocência aos berros. As oscilações de humor não eram tão drásticas. Dormia muito, lia por longas horas, fumava sem parar e conversava com Greg. Iam juntos para o pátio de exercícios, cada um vigiando as costas do outro. Annette mandou mais dinheiro, e Ron comprou um pequeno televisor na cantina. Ela sabia como um violão era importante para o irmão e fez tudo para providenciá-lo. Não havia violões na cantina. Depois de telefonemas e cartas, as autoridades permitiram que uma loja de instrumentos musicais de McAlester mandasse um violão para a penitenciária.

Os problemas começaram assim que o violão chegou. Ansioso para impressionar os outros com seu talento, Ron tocava alto e cantava a plenos pulmões. Os protestos foram furiosos, mas

Ron não se importou. Adorava seu violão e adorava cantar, especialmente "Your Cheatin' Heart", de Hank Williams, que ressoava por toda parte. Os outros gritavam insultos, e Ron tentava gritar ainda mais alto.

Soledad não agüentou mais a música de Ron e ameaçou matá-lo. E daí?, disse Ron. Já tenho a minha sentença de morte.

Não houve nenhum esforço para instalar ar-condicionado no Pavilhão F. Quando o verão chegou, era quente como uma sauna. Os presos ficavam só de cueca, agachados na frente dos pequenos ventiladores vendidos na cantina. Não raro acordavam antes mesmo do amanhecer, com os lençóis encharcados de suor. Uns poucos passavam os dias completamente nus.

Havia excursões pelo Corredor da Morte. Os turistas eram em geral estudantes de ensino médio, cujos pais e conselheiros esperavam com isso afastá-los do caminho do crime. Quando fazia calor, os guardas ordenavam que os presos se vestissem antes de uma excursão. Alguns obedeciam, outros não.

Um índio apelidado de Buck Naked preferia a aparência nativa e estava sempre nu. Possuía a rara capacidade de exalar gases quando queria. Quando os grupos de turistas aproximavam-se, sua diversão era encostar a bunda nas barras da porta e soltar uma flatulência trovejante e fétida. Isso chocava os jovens estudantes e interrompia as excursões.

Os guardas mandaram que ele parasse. O índio recusou. Os companheiros encorajavam-no a fazer de novo, mas apenas durante as excursões. Os guardas finalmente passaram a levá-lo para outro lugar quando havia visitantes. Vários outros tentaram imitá-lo, mas faltava-lhes talento.

Ron apenas tocava violão e cantava para os turistas.

A 4 de julho de 1988, Ron acordou de mau humor e nunca se recuperou. Era o Dia da Independência, um momento de celebrações e desfiles. Mas ele estava metido num buraco do inferno por um crime que não cometera. Onde estava sua independência?

Ele começou a gritar, proclamando sua inocência. Ficou louco quando foi vaiado de um lado a outro do corredor. Começou a jogar tudo o que podia encontrar, livros, revistas, artigos de higiene pessoal, o pequeno rádio, a Bíblia, as roupas. Os guardas mandaram que ele ficasse quieto. Ron xingou-os e berrou ainda mais alto. Lápis, papéis, a comida da cantina. Depois, ele pegou o aparelho de televisão e jogou-o contra a parede, espatifando-o. Até que pegou o violão que adorava e bateu várias vezes com ele nas barras da porta.

A maioria dos presos no Corredor da Morte tomava uma pequena dose diária de um antidepressivo chamado Sinequan. Supõe-se que acalma os nervos e ajuda a dormir.

Os guardas conseguiram finalmente convencer Ron a tomar uma droga mais forte. Ele ficou sonolento e quieto. Mais tarde, ainda naquele dia, começou a limpar a cela.

Depois, telefonou para Annette e relatou o episódio, em lágrimas. Ela visitou-o e o encontro não foi nada agradável. Ron gritou pelo telefone, acusando-a de não tentar libertá-lo. Exigiu que ela vendesse tudo o que tinha e contratasse um grande advogado, capaz de reparar a injustiça. Annette pediu-lhe que se acalmasse, parasse de gritar. Como o irmão não atendesse, ela ameaçou ir embora.

Ao longo do tempo, ela e Renee substituíram a televisão, o rádio e o violão.

Em setembro de 1988, um advogado de Norman, Mark Barrett, foi de carro para McAlester, a fim de se encontrar com seu novo cliente. Mark era um dos quatro advogados que cuidavam dos recursos para os réus carentes em casos de pena de morte. O caso Williamson lhe fora designado. Barney Ward saíra de cena.

Os recursos são automáticos em casos de pena capital. Os avisos necessários já haviam sido apresentados, o lento processo fora iniciado. Mark explicou isso para Ron Williamson e ouviu sua longa confissão de inocência. Não ficou surpreso ao ouvi-la, embora ainda não tivesse estudado a transcrição do julgamento.

Para ajudar seu novo advogado, Ron entregou uma lista de todas as testemunhas que haviam mentido em seu julgamento. Depois, em detalhes, descreveu para Mark Barrett a natureza e a extensão das mentiras.

Mark achou que Ron era inteligente, racional, consciente da situação crítica e do ambiente em que se encontrava. Era articulado e falou bastante sobre as mentiras que a polícia e a promotoria haviam usado contra ele. Demonstrava algum pânico, mas era de esperar. Mark não tinha a menor idéia do histórico médico de Ron.

O pai de Mark era um ministro da denominação Discípulos de Cristo, e esse fato impeliu Ron a uma longa discussão sobre religião. Queria que Mark soubesse que era um cristão devoto, fora criado na igreja por pais tementes a Deus e lia a Bíblia com freqüência. Citou muitos versículos das Escrituras, o que deixou Mark impressionado. Um versículo em particular o perturbava, e ele pediu a interpretação de Mark. Conversaram a respeito. Era importante para Ron compreender o versículo. Sentia-se obviamente frustrado por sua incapacidade de absorver o significado. As visitas de advogados não tinham limite de tempo, e os clientes sentiam-se ansiosos por permanecer fora de suas celas. Conversaram por mais de uma hora.

A primeira impressão de Mark foi a de que Ron era um fundamentalista, uma pessoa de fala fácil, talvez um pouco insinuante. Como sempre, ele se manteve cético em relação às alegações de inocência do cliente, embora sua mente não fosse fechada. Também cuidava dos recursos por Greg Wilhoit e estava absolutamente convencido de que Greg não matara a esposa.

Mark sabia que havia inocentes no Corredor da Morte, e quanto mais estudou o caso de Ron, mais acreditou nele.

CAPÍTULO 11

Embora Dennis Fritz não compreendesse, a vida na masmorra que era a cadeia do condado ajudou a prepará-lo para as severas condições da penitenciária.

Ele chegou ao Centro Correcional Conner em junho, num ônibus lotado com outros presos, ainda atordoado, negando sua culpa, aterrorizado. Era importante parecer e agir como se estivesse confiante, e ele se esforçou para isso. Conner tinha a reputação de ser o "vazadouro de lixo" das prisões de segurança média. Era um lugar duro, mais duro do que a maioria, e Dennis se perguntou, muitas vezes, por que fora designado para ficar ali.

Foi levado para as formalidades de admissão. Ouviu as preleções habituais sobre regras e regulamentos. Ficou numa cela para dois homens, com uma janela para o exterior. Como Ron, sentiu-se grato pela janela. Passara semanas em Ada sem ver a luz do sol.

Seu companheiro de cela era um mexicano que falava pouco o inglês, o que era perfeito para Dennis. Ele não falava espanhol e não tinha a menor vontade de aprender. O primeiro grande desafio era como encontrar breves momentos de privacidade com outro ser humano sempre ao alcance da mão.

Dennis decidiu que passaria todos os momentos possíveis trabalhando para se livrar de sua sentença. Teria sido fácil desistir. O sistema era opressivo para os presos, mas ele estava decidido a prevalecer.

Conner era uma penitenciária superlotada, conhecida por sua violência. Havia gangues, assassinatos, espancamentos, estupros, drogas por toda parte, com a conivência dos guardas. Dennis logo descobriu as áreas que achava mais seguras. Passou a evitar os homens que considerava perigosos. Depois de uns poucos meses, a maioria dos presos caía inadvertidamente na rotina da prisão. Baixava a guarda, corria riscos, achava que não havia problemas de segurança.

Era uma boa maneira de ser atingido em cheio, e Dennis decidiu que nunca deixaria de sentir medo.

Os presos eram acordados às sete horas da manhã. As portas de todas as celas eram abertas. Comiam num enorme refeitório e podiam sentar em qualquer lugar. Os brancos ficavam num lado, os negros no lado oposto, os índios e hispânicos no meio, mas descambando para a seção mais escura. A comida no café-da-manhã não era ruim: com ovos, bacon, cereais. A conversa era animada, pois os homens sentiam-se animados pelo contato uns com os outros.

A maioria queria trabalhar, fazer qualquer coisa para permanecer fora da unidade em que ficavam as celas. Como Dennis já fora professor, foi recrutado para ensinar outros presos no programa Diploma de Equivalência Geral. Depois do café-da-manhã, ele ia para a escola e dava aulas até o meio-dia. Seu salário era de 7,20 dólares por mês.

A mãe e a tia passaram a mandar 50 dólares por mês, um dinheiro que lhes fazia falta, mas consideravam uma prioridade. Dennis gastava na cantina, em cigarros, latas de atum e biscoitos. A "cantina" de um homem era seu pequeno estoque particular de mercadorias, algo que protegia com o maior empenho em sua cela. Como quase todos os presos fumavam, os cigarros eram a moeda corrente. Um maço de Marlboro era como ter o bolso cheio de dinheiro.

Dennis logo descobriu que havia ali uma biblioteca jurídica. Ficou satisfeito ao saber que poderia estudar ali todos os dias, de uma às três horas da tarde, sem interrupções. Ele nunca pegara um livro jurídico, mas estava determinado a fazer suas pesquisas. Dois assistentes jurídicos – presos que se imaginavam advogados na prisão e tinham razoáveis conhecimentos – tornaram-se amigos e ensinaram a ele como se movimentar pelos volumosos tratados e digestos. Como sempre, eles cobravam por seus serviços. Os honorários eram pagos em cigarros.

Dennis iniciou sua educação jurídica lendo sobre centenas de casos em Oklahoma, à procura de semelhanças e erros potenciais cometidos durante o julgamento. Seus recursos começariam a ser apresentados em breve e ele queria saber tanto quanto seu advogado. Descobriu os digestos federais e fez anotações sobre milhares de processos em todo o país.

Os presos tinham de voltar às suas celas de quatro às cinco horas da tarde, quando as cabeças eram contadas e relatórios apresentados. O jantar acabava às sete e meia. Desse momento em diante, até o próximo retorno às celas, às 10h15, os presos tinham liberdade para andar pela unidade, fazer exercícios, jogar cartas, dominó ou basquete. Muitos apenas sentavam em grupos para conversar e fumar.

Dennis voltava à biblioteca.

Sua filha, Elizabeth, tinha 15 anos. Os dois mantinham uma animada correspondência. Ela vinha sendo criada pela avó materna, num lar estável, com muita atenção. Acreditava que o pai era inocente, mas Dennis sempre desconfiou que ela tinha alguma dúvida. Trocavam cartas e conversavam pelo telefone pelo menos uma vez por semana. Mas Dennis não permitia que a filha o visitasse. Não queria que a menina chegasse perto da prisão. Não queria que o visse vestido como um condenado e vivendo por trás do arame farpado.

Wanda Fritz, sua mãe, viajou para Conner logo depois da chegada de Dennis. As visitas eram aos domingos, de dez horas da manhã às quatro da tarde, numa sala com fileiras de mesas e cadeiras dobráveis. Era um autêntico zoológico. Cerca de 20 presos eram admitidos de cada vez. As famílias os esperavam, esposas, filhos, mães, pais. As emoções eram intensas. As crianças eram muitas vezes turbulentas e faziam o maior barulho. Os homens não eram algemados e havia permissão para o contato físico.

E era exatamente esse contato físico que os homens queriam, embora estivessem proibidos os beijos e carícias excessivas. O truque era pedir a outro preso para desviar a atenção de um guarda por alguns segundos, enquanto se consumava um sexo intenso. Não era raro ver um casal se esgueirar entre duas máquinas de refrigerantes e encontrar um jeito de copular. Esposas sentavam plácidas a uma mesa, mas com freqüência desapareciam de repente, metendo-se por baixo da mesa para uma rápida sessão de sexo oral.

Por sorte, Dennis conseguiu concentrar a atenção da mãe em meio a toda essa atividade frenética. Mas a visita foi o momento mais estressante da semana. Ele desencorajou-a de voltar.

Ron logo começou a andar de um lado para outro e a gritar em sua cela. Se você ainda não era louco ao chegar ao Corredor da Morte, não demorava muito para ficar. Ron parava na porta da cela e gritava: "Sou inocente! Sou inocente!", por horas a fio, até ficar rouco. Com um pouco de prática, porém, sua voz se fortaleceu e ele era capaz de gritar por períodos ainda mais longos.

– Não matei Debbie Carter! Não matei Debbie Carter!

Ele memorizou toda a transcrição da confissão de Ricky Joe Simmons, cada palavra, enunciando-a em voz alta para que os outros presos e os guardas pudessem ouvir. Podia também passar horas recitando as transcrições de seu julgamento, páginas e mais páginas dos depoimentos que o haviam mandado para o Corredor da Morte. Os outros presos queriam esganá-lo, mas ao mesmo tempo admiravam sua memória.

Só que ninguém ficava impressionado quando isso acontecia às duas horas da madrugada.

Um dia, Renee recebeu uma estranha carta de outro preso. Ela dizia assim:

Prezada Renee:

Louvado seja Deus! Sou Jay Neill, prisioneiro nº 141128. Estou escrevendo esta carta a pedido de seu irmão Ron. Ele ocupa a cela ao lado da minha. Às vezes Ron passa por períodos muito difíceis no dia. Tenho a impressão de que ele toma algum remédio para tentar estabilizar e modificar seu comportamento. Na melhor das hipóteses, porém, devido à limitação dos tipos de medicamentos que distribuem aqui, isso só resolve pouco. A maior derrota de Ron é a falta de auto-estima. E acho que as pessoas aqui na penitenciária dizem a ele que seu QI está abaixo da média. Seus piores momentos ocorrem entre meia-noite e quatro horas da madrugada.

Às vezes, em momentos espaçados, ele grita coisas diferentes o mais alto possível. Isso tem perturbado os prisioneiros nas proximidades. A princípio, eles tentaram argumentar com Ron, depois passaram a tolerá-lo. Mas até mesmo a paciência de todos está se esgotando. (Por causa das noites insones, com certeza.)

Sou um cristão e oro todos os dias por Ron. Converso com ele e escuto o que tem a dizer. Ele ama muito a você e Annette. Sou amigo dele. Tenho servido de pára-choque entre Ron e as pessoas que se incomodam com seus gritos. Levanto e converso com ele até que se acalme.

Deus abençoe você e sua família.

Atenciosamente, Jay Neill

A amizade de Neill com qualquer um no Corredor da Morte era sempre duvidosa, e sua conversão ao cristianismo era o tema de muitas conversas. Os "amigos" eram céticos. Antes da prisão, ele e o namorado queriam se mudar para San Francisco, a fim de terem um estilo de vida um pouco mais livre. Como não tinham dinheiro, decidiram assaltar um banco, um empreendimento em que não tinham a menor experiência. Escolheram um banco na pequena cidade de Geronimo. Depois que entraram e anunciaram suas intenções, a confusão começou. No caos do assalto, Neill e seu parceiro esfaquearam fatalmente três caixas do banco, mataram a tiros um cliente e feriram outros três. No meio da chacina, Neill ficou sem balas, algo que só descobriu quando encostou o revólver na cabeça de uma criança pequena e puxou o gatilho. Nada aconteceu. A criança saiu ilesa, pelo menos fisicamente. Os dois assassinos fugiram com cerca de 20 mil dólares em dinheiro. Foram para San Francisco, onde se entregaram a uma orgia de consumo – casacos de pele, lindas echarpes, coisas assim.

Gastaram dinheiro à vontade em bares gays e gozaram pouco mais de 24 horas de total decadência. Depois foram levados de volta para Oklahoma, onde Neill acabaria sendo executado.

No Corredor da Morte, Neill gostava de citar as Escrituras e fazer pequenos sermões, mas poucos escutavam.

Os cuidados médicos não eram uma prioridade no Corredor da Morte. Todos os presos diziam que a primeira coisa que se perde é a saúde, depois a lucidez. Ron foi examinado por um médico da penitenciária, que tinha à sua disposição os registros de suas prisões anteriores e seu histórico de saúde mental. Estava registrado que ele tinha uma longa história de abuso de álcool e drogas, o que não chegava a ser uma surpresa no Pavilhão F. Ele sofria de depressão e era bipolar há pelo menos dez anos. Havia sintomas de esquizofrenia e de transtorno de personalidade.

Foi receitado Mellaril de novo, e serviu para acalmá-lo.

A maioria dos outros presos achava que Ron estava simplesmente se fazendo de maluco na esperança de escapar do Corredor da Morte.

Duas celas depois da de Greg Wilhoit vivia um preso idoso chamado Sonny Hays. Ninguém sabia com certeza há quanto tempo Sonny esperava, mas ele chegara ali antes de qualquer outro. Já passara dos 70 anos, tinha a saúde precária e recusava-se a ver ou falar com qualquer pessoa. Cobria a porta da cela com jornais e cobertores, mantinha as luzes apagadas, comia apenas o suficiente para se manter vivo, não tomava banho, não fazia a barba, não cortava os cabelos, nunca tinha visitas, recusava-se a receber seus advogados. Também não enviava nem recebia correspondência, não dava telefonemas, não comprava nada na cantina, ignorava a roupa lavada e não tinha televisão ou rádio. Nunca deixava sua cela pequena e escura, e dias podiam passar sem que alguém ouvisse qualquer ruído lá dentro.

Sonny era completamente insano e, como uma pessoa com insanidade mental não podia ser executada, ele apenas definhava ali, morrendo aos poucos segundo sua própria escolha. Agora havia um novo louco no Corredor da Morte, embora Ron tivesse dificuldade para convencer todos os outros, pois muitos achavam que não passava de encenação.

Um episódio, no entanto, chamou a atenção de todos. Ron conseguiu entupir seu vaso sanitário e inundou a cela com cinco centímetros de água. Tirou as roupas e começou a se jogar na água de cima do catre, gritando palavras incoerentes. Os guardas conseguiram finalmente imobilizá-lo e sedá-lo.

Embora não houvesse ar-condicionado no Pavilhão F, havia um sistema de aquecimento. O inverno trazia a expectativa razoável de ter ar quente bombeado pelos dutos antigos. Não aconteceu. As celas eram geladas. Muitas vezes uma camada de gelo formava-se no lado de dentro das janelas durante a noite, e os presos, tão agasalhados quanto podiam, permaneciam na cama pelo máximo de tempo possível.

A única maneira de dormir era usar em camadas todas as roupas disponíveis: os dois pares de meias, cuecas, camisetas, calças, camisas e mais qualquer outra coisa que o preso pudesse comprar na cantina. Cobertores extras eram um luxo, e o estado não os fornecia. A comida, que chegava fria no verão, era quase intragável durante o inverno.

As condenações de Tommy Ward e Karl Fontenot foram revogadas pela Corte de Apelações Criminais de Oklahoma, porque suas confissões foram usadas um contra o outro no julgamento. Como nenhum dos dois depusera, fora negado a cada um o direito de confrontar o outro.

Se os julgamentos fossem separados, os problemas constitucionais teriam sido evitados.

E se as confissões fossem suprimidas, é claro, não haveria condenações.

Os dois foram retirados do Corredor da Morte e levados de volta a Ada. Tommy foi julgado de novo na cidade de Shawnee, no condado de Pottawatomie. Com Bill Peterson e Chris Ross atuando outra vez na acusação, e com o juiz permitindo que o júri ouvisse a confissão gravada, Tommy foi de novo considerado culpado e sentenciado com a pena de morte. Durante o julgamento, sua mãe foi levada de carro ao tribunal todos os dias por Annette Hudson. Karl Fontenot foi julgado de novo na cidade de Holdenville, condado de Hughes. Também foi considerado culpado e recebeu a pena de morte.

Ron ficou exultante com as revogações, depois consternado pelas subseqüentes condenações. Seu recurso avançava lentamente pelos trâmites do sistema judiciário. Seu processo fora redistribuído na defensoria pública. Por causa da crescente quantidade de casos de pena capital, novos advogados haviam sido contratados. Mark Barrett estava com excesso de trabalho e precisava transferir um ou dois casos. Também aguardava, ansioso, por uma decisão da Corte de Apelações Criminais no caso de Greg Wilhoit. Esta Corte era notoriamente rigorosa com os réus, mas Mark estava convencido de que Greg obteria um novo julgamento.

O novo advogado de Ron era Bill Luker, que defendeu com veemência o argumento de que seu cliente não tivera um julgamento justo. Criticou a defesa de Barney Ward e alegou que Ron tivera uma "assistência ineficaz do advogado", um argumento recorrente em casos de pena capital. Ressaltou entre os pecados de Barney o fato de não levantar a questão da incapacidade mental de Ron. Nenhum dos seus registros médicos fora apresentado no julgamento. Luker pesquisou os erros de Barney e a lista tornou-se longa.

Ele atacou os métodos e táticas da polícia e do promotor. Sua petição tornou-se extensa. Também contestou as decisões do juiz Jones: a permissão para que a confissão do sonho de Ron fosse ouvida pelo júri, ignorando as numerosas violações de *Brady* pela promotoria, e a omissão generalizada para proteger o direito de Ron a um julgamento justo.

A vasta maioria dos clientes de Bill Luker era obviamente culpada. Sua função era providenciar para que tivessem uma audiência justa no recurso. O caso de Ron, no entanto, era diferente.

Quanto mais pesquisava e mais perguntas fazia, mais Luker se convencia de que era um recurso que podia ganhar.

Ron era um cliente bastante cooperativo, com opiniões firmes, sempre disposto a partilhá-las com seu advogado. Telefonava com freqüência e escrevia cartas divagantes. Seus comentários e observações eram em geral úteis. A recordação dos detalhes de seu histórico médico era às vezes impressionante.

Ele insistia na confissão de Ricky Joe Simmons e considerava que a exclusão dela do julgamento fora um erro lamentável. Escreveu para Luker:

Prezado Bill:

Sabe que eu acho que Ricky Simmons matou Debbie Carter. Deve ter sido ele ou não confessaria. Venho passando por um inferno físico, Bill. Acho que agora nada é mais justo do que obrigar Simmons a pagar pelo que fez, enquanto eu saio daqui como um homem livre. Não querem liberar a confissão para você porque sabem que a incluiria na apelação e imediatamente conseguiria um novo julgamento. Por isso, pelo amor de Deus, diga aos filhos-da-puta que você quer a confissão.

Seu amigo, Ron

Com bastante tempo disponível, Ron desenvolveu uma correspondência ativa, em particular com as irmãs. Elas sabiam como as cartas eram importantes e sempre encontravam tempo para responder. O dinheiro era em geral uma questão importante. Ele era incapaz de comer a comida da prisão e preferia comprar qualquer coisa que pudesse da cantina. Escreveu para Renee dizendo:

Renee:

Sei que Annette me manda algum dinheiro. Mas meu sofrimento está aumentando. Karl Fontenot está aqui e não conta com ninguém para lhe mandar qualquer coisa. Poderia fazer o favor de me mandar um pequeno extra, mesmo que sejam apenas 10 dólares?

Amor, Ronnie

Pouco antes de seu primeiro Natal no Corredor da Morte, Ron escreveu para Renee dizendo:

Renee:
Obrigado por me mandar o dinheiro. Servirá para necessidades específicas. Em particular, cordas do violão e café.
Recebi cinco cartões de Natal este ano, inclusive o seu. O Natal pode trazer bons sentimentos.
Renee, os 20 dólares chegaram em boa hora. Havia tomado um dinheiro emprestado para comprar cordas de violão de um amigo e ia pagar dos 50 dólares por mês que Annette manda. Teria me deixado em dificuldades. Sei que 50 dólares pode parecer muito, mas venho dando e dividindo com um cara aqui, cuja mãe não tem condições de lhe mandar nada. Ela lhe mandou 10 dólares, mas foi o primeiro dinheiro que ele recebeu desde setembro, quando nos aproximamos. Dou para ele café, cigarros etc. Pobre coitado.
Hoje é sexta-feira, o que significa que todos vocês estarão abrindo os presentes amanhã. Espero que todos ganhem o que precisam. As crianças crescem depressa. Vou começar a chorar se não me controlar.
Diga a todos que amo vocês, Ronnie

Era difícil pensar em Ronnie tendo "bons sentimentos" durante as festas de fim de ano. O tédio do Corredor da Morte já era horrível o bastante, mas ficar isolado da família acarretava um nível de angústia e desespero que ele não podia suportar. No início da primavera de 1989 seu estado se deteriorou ainda mais. A pressão, a monotonia, a profunda frustração de ser enviado para o inferno por um crime que não cometera, tudo isso o consumia. Ele começou a desmoronar. Passou a cortar as veias, a tentar o suicídio. Sentia-se muito deprimido e queria morrer. Os ferimentos foram superficiais, mas deixaram cicatrizes. Houve vários episódios desses, e ele era vigiado atentamente pelos guardas. Como cortar os pulsos não dava certo, ele ateou fogo ao colchão e deixou que queimasse suas extremidades. As queimaduras foram tratadas e curadas. Mais de uma vez, ele foi posto em alerta de suicídio.

A 12 de julho de 1989, ele escreveu para Renee:

Querida Renee:

Tenho passado muito sofrimento. Queimei umas roupas e tive queimaduras de segundo e terceiro graus. A pressão aqui é imensa. Nunca podendo ir para qualquer lugar quando o sofrimento é insuportável, Renee, venho tendo dores de cabeça. Bato com a cabeça no concreto, fico de quatro e bato com a cabeça no chão. Bati tanto em meu próprio rosto que no dia seguinte estava todo dolorido dos socos. Todos aqui vivem apertados que nem sardinhas. Sei com certeza que é o maior sofrimento que já tive de suportar. A solução para o problema é dinheiro. Estou falando de nunca ter nada para comer que valha alguma merda. Esta comida é como viver de rações de emergência do exército em alguma ilha remota. As pessoas aqui são pobres, mas às vezes me sinto tão faminto que tenho de pedir um pouco de comida para atenuar a ânsia. Emagreci bastante. Há muito sofrimento aqui.

Por favor, ajude-me. Ron

Numa crise depressiva prolongada, Ron interrompeu a comunicação com todos e retraiu-se por completo, até que os guardas encontraram-no enroscado na cama na posição fetal. Não reagia a nada.

Em 29 de setembro, Ron tornou a cortar os pulsos. Tomava os medicamentos esporadicamente, falava sem parar em suicídio e foi considerado uma ameaça para si mesmo. Deixou o Pavilhão F, transferido para o Hospital Estadual do Leste, em Vinita. Sua principal queixa: "Sofri um abuso injustificado."

No hospital, ele foi examinado primeiro por um certo Dr. Lizarraga, que viu um homem de 36 anos, com um histórico de drogas e álcool, desleixado, a barba por fazer, bigode e cabelos grisalhos compridos, no uniforme da prisão sujo, com marcas de queimaduras nas pernas e cicatrizes nos braços, cicatrizes que ele fez questão de mostrar ao médico. Admitiu muitas coisas erradas que fizera, mas negou, categórico, ter matado Debbie Carter. A injustiça sofrida levara-o a perder a esperança e querer morrer.

Ron foi paciente do hospital durante os três meses seguintes. A medicação foi estabilizada. Foi examinado por muitos médicos: um neurologista, um psicólogo, vários psiquiatras. Foi registrado mais de uma vez que tinha instabilidade emocional, pouca tolerância à frustração, era egocêntrico com baixa auto-estima, desligado às vezes, com uma tendência para súbitas explosões. As oscilações de humor eram extremas e extraordinárias.

Ele era exigente, e com o passar do tempo tornou-se agressivo com a equipe do hospital e os outros pacientes. Essa agressividade não podia ser tolerada. Ron teve alta e voltou para o Corredor da Morte. O Dr. Lizarraga receitou carbonato de lítio, Navane e Cogentin, uma droga usada principalmente para tratar de sintomas da doença de Parkinson, mas às vezes usada também para reduzir a tremedeira e a inquietação causadas por tranqüilizantes.

No Big Mac, um guarda da prisão chamado Savage foi brutalmente agredido por Mikell Patrick Smith, um prisioneiro do Corredor da Morte considerado o assassino mais perigoso que havia ali. Smith prendeu uma faca na ponta de um cabo de vassoura e lançou-a pelo "buraco do feijão" no guarda que servia o almoço. A faca acertou o peito, na altura do coração, mas o guarda Savage sobreviveu milagrosamente.

Dois anos antes, Smith esfaqueara outro preso.

O ataque não ocorreu no Corredor da Morte, mas sim no Pavilhão D, onde Smith estava sendo mantido por questões disciplinares. Não obstante as autoridades penitenciárias decidiram que era preciso construir logo um novo e moderno Corredor da Morte. O ataque foi bastante divulgado, o que facilitou a obtenção de recursos para a nova unidade.

Foi elaborado o projeto para a Unidade H, que desde o início foi planejada para "maximizar a segurança e o controle, ao mesmo tempo que proporcionaria aos presos um ambiente seguro e moderno para viver e trabalhar". Teria 200 celas, em dois andares.

Desde o início o projeto da Unidade H foi orientado pela equipe da prisão. No clima tenso que se seguiu ao ataque contra o guarda Savage, a equipe insistiu na criação de uma instalação "sem contato". No início do projeto, 35 funcionários da penitenciária reuniram-se com os arquitetos de Tulsa contratados pelo Departamento Correcional.

Embora nenhum preso do Corredor da Morte jamais tivesse escapado de McAlester, os planejadores da Unidade H adotaram a decisão dramática de fazer com que toda a instalação fosse subterrânea.

Depois de dois anos no Corredor da Morte, a saúde mental de Ron estava gravemente deteriorada. Os barulhos que fazia – gritos, sacudindo as barras da porta a qualquer hora do dia ou da noite – foram se tornando cada vez piores. Seu comportamento era ainda mais desesperado. Explodia por nada, gritando impropérios, jogando tudo o que tinha na cela. Em outro acesso, cuspia por horas no corredor; uma ocasião, até cuspiu num guarda. Mas quando começou a jogar fezes pelas barras da porta, era tempo de levá-lo dali.

– Ele está jogando merda de novo! – avisava um guarda.

Todos tratavam de se proteger. Acabaram por levá-lo de volta a Vinita, para outra rodada de exames.

Ron passou um mês no hospital, de julho a agosto de 1990. Foi examinado de novo pelo Dr. Lizarraga, que diagnosticou os mesmos problemas. Depois de três semanas, Ron começou a exigir que o mandassem de volta para o Corredor da Morte. Estava preocupado com o seu recurso, e achava que podia trabalhar melhor em McAlester, onde pelo menos tinha uma biblioteca jurídica. Os medicamentos haviam sido ajustados, ele parecia estabilizado, e por isso mandaram-no de volta.

CAPÍTULO 12

Depois de 13 anos de frustração, o estado de Oklahoma conseguiu finalmente desembaraçar o processo de recursos judiciários e marcar uma execução. O desafortunado preso era Charles Troy Coleman, um branco que matara três pessoas e estava há 11 anos no Corredor da Morte. Era o líder de uma pequena facção que vivia criando problemas. Muitos presos não se incomodaram ao saber que Chuck finalmente entraria na agulha. A maioria, no entanto, compreendeu que as execuções haviam começado e não tinha como voltar atrás.

A execução de Coleman era uma notícia importante e a imprensa convergiu para o portão do Big Mac. Houve vigílias à luz de velas e entrevistas com parentes de vítimas, opositores, sacerdotes, qualquer um que por acaso passasse por ali. À medida que as horas passavam, a agitação aumentava.

Greg Wilhoit e Coleman haviam se tornado amigos, apesar das discussões veementes sobre a pena de morte. Ron ainda era favorável, embora hesitasse de vez em quando. Não gostava de Coleman, que sempre protestava contra a presença ruidosa de Ron, o que não era de surpreender.

O Corredor da Morte permaneceu silencioso e bastante vigiado na noite em que Coleman foi executado. O circo estava montado fora da prisão, com a imprensa fazendo a contagem regressiva, como nas noites de Ano-novo. Em sua cela, Greg acompanhou tudo pela televisão. Pouco depois da meia-noite foi transmitida a notícia: Charles Troy Coleman estava morto.

Vários presos aplaudiram e aclamaram; a maioria ficou sentada em silêncio nas celas. Alguns oraram.

A reação de Greg foi completamente inesperada. Foi dominado pela emoção e amargura ao ouvir os aplausos. Seu amigo morrera. O mundo não era agora um lugar mais seguro por isso. Nem um único assassinato futuro seria impedido; ele conhecia assassinos e sabia o que os impelia a agir. Se a família da vítima estava satisfeita, então se encontrava longe do que era certo. Greg fora criado numa igreja metodista e agora estudava a Bíblia todos os dias. Jesus não ensinava o perdão? Se matar era errado, então por que o estado permitia matar? Com a autoridade de quem a execução era realizada? Ele já ouvira esses argumentos antes, muitas vezes, mas agora ressoavam de uma maneira diferente.

A morte de Charles Coleman foi uma revelação dramática para Greg. Naquele momento, ele deu uma guinada de 180 graus, para nunca mais voltar à convicção do olho por olho.

Mais tarde, ele confidenciou esses pensamentos a Ron, que confessou que partilhava muitos deles. No dia seguinte, porém, Ron voltou a ser um ardoroso defensor da pena de morte, querendo que Ricky Joe Simmons fosse arrastado pelas ruas de Ada e fuzilado em praça pública.

A acusação contra Ron Williamson foi justificada a 15 de maio de 1991, quando a Corte de Apelações Criminais de Oklahoma confirmou por unanimidade a condenação e a sentença de morte. O tribunal, num acórdão escrito pelo juiz Gary Lumpkin, encontrou várias falhas no julgamento, mas as "evidências esmagadoras" contra o réu superavam em muito os equívocos banais cometidos por Barney, os policiais, Peterson e o juiz Jones. O tribunal não perdeu tempo para analisar exatamente que evidências eram tão esmagadoras.

Bill Luker telefonou para dar a má notícia. Ron a recebeu relativamente bem. Estudara os documentos de apelação, conversara muitas vezes com Bill e fora advertido contra o otimismo.

Na mesma data, Dennis Fritz recebeu a mesma notícia do mesmo tribunal. Os juízes constataram vários erros em seu julgamento, mas foram obviamente influenciados pelas "evidências esmagadoras" contra Dennis.

Ele não ficara impressionado com os argumentos apresentados por seu advogado na apelação e não ficou surpreso quando a condenação foi mantida. Depois de três anos na biblioteca da prisão, Dennis achava que conhecia as leis e os processos melhor do que seu advogado.

Ficou desapontado, mas não desistiu. Como Ron, tinha outros argumentos para apresentar em outros tribunais. Desistir não era uma opção. Mas, ao contrário de Ron, Dennis estava agora sozinho. Como não se encontrava no Corredor da Morte, não havia advogados de carentes disponíveis para ele.

Mas a Corte de Apelações Criminais nem sempre aprovava tudo o que a promotoria fazia. Para enorme satisfação de Mark Barrett, ele recebeu a notícia, a 16 de abril de 1991, de que fora determinado um novo julgamento para Greg Wilhoit. O tribunal concluíra que era impossível ignorar o péssimo trabalho de George Briggs na defesa de Greg e decidira que ele não tivera uma representação adequada.

Quando você está em julgamento por sua vida, contrate o melhor advogado da cidade ou o pior. Involuntariamente, Greg contratara o pior e agora teria um novo julgamento.

Quando um preso era retirado de sua cela e do Corredor da Morte por qualquer motivo, nunca havia uma explicação. Os guardas simplesmente davam ordens para que ele arrumasse suas coisas.

Greg sabia que ganhara o recurso e, quando os guardas apareceram na porta de sua cela, compreendeu que o grande dia chegara. Um deles mandou que arrumasse suas coisas. Estava na hora de partir. Em poucos minutos, ele juntou todos os seus pertences pessoais numa caixa de papelão e depois acompanhou os guardas. Ron fora transferido para a outra extremidade do Corredor da Morte, não houve oportunidade para uma despedida. Ao sair de McAlester, Greg não pôde deixar de pensar no amigo que ficava ali.

Assim que ele chegou à cadeia do condado de Osage, Mark Barrett conseguiu marcar uma audiência para discutir o valor da fiança. Com uma acusação de homicídio pendente e o julgamento ainda a ser marcado, Greg não era exatamente um homem livre. Em vez da fiança exorbitante habitual, impossível de pagar, o juiz fixou-a em 50 mil dólares, uma quantia que os pais e irmãs de Greg logo reuniram.

Depois de cinco anos preso, quatro no Corredor da Morte, Greg estava livre para nunca mais voltar a uma cela de prisão.

A construção da Unidade H foi iniciada em 1990. Praticamente tudo era de concreto: chão, paredes, teto, catres, prateleiras. Para eliminar a possibilidade de fabricarem facas, nenhum metal foi incluído no projeto. Havia muitas barras de ferro e muito vidro, mas não nas celas. Tudo ali era de concreto.

Assim que ficou pronta, a estrutura foi coberta com terra. Eficiência de energia foi a razão oficial. A luz e a ventilação naturais foram extintas.

Quando a Unidade H foi inaugurada, em novembro de 1991, a direção da penitenciária ofereceu uma festa para comemorar seu novo e moderno Corredor da Morte. A banda da prisão foi obrigada a tocar. Houve excursões, pois os futuros habitantes ainda se encontravam na Big House, a meio quilômetro de distância. Ofereceram aos convidados a oportunidade de pagar para dormir por uma noite numa cama de concreto, na cela que escolhessem.

Depois da festa, para se verificar as condições reais, alguns presos de segurança média foram transferidos primeiro. Foram vigiados atentamente, a fim de se descobrir que problemas poderiam criar. Quando se confirmou que a Unidade H era sólida, funcional e à prova de fuga, era chegada a hora de mandar para lá os criminosos do Pavilhão F.

As queixas e protestos começaram imediatamente. Não havia janelas, nenhuma possibilidade de luz exterior, nenhuma esperança de ventilação. Foi implementado o sistema de dois em cada cela. Só que as celas eram pequenas demais para dois homens. As camas de concreto eram muito duras e separadas por apenas 90 centímetros. O vaso sanitário/pia ficava espremido entre as duas camas, de tal forma que uma descarga intestinal era um evento compartilhado. A disposição das celas impedia a maior parte da conversa diária, que era o sangue vital para os presos. Como uma instalação sem contato, a Unidade H fora projetada não apenas para manter os guardas longe dos presos, mas também para isolar os próprios presos. O pátio, a área mais apreciada do antigo Corredor da Morte, não passava de uma caixa de concreto, muito menor que uma quadra de tênis. As paredes tinham seis metros de altura. Toda a área era coberta por uma grade reforçada, que bloqueava qualquer claridade que pudesse entrar pelo domo de vidro. Era impossível ver qualquer vegetação.

O novo concreto não fora vedado ou pintado. Havia poeira de concreto por toda parte. Acumulava-se nos cantos das celas. Aderia às paredes, espalhava-se pelo chão, pairava no ar e, é claro, era inalado pelos presos. Os advogados em visita aos clientes muitas vezes saíam tossindo e ofegando por causa da poeira.

O moderno sistema de ventilação era "fechado", significando que não havia qualquer circulação externa do ar. Isso era tolerável até que a eletricidade pifava, o que acontecia com freqüência, enquanto os defeitos do sistema eram eliminados.

Leslie Delk, um advogado de réus carentes, designado para cuidar do caso de Ron Williamson, discutiu os problemas numa carta para um colega que processara a penitenciária:

A comida é horrível e quase todos os meus clientes emagreceram. Um cliente perdeu 40 quilos em dez meses. Tenho comunicado esses fatos à direção da penitenciária, mas é claro que eles me dizem que está tudo bem etc. Descobri uma coisa numa recente visita à enfermaria. A comida é trazida da prisão antiga, onde é preparada por trás dos muros. É levada para a Unidade H e servida por presos. Fui informado de que esses presos podem ficar com a comida que sobrar. Por isso, as porções que os presos do Corredor da Morte recebem agora são mais ou menos metade do que os outros presos recebem. Estou convencido de que há pouca ou nenhuma supervisão da comida quando é posta nas bandejas para os presos do Corredor da Morte. Todos os meus clientes queixam-se de que a comida está quase sempre fria agora, que é tão mal preparada que muitos homens passam mal e que as quantidades são tão irrisórias que a maioria é obrigada a comprar comida da cantina para poder comer o suficiente; e a cantina cobra o preço que quiser pelos alimentos oferecidos. (Em geral muito mais alto que o preço nas mercearias.) Além disso, muitos de meus clientes não contam com uma família para ajudá-los, e por isso ficam sem se alimentar.

A Unidade H foi um choque para os presos. Depois de ouvirem rumores durante dois anos sobre uma nova e moderna instalação de 11 milhões de dólares, eles ficaram aturdidos quando foram transferidos para uma prisão subterrânea, com menos espaço e mais restrições do que o Pavilhão F.

Ron detestou a Unidade H. Seu companheiro de cela, Rick Rojem, estava no Corredor da Morte desde 1985 e era uma influência tranqüilizadora. Rick era budista e passava horas em meditação. Também gostava de tocar violão. A privacidade era impossível na cela apertada. Penduraram um cobertor no teto, entre as camas, num débil esforço para se retirarem para seus próprios mundos.

Rojem estava preocupado com Ron. Ele perdera o interesse pela leitura. Sua mente e conversa não eram capazes de permanecer no mesmo assunto por muito tempo. Era medicado às vezes, mas estava longe de receber o tratamento apropriado. Dormia horas e horas, depois andava de um lado para outro da pequena cela durante a noite inteira, balbuciando palavras incoerentes ou divagando sobre um de seus delírios. Parava na porta da cela e gritava em agonia. Como permaneciam juntos 23 horas por dia, Rick podia observar o companheiro de cela se tornar cada vez mais perturbado, mas não tinha como ajudá-lo.

Ron perdeu 40 quilos depois da transferência para a Unidade H. Os cabelos ficaram ainda mais grisalhos. Parecia um fantasma. Annette o esperava um dia na sala de visitas quando viu os guardas trazerem um velho esquelético, barbudo, cabelos grisalhos compridos e desgrenhados. Quem é esse homem?, pensou ela. Era seu irmão. Annette disse:

"Quando vi os guardas trazendo aquele homem de cabelos compridos, esquelético, pálido, horrível, fiquei atordoada. Não o teria reconhecido se o encontrasse na rua. Ao chegar em casa, escrevi para o diretor, pedindo que mandasse examinar Ron para verificar se ele tinha AIDS, porque estava magro demais. Depois de ouvir tantas histórias sobre as prisões, tinha de pensar que ele podia estar com AIDS."

O diretor respondeu assegurando que Ronnie não tinha AIDS. Ela mandou outra carta, reclamando da comida, dos altos preços na cantina e do fato de que os lucros iam para um fundo destinado a comprar equipamentos de ginástica para os guardas.

Um psiquiatra chamado Ken Foster foi contratado em 1992 pela direção da penitenciária. Logo examinou Ron. Encontrou-o desgrenhado, desorientado, fora de contato com a realidade, magro, grisalho, frágil, em péssimas condições físicas. Ficou evidente para o Dr. Foster, como já deveria ser para as autoridades da prisão, que havia alguma coisa errada.

As condições psicológicas de Ron eram ainda piores do que as físicas. Suas explosões eram mais graves do que as normalmente geradas pelo estresse da prisão. Não era segredo entre os guardas e o resto da equipe da prisão que ele perdera o contato com a realidade. O Dr. Foster testemunhou vários acessos de gritos e anotou três temas principais: (1) que Ron era inocente; (2) que Ricky Joe Simmons confessara o crime e deveria ser julgado por isso; e 3) que Ron sentia uma intensa dor física, em geral no peito, e temia estar prestes a morrer.

Embora os sintomas fossem evidentes e extremos, os registros examinados pelo Dr. Foster indicavam que Ron não recebia há muito tempo qualquer tratamento para a saúde mental. A não-medicação de uma pessoa tão doente quanto Ron normalmente resulta no início de sintomas psicóticos.

O Dr. Foster escreveu: "A reação psicótica e a conseqüente deterioração são agravadas quando uma pessoa está sob os múltiplos estresses que acompanham sua permanência no Corredor da Morte com o conhecimento de que está marcado para morrer. A escala GAF, fixada pelos manuais autorizados de saúde mental, considera o encarceramento como um fator de estresse 'catastrófico'."

Era impossível especular quanto pior seria a catástrofe para uma pessoa inocente.

O Dr. Foster decidiu que Ron precisava de medicamentos melhores, num ambiente melhor. Ron seria sempre mentalmente doente, mas as melhorias eram possíveis, até mesmo para um preso do Corredor da Morte. O Dr. Foster, no entanto, logo descobriu que ajudar os presos doentes e condenados tinha uma prioridade ínfima.

Ele falou com James Saffle, diretor regional do Departamento Correcional, e com Dan Reynolds, o diretor de McAlester. Ambos conheciam Ron Williamson e seus problemas... e ambos tinham coisas mais importantes com que se preocupar.

Ken Foster, porém, demonstrou ser um homem obstinado e independente, que detestava decisões burocráticas e queria de fato ajudar seus pacientes. Continuou a apresentar relatórios a Saffle e Reynolds, para ter certeza de que eles tomariam conhecimento dos detalhes dos graves problemas mentais e físicos de Ron. Insistia em se reunir com Reynolds pelo menos uma vez por semana para avaliar a situação de seus pacientes; Ron era sempre mencionado. E falava todos os dias com um vice-diretor, transmitia as atualizações de rotina e cuidava para que os sumários fossem entregues ao diretor.

O Dr. Foster explicou várias vezes aos que dirigiam a penitenciária que Ron não estava recebendo os medicamentos de que precisava. Havia uma deterioração mental e física por causa do tratamento inadequado. Irritou-se em particular por Ron não ser transferido para a Unidade de Tratamento Especial, UTE, um prédio próximo da Unidade H.

Os presos que exibiam sérios problemas mentais eram rotineiramente transferidos para a UTE, a única instalação em McAlester projetada para esse tratamento. O Departamento Correcional, no entanto, mantinha uma política antiga de negar o acesso dos presos do Corredor da Morte à UTE. A razão oficial era vaga, mas muitos advogados em casos de pena capital desconfiavam que a política era mantida para ajudar a apressar as execuções. Se um preso do Corredor da Morte bastante perturbado fosse avaliado de maneira apropriada, poderia ser considerado mentalmente insano, o que impediria mais uma viagem à câmara de execução.

A política fora contestada muitas vezes, mas permanecia inalterada.

Ken Foster contestou-a de novo. Explicou inúmeras vezes, para Saffle e Reynolds, que não poderia tratar Ron Williamson de forma adequada se não o transferisse para a UTE, onde poderia monitorar sua condição e regular a medicação. Muitas vezes suas explicações eram incisivas, veementes e intensas. Mas Dan Reynolds também demonstrou ter uma resistência obstinada à idéia de transferir Ron. Não via necessidade de melhorar seu tratamento.

– Não perca tempo com os presos do Corredor da Morte – insistia Reynolds. – Eles vão morrer de qualquer maneira.

Os apelos do Dr. Foster em benefício de Ron tornaram-se tão incômodos que o diretor Reynolds suspendeu-o de suas funções.

Quando a suspensão terminou, o Dr. Foster retomou seus esforços para a transferência de Ron para a UTE. Levaria quatro anos para conseguir.

Depois que o recurso foi indeferido, o caso de Ron entrou na "reparação pós-condenação", um estágio em que ele podia apresentar evidências que não haviam sido oferecidas durante o julgamento.

Como era a prática naquele tempo, Bill Luker transferiu todo o processo para Leslie Delk, da defensoria pública. A primeira prioridade de Leslie foi a de obter melhor tratamento médico para seu cliente. Ela esteve com Ron uma vez, no Pavilhão F, e compreendeu que era um homem muito doente. Depois da transferência para a Unidade H, ela ficou alarmada com a piora de seu estado.

Embora não fosse psiquiatra ou psicóloga, Delk estudara a detecção e natureza das doenças mentais. Parte de seu trabalho como advogada de processos de pena capital era observar esses problemas e tentar providenciar um tratamento adequado. Tinha de se basear nas opiniões de especialistas em psiquiatria, mas era difícil no caso de Ron, porque era impossível um exame apropriado. Como parte da política de não-contato na Unidade H, ninguém podia sentar na mesma sala com o preso, nem mesmo sua advogada. Um psiquiatra que tentasse examinar Ron teria de fazê-lo através de uma placa de acrílico, falando com ele pelo telefone.

Delk providenciou para que a Dra. Pat Fleming efetuasse uma avaliação psicológica de Ron, como era exigido nos procedimentos pós-condenação. A Dra. Fleming fez três tentativas, mas foi incapaz de completar o exame. O paciente era agitado, delirante, não cooperava, tinha alucinações. Os funcionários da penitenciária informaram à Dra. Fleming que esse comportamento não era excepcional. Era evidente que se tratava de um homem muito perturbado, sem condições de ajudar sua advogada, incapaz de funcionar de qualquer maneira significativa. Ela teve restrições demais na tentativa de avaliar Ron, porque não teve permissão para uma visita confidencial em que pudesse sentar na mesma sala para interrogar, observar e aplicar testes.

A Dra. Fleming reuniu-se com o médico da penitenciária na Unidade H e relatou suas preocupações. Mais tarde, asseguraram-lhe que Ron fora examinado por profissionais de saúde mental da prisão, mas ela não viu qualquer melhoria. Recomendou a internação no Hospital Estadual do Leste, por um período prolongado, para a estabilização de Ron, a fim de se efetuar uma avaliação apropriada.

A recomendação foi rejeitada.

Leslie Delk pressionou as autoridades penitenciárias. Reuniu-se com a equipe correcional, a equipe médica e vários diretores, apresentando suas queixas e exigindo um tratamento melhor. Promessas foram feitas, mas depois ignoradas. Houve esforços favoráveis – pequenas mudanças na medicação de Ron –, mas ele não recebeu qualquer tratamento significativo. Ela documentou suas frustrações com uma série de cartas para as autoridades penitenciárias. Visitava Ron com tanta freqüência quanto era possível. Quando tinha certeza de que sua condição não podia mais piorar, piorava. Leslie preocupava-se com a possibilidade de Ron morrer a qualquer momento.

Enquanto a equipe médica esforçava-se para tratar Ron, a equipe correcional divertia-se à sua custa. Por diversão, alguns guardas gostavam de brincar com o sistema de intercomunicação da Unidade H. Cada cela tinha um alto-falante e um microfone ligados com a sala de controle. Era mais um dispositivo para manter os guardas tão longe dos presos quanto possível.

Mas não era longe o suficiente.

– Ron, aqui é Deus – dizia uma voz sonora na cela durante a noite. – Por que você matou Debbie Carter?

Uma pausa e depois os guardas desatavam a rir quando ouviam Ron berrar, através da porta:

– Não matei ninguém! Sou inocente!

A voz profunda e rouca ressoava pelo Corredor da Morte, rompendo o silêncio. O acesso durava cerca de uma hora, transtornando os outros presos, mas divertindo os guardas. Assim que a situação acalmava, a voz recomeçava:

– Ron, aqui é Debbie Carter. Por que você me matou?

Os gritos atormentados se prolongavam, intermináveis.

– Ron, aqui é Charlie Carter. Por que você matou minha filha?

Os outros presos suplicavam aos guardas que parassem, mas eles estavam se divertindo demais. Rick Rojem achava que dois dos guardas mais sádicos, em particular, viviam para torturar Ron. Os abusos prolongaram-se por meses.

– Ignore-os! – dizia Rick a seu companheiro de cela. – Se você os ignorar, eles vão parar!

Ron não podia aceitar essa idéia. Estava determinado a convencer todos ao redor que era inocente, e proclamar o mais alto possível parecia ser a forma apropriada. Com bastante freqüência, quando não podia mais gritar, fisicamente esgotado ou rouco demais para continuar, Ron parava junto do microfone e balbuciava palavras incoerentes, por horas a fio.

Leslie Delk finalmente tomou conhecimento dessas brincadeiras e escreveu uma carta furiosa para o supervisor da Unidade H, a 12 de outubro de 1992. Dizia:

> Devo também mencionar que tenho ouvido de diversas pessoas que Ron vem sendo atormentado por determinados guardas, através do sistema de intercomunicação, que aparentemente acham engraçado zombar dos "loucos", levando-os a reagir. Tenho ouvido muitos comentários sobre esse problema. Soube recentemente que o guarda Martin foi até a porta da cela de Ron e começou a atormentá-lo. (Creio que o conteúdo dessas zombarias envolve quase sempre "Ricky Joe Simmons" e "Debra Sue Carter".) Pelo que eu soube, o guarda Reading interveio para dizer ao guarda Martin que parasse com aquele comportamento, mas teve de insistir várias vezes para que isso acontecesse.
>
> Tenho ouvido de diversas fontes que o guarda Martin é um dos que atormentam Ron rotineiramente. Por isso, eu gostaria de saber se pode investigar a questão e tomar as providências cabíveis. Talvez seja conveniente promover algumas sessões de treinamento para seus guardas que precisam lidar com os presos portadores de doenças mentais.

Nem todos os guardas eram cruéis. Uma guarda parou na porta da cela de Ron uma noite para uma conversa. Ele tinha uma aparência horrível. Disse que sentia a maior fome, pois não comia há dias. Ela acreditou. Afastou-se, para voltar poucos minutos depois com um pote de manteiga de amendoim e um pão velho.

Numa carta para Renee, Ron disse que adorou o "banquete" e que não sobrara nem uma migalha.

Kim Marks era uma investigadora do Sistema de Defensoria do Réu Carente de Oklahoma. Ultimamente, vinha passando mais tempo com Ron na Unidade H do que com qualquer outra pessoa. Ao ser designada para o caso, ela estudara as transcrições do julgamento, relatórios e provas. Era uma ex-repórter de jornal e sua curiosidade levou-a pelo menos a questionar a culpa de Ron.

Ela fez uma lista de suspeitos em potencial, 12 no total, a maioria com antecedentes criminais. Glen Gore era o número um, por todas as razões óbvias. Ele estivera com Debbie na noite em que ela fora assassinada. Conheciam-se há anos; portanto ele podia ter acesso ao apartamento sem precisar arrombar a porta. Tinha um histórico lamentável de violência contra mulheres. Apontara o dedo para Ron.

Por que a polícia demonstrara tão pouco interesse por Gore? Quanto mais Kim examinava os relatórios da polícia e o julgamento, mais se convencia de que os protestos de inocência de Ron eram procedentes.

Visitou-o muitas vezes na Unidade H. Como Leslie Delk, observou-o desmoronar por completo. Aproximava-se de cada visita com um misto de curiosidade e apreensão. Nunca vira um preso envelhecer tão depressa quanto Ron. Os cabelos castanhos pareciam mais grisalhos a cada visita, embora ainda não tivesse chegado aos 40 anos. Estava esquelético, branco como um fantasma, devido em grande parte à falta de sol. As roupas eram sujas e grandes demais. Os olhos eram fundos e profundamente perturbados.

Uma grande parte do trabalho de Kim era determinar se o cliente tinha problemas mentais, para depois tentar encontrar não apenas o tratamento adequado, mas também testemunhas técnicas. Era evidente para Kim – e seria também para qualquer leigo – que ele estava mentalmente doente, sofrendo muito com sua condição. Desde o início, ela foi contrária à política do Departamento Correcional de manter os presos do Corredor da Morte fora da Unidade de Tratamento Especial. Como o Dr. Foster, Ken travaria essa batalha por anos.

Ela localizou e assistiu ao segundo teste de Ron no polígrafo, gravado em videoteipe em 1983. Embora na ocasião já tivesse sido diagnosticado como depressivo e bipolar, talvez esquizofrênico, ele estava coerente, sob controle, capaz de se apresentar como uma pessoa normal. Mas nove anos depois não havia nada de normal nele. Era delirante, fora de contato com a realidade, consumido por obsessões: Ricky Joe Simmons, religião, os mentirosos em seu julgamento, falta de dinheiro, Debbie Carter, a lei, sua música, a ação judicial por perdas e danos que um dia moveria contra o estado, a carreira no beisebol, os abusos e injustiças a que era submetido.

Ela conversou com os funcionários da penitenciária, ouviu os relatos de sua capacidade de gritar durante um dia inteiro e teve uma boa prova disso. Por causa da arquitetura da Unidade H, o banheiro das mulheres tinha um tubo de ventilação que trazia o som do lado sudoeste, onde ficava a cela de Ron. Numa ida ao banheiro, ela se espantou ao ouvi-lo berrar como um louco.

Isso deixou-a abalada. Em cooperação com Leslie, ela se empenhou ainda mais para pressionar a penitenciária a providenciar um tratamento melhor. Tentaram abrir uma exceção para transferi-lo para a UTE. Tentaram fazer com que ele fosse avaliado no Hospital Estadual do Leste.

Seus esforços foram inúteis.

Em junho de 1992, Leslie Delk, como parte do processo pós-condenação, apresentou o pedido de uma audiência para determinar a insanidade mental de Ron no tribunal distrital do condado de Pontotoc. Bill Peterson entrou com uma objeção e o pedido foi indeferido.

Houve um recurso imediato para a Corte de Apelações Criminais de Recursos, que manteve o indeferimento.

Em julho, ela entrou com uma extensa petição para uma reparação pós-condenação. Suas alegações baseavam-se principalmente nos volumosos registros sobre a saúde mental de Ron. Ela alegou que sua incapacidade deveria ter sido tratada no julgamento. Dois meses depois, o pedido foi indeferido. Ela apelou novamente para a Corte de Apelações Criminais de Oklahoma.

Perdeu de novo, o que não foi uma surpresa. A etapa seguinte foi um recurso rotineiro e desesperançado para a Suprema Corte dos Estados Unidos. Um ano depois veio o indeferimento perfunctório. Outras petições de rotina foram apresentadas, houve mais indeferimentos de rotina. Quando todos os recursos foram esgotados a 26 de agosto de 1994, a execução de Ron Williamson foi marcada pela Corte de Apelações Criminais para o dia 27 de setembro de 1994.

Ele estava no Corredor da Morte há seis anos e quatro meses.

Depois de dois anos de liberdade, Greg Wilhoit foi outra vez levado a um tribunal para enfrentar a acusação de ter assassinado a esposa.

Depois de deixar McAlester, ele fixara-se em Tulsa e tentara restabelecer algo próximo de uma vida normal. Não era fácil. Ele tinha as cicatrizes emocionais e psicológicas da provação por que passara. As filhas, agora com oito e nove anos, estavam sendo criadas por amigos da igreja, um casal de professores, e levavam uma vida bastante estável. Os pais e irmãs de Greg lhe davam todo o apoio, como sempre.

O caso despertara alguma atenção. Seu advogado, George Briggs, misericordiosamente falecera, mas não antes de ter sua licença cassada pelo estado. Vários advogados criminalistas proeminentes procuraram Greg. Os advogados são atraídos para as câmeras como formigas para um piquenique, e Greg achou engraçado tanto interesse por seu caso.

Mas era uma escolha fácil. Seu amigo Mark Barrett conseguira que ele fosse solto, e Greg estava confiante de que agora ele devolveria sua liberdade.

Durante o primeiro julgamento, a evidência mais prejudicial fora o depoimento dos dois peritos do estado sobre a marca de mordida. Ambos disseram ao júri que o ferimento no seio de

Kathy Wilhoit fora deixado ali pelo ex-marido. A família Wilhoit descobrira um eminente perito em marcas de mordidas, Dr. Thomas Krauss, do Kansas. O Dr. Krauss ficou espantado com as discrepâncias entre a impressão dos dentes de Greg e o ferimento. As diferenças eram drásticas.

Mark Barrett mandou a marca de mordida para 11 peritos de renome nacional, muitos dos quais costumavam depor em favor da promotoria. Entre eles estavam o principal consultor do FBI em marcas de mordidas e o perito que testemunhara contra Ted Bundy. A conclusão foi unânime: todos os 12 peritos em marcas de mordidas disseram que Greg Wilhoit deveria ser excluído. As comparações não eram nem aproximadas.

Numa audiência sobre evidências, um perito chamado pela defesa identificou 20 grandes discrepâncias entre os dentes de Greg e a marca de mordida, e declarou que cada uma era suficiente para excluir Greg Wilhoit.

Mas os promotores pressionaram e insistiram num julgamento, que logo se tornou uma farsa. Mark Barrett conseguiu excluir os dois peritos em marcas de mordidas do estado, depois arrasou com a credibilidade do perito em DNA chamado pelo estado.

Assim que a promotoria encerrou sua apresentação, Mark Barrett fez um pedido veemente para que as evidências apresentadas pelo estado fossem rejeitadas e que se desse a orientação para um veredicto a favor de Greg Wilhoit. O juiz determinou um recesso e foram todos almoçar. Quando a sessão recomeçou, com o júri presente, o juiz anunciou, num gesto raro, que a petição da defesa estava deferida. O caso seria arquivado.

– É agora um homem livre, Sr. Wilhoit – declarou o juiz.

Depois de uma longa noite de comemoração com a família e amigos, Greg Wilhoit correu para o aeroporto na manhã seguinte e voou para a Califórnia. Nunca mais voltaria a Oklahoma, a não ser para visitar a família e lutar contra a pena de morte. Oito anos depois do assassinato de Kathy, ele era finalmente um homem livre.

Ao acusarem o suspeito errado, a polícia e a promotoria permitiram que a trilha do verdadeiro assassino se apagasse. Ele ainda não foi descoberto.

A nova câmara da morte na Unidade H estava funcionando muito bem. A 10 de março de 1992, Robyn Leroy Parks, negro, 43 anos, foi executado pelo assassinato em 1978 de um frentista de posto de gasolina. Estava há 13 anos no Corredor da Morte.

Três dias depois, Olan Randle Robison, branco, 46 anos, foi executado por assassinar um casal, depois de arrombar sua casa de campo, em 1980.

Ron Williamson deveria se tornar o terceiro homem a ser preso por correias numa maca na Unidade H, com a oportunidade de dizer as últimas palavras.

A 30 de agosto de 1994, Ron encontrou na porta de sua cela um bando ameaçador de guardas de cara amarrada que queriam levá-lo para algum lugar. Foi algemado nos pulsos e tornozelos, com uma corrente em torno da barriga e prendendo as algemas. Só podia ser uma coisa séria.

Como sempre, ele estava esquelético, sujo, barbudo e desequilibrado. Os guardas mantiveram-se tão longe dele quanto possível. O guarda Martin era um dos cinco.

Ron deixou a Unidade H, embarcou numa van e percorreu uma curta distância até o prédio da administração, na frente do conjunto penitenciário. Cercado pelos guardas, foi levado ao gabinete do diretor. Entrou numa sala com uma mesa de reunião comprida, a que sentavam muitas pessoas, esperando para testemunhar alguma coisa dramática. Ainda algemado e vigiado atentamente pelos guardas, colocaram-no numa cadeira na extremidade da mesa. O diretor sentava à outra extremidade. Abriu a reunião, apresentando Ron aos numerosos funcionários presentes, todos com expressões sombrias.

É um prazer conhecer todos vocês.

Ron recebeu uma "notificação", que o diretor começou a ler:

Você foi condenado a morrer pelo crime de homicídio, às 24h01 de terça-feira, 27 de setembro de 1994. O propósito desta reunião é informá-lo das normas e procedimentos a serem seguidos durante os próximos 30 dias, e discutir determinados privilégios que podem ser concedidos.

Ron ficou transtornado e disse que não matara ninguém. Podia ter feito algumas coisas horríveis na vida, mas assassinato não fora uma delas.

O diretor continuou a ler. Ron tornou a insistir que não matara Debbie Carter.

O diretor e o supervisor da unidade conversaram com ele por alguns minutos. Conseguiram acalmá-lo. Não estavam ali para julgá-lo, disseram, mas apenas cumprindo as normas e procedimentos.

Mas Ron tinha um vídeo de Ricky Joe Simmons confessando o assassinato e queria mostrá-lo ao diretor. Negou mais uma vez ter matado Debbie e disse que de alguma forma apareceria na televisão em Ada para proclamar sua inocência. Comentou que a irmã estudara na universidade em Ada.

O diretor continuou a ler:

Na manhã anterior à data da execução, você será levado para uma cela especial, onde permanecerá até o momento da execução. Enquanto estiver nessa cela, até o momento da execução, ficará sob constante vigilância dos agentes penitenciários.

Ron interrompeu de novo, gritando que não matara Debbie Carter.

O diretor continuou, lendo páginas de normas relacionadas com visitas, pertences pessoais e disposições para o funeral. Ron desligou-se e ficou apático.

– O que devemos fazer com seu corpo? – perguntou o diretor.

Ron estava emocionado e confuso, despreparado para essa pergunta. Conseguiu finalmente sugerir que mandassem o corpo para a irmã.

Como ele não tinha perguntas e alegou que compreendera tudo, foi levado de volta para sua cela. A contagem regressiva começou.

Ele se esqueceu de telefonar para Annette. Ela examinava sua correspondência, dois dias depois, quando encontrou uma carta do Departamento Correcional em McAlester. Dentro havia uma carta de um assistente do diretor:

Sra. Hudson:

É com pesar que venho comunicar que o seu irmão, Ronald Keith Williamson, prisioneiro nº 134846, teve sua execução marcada na Penitenciária Estadual de Oklahoma, às 24h01 de terça-feira, 27 de setembro de 1994.

As visitas durante o dia anterior à data da execução serão limitadas ao clérigo, advogado e duas outras pessoas previamente aprovadas pelo diretor.

Por mais difícil que possa ser, preciso considerar as disposições para o funeral, uma responsabilidade da família. Se essa responsabilidade não for assumida pela família, o estado providenciará o funeral. Por favor, informe-me de sua decisão.

Atenciosamente,
Ken Klingler

Annette ligou para Renee e deu a notícia horrível. As duas ficaram transtornadas e tentaram se convencer de que não podia ser verdade. Tiveram outras conversas e decidiram que não trariam o corpo para Ada. Não ficaria na Agência Funerária Criswell's para que os curiosos da cidade fossem olhar. Em vez disso, haveria um serviço religioso e o sepultamento em McAlester, apenas para os convidados. Só uns poucos amigos íntimos e pessoas da família seriam chamados.

Elas foram informadas pela direção da prisão de que poderiam testemunhar a execução. Renee disse que não poderia ir. Annette estava determinada a acompanhar o irmão até o fim.

A notícia circulou por Ada. Peggy Stillwell assistia à emissora de televisão local quando ouviu a notícia surpreendente de que fora marcada a data da execução de Ron Williamson. Embora fosse uma boa notícia, ela ficou irritada porque ninguém a informara antes. Haviam prometido que teria permissão para testemunhar a execução, e queria fazer isso. Talvez alguém telefonasse nos próximos dias.

Annette manteve-se retraída. Tentou negar o que estava acontecendo. Suas visitas à prisão haviam se tornado menos freqüentes e mais curtas. Ronnie perdera todo e qualquer controle. Começava a gritar ou fingia que ela não estava ali. Em diversas ocasiões, fora embora depois de vê-lo por menos de cinco minutos.

CAPÍTULO 13

Assim que os tribunais de Oklahoma esgotaram os recursos no caso de Ron e marcaram a data da execução, seus advogados foram para os tribunais federais para dar início ao próximo estágio de apelações. Esses procedimentos são conhecidos como *habeas corpus*, que em latim significa "que tenhas teu corpo". Um mandado de *habeas corpus* exigia que um preso fosse levado ao tribunal para se determinar a legalidade de sua detenção. De um modo geral, acarretava um novo julgamento.

O caso de Ron foi designado para Janet Chesley, uma advogada do Sistema de Defensoria do Réu Carente em Norman. Janet tinha ampla experiência com mandados de *habeas corpus* e estava acostumada ao ritmo frenético de apresentar petições e recursos de última hora, enquanto observava o relógio disparar para uma execução. Teve uma reunião com Ron, explicou o processo e garantiu que ele teria uma suspensão da execução. Em seu trabalho, essas conversas não eram excepcionais. Os clientes, embora compreensivelmente nervosos, sempre passavam a confiar nela. A data da execução era um problema sério, mas ninguém era executado até que os recursos de *habeas corpus* fossem esgotados.

O caso de Ron, porém, era diferente. O anúncio formal de uma data para a execução empurrara-o ainda mais para a insanidade. Ele contava os dias, incapaz de acreditar nas promessas de Janet. O relógio não parava. A câmara da morte estava à sua espera.

Uma semana passou, depois duas. Ron ocupava a maior parte de seu tempo em orações e no estudo da Bíblia. Também dormia muito. Parara de gritar. As drogas eram dispensadas em doses reforçadas. O Corredor da Morte mantinha-se quieto, o esperando. Os outros presos estavam atentos, especulando se o estado seria capaz de executar alguém tão insano quanto Ron Williamson.

Três semanas se passaram.

A Corte distrital federal responsável pelo distrito leste de Oklahoma fica em Muskogee. Em 1994, tinha dois juízes, nenhum dos quais gostava de recursos de *habeas corpus* e de ações judiciais contra a penitenciária, o que havia em grande quantidade. Cada preso tinha problemas e queixas; a maioria alegava inocência e abusos. Os presos do Corredor da Morte tinham advogados de verdade, alguns de grandes firmas de advocacia, trabalhando de graça, escrevendo sumários extensos e criativos que tinham de ser analisados. A maioria dos presos, no entanto, representavam a si mesmos, com uma abundância de conselhos dos redatores de petições, que ofereciam consultas na biblioteca jurídica da prisão e vendiam seus pareceres por cigarros. Quando os presos não estavam solicitando recursos de *habeas corpus*, estavam entrando com processos contra a péssima comida, a água gelada dos chuveiros, os guardas cruéis, as algemas apertadas, a falta de sol. A lista era longa.

A maioria das ações judiciais de presos era descartada de saída, depois enviada para a Corte de Apelações da Décima Circunscrição, em Denver, sede do extenso distrito judicial que incluía o estado de Oklahoma.

O recurso de *habeas corpus* apresentado por Janet Chesley foi designado aleatoriamente para o juiz Frank Seay, um juiz nomeado por Jimmy Carter e que assumira o cargo em 1979. O juiz Seay era de Seminole. Antes de sua indicação para o cargo, trabalhara durante 11 anos como juiz de tribunal no 22º distrito, que incluía o condado de Pontotoc. Conhecia o tribunal ali, a cidade e seus advogados.

Em maio de 1971, o juiz Seay fora de carro até a cidade de Asher para fazer um discurso na formatura de uma turma da escola de ensino médio. Um dos 17 formandos era Ron Williamson.

Depois de 15 anos como magistrado, o juiz Seay tinha pouca paciência com os recursos de *habeas corpus* que chegavam a seu gabinete. A petição de Williamson foi apresentada em setembro de 1994, apenas uns poucos dias antes da execução. Ele desconfiava – mais do que isso, tinha certeza – que os advogados de casos de pena capital esperavam até o último momento possível para apresentar suas petições, a fim de que ele e outros juízes federais fossem forçados a conceder a suspensão enquanto examinavam os fatos. Especulava com freqüência o que o pobre condenado estaria passando no Corredor da Morte, suando frio por horas, enquanto seus advogados empenhavam-se naquelas manobras perigosas com um juiz federal.

Mas era uma manobra competente. O juiz Seay não gostava do esquema, embora reconhecesse sua eficiência. Já concedera várias suspensões, mas nunca um novo julgamento numa questão de *habeas corpus*.

Como sempre a petição de Williamson foi lida primeiro por Jim Payne, um assessor jurídico do tribunal federal. Payne era conhecido como um homem de tendências conservadoras e com uma aversão similar aos recursos de *habeas corpus*. Mas também era altamente considerado por sua noção inata de justiça. Era seu dever, há muitos anos, avaliar todos os pedidos de *habeas corpus* e procurar alegações válidas, que às vezes existiam, embora raras, em quantidade suficiente para manter a leitura interessante.

Para Jim Payne, esse trabalho era crucial. Se deixasse passar alguma coisa nos extensos sumários e transcrições, um inocente poderia ser executado.

A petição de Janet Chesley era tão bem escrita que atraiu sua atenção logo no primeiro parágrafo. Quando terminou de ler, ele tinha algumas dúvidas sobre a decisão da Justiça no julgamento de Ron. Os argumentos de Chesley concentravam-se na questão da defesa inadequada, incapacidade mental e inconfiabilidade da prova dos cabelos.

Jim Payne leu a petição em casa, à noite. Ao voltar ao gabinete na manhã seguinte, reuniu-se com o juiz Seay e recomendou uma suspensão da execução. O juiz Seay tinha o maior respeito por seu assessor jurídico. Fez uma longa avaliação da petição de Williamson e concordou em suspender a execução.

Depois de se manter atento ao relógio e em orações fervorosas durante 23 dias, Ron foi informado de que a execução fora adiada por prazo indeterminado. Adiaram sua morte a cinco dias de ser espetado pela agulha.

Jim Payne entregou a petição de *habeas corpus* à sua assistente, Gail Seward, que leu e concordou que o caso precisava de uma revisão em profundidade. Ele passou-a em seguida para uma assistente novata, Vicky Hildebrand, que por sua total falta de experiência tinha o título extra-oficial de "assistente da pena de morte". Vicky era assistente social antes de ingressar na faculdade de direito e logo assumira o papel da compadecida no gabinete conservador moderado do juiz Seay.

Williamson foi seu primeiro caso envolvendo a pena de morte. Ao ler a petição, ficou fascinada com o parágrafo inicial:

> Este é um caso estranho, em que um sonho se transformou em pesadelo para Ronald Keith Williamson. Sua prisão ocorreu quase cinco anos depois do crime – e depois que a testemunha do álibi do Sr. Williamson havia morrido – e foi baseada quase que exclusivamente na "confissão", relacionada com um sonho, de um homem mentalmente doente, Ron Williamson.

Vicky continuou a ler. Logo ficou impressionada com a escassez de evidências verossímeis apresentadas no julgamento e com as estratégias superficiais de sua defesa. Quando acabou, tinha profundas dúvidas sobre a culpa de Ron.

Imediatamente ela se perguntou se teria coragem para assumir uma tarefa desse porte. Todos os pedidos de *habeas corpus* seriam tão persuasivos como este? Seria capaz de acreditar em todos os presos do Corredor da Morte? Confidenciou suas dúvidas a Jim Payne, que formulou um plano. Pediriam a opinião de

Gail Seward, que era mais centrista. Vicky passou toda uma sexta-feira copiando as longas transcrições do julgamento, três cópias, uma para cada membro da conspiração. Os três passaram todo o fim de semana lendo cada palavra do julgamento de Ron. Ao se reunirem na manhã de segunda-feira, a conclusão era unânime. Da direita, esquerda e centro, os três concordaram que não houve justiça no julgamento. Não apenas tinham certeza de que o julgamento fora inconstitucional, como também acreditavam que Ron podia muito bem ser inocente.

Ficaram intrigados com as referências ao livro *The Dreams of Ada*. A petição de Janet Chesley destacava a confissão de um sonho que Ron teria feito. Ele lera o livro logo depois de ser preso e o tinha em sua cela quando relatara seu sonho para John Christian. Lançado sete anos antes, o livro estava fora de catálogo, mas Vicky descobriu exemplares em sebos e bibliotecas. Os três leram o livro e aumentaram muito suas suspeitas em relação às autoridades de Ada.

Como o juiz Seay era um tanto severo quando lidava com questões de *habeas corpus*, ficou decidido que Jim Payne o procuraria primeiro, para quebrar o gelo. O juiz Seay o escutou com toda a atenção, e depois conversou também com Vicky e Gail. Os três estavam convencidos de que havia necessidade de um novo julgamento. Depois de ouvi-los, o juiz concordou em estudar a petição.

Conhecia Bill Peterson e Barney Ward, além de muitos outros em Ada. Considerava Barney um velho companheiro, mas nunca gostara de Peterson. Na verdade não ficou surpreso com o julgamento relaxado e as provas inconsistentes. Coisas estranhas aconteciam em Ada e o juiz Seay ouvira durante anos muitos comentários sobre a péssima reputação dos policiais. Ficou particularmente contrariado com a falta de controle que o juiz Ronald Jones demonstrara ao longo do julgamento. Um trabalho policial medíocre e acusações distorcidas não eram incomuns, mas o juiz que presidira o julgamento deveria garantir a justiça.

O juiz Seay também não ficou surpreso com o fato de a Corte de Apelações Criminais não ter constatado nada de errado no julgamento.

Quando ficou convencido de que não houve justiça no julgamento, o juiz e sua equipe iniciaram uma meticulosa revisão do processo.

Dennis Fritz perdera o contato com Ron. Escrevera uma carta para seu antigo amigo, mas não tivera resposta.

Kim Marks e Leslie Delk foram a Conner para conversar com Dennis. Dando prosseguimento a suas investigações, mostraram a confissão de Ricky Joe Simmons gravada em videoteipe. Dennis, como Ron, ficou furioso por alguém ter confessado o crime pelo qual haviam sido condenados e por essa informação não ter sido apresentada no julgamento. Passou a manter uma correspondência com Kim Marks, que sempre o informava de tudo o que acontecia no caso de Ron.

Como um freqüentador assíduo da biblioteca jurídica da prisão, Dennis tomava conhecimento de todas as novidades na área e de decisões de todo o país. Ele e os outros advogados da cadeia não perdiam coisa alguma em termos de processos criminais. O teste de DNA foi mencionado pela primeira vez no início da década de 1990. Dennis leu tudo o que pôde encontrar sobre o assunto.

Em 1993, o programa *Donahue* exibiu quatro homens que foram inocentados pelo teste de DNA. O programa teve grande audiência, em particular nas prisões, e serviu como catalisador para um movimento nacional em defesa de inocentes presos.

Um grupo que já atraíra atenção fora o Projeto Inocência, criado em 1992 por dois advogados de Nova York, Peter Neufeld e Barry Scheck. Eles criaram na Faculdade de Direito Benjamin N. Cardozo uma clínica jurídica sem fins lucrativos, em que estudantes cuidavam de processos sob a supervisão de advogados. Neufeld tinha um longo histórico de ativismo jurídico no Brooklyn. Scheck era especialista em DNA para fins judiciais e ficou famoso como um dos advogados de O.J. Simpson.

Dennis acompanhou atentamente o julgamento de Simpson. Quando acabou, ele considerou a possibilidade de entrar em contato com Barry Scheck.

Depois de receber numerosas queixas sobre a Unidade H, a Anistia Internacional decidiu efetuar uma meticulosa avaliação do lugar em 1994. Descobriu muitas violações de padrões internacionais, inclusive tratados assinados pelos Estados Unidos, e das normas mínimas fixadas pela ONU. As violações incluíam celas que eram pequenas demais, mobiliadas de maneira inadequada, sem iluminação apropriada, sem ventilação, sem janelas, sem luz natural. Não foi surpresa que os pátios de exercícios fossem considerados indevidamente restritivos e pequenos demais. Muitos presos renunciavam à hora de exercício por dia, a fim de poderem ter um pouco de privacidade na ausência do companheiro de cela. Afora um curso de ensino médio que concedia um diploma, não havia programas educacionais. Além disso, os presos não tinham permissão para trabalhar. Os serviços religiosos eram limitados. O isolamento dos presos individuais era severo demais. A alimentação precisava de uma revisão total.

Para concluir, a Anistia Internacional considerou as condições na Unidade H cruéis, desumanas e degradantes, uma violação dos padrões internacionais. Essas condições, quando "aplicadas por um período prolongado, podem ter um efeito pernicioso sobre a saúde física e mental dos presos".

O relatório foi divulgado, mas não mudou muito a vida na prisão. De qualquer forma, acrescentou combustível às ações judiciais de alguns presos contra as condições de sua reclusão.

Após um intervalo de três anos, as engrenagens da câmara da morte voltaram a funcionar. Em 20 de março de 1995, Thomas Grasso, branco, 32 anos, foi executado depois de apenas dois anos no Corredor da Morte. Embora tivesse sido difícil, Grasso conseguira suspender seus recursos para acabar com tudo mais depressa.

Em seguida foi a vez de Roger Dale Stafford, o famoso assassino da churrascaria, cuja execução foi das mais divulgadas pela imprensa. Os assassinos em massa das cidades grandes atraem mais repórteres, portanto Stafford morreu num esplendor de glória. Passara 15 anos no Corredor da Morte e seu caso foi usado por policiais e promotores, especialmente por políticos, como um exemplo das falhas do sistema de recursos judiciais.

Em 11 de agosto de 1995 ocorreu uma insólita execução. Robert Brecheen, branco, 40 anos, mal conseguiu chegar à câmara da morte. Um dia antes, ele engoliu um punhado de analgésicos que conseguira contrabandear para a cela e esconder. O suicídio era sua última tentativa de dizer ao estado que fosse para o inferno. Mas o estado prevaleceu. Brecheen foi encontrado inconsciente pelos guardas e levado para o hospital, onde fizeram uma lavagem estomacal. Foi estabilizado o suficiente para voltar à Unidade H e ser devidamente executado.

O juiz Seay orientou sua equipe na tediosa avaliação de cada aspecto do caso Williamson. Examinaram as transcrições, inclusive da audiência preliminar e de todas as outras sessões do tribunal. Catalogaram os extensos registros médicos de Ron. Estudaram os arquivos da polícia e os relatórios dos peritos do OSBI.

A carga de trabalho foi dividida entre Vicky Hildebrand, Jim Payne e Gail Seward. Tornou-se um projeto coletivo, sem economia de idéias e de vontade. O julgamento todo fora um equívoco, ocasionando um flagrante desvirtuamento da justiça, e eles queriam corrigi-lo.

O juiz Seay jamais confiara em provas que envolvessem análise de cabelos. Presidira, certa vez, um caso de pena de morte em que a principal testemunha era o maior perito em cabelos do FBI. Suas qualificações eram irrepreensíveis e ele já testemunhara muitas vezes antes. Mas o juiz Seay não ficara impressionado e o perito foi dispensado sem prestar depoimento.

Vicky Hildebrand ofereceu-se para pesquisar sobre a evidência dos cabelos. Durante meses, ela leu dezenas de processos e estudos. Ficou convencida de que era tudo pseudociência. A análise de cabelos era tão falha como prova que nunca deveria ser usada em qualquer julgamento, uma conclusão a que o juiz Seay já chegara há muito tempo.

Gail Seward concentrou-se em Barney Ward e nos erros que ele cometera durante o julgamento. Jim Payne cuidou das questões de

Brady. Por meses a equipe quase não trabalhou em outra coisa, só deixando Williamson de lado para cuidar dos problemas mais prementes. Não havia prazo marcado, mas o juiz Seay era um magistrado que não tolerava causas pendentes por muito tempo. Eles trabalhavam de noite e nos fins de semana. Liam e editavam os textos uns dos outros. À medida que removiam mais camadas, encontravam mais equívocos, e à medida que os erros se acumulavam, o entusiasmo aumentava.

Jim Payne tinha reuniões diárias com o juiz Seay, que sempre oferecia muitos comentários, como era de esperar. Ele leu os esboços iniciais da equipe, fez algumas mudanças e mandou que trabalhassem ainda mais.

Quando ficou evidente que teria de haver um novo julgamento, o caso começou a incomodar o juiz Seay. Barney era um velho amigo seu, um guerreiro que já passara do vigor da idade. Ficaria profundamente magoado pelas críticas. E como Ada reagiria à notícia de que seu antigo juiz tomara o lado do notório assassino Ron Williamson?

A equipe sabia que seu trabalho seria escrutinizado na próxima instância: a Corte de Apelações da Décima Circunscrição, em Denver. E se suas decisões fossem revogadas? Estavam mesmo convencidos de suas conclusões? Poderiam argumentar de forma tão persuasiva que a Décima Circunscrição acabaria concordando?

Durante quase um ano, a equipe trabalhou sob a orientação do juiz Seay. Finalmente, em 19 de setembro de 1995, um ano depois da suspensão da execução, ele emitiu um mandado de *habeas corpus* e concedeu um novo julgamento.

O parecer acompanhando a ordem foi extenso, com 100 páginas, uma obra-prima de análise e raciocínio jurídico. O juiz Seay criticava Barney Ward, Bill Peterson, a polícia de Ada e o OSBI. Embora não atacasse a lamentável condução do julgamento pelo juiz Jones, não era preciso ser adivinho para saber o que pensava a respeito.

Ron mereceu um novo julgamento por muitas razões, entre as quais a ineficiência de seu advogado. Os erros de Barney foram numerosos e prejudiciais. Entre eles a omissão em levantar a questão da incapacidade mental do cliente; a omissão em investigar meticulosamente e apresentar evidências contra Glen Gore; a omissão em ressaltar o fato de que Terri Holland também testemunhara contra Karl Fontenot e Tommy Ward; a omissão em informar ao júri que Ricky Joe Simmons confessara o crime, numa fita em poder de Barney; a omissão em atacar as confissões de Ron e suprimi-las antes do julgamento; e a omissão em chamar testemunhas para apresentar atenuantes durante a fase de determinação da pena.

Bill Peterson e os policiais erraram ao esconder o videoteipe do segundo teste de Ron com o polígrafo em 1983, ao usarem confissões obtidas por meios duvidosos, inclusive a confissão do sonho de Ron, ao chamarem para depor sob juramento os delatores da cadeia, ao apresentarem uma denúncia quase sem provas físicas e ao ocultarem evidências exculpatórias.

O juiz Seay analisou o histórico das análises de cabelos e decidiu, de forma um tanto dramática, que era uma evidência muito pouco confiável e devia ser banida de todos os tribunais. Criticou os peritos do OSBI pela maneira desastrada com que trataram as amostras nas investigações de Fritz e Williamson.

Bill Peterson, o juiz Jones e o juiz John David Miller erraram por não interromperem os procedimentos para verificar a saúde mental de Ron.

O juiz Jones errara ao realizar uma audiência de *Brady* sobre materiais exculpatórios *depois que o julgamento acabou*! Seu indeferimento do pedido de Barney de um perito forense para refutar os depoimentos dos agentes do OSBI foi um erro que por si só já justificava a revogação da sentença.

Com a precisão de um cirurgião, o juiz Seay isolou cada aspecto do julgamento, expondo o escárnio que fora a condenação de Ron. Ao contrário da Corte de Apelações Criminais de Oklahoma, que examinara o caso duas vezes, o juiz Seay detectou uma condenação injustificada e questionou tudo.

Ao final de seu parecer, ele acrescentou algo inédito: um epílogo. Ele disse:

Enquanto considerava minha decisão neste caso, comentei com um amigo, um leigo, que acreditava que os fatos e a lei ditavam que eu deveria conceder um novo julgamento a um homem que fora declarado culpado e condenado à morte.

Meu amigo perguntou: "Ele é um assassino?"

Respondi simplesmente: "Não saberemos até que ele tenha um julgamento justo."

Que Deus nos ajude se algum dia, neste grande país, virarmos a cabeça para o outro lado enquanto pessoas que não tiveram um julgamento justo são executadas. Isso quase aconteceu neste caso.

Como uma cortesia, o juiz Seay enviou uma cópia de seu parecer para Barney Ward, com um bilhete em que dizia que lamentava muito, mas não tivera opção. Barney nunca mais falaria com ele.

Embora Vicky Hildebrand, Gail Seward e Jim Payne tivessem certeza de seu trabalho, ainda se sentiam um tanto apreensivos sobre as conseqüências quando fosse divulgado. Conceder um novo julgamento a um preso no Corredor da Morte não era popular em Oklahoma. O caso de Ron ocupara suas vidas durante um ano. Embora estivessem confiantes em suas conclusões, não queriam que o juiz Seay e seu gabinete fossem criticados.

"Promotores Decidem Lutar contra Novo Julgamento", dizia a manchete do *Ada Evening News* de 27 de setembro de 1995. De um lado havia uma foto de Ron Williamson na escola, do outro uma foto de Bill Peterson. A reportagem começava assim:

Bill Peterson, furioso, disse que ficaria "mais do que feliz" em comparecer à Suprema Corte dos Estados Unidos, se necessário, a fim de revogar a recente decisão de um juiz federal, que ordenou um novo julgamento para Ronald Keith Williamson, um assassino condenado no condado de Pontotoc.

Por sorte, pelo menos para Peterson, ele não teria a chance de ir a Washington e argumentar em seu favor. Ele acrescentava na reportagem que recebera a garantia do procurador-geral do estado de que seria pessoalmente encarregado de cuidar do recurso "imediato" à Décima Circunscrição, em Denver. O jornal citava o que ele teria declarado:

Estou espantado, impressionado, confuso, furioso e uma porção de outras coisas. Este caso passou por muitos recursos e foi meticulosamente analisado, sem que ninguém questionasse a condenação, até que surge esse parecer inesperado. Não faz o menor sentido.

Ele deixou de dizer e o repórter deixou de ressaltar que todas as condenações com pena de morte têm de passar pelo caminho do *habeas corpus* e acabam num tribunal federal, mais cedo ou mais tarde, para algum tipo de decisão.

Mas Peterson estava animado e continuou:

Este caso foi considerado pela Suprema Corte em duas ocasiões. E nas duas ocasiões a Suprema Corte confirmou a condenação e negou os pedidos de um novo julgamento.

Não foi exatamente assim. A Suprema Corte nunca considerou os méritos do caso de Ron; na verdade, ao negar o *certiorari* – a decisão de um tribunal superior de revisar os procedimentos de um tribunal inferior –, a Suprema Corte recusou-se a tomar conhecimento do caso, enviando o processo de volta a Oklahoma. Era a prática padrão.

Peterson guardou sua declaração mais extravagante para o final. O juiz Seay citara, numa nota de rodapé, o livro de Robert Mayer, *The Dreams of Ada*, fazendo uma referência ao número de condenações baseadas em confissões de sonhos saindo do mesmo tribunal. Peterson ficou perturbado com o fato de o livro ser mencionado numa decisão judicial e declarou, obviamente com o rosto impassível:

> Não é verdade que qualquer desses três homens, Williamson, Fontenot ou Ward, tenha sido condenado com base em confissões de sonhos.

O estado de Oklahoma recorreu da decisão do juiz Seay para a Corte de Apelações de Denver. Embora Ron estivesse satisfeito com o rumo dos acontecimentos e a perspectiva de um novo julgamento, ainda continuava na prisão, sobrevivendo dia a dia à medida que o processo se arrastava.

Mas não lutava sozinho. Kim Marks, sua investigadora, Janet Chesley, sua advogada, e o Dr. Foster eram incansáveis em seus esforços para obter um tratamento apropriado. Durante quatro anos, a direção da penitenciária recusara-se a transferir Ron para a Unidade de Tratamento Especial, onde ele teria melhor medicação e melhores condições. A UTE ficava à vista da Unidade H, uma caminhada rápida, mas oficialmente era proibida para os presos do Corredor da Morte.

Kim Marks fez esta descrição de seu cliente:

> Fiquei muito assustada, não com ele, mas por ele. Insisti que procurássemos alguém superior no sistema penitenciário para obter alguma ajuda, porque seus cabelos desciam pelos ombros, com manchas amareladas nos lugares em que os puxava, porque se podia ver as manchas de nicotina cobrindo por completo os dedos e as mãos, não apenas nas pontas; os dentes literalmente caíam da boca de tão podres. Acho que ele os torcia. A pele era cinzenta, porque obviamente ele não tomava banho há semanas; era só pele e ossos; as roupas eram apertadas; a camisa dava a impressão de que não era lavada há meses, muito menos pendurada e passada; e ele andava de um lado para outro; mal podia falar, e cada vez que falava alguma

coisa voava de sua boca. Suas palavras não faziam o menor sentido e tive muito medo de que pudéssemos perdê-lo, que ele morresse na prisão de problemas de saúde física relacionados com problemas de saúde mental.

Janet Chesley, Kim Marks e Ken Foster atormentaram os vários diretores que entraram e saíram de McAlester, assim como seus assessores. Susan Otto, diretora da Defensoria Pública e supervisora de Janet, conseguiu influenciar pessoas no Departamento Correcional. Finalmente, em fevereiro de 1996, James Saffle, então uma alta autoridade no departamento, concordou em receber Kim e Janet. Logo no início da reunião, Saffle anunciou que autorizara Ron Ward, o atual diretor de McAlester, a abrir uma exceção para Ron Williamson e transferi-lo imediatamente para a UTE.

O memorando de Ron Ward para o responsável pela UTE reconhecia que a unidade era oficialmente vedada aos presos do Corredor da Morte. Dizia:

> Estou autorizando uma exceção ao Regulamento dos Procedimentos Operacionais para a Unidade de Tratamento Especial da Penitenciária de Oklahoma, do qual consta o seguinte: "Qualquer preso tem direito aos serviços da Unidade de Tratamento Especial, exceto os que estão no Corredor da Morte."

O que havia por trás dessa mudança de disposição? Duas semanas antes, um psicólogo da prisão enviara um memorando confidencial a um vice-diretor sobre Ron Williamson. Entre outros comentários, o psicólogo apresentava algumas razões válidas para a transferência de Ron para a UTE:

> Na discussão da equipe, concordamos que o Sr. Williamson é psicótico e provavelmente se beneficiaria de um ajuste drástico em sua medicação. Também constatamos que ele tem se recusado sistematicamente a sequer considerar ou conversar sobre esse ajuste.

Como sabe, a Unidade de Tratamento Especial tem condições de forçar uma medicação, quando necessário.

A Unidade H estava cansada de Ron e precisava de um tempo. O memorando dizia também:

Não há dúvida de que as condições do Sr. Williamson estão se deteriorando semana a semana. Tenho notado isso e a equipe da Unidade H tem me informado regularmente. Hoje cedo, Mike Mullens fez uma menção enfática a essa deterioração e ao efeito adverso que as explosões psicóticas do preso causam nos outros presos.

Mas a melhor razão para a transferência de Ron era a de apressar sua execução. O memorando concluía:

Em minha opinião, nas condições atuais do Sr. Williamson, sua psicose alcançou um nível que provavelmente o incapacitaria para ser executado. Um período na nossa UTE poderia recuperá-lo para um nível apropriado de capacidade.

Ron foi internado na UTE, numa cela melhor, que tinha até uma janela. O Dr. Foster mudou a medicação e passou a monitorar sua aplicação. Embora estivesse longe de ser saudável, Ron ficava quieto, sem sentir uma dor constante.

Também estava extremamente fragilizado, sua loucura escassamente sob controle. Houve algum progresso, até que, subitamente, no dia 25 de abril, depois de três meses na UTE, Ron foi levado de volta à Unidade H por duas semanas. Não houve autorização médica para a transferência; o Dr. Foster nem tomou conhecimento. Nenhuma razão foi apresentada. Quando ele voltou à UTE, regredira de uma forma considerável. O Dr. Foster mandou um memorando para o diretor, descrevendo os danos que a transferência repentina causara no paciente.

Por coincidência, a súbita transferência de Ron, a 25 de abril, ocorreu no dia anterior à outra execução. Em 26 de abril, Benjamin

Brewer foi executado por esfaquear até a morte um colega, em Tulsa, em 1978. Brewer estava no Corredor da Morte há mais de 17 anos.

Embora estivesse internado na UTE, Ron ainda era um preso do Corredor da Morte. Não se podia permitir que ele perdesse o drama de outra execução da Unidade H.

Janet Chesley desconfiou que a repentina transferência não passava de uma manobra legal. O estado de Oklahoma recorrera da decisão do juiz Seay na Décima Circunscrição, em Denver, e foram marcadas as alegações orais. Para impedi-la de argumentar que seu cliente estava tão mentalmente incapaz que fora transferido para a Unidade de Tratamento Especial, Ron fora levado de volta à Unidade H. Ela explodiu ao tomar conhecimento da transferência. Censurou as autoridades da penitenciária e os advogados do estado que cuidavam dos recursos. Ao final, ela prometeu que não usaria a transferência de Ron para a UTE em suas alegações orais.

Ele voltou para a UTE, mas os danos eram dolorosamente evidentes.

Dennis Fritz soube da boa notícia de que Ron vencera na instância superior e teria outro julgamento. Dennis não teve a mesma sorte. Como não recebera a sentença de morte, não podia contar com um advogado gratuito e foi obrigado a preparar pessoalmente seu pedido de *habeas corpus*. Perdera na Corte distrital em 1995 e recorria agora à Décima Circunscrição federal.

O novo julgamento de Ron provocou sentimentos ambíguos em Dennis. Sentia-se desolado porque fora condenado pelas mesmas testemunhas e pelo mesmo conjunto de provas, mas ainda assim seu *habeas corpus* fora indeferido. Ao mesmo tempo, sentia-se feliz porque Ronnie teria outra oportunidade de se defender no tribunal.

Em março de 1996, ele finalmente escreveu para o Projeto Inocência pedindo ajuda. Um estudante voluntário respondeu à carta, enviando um questionário. Em junho, o estudante solicitou os estudos de laboratório de Dennis, a análise dos cabelos, sangue e saliva. Dennis tinha tudo guardado em sua cela e despachou para Nova York. Em agosto ele mandou os sumários de seus recursos e em novembro enviou a transcrição do julgamento. Ao final do mês, recebeu a notícia maravilhosa de que o Projeto Inocência aceitara oficialmente seu caso.

Cartas foram trocadas, semanas e meses se passaram. A Décima Circunscrição indeferiu seu recurso, e quando a Suprema Corte recusou-se a analisar seu caso, em maio de 1997, Dennis entrou em crise de depressão. Seus recursos estavam esgotados. Todos aqueles sábios juízes, em suas togas pretas, cercados por enormes livros jurídicos, não haviam constatado nada de errado em seu julgamento. Nem um único percebera o óbvio: um inocente fora injustamente condenado.

Um futuro de vida na prisão, no qual se recusara a acreditar com tanta obstinação, era agora uma possibilidade.

Em maio ele mandou quatro cartas para o Projeto Inocência.

Em 1979, na pequena cidade de Okarche, ao norte de Oklahoma City, dois homens, Steven Hatch e Glen Ake, invadiram a casa do reverendo Richard Douglass. Ele e a esposa foram assassinados a tiros. As duas crianças pequenas também foram baleadas e deixadas como mortas, mas sobreviveram. Os crimes foram cometidos por Glen Ake, que foi julgado e condenado à morte, mas obteve um novo julgamento porque o juiz negara-lhe acesso a um especialista em saúde mental. Seu recurso, *Ake v. Oklahoma*, foi uma decisão que virou ponto de referência. No segundo julgamento, ele recebeu uma sentença de prisão perpétua, que ainda está cumprindo.

A participação de Steven Hatch nas mortes era bastante duvidosa e foi contestada com veemência, mas mesmo assim ele recebeu a pena de morte. Em 9 de agosto de 1996, Hatch foi imobilizado na maca e levado para a câmara da morte na Unidade H. Os dois filhos de Douglass, adultos a esta altura, estavam na sala das testemunhas.

Glen Ake, o assassino incontestável, pegou prisão perpétua. Steven Hatch, que não matara ninguém, foi executado.

Em 1994, um índio americano de 20 anos, Scott Dawn Carpenter, assaltou uma loja em Lake Eufaula, assassinando o proprietário. Depois de apenas dois anos no Corredor da Morte, ele conseguiu suspender seus recursos e entrou na agulha.

Em 10 de abril de 1997, a Corte de Apelações da Décima Circunscrição, em Denver, confirmou a decisão do juiz Seay. Objetou seus vetos à análise dos cabelos como elemento comprobatório, mas concordou que Ron Williamson fora condenado injustamente.

Com um novo julgamento determinado, o caso de Ron foi transferido para a Divisão de Julgamento de Pena Capital do Sistema de Defensoria do Réu Carente. O novo diretor, Mark Barrett, supervisionava uma equipe de oito advogados. Por causa da complexidade do processo e por sua experiência com Ron, ele resolveu cuidar pessoalmente do caso. O volume inicial de materiais recebidos enchia 16 caixas.

Em maio de 1997, Mark e Janet Chesley foram a McAlester para falar com seu cliente. O papel de Janet era reapresentar Mark a Ron. Haviam se encontrado pela última vez em 1988, pouco depois que Ron chegara ao Pavilhão F e Mark fora designado para cuidar de seu primeiro recurso.

Embora conhecesse Janet e Kim Marks, assim como a maioria dos advogados de réus carentes, e embora tivesse ouvido muitos rumores e histórias sobre as aventuras de Ron no Corredor da Morte, ainda assim Mark se surpreendeu com o estado de seu cliente. Em 1988, Ron tinha 35 anos, pesava 100 quilos e possuía o corpo atlético, um andar confiante, cabelos escuros e um rosto de bebê. Nove anos mais tarde, ele tinha 44, mas podia muito bem passar por um homem de 65. Depois de um ano na UTE, ainda estava magro, pálido, desgrenhado e, obviamente, muito doente.

Mas foi capaz de manter uma longa conversa sobre seu caso. Divagava às vezes, perdia-se em monólogos desconexos, mas de um modo geral sabia o que estava acontecendo e qual seria o rumo do processo. Mark explicou que o teste de DNA compararia as amostras de sangue, cabelos e saliva de Ron com os cabelos e sêmen encontrados na cena do crime. A conclusão seria certa, garantida, incontestável. O DNA não mente.

Ron não demonstrou a menor hesitação; ao contrário, mostrou-se ansioso para fazer o teste.

– Sou inocente – reiterou ele muitas vezes – e nada tenho a esconder.

Mark Barrett e Bill Peterson concordaram que Ron deveria ser avaliado para determinar suas condições psicológicas. Também concordaram com o teste de DNA. Peterson até pressionou pelo teste de DNA, porque tinha certeza de que incriminaria Ron.

O teste, no entanto, teria de esperar, porque o orçamento apertado de Mark Barrett não permitiria sua realização. O custo previsto inicialmente era de 5 mil dólares, uma quantia que só estaria disponível poucos meses depois. Ao final, custaria muito mais do que a primeira estimativa.

Em vez disso, Mark começou a trabalhar na audiência de competência, que decidiria sobre a capacidade mental de Ron. Ele e sua reduzida equipe compilaram os registros médicos de Ron. Contrataram um psicólogo que analisara os registros, entrevistara Ron e estava disposto a viajar a Ada para depor.

Depois de duas idas à Corte de Apelações Criminais de Oklahoma, um ano de permanência no gabinete do juiz Seay, uma espera de dois anos na Décima Circunscrição em Denver, duas visitas inúteis, mas exigidas, à Suprema Corte em Washington, um caminhão de petições que seguia de um tribunal para outro, o processo do estado de Oklahoma contra Ronald Keith Williamson voltava agora à sua origem.

Estava de novo em Ada, dez anos depois que quatro policiais cercaram Ron, sem camisa, desgrenhado, empurrando um cortador de grama com apenas três rodas e o prenderam por homicídio.

CAPÍTULO 14

Tom Landrith era da terceira geração de nascidos no condado de Pontotoc. Cursara a Ada High School e jogara em duas equipes de futebol americano que ganharam o campeonato estadual. Fez a faculdade de direito na Universidade de Oklahoma. Aprovado no exame da Ordem dos Advogados, instalou-se em sua cidade natal, ingressando num pequeno escritório de advocacia. Em 1994, concorreu ao cargo de juiz distrital. Ganhou facilmente de G. C. Mayhue, que havia derrotado Ronald Jones em 1990.

O juiz Landrith conhecia Ron Williamson e a história do assassinato de Debbie Carter. Quando a Décima Circunscrição confirmou a decisão do juiz Seay, ele sabia que o caso voltaria para o seu tribunal, em Ada. Típico de uma cidade pequena, ele defendera Ron num processo por dirigir embriagado no início da década de 1980; haviam jogado juntos, por um breve período, na mesma equipe de softball; também jogara futebol na escola com Johnny Carter, tio de Debbie, e era um velho amigo de Bill Peterson. Durante o julgamento de Ron, em 1988, Landrith estivera várias vezes no tribunal, por curiosidade. Claro que conhecia Barney muito bem.

Em Ada todo mundo conhecia todo mundo.

Landrith era um juiz popular, cordial e divertido, mas rigoroso em seu tribunal. Embora nunca tenha ficado absolutamente convencido da culpa de Ron, também não se convencera de sua inocência. Como a maioria das pessoas em Ada, sempre achara que Ron tinha um parafuso a menos. Mas estava ansioso para ver Ron. E cuidaria para que seu julgamento fosse conduzido de uma maneira justa.

O crime acontecera há 15 anos e ainda não fora devidamente esclarecido. O juiz Landrith sentia a maior compaixão pela família Carter e seu sofrimento. Era hora de resolver o problema para sempre.

No domingo, 13 de julho de 1997, Ron Williamson deixou McAlester para nunca mais voltar. Foi levado por dois guardas do condado de Pontotoc para o Hospital Estadual do Leste, em Vinita. O xerife, Jeff Glase, disse a um repórter de jornal que o preso se comportara direito.

– Os guardas não comunicaram qualquer problema – declarou Glase. – Mas quando você está algemado e com correntes nas pernas, metido numa camisa-de-força, também não tem muitas condições de criar dificuldades.

Era a quarta internação de Ron naquele hospital. Ele entrou no "programa pré-julgamento", para ser avaliado e tratado, a fim de poder, mais tarde, se apresentar no tribunal.

O juiz Landrith marcou o início do julgamento para 28 de julho, mas depois adiou, na dependência de uma avaliação de Ron pelos médicos. Embora Bill Peterson não protestasse contra a avaliação, não deixou qualquer dúvida de sua opinião sobre a capacidade de Ron. Numa carta a Mark Barrett, ele disse: "Minha opinião pessoal é de que ele era mentalmente capaz nos termos da lei de Oklahoma, e suas explosões no tribunal foram apenas uma manifestação de raiva, no momento em que era julgado e condenado." E mais: "Ele se comportava relativamente bem na cadeia."

Bill Peterson gostou da idéia do teste de DNA. Nunca duvidara de que Williamson era o assassino. Agora isso poderia ser provado com um exame científico incontestável. Ele e Mark Barrett trocaram correspondência e discutiram os detalhes – que laboratório, quem paga o quê, quando o teste começaria –, mas ambos concordaram que era necessário realizar o teste de DNA.

Ron estabilizou e começou a melhorar. Qualquer lugar, até mesmo um hospital psiquiátrico, era melhor do que a penitenciária. O Hospital Estadual do Leste tinha várias unidades. Ele foi para um complexo de segurança, com barras nas janelas e muito arame farpado. Os quartos eram pequenos, velhos e nada acolhedores. A unidade estava superlotada de pacientes. Ron teve sorte de conseguir um quarto; outros dormiam em camas nos corredores.

Foi imediatamente examinado pelo Dr. Curtis Grundy, que o considerou mentalmente incapaz. Ron compreendia a natureza das acusações, mas não conseguia ajudar seus advogados. O Dr. Grundy escreveu para o juiz Landrith, dizendo que um tratamento apropriado poderia capacitar Ron para o julgamento.

Dois meses depois, o Dr. Grundy tornou a avaliá-lo. Num relatório detalhado de quatro páginas para o juiz Landrith, o Dr. Grundy determinou que Ron (1) era capaz de avaliar a natureza das acusações contra ele, (2) capaz de conferenciar com seu advogado e ajudá-lo de uma forma racional na preparação de sua defesa, e (3) era mentalmente doente e exigia um tratamento adicional... "ele deve continuar recebendo tratamento psiquiátrico durante o julgamento para que se mantenha mentalmente capaz para ser julgado".

Além disso, o Dr. Grundy determinou que Ron era inofensivo: "O Sr. Williamson não representa uma ameaça imediata e significativa para si mesmo ou para os outros caso seja liberado do tratamento e da internação. Ele nega experimentar no momento qualquer idéia ou intenção suicida ou homicida. Não tem exibido comportamento agressivo em relação a si mesmo ou aos outros durante esta hospitalização. A presente avaliação de sua periculosidade baseia-se em sua colocação num cenário estruturado e seguro e pode não se aplicar a ambientes desestruturados."

O juiz Landrith marcou a audiência de competência para 10 de dezembro. Ron foi transferido para Ada. Foi levado para a cadeia do condado de Pontotoc, cumprimentou seu velho amigo John Christian e voltou para sua antiga cela. Annette logo apareceu para visitá-lo, trazendo comida. Encontrou-o jovial, esperançoso, feliz por estar de volta ao "lar". Sentia-se animado com o novo julgamento e a perspectiva de provar sua inocência. Falou sem parar sobre Ricky Joe Simmons, embora Annette lhe pedisse a todo instante para mudar de assunto. Só que ele não podia fazê-lo.

No dia anterior à audiência, ele passou quatro horas com a Dra. Sally Church, uma psicóloga contratada por Mark Barrett para testemunhar sobre sua capacidade mental. A Dra. Church já se encontrara com ele duas vezes e analisara os extensos registros de seu histórico médico. Tinha poucas dúvidas de que ele era mentalmente incapaz para ser julgado.

Ron, no entanto, estava determinado a provar que tinha condições de enfrentar um julgamento. Sonhara por nove anos com a oportunidade de confrontar Bill Peterson outra vez, além de Dennis Smith e Gary Rogers, e todos os mentirosos e delatores. Não matara ninguém e estava desesperado para provar isso. Gostava de Mark Barrett, mas sentia-se irritado porque seu próprio advogado queria provar que ele era louco.

Ron queria apenas um novo julgamento.

O juiz Landrith marcou a audiência para uma sala menor, no final do corredor em que ficava o tribunal principal, onde Ron fora condenado. Todos os lugares estavam ocupados na manhã do dia 10. Annette estava presente, assim como vários repórteres. Janet Chesley e Kim Marks esperavam para depor. Barney Ward não aparecera.

Na última vez em que Ron caminhara pelo curto percurso entre a cadeia e o tribunal, fora condenado à morte. Tinha 35 anos na ocasião, ainda era jovem, cabelos escuros, corpulento, vestindo um bom terno. Nove anos depois, repetiu a mesma caminhada, um velho de cabeça branca, pálido, trôpego, vestindo o uniforme da prisão. Quando entrou no tribunal, Tom Landrith ficou chocado com sua aparência. Ron ficou muito feliz em ver "Tommy" sentado lá em cima, de toga preta.

Quando Ron acenou com a cabeça e sorriu, o juiz notou que ele perdera a maior parte dos dentes. Os cabelos tinham manchas amareladas da nicotina em suas mãos.

Como representante do estado, para contestar as alegações de incapacidade de Ron, estava presente Bill Peterson, que se sentia irritado com a própria audiência e desdenhoso dos procedimentos. Mark Barrett contava com a assistência de Sara Bonnell, uma advogada de Purcell que ocuparia a "segunda cadeira" no novo julgamento de Ron. Sara era uma experiente criminalista e Mark confiava muito em sua ajuda.

Não desperdiçaram tempo para provar seu caso. Ron foi a primeira testemunha. Em poucos segundos, deixou todos confusos. Mark perguntou seu nome e depois travaram o seguinte diálogo:

Mark: – Sr. Williamson, acredita que outra pessoa cometeu o crime?

Ron: – Claro. O nome dele é Ricky Joe Simmons, morava na West Third Street, 323, em 24 de setembro de 1987, quando fez a confissão para a polícia de Ada. Esse foi o endereço que ele deu. Recebi a confirmação de que havia outros Simmons nesse endereço, além de Ricky Joe Simmons. Havia um Cody e uma Debbie Simmons vivendo ali.

Mark: – E tentou dar essa informação sobre Ricky Simmons?

Ron: – Falei do Sr. Simmons para uma porção de pessoas. Escrevi para Joe Gifford, escrevi para Tom e Jerry Criswell da agência funerária, e sabendo que se eles comprassem um monumento aqui em Ada teriam de comprar de Joe Gifford, porque ele é o único que faz monumentos. E para a Floricultura Forget-Me-Not, que cuidou dos arranjos de flores. Escrevi para eles. Escrevi para algumas pessoas da Solo Company, onde ele trabalhou. Escrevi para a fábrica de vidro, onde ele também trabalhou, e para o ex-patrão da falecida.

Mark: – Vamos voltar atrás por um instante. Por que era importante escrever para a fábrica de monumentos?

Ron: – Porque conheço Joe Gifford. Quando eu era garoto, aparava seu gramado, junto com Burt Rose, meu vizinho. E sabendo que se o Sr. Carter e a Sra. Stillwell comprassem um monumento aqui em Ada, Oklahoma, teriam de comprar de Joe Gifford, porque ele é o único aqui que faz monumentos. Cresci junto dos monumentos de Gifford.

Mark: – Por que escreveu para a Floricultura Forget-Me-Not?

Ron: – Porque sabia que se eles comprassem flores aqui em Ada, a Sra. Stillwell é de Stonewall, Oklahoma, sabendo que se comprassem flores aqui em Ada, possivelmente poderiam comprar na Forget-Me-Not.

Mark: – E a agência funerária?

Ron: – A agência funerária é, a Agência Funerária Criswell é a agência funerária, li no sumário de Bill Luker, declarando que são as pessoas responsáveis por cuidarem do funeral e dos arranjos para o enterro da falecida.

Mark: – E era importante para você fazer com que eles soubessem que Ricky...

Ron: – Isso mesmo. Ele era um homem extremamente perigoso e pedi alguma ajuda para que fosse preso.

Mark: – Tudo isso por causa dos arranjos para o funeral da Srta. Carter?

Ron: – Correto.

Mark: – Também escreveu para o *manager* do Florida Marlins?

Ron: – Escrevi para o técnico do Oakland Athletics, que mais tarde se tornou, isso mesmo, o *manager* do Florida Marlins.

Mark: – E pediu a ele para manter algum tipo de informação em segredo?

Ron: – Não. Contei a ele toda a história da garrafa, do vidro de ketchup Del Monte que Simmons disse que Dennis Smith, segurando um vidro de ketchup Del Monte na mão direita, na cadeira das testemunhas, e Ricky Joe Simmons dizendo que estuprou a falecida com um vidro de ketchup, e escrevi para Rene e contei a ele que essa é a evidência mais chocante que já vi nos 44 anos em que estou vivo.

Mark: – Mas você sabe que o *manager* do Florida Marlins contou a história a outras pessoas, não é mesmo?

Ron: – Provavelmente sim, porque Rene Lachemann é um bom amigo meu.

Mark: – Ouviu alguma coisa que o levou a acreditar nisso?

Ron: – Ouvi sim, porque eu costumava ouvir o futebol na noite de segunda-feira, e ouvi os jogos do campeonato, e tenho ouvido no noticiário de esportes na televisão, que o vidro de ketchup Del Monte ficou famoso.

Mark: – Quer dizer que ouviu falar...

Ron: – Com toda a certeza. Claro que sim.

Mark: – Na noite de segunda-feira...

Ron: – Isso mesmo.

Mark: – E durante os jogos do campeonato...

Ron: – É uma provação pela qual tenho de passar, mas mesmo assim é necessário ouvir Simmons confessar que a estuprou com um objeto, estuprou-a por sodomia forçada, e assassinou Debra Sue Carter em sua casa, na East 8th Street, 1.022, no dia 8 de dezembro de 1982.

Mark: – Também ouviu o nome de Debra Sue Carter ser mencionado durante...

Ron: – Ouvi sim.

Mark: – Isso também no jogo de segunda-feira à noite?

Ron: – Ouço sempre o nome de Debra Sue Carter.

Mark: – Não tem uma TV na cela, não é mesmo?

Ron: – Ouço a televisão dos outros. Tenho ouvido em Vinita. Eu tinha uma televisão no Corredor da Morte. Ouço sempre que estou associado a esse crime horrível, e estou fazendo o melhor que posso para limpar meu nome dessa confusão nojenta.

Mark fez uma pausa para que todos pudessem respirar. As pessoas presentes trocaram olhares. Outras franziam o rosto, tentando não fazer contato visual com ninguém. O juiz Landrith escrevia alguma em seu bloco de anotações. Outros também escreviam, embora não fosse fácil juntar palavras sensatas naquele momento.

Da perspectiva de um advogado, era extremamente difícil interrogar uma testemunha incapaz, porque ninguém, nem mesmo a testemunha, sabia que respostas poderiam sair. Mark decidiu simplesmente deixá-lo falar.

Christy Shepherd, sobrinha de Debbie, que fora criada não muito longe dos Williamson, estava presente. Era uma conselheira de saúde formada, que passara anos trabalhando com adultos que tinham graves doenças mentais. Depois de ouvir Ron por alguns minutos, ela ficou convencida. Mais tarde, ainda naquele dia, ela disse à mãe e a Peggy Stillwell que Ron Williamson era um homem muito doente.

Também observando, mas por motivos diferentes, estava o Dr. Curtis Grundy, a principal testemunha de Bill Peterson.

O interrogatório continuou, embora as perguntas fossem desnecessárias. Ron ignorava-as, ou dava uma resposta rápida antes de voltar a Ricky Joe Simmons, divagando até que a pergunta seguinte o interrompia. Depois de dez minutos, Mark Barrett concluiu que já ouvira o suficiente.

Annette sucedeu o irmão. Depôs sobre seus pensamentos desconexos e sua obsessão por Ricky Joe Simmons.

Janet Chesley relatou em detalhes como representara Ron, falando de seus esforços para transferi-lo para a Unidade de Tratamento Especial em McAlester. Também descreveu suas incessantes divagações sobre Ricky Joe Simmons. Acrescentou que ele era incapaz de ajudar em sua defesa, porque não falava de outra coisa. Ron estava melhorando, em sua opinião, e ela tinha a esperança de que ele poderia um dia ser submetido a um novo julgamento. Mas esse dia ainda estava distante.

Kim Marks cobriu mais ou menos a mesma área. Não via Ron há meses e sentia-se satisfeita com a melhora de sua aparência. Em detalhes expressivos, ela descreveu Ron na Unidade H. Comentou que muitas vezes pensara que ele poderia morrer a qualquer momento. Havia um certo progresso mental, mas ele ainda era incapaz de se concentrar em qualquer coisa que não fosse Ricky Joe Simmons. Não estava pronto para um julgamento.

A Dra. Sally Church foi a última testemunha de Ron. Na longa e pitoresca história dos procedimentos judiciais com Ron Williamson, ela era a primeira perita a testemunhar sobre sua saúde mental, por incrível que pareça.

Ele era bipolar e esquizofrênico, dois dos transtornos mais difíceis de tratar, porque o paciente nem sempre compreende o que as medicações fazem. Ron parava com freqüência de tomar os remédios, o que era comum com os dois transtornos. A Dra. Church descreveu os efeitos, tratamentos e causas potenciais do transtorno bipolar e da esquizofrenia.

Quando examinara Ron no dia anterior, na cadeia do condado, ele lhe perguntara se ela podia ouvir a televisão a distância. Ela não tinha certeza. Mas Ron tinha e comentou que no programa estavam falando sobre Debbie Carter e o vidro de ketchup. Acontecera da seguinte maneira: Ron escrevera para Rene Lachemann, ex-jogador e técnico do Oakland, para falar de Ricky Simmons, Debbie Carter e o vidro de ketchup. Ron achava que Lachemann, por algum motivo, mencionara o caso para alguns locutores esportivos, que começaram a falar a respeito no ar. A história se espalhara e agora não se falava de outra coisa na televisão.

– Não pode mesmo ouvi-los? – indagara Ron para a Dra. Church. – Eles estão gritando: Ketchup! Ketchup! Ketchup!

Ela concluiu o depoimento com a opinião de que Ron era incapaz de ajudar seu advogado e se preparar para o julgamento.

Durante o recesso para o almoço, o Dr. Grundy perguntou a Mark Barrett se poderia se reunir com Ron a sós. Mark confiava no Dr. Grundy e não fez qualquer objeção. O psiquiatra e o paciente/preso reuniram-se na sala das testemunhas na cadeia.

Quando o tribunal reiniciou a sessão, depois do almoço, Bill Peterson levantou-se e anunciou, contrafeito:

Meritíssimo, conversei com nossa testemunha [Grundy] durante o recesso e acho que o estado de Oklahoma estaria disposto a estipular que... a competência pode ser obtida, mas neste momento específico o Sr. Williamson não dispõe de competência.

Depois de observar Ron no tribunal e conversar com ele por 15 minutos, durante o recesso para o almoço, o Dr. Grundy mudara de opinião. Ron não estava preparado para um julgamento.

O juiz Landrith decidiu que Ron era incapaz e determinou que ele voltasse dentro de 30 dias para uma nova avaliação. Ao final da audiência, Ron indagou:

– Posso fazer uma pergunta?

Juiz Landrith: – Pode.

Ron: – Tommy, conheço você e conheci seu pai, Paul, e juro que estou dizendo a verdade, não sei como essa história de Duke Graham e Jim Smith tem ligação com Ricky Joe Simmons. Não sei. E se é sobre minha competência, minha capacidade, deixe-me voltar aqui dentro de 30 dias e quero ver Simmons preso, sentado na cadeira de testemunhas, para ver esse videoteipe e tentar arrancar uma confissão dele sobre o que ele fez de fato.

Juiz Landrith: – Eu compreendo o que está dizendo.

Se "Tommy" compreendia mesmo, era o único no tribunal.

Contra a sua vontade, Ron foi levado de volta ao Hospital Estadual do Leste para mais observação e tratamento. Preferia permanecer em Ada para apressar o processo para seu julgamento. Ficou irritado com o fato de seus advogados mandarem-no de volta para Vinita. Mark Barrett sentia-se desesperado em tirá-lo da cadeia do condado de Pontotoc, antes que mais delatores entrassem em cena.

Foi então que um dentista no hospital examinou uma ferida no céu da boca de Ron, fez uma biópsia e constatou que era câncer. O tumor estava encapsulado e foi removido com facilidade. A cirurgia foi bem-sucedida e o médico disse a Ron que se não houvesse tratamento, como aconteceria se ele estivesse na cadeia do condado ou em McAlester, o câncer teria se espalhado para o cérebro.

Ron ligou para Mark e agradeceu por sua transferência para o hospital.

– Você salvou a minha vida – disse ele.

E voltaram a ser amigos.

Em 1995, o estado de Oklahoma tirou uma amostra de sangue de todos os presos, começou a analisá-las e registrou os resultados em seu banco de dados de DNA.

As evidências da investigação do assassinato de Debbie Carter ainda estavam guardadas no laboratório do OSBI, em Oklahoma

City. O sangue, impressões digitais e amostras de cabelos da cena do crime, junto com numerosas impressões, cabelos e amostras de sangue e saliva tirados de testemunhas e suspeitos, tudo ficara guardado.

O fato de que o estado tinha a posse de tudo não servia de conforto para Dennis Fritz. Ele não confiava em Bill Peterson e na polícia de Ada, muito menos nos companheiros deles no Bureau de Investigação do Estado de Oklahoma, o OSBI. Afinal, Gary Rogers era um agente do OSBI.

Fritz esperou. Ao longo do ano de 1998, ele se correspondeu com o Projeto Inocência. Tentava ser paciente. Dez anos na prisão haviam lhe ensinado paciência e perseverança, e não podia esquecer que já experimentara a crueldade da falsa esperança.

Uma carta de Ron ajudou. Era desconexa, estendendo-se por sete páginas, em papel timbrado do Hospital Estadual do Leste. Dennis não pôde deixar de rir ao lê-la. Seu velho amigo não perdera o espírito de luta. Ricky Joe Simmons continuava à solta e Ron fazia tudo para que ele fosse preso.

Para manter a própria sanidade, Dennis passava tanto tempo quanto podia na biblioteca jurídica, examinando processos. Fez uma descoberta esperançosa: seu *habeas corpus* foi apresentado à Corte Distrital do distrito oeste de Oklahoma. O condado de Pontotoc ficava no distrito leste. Ele discutiu suas anotações com assistentes jurídicos e a conclusão geral foi a de que o distrito oeste não tinha jurisdição sobre seu caso. Ele reescreveu a petição e o sumário, e tornou a apresentar no tribunal apropriado. Era uma chance mínima, mas serviu para enchê-lo de energia, com mais um motivo para continuar a luta.

Em janeiro de 1999, ele conversou pelo telefone com Barry Scheck. Scheck era um homem que lutava em muitas frentes; o Projeto Inocência estava atolado de casos de condenação injusta. Dennis expressou sua preocupação com o fato de o estado ter o controle de todas as evidências. Barry explicou que em geral era isso o que acontecia. Relaxe, disse ele. Nada vai acontecer com as amostras. Ele sabia como proteger as amostras de qualquer interferência.

O fascínio de Scheck pelo caso de Dennis tinha um motivo simples: a polícia deixara de investigar o último homem que fora visto com a vítima. Era um sinal de alerta, tudo de que Scheck precisava para assumir o caso.

Em 26 e 27 de janeiro de 1999, numa empresa chamada Laboratory Corporation of America (LabCorp), perto de Raleigh, Carolina do Norte, as amostras de sêmen da cena do crime – na calcinha rasgada, lençóis e fluidos vaginais – foram examinadas e comparadas com os perfis de DNA de Ron Williamson e Dennis Fritz. Um perito em DNA da Califórnia, Brian Wraxall, fora contratado pelos advogados de Ron e Dennis para monitorar o teste.

Dois dias depois, o juiz Landrith deu a notícia com que Mark Barrett e muitos outros vinham sonhando. Os resultados dos testes de DNA foram analisados e confirmados no LabCorp. O sêmen encontrado na cena do crime não era de Ron Williamson nem de Dennis Fritz.

Como sempre, Annette mantinha-se em permanente contato com Mark Barrett. Soube que o teste seria realizado em algum lugar. Estava em casa quando o telefone tocou. Era Mark, e suas primeiras palavras foram as seguintes:

– Annette, Ron é inocente.

Ela sentiu os joelhos vergarem. Quase desmaiou.

– Tem certeza, Mark?

– Ron é inocente – repetiu ele. – Acabamos de receber os resultados do laboratório.

Annette não podia falar direito, pois começou a chorar. Prometeu que ligaria para Mark mais tarde e desligou. Sentou e chorou por muito tempo. Também orou. Agradeceu a Deus, muitas e muitas vezes, por Sua generosidade. Sua fé cristã a sustentara durante o pesadelo da provação de Ron. Agora, o Senhor atendera às suas preces. Ela entoou alguns hinos, orou mais um pouco e começou a telefonar para parentes e amigos. A reação de Renee foi quase idêntica.

Fizeram a viagem de carro de quatro horas até Vinita no dia seguinte. Mark Barrett e Sara Bonnell esperavam ali, para uma pequena comemoração. Enquanto Ron era trazido para a sala de visitas, o Dr. Curtis Grundy passou por ali e foi convidado a ouvir a boa notícia. Ron era seu paciente e haviam desenvolvido um estreito relacionamento. Depois de 18 meses em Vinita, Ron mantinha-se estável, tivera alguma melhora e começara a recuperar o peso.

– Temos uma grande notícia – anunciou Mark para seu cliente. – Os resultados dos exames de laboratório chegaram. O DNA prova que você e Dennis são inocentes.

Ron foi dominado pela emoção no mesmo instante. Abraçado com as irmãs, chorando, os três puseram-se a cantar, num impulso instintivo, "I'll Fly Away", um popular hino gospel que haviam aprendido quando eram crianças.

Mark Barrett entrou imediatamente com uma petição para arquivar as acusações e libertar Ron. O juiz Landrith estava ansioso para resolver logo o problema. Bill Peterson protestou. Queria testes adicionais com os cabelos. Foi marcada uma audiência para o dia 3 de fevereiro.

Bill Peterson opôs-se à petição, mas não podia fazê-lo discretamente. Antes da audiência, o *Ada Evening News* publicou que ele teria declarado: "O teste de DNA das amostras de cabelos, que não era disponível em 1982, provará que eles foram responsáveis pelo assassinato de Debbie Carter."

Mark Barrett e Barry Scheck ficaram irritados. Se Peterson era bastante arrogante para fazer essas alegações públicas àquela altura dos acontecimentos, seria possível que soubesse de alguma coisa que eles ignoravam? Teria acesso aos cabelos encontrados na cena do crime? Poderia trocar as amostras?

Não havia lugares vazios no tribunal principal a 3 de fevereiro. Ann Kelley, repórter do *Ada Evening News*, era fascinada pelo caso e fazia uma cobertura meticulosa. Suas matérias de primeira página eram muito lidas. Quando o juiz Landrith entrou, o tribunal estava lotado com policiais, serventuários da Justiça, parentes e advogados locais.

Barney viera para a audiência, sem ver nada, mas ouvindo mais do que qualquer outro. Era um homem calejado e aprendera a conviver com a decisão de 1995 do juiz Seay. Jamais concordaria, mas não podia alterá-la. Barney sempre acreditara que seu cliente fora incriminado pela polícia e por Peterson, e achava maravilhoso ver seus argumentos para a condenação sendo destruídos sob o foco da atenção pública.

Os advogados apresentaram suas alegações durante 45 minutos. Depois, o juiz Landrith decidiu, sensatamente, realizar o teste dos cabelos, antes de tomar a decisão final. Tratem disso o mais depressa possível, recomendou ele aos advogados.

Para seu crédito, Bill Peterson prometeu na audiência que concordaria com o arquivamento do caso se Williamson e Fritz fossem excluídos pelos testes de DNA nos cabelos encontrados na cena do crime.

Em 10 de fevereiro de 1999, Mark Barrett e Sara Bonnell foram de carro até o Centro Correcional Lexington para falar com Glen Gore no que deveria ser uma entrevista de rotina. Embora o novo julgamento de Ron ainda não estivesse marcado, eles já haviam começado a se preparar.

Gore surpreendeu-os ao dizer que já esperava pela visita. Era um homem que lia os jornais, para acompanhar o que acontecia. Tomara conhecimento da decisão do juiz Seay em 1995 e sabia que outro julgamento seria realizado em algum momento do futuro. Conversaram por algum tempo a respeito. Depois, a conversa deslocou-se para Bill Peterson, um homem que Gore desprezava porque o pusera na prisão por 40 anos.

Barrett perguntou a Gore por que ele testemunhara contra Williamson e Fritz.

Por causa de Peterson, respondeu ele. Peterson ameaçara-o, dissera que complicaria a vida dele se não o ajudasse a incriminar Williamson e Fritz.

– Estaria disposto a fazer um teste no polígrafo sobre isso? – perguntou Mark.

Gore disse que não tinha restrições ao polígrafo. Acrescentou que propusera à polícia fazer o teste, mas isso jamais acontecera.

Os advogados perguntaram a Gore se lhes daria uma amostra de saliva para o DNA. Ele disse que não era necessário. O estado já tinha seu DNA; todos os presos haviam sido obrigados a oferecer amostras. Enquanto conversavam sobre DNA, Mark Barrett informou a Gore que Fritz e Williamson haviam feito o teste. Gore já sabia disso.

– Seu DNA poderia estar nela? – perguntou Mark.

Provavelmente, respondeu Gore, pois dançara com ela cinco vezes naquela noite. Dançar não deixaria sinais do DNA na vítima, disse Mark. Ele explicou o que deixava a pista do DNA. Sangue, saliva, cabelos, suor, sêmen.

– Eles têm o DNA do sêmen – comentou Mark.

A expressão de Gore mudou de uma forma drástica. Era óbvio que essa informação deixara-o perturbado. Pediu um tempo e se retirou para consultar seus conselheiros jurídicos. Voltou com Reuben, um advogado da cadeia. Durante sua ausência, Sara Bonnell pedira um cotonete a um guarda.

– Glen, poderia dar uma amostra de sua saliva? – pediu Sara, estendendo o cotonete.

Gore pegou o cotonete, partiu-o ao meio, limpou as orelhas, largou as metades no bolso da camisa.

– Fez sexo com ela? – perguntou Mark.

Gore não respondeu.

– Está dizendo que nunca fez sexo com ela? – insistiu Mark.

– Não estou dizendo isso.

– Se fez, aquele sêmen vai combinar com seu DNA.

– Não fiz. Não posso ajudá-lo.

Gore e Reuben levantaram-se. A entrevista estava encerrada. Antes de sair, Mark Barrett perguntou a Gore se poderiam conversar de novo. Claro, respondeu Gore, mas seria melhor se o encontro fosse em seu local de trabalho.

Local de trabalho? Mark estranhou, pois Gore estava cumprindo uma pena de 40 anos.

Gore explicou que durante o dia trabalhava em Purcell, a cidade natal de Sara Bonnell, no Departamento de Obras Públicas. Podiam procurá-lo ali. Teriam uma conversa mais longa.

Mark e Sara concordaram, embora surpresos com o emprego externo de Gore.

Naquela tarde, Mark telefonou para Mary Long, que chefiava a seção de teste de DNA do OSBI. Sugeriu que localizassem o DNA de Gore no banco de dados da prisão e o comparassem com as amostras de sêmen da cena do crime. Ela concordou em fazer isso.

Dennis Fritz estava em sua cela para a contagem de quatro e quinze da tarde. Ouviu a voz familiar de um preso que servia como conselheiro, além da porta de metal:

– Ei, Fritz, você está livre!

O preso fez em seguida algum comentário sobre DNA. Dennis não podia sair da cela e o conselheiro se afastou. Seu companheiro de cela também ouvira e passaram o resto do dia especulando sobre o que isso podia significar.

Era tarde demais para telefonar para Nova York. Dennis sofreu durante a noite inteira, dormiu pouco e tentou em vão conter seu nervosismo. Quando ligou para o Projeto Inocência, no início da manhã seguinte, a notícia foi confirmada. O teste de DNA excluíra Dennis e Ron do sêmen encontrado na cena do crime.

Dennis ficou eufórico. Quase 12 anos depois de sua prisão, a verdade era finalmente conhecida. A prova era irrefutável. Ele seria inocentado e libertado. Ligou para a mãe, que ficou emocionada. Ligou para a filha Elizabeth, agora com 25 anos, e ambos exultaram. Não se viam há 12 anos e comentaram que o reencontro seria maravilhoso.

Para salvaguardar os cabelos encontrados na cena do crime e as amostras fornecidas por Fritz e Williamson, Mark Barrett providenciou para que um perito examinasse os cabelos e os fotografasse microscopicamente, com uma câmera infravermelha.

Menos de três semanas depois da audiência sobre a petição para arquivar o caso, o LabCorp completou o primeiro estágio do teste apresentando um relatório inconclusivo. Mark Barrett e Sara Bonnell foram a Ada para uma reunião no gabinete do juiz. Tom Landrith estava ansioso para obter logo as respostas que só os testes de DNA poderiam fornecer.

Por causa das complexidades do teste de DNA, vários laboratórios estavam sendo usados para examinar diferentes cabelos. E por causa da desconfiança entre promotoria e defesa, havia mesmo necessidade de laboratórios diferentes. Cinco laboratórios acabaram sendo envolvidos no caso.

Os advogados conversaram sobre tudo isso com o juiz Landrith, que tornou a ressaltar a importância de resolverem o impasse o mais depressa possível.

Depois da audiência, Mark e Sara desceram para a sala de Bill Peterson. Na correspondência e nas audiências, ele vinha se mostrando cada vez mais hostil. Talvez pudessem degelar um pouco o relacionamento com uma visita amigável.

Em vez disso, ouviram um discurso. Peterson continuava convencido de que Ron Williamson estuprara e assassinara Debbie Carter. Seus argumentos não haviam mudado. Esqueçam o DNA. Esqueçam os peritos do OSBI. Williamson era um criminoso que estuprara mulheres em Tulsa, freqüentava bares, vagueava pelas ruas com seu violão e morava perto de Debbie Carter. Peterson acreditava mesmo que Gary Allen, o vizinho de Debbie, vira Ron Williamson e Dennis Fritz na noite do crime, lavando o sangue um do outro com uma mangueira de jardim enquanto riam e diziam palavrões. Tinham de ser culpados! Peterson falou e falou, parecendo mais empenhado em convencer a si mesmo do que em persuadir Mark e Sara.

Os dois ficaram espantados. Peterson parecia absolutamente incapaz de admitir um erro ou absorver a realidade da situação.

O mês de março transcorreu como um ano para Dennis Fritz. A euforia desapareceu e ele tinha de fazer um esforço para chegar ao fim de cada dia. Sentia-se obcecado com a possibilidade de as amostras dos cabelos serem trocadas por Peterson ou alguém do OSBI. Com a questão do sêmen definida, o estado estaria desesperado para salvar o caso com a única evidência que lhe restava. Se ele e Ron fossem inocentados pelo teste de DNA dos cabelos, sairiam livres e as falsas acusações seriam denunciadas. Havia reputações em jogo.

Mas tudo estava fora de seu controle e Dennis sentia-se cada vez mais estressado. Temia um infarto. Procurou a clínica da prisão, queixando-se de palpitações. Os comprimidos receitados quase não ajudaram.

Os dias foram se arrastando, até que o mês de abril chegou.

O excitamento de Ron também se desvaneceu. A euforia extrema deu lugar a outra crise de depressão e ansiedade. Ele se tornou suicida. Telefonava para Mark Barrett com freqüência. O advogado tentava tranqüilizá-lo. Atendia todas as ligações e, quando não estava no escritório, sempre providenciava para que alguém falasse com o cliente.

Ron, como Dennis, tinha pavor de que as autoridades adulterassem os resultados dos testes. Ambos estavam na prisão por causa dos peritos do estado, pessoas que ainda tinham acesso às evidências. Não era difícil imaginar um cenário em que as amostras de cabelos podiam ser comprometidas, num esforço para proteger pessoas e encobrir uma injustiça. Ron não fizera segredo de sua intenção de processar todo mundo assim que estivesse livre. Pessoas em altos cargos deviam estar muito nervosas.

Ron telefonava com tanta freqüência quanto permitiam, em geral uma vez por dia. Estava paranóico e discorria sobre conspirações de pesadelo.

Em determinado momento, Mark Barrett fez uma coisa que nunca fizera antes, e provavelmente nunca mais tornaria a fazer. Garantiu a Ron que o tiraria da prisão. Se houvesse problemas com o DNA, então iriam a julgamento e Mark garantiria a absolvição.

Eram palavras confortadoras de um advogado experiente e Ron acalmou-se por alguns dias.

"**Amostras de** Cabelos Não Combinam!" foi a manchete da edição de domingo, 11 de abril, do jornal de Ada. Ann Kelley informou que o LabCorp examinara 14 de 17 cabelos recolhidos na cena do crime, e "não eram compatíveis com o DNA de Fritz ou Williamson". Bill Peterson declarou:

A esta altura, não sabemos a quem os cabelos pertencem. Não os comparamos contra mais ninguém além de Fritz e Williamson. Não havia qualquer dúvida em minha mente, quando iniciamos todo o processo de DNA, de que esses dois homens eram culpados. Queria isso [uma prova física] com o propósito de condenar os dois. Quando recebemos os resultados das amostras de sêmen, fiquei tão surpreso que meu queixo caiu e bateu no chão.

O relatório final do laboratório deveria ser apresentado na quarta-feira seguinte, 14 de abril. O juiz Landrith marcou uma audiência para 15 de abril. Havia especulações de que os dois homens poderiam ser soltos. Fritz e Williamson deveriam comparecer ao tribunal no dia 15.

E Barry Scheck estaria na cidade! A fama de Scheck aumentava mais e mais, à medida que o Projeto Inocência inocentava um condenado depois de outro através do teste de DNA. Quando foi anunciado que ele estaria em Ada para mais um caso, o circo da mídia começou a ser montado. Órgãos de comunicação estaduais e nacionais telefonaram para Mark Barrett, o juiz Landrith, Bill Peterson, o Projeto Inocência, a família Carter, todos os principais participantes do drama. O excitamento crescia depressa.

Ron Williamson e Dennis Fritz estariam mesmo livres na quinta-feira?

Dennis Fritz não sabia dos resultados dos testes com os cabelos. Na terça-feira, 13 de abril, ele estava em sua cela quando um guarda apareceu e disse:

– Arrume suas coisas. Você vai embora.

Dennis já sabia que voltaria para Ada. Esperava que fosse para ser solto. Arrumou suas coisas, despediu-se dos amigos e partiu. À sua espera, para levá-lo de volta a Ada, estava ninguém menos que John Christian, um rosto familiar da cadeia do condado de Pontotoc.

Doze anos na cadeia e na penitenciária haviam ensinado Dennis a prezar a privacidade e a liberdade, a apreciar pequenas coisas, como espaços abertos, florestas e flores. A primavera era visível em toda parte. Enquanto voltava para Ada, ele olhava pela janela do carro e sorria, admirando os campos, as colinas ondulantes, as plantações, as pradarias.

Seus pensamentos eram aleatórios. Não tinha conhecimento dos resultados dos últimos testes, e não sabia direito o motivo de sua volta para Ada. Havia uma possibilidade de que fosse solto, mas havia também a possibilidade de um contratempo de última hora para mudar tudo. Doze anos antes quase fora solto, na audiência preliminar, quando o juiz Miller constatara que o estado quase não tinha provas. Mas depois os policiais e Peterson apresentaram James Harjo, e Dennis fora a julgamento, sendo condenado à prisão perpétua.

Ele pensou em Elizabeth, como seria maravilhoso vê-la e abraçá-la. Mal podia esperar para deixar Oklahoma.

Mas logo ele se sentiu apavorado de novo. Estava bem próximo da liberdade, mas ainda tinha algemas nos pulsos e seguia para uma cadeia.

Ann Kelley e um fotógrafo esperavam-no. Ele sorriu ao entrar na cadeia, ansioso para falar com a repórter.

– Este caso nunca deveria ter ido a julgamento – declarou ele à repórter. – Quando você não tem dinheiro para se defender, fica à mercê do sistema judiciário. E depois que você entra no sistema, é quase impossível sair, mesmo que seja inocente.

Ele passou uma noite tranqüila em sua antiga cadeia, sonhando com a liberdade.

O sossego da cadeia foi interrompido no dia seguinte, 14 de abril, quando Ron Williamson chegou de Vinita, usando uniforme listrado da prisão e sorrindo para as câmeras. Espalhara-se a notícia de que eles seriam soltos no dia seguinte, e a história atraía a atenção de toda a imprensa do país.

Ron e Dennis não se viam havia 11 anos. Cada um escrevera para o outro apenas uma vez. Mas, quando se reencontraram, trocaram um abraço, rindo muito, enquanto tentavam absorver a realidade do que estava acontecendo. Os advogados chegaram e conversaram com eles durante uma hora. O programa *Dateline*, da NBC, estava presente, a câmera gravando tudo. Jim Dwyer, do *Daily News*, de Nova York, chegou com Barry Scheck.

Reuniram-se na pequena sala de entrevistas, no lado leste da cadeia, virada para o tribunal. Em determinado momento, Ron ficou imóvel, a cabeça na mão, olhando pela janela, até que alguém perguntou:

– Ei, Ron, o que está fazendo?

– Esperando Peterson.

O gramado na frente do tribunal estava cheio de repórteres e câmeras. Naquele momento, uma câmera focalizava Bill Peterson, que concordara em dar uma entrevista. Quando viu o promotor na frente do tribunal, Ron gritou:

– Seu gordo safado! Conseguimos derrotá-lo!

A mãe e a filha de Dennis surpreenderam-no ao aparecer na cadeia. Embora mantivesse uma correspondência ativa com a filha, que lhe enviara muitas fotos ao longo dos anos, Dennis se achava despreparado para o que viu. Elizabeth era uma jovem bonita e elegante de 25 anos. Ele derramou lágrimas incontroláveis ao abraçá-la.

Houve muitas lágrimas na cadeia naquela tarde.

Ron e Dennis foram postos em celas separadas, para que não tentassem matar um ao outro de novo.

O xerife Glase explicou:

– Vou mantê-los separados. Não acho certo pôr dois assassinos condenados na mesma cela... pelo menos até que o juiz diga o contrário, é o que eles são.

As celas ficavam lado a lado e por isso eles puderam conversar. O companheiro de cela de Dennis tinha uma pequena televisão. Pelo noticiário, ele soube que seriam libertados no dia seguinte. Dennis transmitiu a notícia para Ron.

Terri Holland se encontrava outra vez na cadeia, em mais uma escala na sua espantosa carreira de pequena criminosa, o que não era surpresa para ninguém. Ela e Ron trocaram algumas palavras, mas nada muito desagradável. À medida que a noite passava, Ron recaiu em seus antigos hábitos. Pôs-se a gritar sobre sua liberdade e injustiças, a dizer obscenidades para as presas, a conversar aos berros com Deus.

CAPÍTULO 15

A libertação de Ron Williamson e Dennis Fritz atraiu a atenção de todo o país para a cidade de Ada. Ao amanhecer do dia 15 de abril, o tribunal estava cercado por vans da mídia, caminhões com antenas parabólicas, fotógrafos, cinegrafistas, repórteres. Os moradores da cidade pairavam ao redor, curiosos com a agitação e ansiosos para ver mais. A disputa pelos lugares no tribunal fora tão grande que o juiz Landrith fora obrigado a improvisar um sorteio entre os repórteres. Também permitiu a instalação de uma linha para transmissões ao vivo, através da janela de sua sala.

Outras câmeras esperavam fora da cadeia. Os dois condenados foram cercados assim que saíram. Ron usava paletó e gravata, camisa de colarinho e calça social, que Annette comprara às pressas. Os sapatos novos eram muito pequenos e machucavam seus pés. A mãe de Dennis comprara um terno, mas ele preferira vestir as roupas comuns que tivera permissão para usar nos últimos anos na prisão. Fizeram rapidamente o último percurso com algemas, sorrindo e conversando com os repórteres.

Annette e Renee haviam chegado cedo e ocupado seus lugares habituais, na primeira fila, atrás da mesa da defesa. Ficaram de mãos dadas, orando. Choraram algumas vezes, conseguiram soltar uma ou outra risada. Estavam acompanhadas pelos filhos, mais alguns parentes e amigos. Wanda e Elizabeth Fritz sentavam perto, também de mãos dadas, cochichando com animação. O tribunal foi ficando lotado. A família Carter sentava no outro lado do corredor, mais uma vez arrastada ao tribunal para sofrer ao longo de outra audiência, enquanto o estado fracassava nos esforços para resolver o caso e fazer justiça. Dezessete anos depois do assassinato de Debbie, os dois primeiros acusados, condenados como assassinos, estavam prestes a recuperar a liberdade.

Logo todos os lugares disponíveis foram ocupados e a multidão começou a ficar de pé, ao longo das paredes. O juiz Landrith concordara em permitir câmeras. Os fotógrafos e repórteres foram conduzidos para o recinto do júri, sentando em cadeiras dobráveis, todos espremidos. Havia guardas por toda parte. A segurança era rigorosa. Houve telefonemas anônimos com ameaças contra Ron e Dennis. O tribunal estava lotado e a tensão era elevada.

Havia muitos investigadores presentes, embora Dennis Smith e Gary Rogers estivessem longe dali.

Os advogados chegaram: Mark, Sara e Barry Scheck pelos réus, Bill Peterson, Nancy Shew e Chris Ross pelo estado. Houve sorrisos e apertos de mãos. O estado "apoiava" a petição para revogar as acusações e soltar os condenados. Era um esforço conjunto para endireitar algo errado, um exemplo raro da comunidade se unindo numa hora crucial para reparar uma injustiça. Uma família grande e feliz. Todos deveriam receber parabéns e se orgulhar porque o sistema funcionava tão bem.

Ron e Dennis foram introduzidos na sala e as algemas foram retiradas pela última vez. Sentaram atrás dos advogados, a poucos passos de suas famílias. Ron olhava fixamente para a frente e quase não via nada. Mas Dennis correu os olhos pela multidão, para divisar rostos duros e sombrios. A maioria dos presentes não parecia muito satisfeita com a perspectiva de libertação dos dois.

O juiz Landrith assumiu seu lugar, deu as boas-vindas a todos e iniciou a audiência. Pediu a Peterson que chamasse sua primeira testemunha. Mary Long, agora chefe da unidade de DNA do OSBI, sentou no banco das testemunhas. Começou por apresentar uma visão geral do processo de testes. Falou sobre os diferentes laboratórios que haviam sido usados para analisar os cabelos e o sêmen da cena do crime e as amostras dos suspeitos.

Ron e Dennis começaram a se angustiar. Pensavam que a audiência levaria apenas alguns minutos, o tempo suficiente para o juiz Landrith revogar as acusações e mandá-los para casa. À medida que os minutos passavam, foram ficando cada vez mais preocupados. Ron começou a se mexer, irrequieto, e a resmungar: "O que está acontecendo?" Sara Bonnell escreveu vários bilhetes para lhe assegurar que não havia qualquer problema.

Dennis era quase uma ruína de nervos. Para onde aquele depoimento levava? Poderia haver outra surpresa? Cada ida ao tribunal fora um pesadelo. Sentar ali agora trazia lembranças angustiantes de testemunhas mentirosas, jurados impassíveis e de Peterson exigindo a pena de morte. Dennis cometeu o erro de tornar a correr os olhos pelo tribunal, e outra vez descobriu que não tinha muitos partidários ali.

Mary Long passou a tratar das questões mais importantes. Dezessete fios de cabelos recolhidos na cena do crime haviam sido examinados, 13 pubianos e quatro do couro cabeludo. Dez fios haviam sido encontrados na cama ou nas cobertas. Dois vinham da calcinha rasgada, três da toalhinha enfiada na boca da vítima e dois foram encontrados debaixo do corpo.

Apenas quatro dos 17 fios podiam ser comparados com um perfil de DNA. Dois pertenciam a Debbie. Nenhum era de Ron ou Dennis.

Long declarou em seguida que as amostras de sêmen, recolhidas das roupas de cama, da calcinha rasgada e da própria vítima, haviam sido examinadas antes e os resultados excluíram Ron e Dennis. A testemunha foi dispensada.

Em 1988, Melvin Hett declarara que, dos 17 cabelos, 13 eram "microscopicamente compatíveis" com os cabelos de Dennis, e quatro com as amostras de Ron. Havia até mesmo uma "combinação". Além disso, em seu terceiro e último relatório, apresentado depois que o julgamento de Dennis começara, Hett excluíra Glen Gore de qualquer dos cabelos encontrados na cena do crime. Seu depoimento de perito fora a única prova direta verossímil da promotoria contra Ron e Dennis, responsável em grande parte pelas condenações.

O teste de DNA revelou que um fio do couro cabeludo encontrado por baixo do corpo e um pêlo pubiano nas roupas de cama haviam sido deixados por Glen Gore. Além disso, o sêmen recuperado de uma coleta vaginal, durante a autópsia, fora examinado. A fonte era Glen Gore.

O juiz Landrith sabia disso, mas manteve a informação em sigilo até a audiência. Com sua aprovação, Bill Peterson apresentou as descobertas sobre Gore para um tribunal chocado:

– Meritíssimo, este é um momento muito difícil para o sistema judiciário penal. Este assassinato ocorreu em 1982, e o julgamento foi em 1988. Na ocasião, tínhamos evidências que foram apresentadas ao júri para condenar Dennis Fritz e Ron Williamson. Na minha opinião, essas evidências eram naquele momento incontestáveis.

Sem lembrar quais eram exatamente as provas incontestáveis 11 anos antes, ele discorreu sobre a maneira como os testes de DNA agora contradiziam muito daquilo em que se acreditava antes. Com base nas evidências que restavam, ele não podia processar os réus. Pediu que a petição para arquivar o caso fosse deferida e se sentou em seguida.

Em nenhum momento Peterson ofereceu qualquer comentário conciliador, palavras de arrependimento ou a admissão de erros cometidos, nem mesmo um simples pedido de desculpas.

Ron e Dennis esperavam pelo menos um pedido de desculpas. Doze anos de suas vidas haviam sido roubados por desídia, erro humano e arrogância. A injustiça que haviam suportado poderia ter sido evitada com a maior facilidade. O estado devia-lhes no mínimo algo tão simples como um pedido de desculpas.

Isso jamais aconteceria, e tornou-se uma ferida aberta que nunca haveria de cicatrizar.

O juiz Landrith fez alguns comentários sobre a injustiça de tudo aquilo e depois pediu a Ron e Dennis que se levantassem. Anunciou que todas as acusações estavam revogadas. Eram homens livres. Isso mesmo, livres para irem embora. Houve aplausos e aclamações de uns poucos espectadores. A maioria, porém, não sentia a menor disposição para celebrar. Annette e Renee abraçaram os filhos e parentes, e tiveram outra crise de choro.

Ron afastou-se da mesa da defesa, passou pelo recinto do júri, saiu da sala por uma porta lateral. Foi para a escadaria na frente do prédio. Parou ali e encheu os pulmões com o ar frio. Depois, acendeu um cigarro, o primeiro de um milhão no mundo livre, e acenou exultante para uma câmera. A foto saiu em dezenas de jornais.

Poucos minutos depois, Ron voltou ao tribunal. Ele, Dennis, as famílias e os advogados reuniram-se e posaram para fotos. Responderam às perguntas de inúmeros repórteres. Mark Barrett telefonara para Greg Wilhoit, pedindo-lhe que voltasse a Oklahoma para o grande dia. Quando Ron viu Greg, os dois se abraçaram como os irmãos que eram.

– Como se sente, Sr. Williamson? – perguntou um repórter.

– Com o quê? – Depois de uma pausa, Ron acrescentou: – Sinto que meus pés estão me matando. Estes sapatos são pequenos demais.

As perguntas continuaram por uma hora, mesmo havendo uma entrevista coletiva planejada para mais tarde.

Peggy Stillwell teve de ser amparada pelas filhas e irmãs ao sair do tribunal. Estava atordoada, quase em estado de choque; a família não fora informada sobre Glen Gore. Voltavam agora à cena do crime, à espera de outro julgamento, à espera de justiça. E todos sentiam-se confusos. A maior parte da família ainda acreditava que Fritz e Williamson eram culpados, mas como Gore entrava na história?

Ron e Dennis finalmente deixaram o tribunal, cada passo registrado e preservado pelas câmeras. A multidão desceu as escadas e espalhou-se pelo gramado na frente do prédio. Os dois pararam por um instante na saída, homens livres agora, e absorveram o sol e o ar frio.

Estavam livres, mas ninguém lhes oferecera um pedido de desculpas, uma explicação, nem sequer um centavo de compensação... nem mesmo uma migalha de ajuda de qualquer tipo.

Era hora de almoçar. O restaurante predileto de Ron era o Bob's Barbecue, no norte da cidade. Annette telefonou antes e reservou várias mesas, porque a comitiva aumentava a cada minuto.

Embora só lhe restassem alguns dentes e fosse difícil comer com tantas câmeras apontadas para seu rosto, Ron devorou um prato cheio de costeletas de porco e pediu mais. Nunca fora de saborear a comida, mas conseguiu saborear o momento. Foi educado com todos, agradecia aos estranhos que paravam para encorajá-lo, abraçava quem queria um abraço, conversava com cada repórter que queria uma entrevista.

Ele e Dennis não conseguiam parar de sorrir, mesmo com a boca cheia de comida.

No dia anterior, Jim Dwyer, um repórter do *Daily News* de Nova York, e Alexandra Pelosi, do programa *Dateline*, da NBC, foram a Purcell, à procura de Glen Gore, a quem queriam fazer algumas perguntas. Gore sabia que sua situação se complicava em Ada, que estava se tornando rapidamente o principal suspeito. Mas os guardas da prisão não sabiam disso, o que era extraordinário.

Gore foi avisado de que havia forasteiros à sua procura. Presumiu que eram advogados ou agentes policiais, pessoas que preferia evitar. Por volta de meio-dia, ele largou o trabalho de limpeza de valas em Purcell e fugiu. Alcançou um bosque, percorreu vários quilômetros entre as árvores, encontrou uma estrada e arrumou uma carona na direção de Ada.

Quando Ron e Dennis souberam da fuga de Gore, caíram na gargalhada. Ele devia ser culpado.

Depois de um almoço demorado, o grupo Fritz-Williamson foi para o hotel no Wintersmith Park, em Ada, onde haveria uma entrevista coletiva. Ron e Dennis, junto com seus advogados, sentaram a uma mesa comprida, de frente para as câmeras. Scheck falou sobre o Projeto Inocência e seu trabalho para libertar pessoas condenadas injustamente. Perguntaram a Mark Barrett como a injustiça ocorrera, em primeiro lugar, e ele relatou uma longa história de acusação equivocada, o atraso de cinco anos, o trabalho indolente e suspeito da polícia, os delatores, as frágeis evidências científicas. A maioria das perguntas era para os dois recém-libertados. Dennis disse que planejava deixar Oklahoma, voltar para Kansas City e passar tanto tempo quanto possível com Elizabeth. No momento oportuno, pensaria no que fazer com o resto de sua vida. Ron não tinha planos imediatos, exceto o de sair de Ada.

Mais dois homens sentaram à mesa, Greg Wilhoit e Tim Durham, outro condenado de Oklahoma que fora inocentado. Tim, que era de Tulsa, passara quatro anos na prisão por um estupro que não cometera, até que o Projeto Inocência garantira sua libertação com o teste de DNA.

No tribunal federal em Muskogee, Jim Payne, Vicky Hildebrand e Gail Seward contiveram sua profunda satisfação. Não houve comemoração – o trabalho deles no caso Williamson já tinha quatro anos e estavam absorvidos em outros processos –, mas mesmo assim fizeram uma pausa para saborear o momento. Muito antes de o teste de DNA deslindar os mistérios, eles já haviam encontrado a verdade, à maneira antiga, com cérebro e suor... e com isso salvaram a vida de um inocente.

O juiz Seay também não sentia qualquer orgulho. A confirmação era um doce momento, mas ele estava ocupado com outros problemas. Simplesmente cumprira com o seu dever, mais nada. Embora todos os outros juízes tivessem falhado com Ron Williamson, Frank Seay compreendia o sistema e conhecia suas falhas. A verdade era muitas vezes difícil de descobrir, mas ele estava disposto a encontrá-la e sabia onde procurar.

Mark Barrett pedira a Annette para encontrar um lugar para a entrevista coletiva e talvez uma pequena recepção, algo acolhedor, as boas-vindas para a volta de Ron e Dennis. Ela conhecia o lugar apropriado: o salão comunitário de sua igreja, a mesma igreja em que Ronnie fora criado, a mesma igreja em que ela tocara piano e órgão durante os últimos 40 anos.

No dia anterior, ela havia telefonado para o pastor, a fim de pedir permissão e acertar os detalhes. Ele hesitou, gaguejou um pouco e disse que precisava consultar os anciãos. Annette farejou problemas e decidiu ir à igreja. Quando chegou, o pastor explicou que falara com os anciãos. Todos achavam – ele inclusive – que a igreja não deveria ser cedida para o evento. Annette ficou surpresa e perguntou o motivo.

Podia haver atos de violência, explicou o pastor. Já havia relatos de ameaças a Ron e Dennis, e a situação podia escapar ao controle. A cidade estava agitada por causa da libertação dos dois, a maioria das pessoas contrariada por isso. Não se podia ignorar que havia homens agressivos ligados aos Carter. Não daria certo.

– Mas esta igreja vem orando por Ronnie há 12 anos! – lembrou Annette.

E continuará a fazê-lo, garantiu o pastor. Mas ainda há muitas pessoas que acham que ele é culpado. A questão é controvertida. A igreja pode ser prejudicada. A resposta é não.

Annette, emocionada, retirou-se apressada. O pastor ainda tentou confortá-la, mas ela não quis saber.

Ela ligou para Renee assim que chegou em casa. Poucos minutos depois, Gary Simmons seguiu de carro para Ada, a cerca de três horas de sua casa, perto de Dallas. Gary foi direto para a igreja e confrontou o pastor, que se manteve firme. Discutiram por um longo tempo, mas de nada adiantou. A igreja não seria cedida. Era arriscado demais.

– Ron estará aqui na manhã de domingo – disse Gary. – Vai reconhecê-lo?

– Não – disse o pastor.

A comemoração continuou na casa de Annette, com amigos entrando e saindo a todo momento. O jantar foi servido. Depois, todos se reuniram na varanda envidraçada, onde houve um tradicional canto gospel. Barry Scheck, um judeu de Nova York, ouviu uma música que não conhecia e fez um esforço para cantar junto. Mark Barrett estava presente; era um momento de orgulho e extraordinário para ele, e não queria ir embora. Sara Bonnell, Janet Chesley e Kim Marks também cantaram. Greg Wilhoit e sua irmã Nancy compareceram. A família Fritz – Dennis, Elizabeth e Wanda – participava da alegria.

"Naquela noite todos foram à festa de comemoração na casa de Annette", contou Renee. "Houve muita comida, cantos, risos. Annette tocou piano, Ronnie tocou violão e os outros fizeram um coro nas canções mais variadas. Todos cantavam, batiam palmas, divertiam-se. Houve silêncio às dez horas, quando começou o noticiário da televisão. Esperávamos a notícia que ansiávamos ouvir há muitos anos, de que meu irmão caçula, Ronald Keith Williamson, não apenas era um homem livre, mas também inocente! Embora fosse uma ocasião alegre e todos se sentissem aliviados, podíamos ver a doença nos olhos de Ronnie depois de tantos anos de sofrimento e injustiças."

Comemoraram de novo o noticiário da TV. Quando acabou, Mark Barrett, Barry Scheck e os outros se despediram. Amanhã seria um longo dia.

Mais tarde, o telefone tocou. Annette atendeu. Um desconhecido avisou que a Ku Klux Klan estava na área, à procura de Ronnie. Um dos grandes rumores do dia era o de que alguém do lado dos Carter oferecera uma recompensa pela morte de Ron e Dennis, e que a KKK agora oferecia seus serviços no ramo de execuções contratadas. Havia remanescentes de atividades da Klan no sudeste de Oklahoma. Mas há décadas que o grupo não era suspeito de assassinato. Normalmente não escolhiam brancos para alvo, mas no momento a Klan era considerada a coisa mais próxima de uma quadrilha organizada em condições de matar alguém por encomenda.

Não obstante o telefonema era assustador. Annette relatou-o para Renee e Gary. Decidiram que deveriam levar a ameaça a sério, mas tentariam escondê-la de Ronnie.

"A noite mais feliz de nossas vidas logo se tornou a noite mais assustadora de nossas vidas", disse Renee. "Decidimos ligar para a polícia de Ada. Informaram que não mandariam ninguém e que não havia nada que pudessem fazer, a menos que acontecesse alguma coisa. Como pudemos ser tão ingênuos a ponto de pensar que a polícia nos protegeria? Em pânico, circulamos pela casa, fechando cortinas, trancando janelas e portas. Era óbvio que ninguém dormiria, porque estavam todos com os nervos à flor da pele. Nosso genro estava preocupado com a esposa e o bebê recém-nascido, expostos a tamanho perigo. Oramos e pedimos ao Senhor que acalmasse nossos nervos, pedimos aos Seus anjos que cercassem a casa e nos protegessem. Chegamos ilesos ao fim da noite. O Senhor, mais uma vez, atendeu nossas preces. Ao recordar aquela noite agora, é quase engraçado pensar que nosso primeiro pensamento foi o de chamar a polícia de Ada."

Ann Kelley, do *Ada Evening News*, teve um dia movimentado, cobrindo os acontecimentos. Naquela noite recebeu um telefonema de Chris Ross, assistente do promotor distrital. Ross estava aborrecido e queixou-se de que os promotores e policiais vinham sendo vilipendiados.

Ninguém se dava ao trabalho de contar o lado deles na história.

Na manhã seguinte, em seu primeiro dia como homens livres, Ron e Dennis, junto com seus advogados, Mark Barrett e Barry Scheck, seguiram para o Holiday Inn local, onde uma equipe da NBC os esperava. Apareceram ao vivo no programa *Today*, entrevistados por Matt Lauer.

A história ganhava cada vez mais destaque. A maioria dos repórteres continuava em Ada, à procura de alguém relacionado com o caso, mesmo que remotamente, ou das pessoas envolvidas. A notícia da fuga de Gore causara impacto.

O grupo – Ron e Dennis, famílias, advogados – seguiu para Norman e parou no escritório do Sistema de Defensoria do Réu Carente de Oklahoma para outra festa. Ron disse algumas palavras, agradecendo a todos que haviam se empenhado tanto em protegê-lo e libertá-lo. Depois, foram para Oklahoma City, para serem entrevistados para o *Inside Edition* e participarem de um programa chamado *O ônus da prova.*

Os advogados Barrett e Scheck tentaram marcar uma reunião com o governador e os principais membros do Legislativo estadual, a fim de pressionar por uma lei que facilitasse os testes de DNA e proporcionasse uma indenização para os que haviam sido condenados injustamente. O grupo foi até o prédio da assembléia para cumprimentar e pressionar os legisladores, além de conceder outra coletiva. O momento era perfeito, pois contavam com a atenção da imprensa nacional. O governador andava muito ocupado e encarregou um assessor de receber o grupo. Era um tipo criativo, que aproveitou a oportunidade para reunir Ron e Dennis com membros da Corte de Apelações Criminais de Oklahoma. Não era muito claro o que se esperava que esse encontro produzisse, mas ressentimento era uma possibilidade. Mas era a tarde de sexta-feira e os juízes também estavam muito ocupados. Somente uma juíza se arriscou a sair de seu gabinete para o encontro e se mostrou inofensiva. Não pertencia ao tribunal quando este revisara o caso e confirmara as condenações de Fritz e Williamson.

Barry Scheck voltou para Nova York. Mark ficou em Norman, sua cidade, e Sara foi para Purcell. Houve uma pausa no frenesi; ainda bem, porque todos precisavam de um descanso. Dennis e a mãe permaneceram em Oklahoma City, na casa de Elizabeth.

Na volta para Ada, com Annette ao volante, Ron sentou no banco da frente, para variar. Sem algemas. Sem o uniforme listrado da prisão. Sem um guarda armado a vigiá-lo. Olhava para os campos, as plantações, as torres de petróleo dispersas, as colinas ondulantes do sudeste de Oklahoma.

Mal podia esperar para ir embora.

"Foi quase como se tivéssemos de tornar a conhecê-lo, já que ele passara tanto tempo fora de nossas vidas", disse Renee. "O dia seguinte à sua libertação foi muito bom. Eu disse a ele que deveria ter paciência conosco, que tínhamos muitas perguntas, estávamos curiosos sobre a vida no Corredor da Morte. Ronnie disse que compreendia e respondeu às nossas perguntas durante algumas horas. Uma das perguntas que eu fiz: 'O que são todas essas cicatrizes em seus braços?' Ele respondeu: 'Eu me sentia tão deprimido que me cortava.' Perguntamos como era sua cela, se a comida era aceitável etc. Mas depois de muitas perguntas ele declarou: 'Prefiro não falar mais sobre isso. Vamos conversar sobre outra coisa.' Respeitamos sua vontade. Ele sentava no pátio da casa de Annette, tocava violão e cantava. Às vezes podíamos ouvi-lo lá de dentro. Eu tinha de fazer um esforço para conter as lágrimas enquanto o ouvia e pensava em tudo por que ele passara. Ronnie abria a porta da geladeira e ficava olhando, pensando no que poderia ter vontade de comer. Mostrava-se espantado com a quantidade de alimentos que havia na casa, ainda mais por saber que poderia comer qualquer coisa que quisesse. Olhava pela janela da cozinha, reverente, e comentava sobre os nossos belos carros, alguns dos quais nunca tinha ouvido falar. Comentou um dia, enquanto andava de carro, como era diferente ver pessoas andando, correndo, cuidando de suas vidas movimentadas."

Ron ficou animado com a perspectiva de voltar à igreja. Annette não lhe contara o incidente com o pastor, e jamais contaria. Mark Barrett e Sara Bonnell foram convidados; Ron queria a companhia deles. O grupo Williamson chegou para o culto dominical junto e seguiram pela nave central até a primeira fila. Annette sentou ao órgão, como sempre. Quando ela começou a tocar o primeiro hino, um tanto vigoroso, Ron levantou-se de um pulo, batendo palmas, sorrindo e cantando, dominado pelo Espírito.

Durante os anúncios, o pastor não fez menção ao retorno de Ron. Mas durante a oração da manhã deu um jeito de dizer que Deus amava a todos, até mesmo Ronnie.

Annette e Renee ferveram de raiva.

Um culto pentecostal não é para os tímidos. Enquanto a música aumentava de intensidade, o coro começava a se balançar e a congregação cantava ainda mais alto; alguns membros da igreja foram até Ron para um aperto de mãos, um abraço, um voto de retorno feliz. Bem poucos. Os outros bons cristãos lançavam olhares furiosos para o assassino em seu meio.

Annette deixou a igreja naquele domingo para nunca mais voltar.

A manchete da edição de domingo do jornal de Ada publicava uma reportagem na primeira página com o seguinte título: "Promotor Defende seu Trabalho em Caso Famoso." Havia uma foto imponente de Bill Peterson falando num tribunal.

Por motivos óbvios, sua reputação fora afetada na esteira da revogação das acusações contra Ron e Dennis. Por isso, sentia-se compelido a partilhar seu ressentimento com o povo de Ada. Achava que não vinha recebendo a quota justa do crédito pela proteção dos dois inocentes. A extensa reportagem de Ann Kelley não passava de um acesso de raiva embaraçoso de um promotor severamente derrotado, que deveria estar fazendo tudo para evitar os repórteres.

A reportagem começava assim:

O promotor distrital do condado de Pontotoc, Bill Peterson, alega que os advogados de Dennis Fritz e Ron Williamson estão equivocadamente assumindo o crédito pelos testes de DNA que libertaram seus clientes da prisão.

Com Ann Kelley dando-lhe toda a corda de que ele precisava para se enforcar, Peterson recordou em detalhes a história dos testes de DNA no caso Carter. Em todas as oportunidades possíveis, ele desferiu golpes baixos contra Mark Barrett e Barry Scheck, ao mesmo tempo que não perdia uma só oportunidade para elogiar a si mesmo. O teste de DNA fora idéia sua!

Ele conseguiu evitar o óbvio. Em nenhum momento admitiu que queria o teste de DNA para incriminar Ron e Dennis. Achava-se tão convencido da culpa dos dois que aceitara a idéia do teste com a maior satisfação. Agora que os resultados do teste se revelavam contrários às suas expectativas, ele exigia o crédito por ter sido um homem justo.

O denuncismo infantil estendeu-se por vários parágrafos. Peterson lançou insinuações vagas e sinistras sobre outros suspeitos e a obtenção de mais evidências.

A reportagem dizia:

> Ele [Peterson] disse que se forem encontradas novas evidências ligando Fritz e Williamson ao assassinato de Debbie Carter, a cláusula de duplo risco [a proibição de julgar duas vezes uma pessoa pelo mesmo crime] não se aplicaria, e eles poderiam ser julgados de novo.
>
> Peterson disse também que a investigação do assassinato de Carter foi reaberta há algum tempo e que Glen Gore não é o único suspeito.

A reportagem terminava com duas citações espantosas de Peterson:

> Fiz o que era certo quando os julguei em 1988. Ao recomendar que suas condenações fossem revogadas, fiz a coisa certa, em termos legais, morais e éticos, com as evidências que tenho agora contra eles.

O que não se disse, é claro, foi o fato de que seu consentimento tão moral e ético para a revogação veio quase cinco anos depois que Ron quase fora executado, e quatro anos depois que Peterson criticou publicamente o juiz Seay por determinar um novo julgamento. Ao só entrar no terreno ético na última hora, Peterson ajudou a garantir que Ron e Dennis passassem apenas 12 anos na prisão como inocentes.

A parte mais repreensível da reportagem foi a citação seguinte. Também foi destacada e apresentada no centro da primeira página. Peterson declarou:

A palavra inocente nunca passou pelos meus lábios em relação a Williamson e Fritz. Isso não prova a inocência deles. Significa apenas que não posso processá-los com as evidências de que disponho agora.

Ron e Dennis ainda estavam bastante emotivos e frágeis depois de apenas quatro dias de liberdade. A reportagem deixou-os apavorados. Por que Peterson queria julgá-los de novo? Ele os condenara uma vez, e os dois não tinham dúvidas de que poderia fazê-lo de novo.

Evidências novas, evidências antigas, ausência de evidências. Não tinha importância. Eles haviam sofrido por 12 anos atrás das grades sem terem matado ninguém. As evidências não constituíam um fator no condado de Pontotoc.

A reportagem enfureceu Mark Barrett e Barry Scheck. Os dois escreveram extensas refutações para enviar ao jornal. Mas, sensatamente, resolveram esperar um pouco. Depois de alguns dias, compreenderam que ninguém dava a menor importância ao que Peterson dizia.

Na tarde de domingo, Ron, Dennis e seus partidários seguiram para Norman, a pedido de Mark Barrett. Num momento bastante oportuno, a Anistia Internacional realizava seu concerto de rock anual, ao ar livre, a fim de angariar fundos. Havia uma enorme multidão reunida num anfiteatro ao ar livre. Era um dia ensolarado e quente.

Entre uma música e outra, Mark Barrett falou. Depois, apresentou Ron, Dennis, Greg e Tim Durham. Cada um falou por uns poucos minutos, partilhando suas experiências. Embora se sentissem nervosos e não estivessem acostumados a falar em público, encontraram coragem para dizer o que tinham no coração. O público adorou-os.

Quatro homens, quatro brancos comuns, de boas famílias, todos oprimidos e maltratados pelo sistema, presos por um total de 33 anos. A mensagem era clara: até que o sistema seja reparado, pode acontecer com qualquer um.

Depois de falarem, eles circularam pelo anfiteatro, ouvindo a música, tomando sorvete, aproveitando o sol e a liberdade. Bruce Leba surgiu de repente e deu um abraço apertado em seu velho companheiro. Bruce não comparecera ao julgamento e também não escrevera para Ron durante sua estada na prisão. Sentia-se culpado por essa negligência e pediu desculpas sinceras ao seu maior amigo dos tempos de colégio. Ron perdoou-o no mesmo instante.

Ele sentia-se disposto a perdoar todo mundo. A fragrância inebriante da liberdade sufocava os antigos ressentimentos e fantasias de retaliação. Embora tivesse sonhado com uma implacável ação contra o estado durante 12 anos, tudo fazia parte do passado agora. Ron não queria reviver seus pesadelos.

A mídia não se cansava de suas histórias. Ron, em particular, era o foco das atenções. Porque era branco, de uma cidade branca, fora perseguido por policiais brancos, acusado por um promotor branco e condenado por um júri branco, tornou-se o assunto predileto dos jornalistas. Aqueles abusos podiam ser comuns para os pobres e as minorias, mas não para os heróis de cidades pequenas.

A promissora carreira no beisebol, a terrível queda para a insanidade no Corredor da Morte, a iminência da execução, os policiais ineptos que não foram capazes de perceber o assassino óbvio... a história era fértil, em muitos níveis.

Pedidos de entrevista chegavam sem parar ao escritório de Mark Barrett, procedentes do mundo inteiro.

Depois de seis dias escondido, Glen Gore apareceu. Entrou em contato com um advogado de Ada, que telefonou para a penitenciária e fez os acertos necessários. Nos preparativos para se entregar, Gore deixou bastante claro que não queria ficar aos cuidados das autoridades de Ada.

Não precisaria se preocupar. A turma que não era capaz de fazer as coisas certas não queria Gore de volta a Ada para outro julgamento. Havia necessidade de tempo para curar egos profundamente feridos. Peterson e os policiais mantinham a posição oficial de que a investigação fora reaberta e que se empenhavam com um novo entusiasmo para encontrar o assassino, ou talvez assassinos. Gore era apenas uma possibilidade nesse esforço.

O promotor e os policiais nunca poderiam admitir que estavam errados. Por isso, apegavam-se à convicção desesperada de que talvez estivessem certos. Talvez outro viciado em drogas entrasse cambaleando na delegacia e confessasse, ou incriminasse Ron e Dennis. Talvez um novo delator aparecesse. Talvez os policiais conseguissem arrancar outra confissão de sonho de uma testemunha ou suspeito.

Era Ada. Um trabalho policial eficiente e determinado poderia encontrar todos os tipos de novas pistas.

Ron e Dennis não haviam sido excluídos.

CAPÍTULO 16

Os rituais diários do Yankee Stadium variam ligeiramente quando o time não está na cidade. Sem a urgência da presença iminente de multidões e câmeras, sem a expectativa de outra superfície impecável para um jogo, o velho estádio adquire vida lentamente, sempre rangendo. Ao final da manhã, os zeladores estão cuidando do campo, de short cáqui e camiseta, num ritmo descontraído. Grantley, o responsável por manter a grama aparada, aciona um cortador Toro, enquanto Tommy, o especialista em argila, comprime e nivela a terra atrás da base principal. Dan empurra um cortador menor pela grama densa ao longo da linha da primeira base. Os sprinklers começam a lançar água, a intervalos orquestrados, pelo campo. Um guia turístico pára com um grupo atrás da terceira base e aponta para alguma coisa a distância, além do placar.

Os 57 mil lugares estão vazios. Os sons ecoam suavemente: o ronco abafado do motor de um pequeno cortador de grama, a risada de um zelador, o silvo distante de uma mangueira lavando as cadeiras na parte superior da arquibancada, o trem passando além do muro à direita, as marteladas perto das cabines da imprensa. Para os que cuidam da manutenção do estádio que Ruth construiu, esses dias de folga são muito apreciados, espremidos entre a nostalgia da grandeza dos Yankees e a promessa de mais sucessos no futuro.

Cerca de 25 anos depois da ocasião em que deveria chegar ali, Ron Williamson levantou-se do banco dos Yankees e entrou na faixa de terra do perímetro do campo. Parou ali para admirar a enormidade do estádio, para absorver o clima do mais sagrado santuário do beisebol. Era um dia de céu muito azul na primavera. O ar era revigorante, o sol estava alto, a grama tão verde que poderia passar por um carpete. O sol aquecia sua pele pálida. O cheiro da grama recém-cortada lembrava-o de outros campos, outros jogos, sonhos antigos.

Usava um boné dos Yankees, suvenir do escritório. Como era uma celebridade no momento, viera a Nova York para participar de um segmento do programa de televisão *Good Morning America,* com Diane Sawyer, usava seu único casaco esporte, o elegante blazer azul-marinho que Annette comprara às pressas, duas semanas antes, sua única gravata e uma calça esporte. Os sapatos eram outros. Perdera o interesse por roupas. Já trabalhara numa loja de roupas masculinas, sempre disposto a dar opiniões sobre o que os clientes deviam vestir. Mas agora não se importava mais com essas coisas. Doze anos com o uniforme da prisão faziam isso com um homem.

Por baixo do boné havia uma massa de cabelos grisalhos, curtos, desgrenhados. Ron tinha agora 46 anos, mas parecia muito mais velho. Ajustou o boné e entrou no gramado. Tinha 1,83m de altura. Embora o corpo exibisse os danos de 20 anos de abusos e negligência, ainda havia sinais do grande atleta. Seguiu pelo campo, passou pelo caminho de terra da base e seguiu para o montinho do arremessador. Parou ali por um momento, contemplando as intermináveis fileiras de cadeiras azuis nas arquibancadas. Pôs o pé na borracha branca. Balançou a cabeça. Don Larsen lançava a bola perfeita daquele lugar. Whitey Ford, um de seus ídolos, fora o rei daquele montinho. Ele olhou por cima do ombro esquerdo, para o jardim direito, onde o muro parecia muito próximo, para onde Roger Maris rebatera tantas bolas para o ar, o suficiente para passar por cima do muro. E a distância, além do muro, ele podia ver os monumentos dos maiores Yankees.

Mickey estava ali.

Mark Barrett parara na base principal, também com um boné dos Yankees. Especulou sobre o que seu cliente estaria pensando. Libertar um homem da prisão, onde passou 12 anos por nada, sem pedidos de desculpas porque ninguém tem a coragem de admitir que errou, sem despedidas, apenas dizendo saia daqui e seja tão discreto quanto possível, por favor. Sem indenização, sem aconselhamento, sem uma carta do governador ou de qualquer outra autoridade; sem uma citação por serviços públicos. Duas semanas depois, ele está no meio de uma tempestade da mídia e todo mundo quer aproveitar alguma coisa.

Ron não guardava ressentimentos, o que era extraordinário. Ele e Dennis estavam ocupados demais absorvendo a riqueza de sua emancipação. Os ressentimentos viriam mais tarde, muito depois que a imprensa se afastasse.

Barry Scheck estava perto do abrigo em que ficava o banco, observando Ron e conversando com os outros. Um entusiasmado torcedor dos Yankees, ele dera alguns telefonemas para marcar aquela visita especial ao estádio. Era o anfitrião do grupo em Nova York há alguns dias.

Fotos foram tiradas. Uma câmera filmou Ron no montinho do arremessador, depois sua caminhada pela linha que levava à primeira base. O guia falava sobre esse e aquele jogador dos Yankees. Nenhuma bola rebatida jamais saíra completamente do estádio, informou o guia, mas Mantle chegara perto. Mandara a bola até aquela fachada, disse o guia, apontando, a 163 metros da base principal.

– Mas houve uma bola em Washington que foi mais longe – disse Ron. – Chegou a 172 metros. O arremessador foi Chuck Stobbs.

O guia ficou impressionado. Annette se encontrava alguns passos atrás de Ron, como sempre, para definir os detalhes, tomar as decisões difíceis, limpar o caminho. Não era fã de beisebol e sua maior preocupação no momento era manter o irmão sóbrio. Ron estava irritado com ela porque não lhe permitira tomar um porre na noite passada.

O grupo incluía Dennis, Greg Wilhoit e Tim Durham. Todos os quatro haviam aparecido no *Good Morning America*. A Rede ABC assumira as despesas com a viagem. Jim Dwyer, do *Daily News* de Nova York, também estava ali.

Eles pararam no meio do campo, na faixa do perímetro. No outro lado ficava o Monument Park, com enormes bustos de

Ruth e Gehrig, Mantle e DiMaggio, e dezenas de placas menores de outros grandes Yankees. Antes da reforma do estádio, explicou o guia, aquele pequeno canto de terreno quase sagrado ficava na área do campo. Um portão foi aberto e eles entraram num pátio de lajotas. Por um momento, foi fácil esquecer que se encontravam num estádio de beisebol.

Ron foi até o busto de Mantle e leu a curta biografia. Ainda era capaz de citar as estatísticas da carreira do grande astro, que memorizara quando era garoto.

O último ano de Ron como Yankee fora em 1977, em Fort Lauderdale, classe A, tão distante de Monument Park quanto um jogador sério podia chegar. Annette tinha algumas fotos antigas dele com um uniforme dos Yankees autêntico. Fora usado por um jogador de verdade, numa partida oficial, naquele estádio. O clube distribuía os uniformes usados; e à medida que faziam a triste descida pelas ligas inferiores, eles acumulavam as cicatrizes de batalha da vida nos postos de fronteira. Cada calça fora remendada nos joelhos e fundilhos. Cada elástico na cintura fora diminuído, aumentado. Cada camisa ficara manchada de grama e suor.

Ano de 1977, os Yankees de Fort Lauderdale. Ron tivera 14 participações, arremessara em 33 *innings*, ganhara dois, perdera quatro e fora eliminado tantas vezes que os Yankees não tiveram a menor hesitação em cortá-lo no final da temporada.

A excursão continuou. Ron parou por um instante para olhar, desdenhoso, a placa de Reggie Jackson. O guia falava sobre as dimensões do estádio, como era maior quando Ruth jogava, menor para Maris e Mantle. A equipe de filmagem seguia atrás, gravando cenas que nunca sobreviveriam à edição.

Era engraçada toda aquela atenção, pensou Annette. Quando criança e adolescente, Ronnie ansiava por ser o foco de todos os olhares, até clamava por isso. Agora, 40 anos depois, as câmeras registravam cada movimento que fazia.

Aproveite o momento, refletiu Annette. Um mês antes, Ron estava internado num hospital psiquiátrico, sem ter certeza se sairia algum dia.

Lentamente, voltaram para o banco dos Yankees. Passaram algum tempo ali. Enquanto usufruía a mágica do velho estádio, Ron comentou com Mark Barrett:

– Acabo de sentir o gosto do quanto eles se divertiram aqui.

Mark acenou com a cabeça, mas não pôde pensar em nada para dizer.

– Jogar beisebol era tudo o que eu queria fazer – acrescentou Ron. – O único prazer que já tive.

Ele olhou em volta, antes de concluir:

– Mas tudo isso passa depois de algum tempo. Agora o que eu quero mesmo é tomar uma cerveja gelada.

E foram beber em Nova York.

Do Yankee Stadium, a excursão triunfal seguiu para a Disney World, com uma emissora de televisão alemã pagando três noites de diversão para toda a comitiva. Ron e Dennis só precisavam contar suas histórias. Os alemães, com o típico fascínio europeu pela pena de morte, gravaram cada detalhe.

A parte predileta de Ron na Disney World foi o Epcot. Ali, na aldeia alemã, ele adorou a cerveja bávara, tomando uma caneca atrás de outra.

Viajaram até Los Angeles, para uma participação ao vivo no programa *Leeza*. Pouco antes de entrar no ar, Ron escafedeu-se para tomar algumas doses de vodca. Sem a maior parte dos dentes, suas palavras já não eram muito claras para começar, e por isso ninguém notou a voz um pouco engrolada.

À medida que os dias passavam, a história começou a perder o interesse. O grupo – Ron, Annette, Dennis, Elizabeth e Sara Bonnell – voltou para casa.

Ada era o último lugar em que Ron queria estar.

Ele foi para a casa de Annette e iniciou o difícil processo de adaptação. Depois de algum tempo, os repórteres deixaram de procurá-lo.

Sob a constante supervisão da irmã, Ron era meticuloso com os medicamentos, conseguindo se manter estabilizado. Dormia muito, tocava violão e sonhava em se tornar famoso como cantor. Annette não tolerava álcool em sua casa, e ele quase nunca saía.

Era dominado pelo medo de ser preso e enviado de volta para a penitenciária. Num impulso instintivo, olhava para trás a todo instante e se sobressaltava com qualquer ruído mais alto. Ron sabia que os policiais não haviam se esquecido dele. Ainda acreditavam que ele estava de alguma forma envolvido no crime. Como a maioria das pessoas em Ada.

Ele queria ir embora, mas não tinha dinheiro. Era incapaz de persistir num trabalho e nunca falava em arrumar um emprego. Não tinha carteira de motorista há quase 20 anos e não sentia o menor interesse em estudar o manual e fazer os exames.

Annette vinha argumentando com a administração da Previdência Social, num esforço para receber os pagamentos atrasados por sua incapacidade. Os cheques haviam sido suspensos quando ele fora para a prisão. Ela conseguiu finalmente prevalecer e Ron recebeu 60 mil dólares de atrasados. Os benefícios mensais de 600 dólares foram restaurados, pagáveis até que a incapacidade deixasse de existir, uma possibilidade improvável.

Da noite para o dia, Ron sentiu-se como um milionário. Queria morar sozinho. Também estava ansioso para deixar Ada; mais do que isso, queria ir embora de Oklahoma. O único filho de Annette, Michael, vivia em Springfield, Missouri. Planejaram a mudança de Ron para lá. Gastaram 20 mil dólares num trailer novo, mobiliado, com dois quartos, que passou a ser a residência de Ron.

Embora fosse um momento de orgulho, Annette sentia-se preocupada com a perspectiva de Ron viver sozinho. Quando ela finalmente o deixou em seu trailer, estacionado em Springfield, Ron estava sentado em sua poltrona reclinável nova, assistindo ao noticiário da televisão, um homem muito feliz. Quando ela voltou, três semanas depois, para verificar como o irmão passava, encontrou-o na mesma poltrona, com uma desoladora coleção de latas vazias de cerveja empilhadas ao redor.

Quando não estava dormindo, bebendo, falando ao telefone ou tocando violão, Ron flanava por um Wal-Mart próximo, sua fonte de cerveja e cigarros. Mas alguma coisa aconteceu, um incidente, e mandaram que ele procurasse outro lugar para passar o tempo.

Naqueles dias inebriantes, ele se tornou obcecado em pagar a todos que lhe haviam emprestado dinheiro ao longo dos anos. Poupar dinheiro parecia uma idéia ridícula e ele começou a distribuir o que tinha. Ficava comovido com os apelos pela televisão de crianças famintas, de evangélicos prestes a perder seus ministérios e assim por diante. Mandava dinheiro para todos.

As contas telefônicas eram altas. Ron ligava para Annette e Renee, Mark Barrett, Sara Bonnell, Greg Wilhoit, os advogados do Sistema de Defensoria do Réu Carente, o juiz Landrith, Bruce Leba, até mesmo para algumas autoridades da prisão. Mostrava-se em geral animado, feliz por estar livre, mas ao final de cada conversa punha-se a falar sobre Ricky Joe Simmons. Não se impressionara com a trilha de DNA deixada por Glen Gore. Ron queria que Simmons fosse preso imediatamente pelo "estupro, estupro mediante objeto e estupro por sodomia forçada, e assassinato [de] Debbie Carter, em sua casa, na East 8th Street, 1.022, a 8 de dezembro de 1982!". Cada conversa incluía pelo menos duas repetições dessa exigência detalhada.

Por mais estranho que possa parecer, Ron ligou também para Peggy Stillwell. Os dois desenvolveram um relacionamento cordial por telefone. Ele lhe assegurou que jamais se encontrara com Debbie e Peggy acreditou. Dezoito anos depois de perder a filha, ela ainda era incapaz de se despedir. Confessou para Ron que há anos tinha a suspeita angustiante de que o crime não fora esclarecido.

De um modo geral, Ron evitava bares e mulheres desregradas. Mas um episódio marcou-o. Quando andava pela rua, pensando em sua vida, um carro com duas mulheres parou ao seu lado. Ron entrou no carro. Saíram para uma ronda pelos bares. A noite foi se alongando, até que se retiraram para sua casa móvel. Ali, uma das mulheres encontrou seu dinheiro debaixo da cama. Quando descobriu mais tarde o furto de mil dólares, Ron decidiu que evitaria as mulheres dali por diante.

Michael Hudson era seu único amigo em Springfield. Ele encorajou o sobrinho a comprar um violão e ensinou-lhe alguns acordes. Michael visitava-o regularmente e relatava tudo para a mãe. Ron estava bebendo cada vez mais.

O álcool e os medicamentos não combinavam. Ron foi se tornando cada vez mais paranóico. A visão de um carro da polícia provocava intensas crises de ansiedade. Recusava-se a andar por lugares que não conhecia, achando que sempre havia guardas a vigiá-lo. Peterson e a polícia de Ada tramavam alguma coisa. Ele tapava as janelas com jornais, trancava as portas com cadeados. Dormia com um facão de açougueiro.

Mark Barrett visitou-o duas vezes e dormiu no trailer. Ficou alarmado com o estado de Ron, sua paranóia e bebida. A preocupação maior foi com o facão.

Ron sentia-se apavorado e solitário.

Dennis Fritz também não se sentia despreocupado. Voltou para Kansas City. Foi morar com a mãe na pequena casa na Lister Avenue. Quando a vira pela última vez, a casa estava cercada por uma desanimada equipe da SWAT.

Meses depois da libertação dos dois, Glen Gore ainda não fora acusado. A investigação avançava lentamente, em alguma direção. Na visão de Dennis, ele e Ron ainda eram suspeitos. Dennis estremecia sempre que avistava um carro da polícia. Olhava para trás a todo instante quando saía de casa. Tinha um sobressalto ao ouvir a campainha do telefone.

Ele foi de carro a Springfield para visitar Ronnie. Ficou surpreso ao descobrir o quanto o amigo andava bebendo. Tentaram rir e recordar por dois ou três dias, mas Ronnie bebia demais. Não era um bêbado agressivo nem sentimental, mas falava muito alto e tornava-se desagradável. Acordava ao meio-dia, tomava um comprimido, bebia cerveja em vez do café-da-manhã e almoço, e começava a tocar violão.

Passearam de carro uma tarde, tomando cerveja e desfrutando a liberdade. Ron tocava seu violão. Dennis dirigia com todo o cuidado. Não conhecia Springfield e a última coisa que queria agora era problemas com a polícia. Ron decidiu que deveriam parar num *nightclub*, onde poderia se apresentar com seu violão naquela noite. Dennis achou que era uma péssima idéia, ainda mais porque Ron não conhecia o lugar, não sabia quem era o dono ou o gerente. Tiveram uma discussão e voltaram para o trailer.

Ron sonhava em se tornar um artista profissional. Queria se apresentar para milhares de pessoas, vender discos, ficar famoso. Dennis relutava em lhe dizer que, com sua voz rouca e cordas vocais avariadas, e com um talento mínimo no violão, isso não passava de um sonho. Mas pressionou Ron para que diminuísse a bebida. Sugeriu que Ron intercalasse com a cerveja não-alcoólica. Além disso, deveria ficar na cerveja, evitando bebidas mais fortes. E como ele estava engordando, Dennis estimulou-o a fazer exercícios e parar de fumar.

Ron escutava, mas continuava a beber. Depois de três dias, Dennis partiu para Kansas City. Voltou poucas semanas depois, com Mark Barrett, que estava de passagem. Levaram Ron para um café onde ele ocupou o pequeno palco tocando violão e cantando canções de Bob Dylan, pelas gorjetas. Embora a platéia fosse pequena e estivesse mais interessada em comer do que em ouvir, Ron estava se apresentando em público, o que o deixava feliz.

A fim de permanecer ocupado e ganhar algum dinheiro, Dennis arrumou um emprego de meio expediente preparando hambúrgueres. Ganhava salário mínimo. Como havia lido muitos livros jurídicos durante os últimos 12 anos, descobriu que era um hábito difícil de romper. Barry Scheck encorajou-o a fazer a faculdade de direito, e até prometeu que ajudaria no pagamento do curso. A Universidade de Missouri-Kansas City ficava próxima, tinha um curso de direito e horários flexíveis. Dennis começou a estudar para a prova de admissão, mas logo se sentiu angustiado.

Sofria de algum tipo de estresse pós-traumático. Às vezes a pressão era debilitante. O horror da prisão persistia, em pesadelos, recordações, o medo de ser preso de novo. A investigação do crime continuava e, com a polícia de Ada à solta, sempre havia a possibilidade de uma batida na porta à meia-noite, ou talvez outro ataque de uma equipe da SWAT. Dennis procurou ajuda profissional. Pouco a pouco, começou a reformular sua vida. Barry Scheck ainda insistia numa ação judicial contra aqueles que haviam criado e consumado a injustiça. Dennis pensou no assunto.

Havia uma nova briga assomando no horizonte e ele se preparou para ela.

A vida de Ron seguia na direção oposta. Comportava-se de uma maneira estranha e os vizinhos começaram a notar. Passou a andar com o facão de açougueiro pelo parque em que ficava seu trailer, alegando que Peterson e os policiais de Ada estavam em seu encalço. Queria apenas se proteger, pois não voltaria para a prisão.

Annette recebeu um aviso de despejo do parque. Quando Ronnie recusou-se a atender seus telefonemas, ela obteve uma ordem judicial para que ele fosse detido, a fim de ser submetido a um exame psiquiátrico.

Ele estava em seu trailer, as portas e janelas trancadas e cobertas com fita adesiva, tomando cerveja e assistindo à televisão, quando ouviu uma ordem, ampliada por um megafone:

– Saia com as mãos levantadas!

Ele deu uma espiada, viu os guardas e pensou que sua vida se aproximava do fim. Voltaria ao Corredor da Morte.

A polícia tinha tanto medo dele quanto Ron sentia de guardas, mas acabaram chegando a um acordo. Ron não foi levado para o Corredor da Morte, mas sim para um hospital psiquiátrico, onde seria feita uma nova avaliação.

O trailer, com menos de um ano, mas já num estado lamentável, foi vendido. Quando ele teve alta do hospital, Annette procurou um lugar para interná-lo. A única vaga disponível era numa clínica de recuperação nos arredores de Springfield. Ela foi ao hospital, ajudou-o a fazer as malas e levou-o para o centro de tratamento do condado de Dallas.

A estrutura ajustada e os cuidados diários foram a princípio favoráveis. Os remédios eram tomados na hora certa, o álcool fora proibido. Ron sentia-se melhor. Mas não demorou muito a se cansar de viver cercado por velhos frágeis em cadeiras de rodas. Começou a reclamar e logo se tornou insuportável. Annette arrumou outro lugar, em Marshfield, Missouri. Também estava cheio de velhos tristes. Ron tinha apenas 47 anos. Por que tinha de permanecer numa clínica de repouso? Fez essa pergunta várias vezes, até que Annette decidiu levá-lo de volta para Oklahoma.

Mas ele não retornaria para Ada, o que ninguém queria. Em Oklahoma City, Annette arrumou um quarto na Harbor House, um antigo motel que fora convertido num centro de recuperação para homens que transitavam de uma fase da vida para outra, que se esperava ser melhor. Bebidas alcoólicas não eram permitidas e Ron manteve-se sóbrio por meses.

Mark Barrett visitou-o várias vezes na Harbor House. Sabia que Ron não poderia ficar ali por muito tempo. Ninguém podia. Quase todos os outros homens eram como zumbis, com cicatrizes piores que as de Ron.

Os meses passaram e Glen Gore não foi acusado de homicídio. A nova investigação parecia tão proveitosa quanto a antiga, 18 anos antes.

A polícia de Ada, os promotores e o OSBI tinham a prova infalível de que a fonte do sêmen e dos cabelos na cena do crime era Glen Gore, mas mesmo assim não eram capazes de solucionar o homicídio. Precisavam de mais provas.

Ron e Dennis não haviam sido excluídos como suspeitos. E embora estivessem livres e exultantes por isso, havia sempre uma nuvem negra pairando sobre suas cabeças. Falavam todas as semanas e às vezes todos os dias um com o outro e com seus advogados. Depois de um ano vivendo no medo, eles decidiram reagir.

Se Bill Peterson, a polícia de Ada e o estado de Oklahoma tivessem pedido desculpas pela injustiça e arquivado de vez qualquer coisa contra Ron Williamson e Dennis Fritz, a triste história teria um fim honrado.

Em vez disso, as autoridades foram processadas.

Em abril de 2000, Dennis Fritz e Ron Williamson entraram com uma ação judicial conjunta contra o estado de Oklahoma. Os réus eram a cidade de Ada, o condado de Pontotoc, Bill Peterson, Dennis Smith, John Christian, Mike Tenney, Glen Gore, Terri Holland, James Harjo, o estado de Oklahoma, o OSBI, os funcionários do OSBI Gary Rogers, Rusty Featherstone, Melvin Hett, Jerry Peters, Larry Mullins e os membros do Departamento Correcional Gary Maynard, Dan Reynolds, James Saffle e Larry Fields.

A ação judicial foi apresentada num tribunal federal como um caso de direitos civis, com a alegação de violações da Quarta, Quinta, Sexta, Oitava e Décima Quarta emendas à Constituição dos Estados Unidos. Foi designada aleatoriamente para ninguém menos que o juiz Frank Seay, que mais tarde se consideraria impedido.

A ação judicial alegava que os réus: (1) deixaram de proporcionar aos queixosos um julgamento justo, ao fabricarem evidências e reterem evidências exculpatórias; (2) conspiraram para prender falsamente os queixosos e processá-los com intenções indevidas; (3) empenharam-se em conduta fraudulenta; (4) infligiram sofrimento emocional de modo intencional; (5) agiram com negligência no processo contra os queixosos; e (6) iniciaram e mantiveram um processo com intenção insidiosa.

A alegação contra o sistema penitenciário era a de que Ron fora maltratado quando estava no Corredor da Morte e que sua doença mental fora ignorada pelas autoridades, apesar dos avisos reiterados.

A ação exigia 100 milhões de dólares de indenização por perdas e danos.

Bill Peterson foi citado pelo jornal de Ada: "Em minha opinião, é uma ação judicial frívola, para atrair atenção. Não estou preocupado com isso."

Ele também reafirmou que as investigações do homicídio "continuam".

A ação judicial foi apresentada pelo escritório de Barry Scheck e por uma advogada de Kansas City chamada Cheryl

Pilate. Mark Barrett ingressaria na equipe mais tarde, depois de deixar o Sistema de Defensoria do Réu Carente e abrir um escritório particular.

Os processos civis por condenação injusta são muito difíceis de ganhar. A maioria das petições nesse sentido é indeferida. Uma condenação injusta não proporciona a alguém um direito automático de processar os responsáveis.

Um querelante deve alegar e provar que seus direitos civis foram violados, que suas salvaguardas constitucionais foram ignoradas, e que isso resultou numa condenação injusta. Depois, a parte mais difícil: praticamente todas as pessoas envolvidas no processo legal que levou à condenação injusta contam com o manto da imunidade. Um juiz é imune a uma ação judicial por condenação injusta, independentemente da inépcia com que conduziu o julgamento. Um promotor é imune enquanto se atém à sua função, que é a de processar o acusado. Mas, se ele se envolve na investigação, então pode ser responsabilizado. E um policial é imune a menos que possa ser provado que suas ações foram tão erradas que qualquer agente policial sensato saberia que estava violando a Constituição.

Essas ações judiciais demandam gastos financeiros danosos, com os advogados do querelante obrigados a adiantar dezenas e até centenas de milhares de dólares em custas de litígio. E são arriscadas demais, porque as chances de recuperação do dinheiro são mínimas.

A maioria das pessoas condenadas injustamente, como Greg Wilhoit, nunca recebe um centavo sequer.

A próxima parada de Ron, em julho de 2001, foi a Casa de Transição, em Norman, um lugar que oferecia aos homens um ambiente bem estruturado, aconselhamento e treinamento. O objetivo era reabilitar os pacientes, até o ponto de permitir que vivessem sozinhos, com a supervisão dos conselheiros. O objetivo final era a assimilação na comunidade, como cidadãos produtivos e estáveis.

A primeira fase era um programa de 12 meses em que os homens viviam em dormitórios com colegas de quarto e muitas regras. Um dos primeiros exercícios no treinamento era o de ensinar os homens a usar os ônibus e circular pela cidade. Também se ensinava e enfatizava a importância de saber cozinhar, manter tudo limpo e fazer a higiene pessoal. Ron era capaz de fazer ovos mexidos e um sanduíche de manteiga de amendoim.

Preferia permanecer perto de seu quarto. Só se arriscava a sair para fumar. Depois de quatro meses, ainda não entendia o sistema de ônibus.

A namorada de infância de Ron fora uma garota chamada Debbie Keith. O pai era um pastor e queria que a filha casasse com um pastor. Ron não chegava nem perto. O irmão dela, Mickey Keith, seguira o exemplo do pai. Era o pastor do Templo Evangélico, a nova igreja de Annette em Ada. A pedido de Ron e por insistência de Annette, o reverendo Keith foi à Casa de Transição, em Norman.

Ron falava sério ao dizer que queria voltar à igreja e limpar sua vida. Tinha em seu âmago uma profunda fé em Deus e Jesus Cristo. Jamais esqueceria as Escrituras, que memorizara quando criança, e dos hinos gospel que tanto amava. Apesar de seus erros e reveses, sentia-se ansioso para retornar às raízes. Experimentava um terrível sentimento de culpa pela maneira como vivera, mas acreditava na promessa de Jesus, de perdão divino, eterno e absoluto.

O reverendo Keith conversou e orou com Ron. Discutiu algumas formalidades. Se Ron queria mesmo ingressar na igreja, precisava preencher um formulário em que devia declarar que era um cristão renascido, que apoiaria a igreja com seus dízimos e sua presença sempre que possível, e que nunca reprovaria a igreja. Ron apressou-se em preencher e assinar o formulário, que foi apresentado ao conselho da igreja, discutido e aprovado.

Ele se manteve contente por alguns meses, são e sóbrio, determinado a se livrar dos hábitos perniciosos com a ajuda de Deus. Ingressou nos Alcoólicos Anônimos e quase nunca perdia uma reunião. As medicações eram equilibradas, a família e os amigos apreciavam sua companhia. Era extrovertido e jovial, sempre com uma resposta rápida ou uma história engraçada para contar. Para surpreender os estranhos, ele iniciava uma história nova com as seguintes palavras: "No tempo em que eu estava no Corredor da Morte..." Sua família mantinha-se tão próxima quanto possível. Com bastante freqüência, todos se espantavam com a capacidade de Ron de recordar pequenos detalhes de eventos que haviam acontecido quando ele se encontrava, literalmente, fora de si.

A Casa de Transição ficava perto do centro de Norman e dava para ir a pé até o escritório de Mark Barrett. Ron passava por lá com freqüência. O advogado e o cliente tomavam café, conversavam sobre música e a ação judicial. O interesse principal de Ron era o momento em que tudo poderia ser acertado e quanto receberia, o que não era de surpreender. Mark convidou Ron para comparecer à sua igreja, uma congregação de Discípulos de Cristo, em Norman. Ron ingressou num curso da escola dominical com a esposa de Mark. Ficou fascinado com as discussões francas e liberais sobre a Bíblia e o cristianismo. Qualquer coisa podia ser questionada, ao contrário do que acontecia nas igrejas pentecostais, onde a Palavra era exata e infalível, e as opiniões contrárias eram desaprovadas.

Ron passava a maior parte do tempo absorvido em sua música, ensaiando uma canção de Bob Dylan ou Eric Clapton, até poder imitá-los muito bem. Conseguiu ser contratado para algumas apresentações em Norman e Oklahoma City, tocando em troca de gorjetas e aceitando pedidos das escassas platéias. Era destemido. Seu alcance vocal era limitado, mas ele não se importava. Tentava qualquer canção.

A Coalizão de Oklahoma para a Abolição da Pena de Morte convidou-o para cantar e falar numa reunião para levantamento de fundos, realizada no Firehouse, um bar popular perto do campus da Universidade de Oklahoma. Na frente de 200 pessoas, uma multidão muito maior do que estava acostumado, Ron sentiu-se intimidado e parou longe demais do microfone. Mal dava para ouvi-lo, mas mesmo assim ele foi aplaudido. Durante a noite, ele conheceu a Dra. Susan Sharp, professora de criminologia na Universidade de Oklahoma e ativista contra a pena de morte. Ela convidou-o a aparecer em sua sala de aula, e Ron aceitou sem hesitar.

Os dois se tornaram amigos, embora Ron logo considerasse a Dra. Sharp como sua namorada. Ela se empenhou em manter o relacionamento num nível amigável e profissional. Via nele um homem ferido, com cicatrizes profundas, e estava determinada a ajudá-lo. O romance não era uma opção, e Ron não era agressivo.

Ele passou com sucesso pela primeira fase da Casa de Transição e entrou na segunda fase: viver em seu próprio apartamento. Annette e Renee oravam com fervor para que ele fosse capaz de morar sozinho. Tentavam não pensar num futuro de sanatórios, instituições intermediárias e hospitais psiquiátricos. Se ele conseguisse sobreviver à segunda fase, o próximo passo seria arrumar um emprego.

Ron manteve o controle durante cerca de um mês, mas depois começou a desabar, lentamente. Longe da estrutura e supervisão, passou a negligenciar as medicações. Queria muito tomar uma cerveja gelada. Passou a freqüentar um bar no campus chamado Deli, o tipo de lugar que atraía quem bebia pesado e os jovens da contracultura.

Ron tornou-se freqüentador assíduo e, como sempre, não era um bêbado agradável.

Em 29 de outubro de 2001, Ron prestou depoimento em sua ação judicial. Foi na sala do estenógrafo do tribunal, em Oklahoma City, lotada de advogados, todos querendo interrogar o homem que se tornara uma celebridade na área. Depois de algumas indagações preliminares, o primeiro advogado de defesa perguntou a Ron:

— Está tomando algum tipo de medicação?

— Estou sim.

— E essa medicação foi receitada ou orientada por um médico?

— Um psiquiatra.

– Tem uma lista ou informações sobre a medicação que está tomando?

– Sei o que é.

– E o que é?

– Tomo Depakote, 250mg, quatro vezes por dia; Zyprexa, à noite, uma vez por dia; e Wellbutrin, uma vez por dia.

– Sabe para que serve essa medicação?

– Depakote é para as oscilações de humor, Wellbutrin para a depressão e Zyprexa para vozes e alucinações.

– Uma das coisas em que estamos interessados hoje é o efeito que a medicação pode ter em sua capacidade de lembrar. Tem algum efeito?

– Não sei. Você ainda não me pediu para eu me lembrar de alguma coisa.

O depoimento prolongou-se por várias horas e deixou-o exausto.

Bill Peterson, como réu, entrou com uma petição para um julgamento sumário, uma manobra legal de rotina para evitar a ação judicial.

Os querelantes alegaram que a imunidade de Peterson acabara quando ele deixara seu papel de promotor e começara a conduzir a investigação criminal no homicídio de Debbie Carter. Apresentaram dois exemplos evidentes de fabricação de evidências por Peterson.

O primeiro vinha do depoimento de Glen Gore, prestado para ser usado na ação. Gore declarava que Peterson estivera em sua cela, na cadeia do condado de Pontotoc, e ameaçara-o se não prestasse um depoimento contra Ron Williamson. Peterson, segundo o depoimento, disse que era melhor Gore torcer para que suas impressões digitais "não aparecessem no apartamento de Debbie Carter". Disse também que "ele podia complicar a vida de Gore".

O segundo exemplo de criação de evidências, também alegado pelos querelantes, envolvia a nova impressão palmar de Debbie Carter. Peterson admitiu que se reunira com Jerry Peters, Larry

Mullins e os investigadores de Ada, em janeiro de 1987, para falar sobre a impressão palmar. Peterson comentou que "estava no fim da corda" em relação à investigação. Peterson sugeriu que seria possível obter uma impressão melhor quatro anos e meio depois do sepultamento. Pediu a Mullins e Peters que efetuassem um segundo exame. O corpo foi exumado, tirada uma nova impressão palmar, com os peritos adquirindo subitamente novas opiniões.

(Os advogados de Ron e Dennis contrataram um perito em impressões digitais, um certo Sr. Bill Bailey, que determinou que Mullins e Peters chegaram às suas novas conclusões através da análise de áreas diferentes da impressão palmar. Bailey concluiu sua própria análise declarando que a fonte da impressão não era de Debbie Carter.)

O juiz federal indeferiu o pedido de Peterson de um julgamento sumário dizendo: "Há uma legítima questão de fato se Peterson, Peters e Mullins, além de outros, empenharam-se num padrão sistemático de fabricação com o intuito de obter a condenação de Williamson e Fritz."

O juiz acrescentou:

Neste caso, a prova circunstancial indica um padrão combinado de vários investigadores e de Peterson para privar os querelantes de um ou mais de seus direitos constitucionais. A reiterada omissão de evidências exculpatórias pelos investigadores, ao mesmo tempo que se incluíam evidências inculpadoras, a inclusão de evidências possivelmente fabricadas, a falha em seguir pistas óbvias e aparentes que implicavam outras pessoas, e o uso de conclusões periciais questionáveis sugerem que os réus envolvidos agiram de forma deliberada com a finalidade específica de acusar Williamson e Fritz, sem consideração pelos sinais de advertência ao longo do caminho, com um resultado final injusto, sem apoio nas investigações.

A decisão, que saiu a 7 de fevereiro de 2002, foi um grande golpe para a defesa e mudou o rumo da ação judicial.

Há anos que Renee tentava convencer Annette a sair de Ada. As pessoas sempre desconfiariam de Ron e fariam comentários sobre sua irmã. A igreja rejeitara-o. O processo em andamento contra a cidade e o condado criaria mais ressentimento.

Annette resistia porque Ada era seu lar. O irmão era inocente. Ela aprendera a ignorar os cochichos e olhares, poderia continuar a se manter firme.

Mas a ação judicial preocupava-a. Depois de quase dois anos de intensa revelação de provas pré-julgamento, Mark Barrett e Barry Scheck achavam que a maré começava a mudar a favor deles. Negociações de acordos eram iniciadas e interrompidas. Mas havia uma impressão geral entre os advogados, dos dois lados, de que o caso não iria a julgamento.

Talvez fosse mesmo tempo de mudar. Em abril de 2002, depois de 60 anos, Annette deixou Ada. Mudou-se para Tulsa, onde tinha parentes. Pouco depois, o irmão foi morar com ela.

Annette estava ansiosa para tirá-lo de Norman. Ron voltara a beber e, quando estava bêbado, não conseguia ficar de boca fechada. Gabava-se do processo, de seus muitos advogados, dos milhões que receberia daqueles que o haviam enviado injustamente para o Corredor da Morte e assim por diante. Freqüentava o Deli e outros bares, atraindo a atenção daquele tipo de gente que quando o dinheiro aparece são seus melhores amigos.

Ele foi para a casa de Annette em Tulsa. Logo descobriu que o novo lar da irmã tinha as mesmas regras que o antigo em Ada. A principal: nada de bebida. Ron tornou-se sóbrio, ingressou na igreja e se ligou ao pastor. Havia um grupo de estudos da Bíblia para homens que levantava dinheiro para viagens missionárias a países pobres. O meio predileto de angariar recursos era um jantar mensal de bife com batatas. Ron começou a ajudar na cozinha. Sua função era embrulhar com papel laminado as batatas que iriam para o forno. Ele gostava de fazer isso.

No outono de 2002, a "frívola" ação judicial teve um acordo extrajudicial de vários milhões de dólares. Com carreiras e egos para proteger, os numerosos réus insistiam num acordo confidencial pelo qual eles e suas seguradoras entregariam quantias consideráveis, mas sem admitirem terem feito qualquer coisa de errado. O contrato secreto foi trancado num cofre, protegido por uma ordem judicial federal.

Os detalhes do acordo logo estavam sendo discutidos nos cafés de Ada, cujo conselho municipal fora obrigado a revelar o fato de que desviara meio milhão de dólares de sua reserva para tempos difíceis, a fim de pagar sua parte no total do acordo. À medida que os rumores circulavam pela cidade, a quantia variava de um café para outro, mas de um modo geral acreditava-se que era em torno de cinco milhões de dólares. O *Ada Evening News*, usando fontes não indicadas, até publicou esse valor.

Como Ron e Dennis ainda não haviam sido eliminados da lista de suspeitos, muitos habitantes de Ada continuavam a acreditar que eles estivessem envolvidos no assassinato. Agora, o fato de lucrarem tanto com seu crime causou ainda mais ressentimento.

Mark Barrett e Barry Scheck insistiram que seus clientes recebessem uma alta quantia inicial, passando depois a receber parcelas mensais.

Dennis comprou uma casa nova num subúrbio de Kansas City, passando a cuidar da mãe e de Elizabeth. Guardou o resto do dinheiro no banco.

Ron não foi tão prudente.

Convenceu Annette a ajudá-lo a comprar um apartamento, perto de sua casa e da igreja. Tinha dois quartos e custou 60 mil dólares. Mais uma vez, Ron voltou a morar sozinho. Manteve-se equilibrado por algumas semanas. Se Annette não podia levá-lo de carro por algum motivo, ele seguia a pé para a igreja.

Mas Tulsa era um território familiar e não demorou muito para que ele voltasse a freqüentar bares e clubes de striptease, onde pagava bebidas para todo mundo e dava gorjetas de milhares de dólares às mulheres. O dinheiro, além da língua solta, atraía todos os tipos de amigos, novos e antigos, muitos dos quais tratavam de se aproveitar. Ron era generoso em excesso e não sabia como administrar sua nova fortuna. Cinqüenta mil dólares evaporaram antes que Annette pudesse contê-lo.

Perto do apartamento havia um bar chamado Bounty, pequeno e sossegado, freqüentado por Guy Wilhoit, o pai de Greg. Os dois se conheceram, tornaram-se amigos e passavam horas em animadas conversas sobre Greg e os antigos fantasmas do Corredor da Morte. Guy disse aos bartenders e ao dono do Bounty que Ron era um amigo especial seu e de Greg. Se ele algum dia se metesse em alguma encrenca, como era seu hábito, deveriam chamá-lo, não a polícia. Todos prometeram que fariam isso.

Mas Ron não podia ficar longe das boates de striptease. O lugar predileto era o Lady Godiva's, onde se apaixonou por uma dançarina, apenas para descobrir que ela já estava comprometida. Não importava. Quando soube que ela tinha uma família e estava sem lugar onde morar, Ron convidou todos para se instalarem no quarto vago em seu apartamento. A dançarina, os dois filhos pequenos e o suposto pai mudaram-se para o lindo apartamento do Sr. Williamson. Mas não havia comida. Ron telefonou para Annette, com uma extensa lista de coisas necessárias. Mesmo relutante, ela comprou tudo. Quando foi entregar as compras, Ron não estava no apartamento. A dançarina e sua família haviam se trancado no quarto, escondendo-se da irmã de Ron. Não queriam sair. Annette deu um ultimato, através da porta, ameaçando processá-los se eles não partissem imediatamente. A família foi embora, deixando Ron com muita saudade.

As aventuras continuaram, até que Annette, como tutora legal, finalmente interveio com uma ordem judicial. Brigaram de novo, por causa do dinheiro. Mas Ron sabia o que era melhor. O apartamento foi vendido, e Ron, internado em outra clínica.

Ele não foi abandonado por seus verdadeiros amigos. Dennis Fritz sabia que Ron lutava para encontrar uma rotina estável. Sugeriu que Ron fosse morar com ele em Kansas City. Controlaria a medicação e a dieta de Ron, faria exercícios junto com ele e o obrigaria a reduzir o álcool e o fumo. Dennis descobrira os alimentos saudáveis, vitaminas, suplementos, chás de ervas. Estava ansioso para experimentar alguns desses produtos com o amigo. Conversaram sobre a mudança por semanas, mas Annette acabou vetando.

Greg Wilhoit, agora um californiano convicto e um ativista contra a pena de morte, exortou Ronnie a se mudar para Sacramento, onde a vida era fácil e descontraída, e o passado, realmente esquecido. Ron adorou a idéia, mas era mais divertido conversar a respeito do que consumar a mudança.

Bruce Leba descobriu Ron e ofereceu-lhe um quarto em sua casa, algo que já fizera muitas vezes no passado. Annette aprovou. Ron foi morar com Bruce, que na ocasião tinha um caminhão. Ron viajava com ele. Adorou a liberdade das estradas intermináveis.

Annette previu que o arranjo não duraria mais que três meses, que era a média de Ron. Cada rotina e cada lugar logo o deixavam entediado e, depois de três meses, ele e Bruce discutiram por alguma coisa, que nenhum dos dois pôde lembrar mais tarde. Ron voltou para Tulsa, passou algumas semanas com Annette e depois alugou uma pequena suíte de hotel, por três meses.

Em 2001, dois anos depois da libertação de Ron e Dennis, quase 19 anos depois do crime, a polícia de Ada concluiu a investigação. Mais dois anos se passaram antes que Glen Gore fosse trazido da penitenciária em Lexington e submetido a julgamento.

Por uma série de razões, Bill Peterson não trabalhou no caso. Parar diante do júri, apontar para o réu e dizer: "Glen Gore, você merece morrer pelo que fez com Debbie Carter", soaria falso, já que ele apontara antes para dois outros homens e fizera a mesma acusação. Peterson pediu para ser dispensado, alegando conflito de interesses. Mas mandou seu assistente, Chris Ross, sentar à mesa do estado e tomar anotações.

Um promotor especial veio de Oklahoma City, Richard Wintory, que obteve uma condenação fácil graças aos resultados dos testes de DNA. E depois de ouvir os detalhes dos longos e violentos antecedentes criminais de Gore, o júri não teve qualquer hesitação para recomendar a pena de morte.

Dennis recusou-se a acompanhar o julgamento. Mas Ron não podia ignorá-lo. Telefonava todos os dias para o juiz Landrith e dizia:

— Tommy, você tem de pegar Ricky Joe Simmons.

Ou então:

— Tommy, esqueça Gore. Ricky Joe Simmons é o verdadeiro assassino.

Uma clínica de repouso levava a outra. Depois que ele cansava de um novo lugar, ou sua presença já ultrapassara os limites, os telefonemas começavam. Annette saía à procura de outra instituição disposta a aceitá-lo. Depois, providenciava a mudança. Alguns lugares recendiam a desinfetante e morte iminente, enquanto outros eram alegres e acolhedores.

Ele se encontrava num dos lugares agradáveis, na cidade de Howe, quando a Dra. Susan Sharp visitou-o. Ron mantinha-se sóbrio há semanas e sentia-se ótimo. Foram de carro até o parque à beira de um lago, perto da cidade. Deram uma caminhada. Era um dia sem nuvens, o ar fresco e revigorante.

— Ele era como um menino — disse a Dra. Sharp. — Feliz por estar no parque, ao sol, num lindo dia.

Quando sóbrio e medicado, Ron era uma companhia das mais agradáveis. Naquela noite eles jantariam juntos num restaurante próximo. Ron sentiu-se muito orgulhoso por estar oferecendo um jantar a uma linda mulher.

CAPÍTULO 17

As dores terríveis no estômago começaram no início do outono de 2004. Ron sentia-se inchado e não encontrava uma posição apropriada para sentar ou deitar. Andar ajudava um pouco. Mas a dor se tornava cada vez mais intensa. Sentia-se sempre cansado, mas não conseguia dormir. Andava toda noite pelos corredores da clínica de repouso em que estava internado, tentando encontrar alívio para a pressão que se acumulava em seu estômago.

Annette estava a duas horas de carro de distância. Não o via há um mês, embora ouvisse suas queixas pelo telefone. Quando foi buscá-lo para uma ida ao dentista, ela ficou chocada com o tamanho de sua barriga.

– Ele parecia estar grávido de dez meses – comentou ela.

Em vez do dentista, ele seguiu direto para a emergência de um hospital em Seminole. De lá, foram para um hospital em Tulsa. No dia seguinte, veio o diagnóstico de cirrose. Inoperável, intratável, sem possibilidade de um transplante. Era outra sentença de morte, dolorosa ainda por cima. Uma previsão otimista lhe dava seis meses de vida.

Ele vivera 51 anos, pelo menos 14 deles atrás das grades, sem qualquer oportunidade de beber. Desde que fora solto, cinco anos antes, passara a beber muito, sem dúvida. Mas também houve longos períodos de sobriedade, enquanto ele lutava contra o alcoolismo.

A cirrose parecia um pouco prematura. Annette fez as perguntas necessárias, e as respostas não foram fáceis. Além do álcool, havia um histórico de consumo de drogas ilícitas, embora bem pouco desde que saíra da prisão. Uma importante causa provável fora a medicação. Pelo menos durante metade de sua vida, Ron consumira, em várias épocas e em diversas quantidades, doses potentes de drogas psicotrópicas muito fortes.

Também era possível que sempre tivesse um fígado fraco. Não importava agora. Mais uma vez, Annette telefonou para Renee com uma notícia terrível.

Os médicos drenaram vários litros de fluido. Depois, o hospital pediu a Annette que encontrasse outro lugar para interná-lo. Ela consultou sete instituições, até conseguir um quarto na Casa de Saúde Broken Arrow. Ali, as enfermeiras e os médicos o receberam como um antigo membro da família.

Logo ficou evidente para Annette e Renee que seis meses era uma previsão irrealista. Ron definhava depressa. Com exceção da barriga bastante inchada, o resto de seu corpo murchava e encolhia. Ele não tinha apetite e, por fim, parou de fumar e beber. Enquanto seu fígado se deteriorava, a dor se tornava insuportável. Ele nunca encontrava uma posição confortável. Passava horas andando de um lado para outro do quarto ou pelos corredores.

A família passava tanto tempo com ele quanto possível. Annette morava perto, mas Renee, Gary e os filhos viviam nos arredores de Dallas. Faziam a viagem de cinco horas de carro com tanta freqüência quanto podiam.

Mark Barrett visitou seu cliente várias vezes. Era um advogado muito ocupado, mas Ron sempre tivera prioridade. Conversavam sobre a morte e a vida após a morte, sobre Deus e a promessa de salvação através de Cristo. Ron enfrentava a morte com um contentamento quase perfeito. Era uma coisa para se aguardar com ansiedade, o que ele fizera durante muitos anos. Não tinha medo de morrer. Não se sentia amargurado. Arrependia-se de muitas coisas que fizera, dos erros que cometera, do sofrimento que causara, mas pedira perdão a Deus, com toda a sinceridade, e fora perdoado.

Não guardava ressentimentos, embora ainda se revoltasse contra Bill Peterson e Ricky Joe Simmons quase até o fim. Mas acabou perdoando-os também.

Na visita seguinte, Mark falou de música. Ron divagou por horas sobre sua nova carreira, o quanto se divertiria assim que deixasse a casa de saúde. A doença não foi mencionada nem a perspectiva da morte.

Annette levou seu violão, mas Ron tinha dificuldade para tocar. Em vez de fazê-lo, pedia à irmã para cantar seus hinos prediletos. A última apresentação de Ron foi na casa de saúde, durante uma sessão de caraoquê. Encontrou de alguma forma a energia para cantar. As enfermeiras e muitos dos outros pacientes já conheciam sua história àquela altura e aplaudiram-no. Depois, com uma música gravada tocando ao fundo, ele dançou com as irmãs.

Ao contrário da maioria dos pacientes agonizantes com tempo para pensar e planejar, Ron não clamou por um ministro para segurar sua mão e ouvir suas orações e confissões finais. Conhecia as Escrituras tão bem quanto qualquer pregador. Sua criação nos Evangelhos fora sólida. Talvez tivesse se desviado mais do que a maioria, mas arrependera-se de tudo e esquecera.

Estava pronto.

Houve alguns momentos brilhantes em seus cinco anos de liberdade, mas em geral fora desagradável. Mudara-se 17 vezes e demonstrara em várias ocasiões que não podia viver sozinho. Que futuro podia ter? Era um fardo para Annette e Renee. Fora um fardo para alguém durante a maior parte de sua vida. Agora se sentia cansado.

Desde o Corredor da Morte, dissera muitas vezes a Annette que gostaria de nunca ter nascido. Agora queria desesperadamente morrer. Envergonhava-se de todo o sofrimento que causara, em particular para os pais. Queria vê-los, dizer que lamentava muito, ficar com eles para sempre. Pouco depois de sua libertação, Annette encontrou-o um dia parado em sua cozinha, olhando pela janela, como se estivesse em transe. Ron pegou sua mão e disse:

– Ore comigo, Annette. Ore para que o Senhor me leve para casa agora.

Era uma oração que ela não podia completar.

Greg Wilhoit apareceu para o Dia de Ação de Graças e passou dez dias consecutivos com Ronnie. Embora o estado de Ron se deteriorasse muito depressa, sempre sedado com morfina, conversaram por horas a fio sobre o Corredor da Morte. Era um assunto horrível, como sempre, mas agora podiam encarar com humor.

Em novembro de 2004, o estado de Oklahoma estava executando condenados num ritmo recorde. Muitos de seus antigos vizinhos de cadeia haviam sido executados. Ron sabia que encontraria uns poucos no céu, quando chegasse lá. A maioria não iria para o céu.

Disse a Greg que conhecera o melhor da vida e também o pior. Não havia mais nada que quisesse ver. Estava pronto para partir.

– Ele encontrou a paz total com o Senhor – disse Greg. – Não tinha medo da morte. Queria apenas acabar com tudo logo de uma vez.

Ron estava quase inconsciente quando Greg despediu-se. A morfina era usada em doses generosas, e a morte pairava a poucos dias de distância.

A piora rápida de Ron pegou muitos de seus amigos desprevenidos. Dennis Fritz passou por Tulsa, mas não conseguiu encontrar a casa de saúde. Planejava voltar em breve para uma visita, mas não deu tempo. Bruce trabalhava fora do estado e perdera temporariamente o contato.

Quase no último momento, Barry Scheck comunicou-se pelo telefone. Dan Clark, que trabalhara na ação civil, instalou um alto-falante para que a voz de Barry ressoasse pelo quarto. Foi uma conversa unilateral, pois Ron estava bastante sedado, quase morto. Barry prometeu que o visitaria pessoalmente em breve, para pôr a conversa em dia. Arrancou um sorriso de Ronnie e uma risada dos outros quando disse:

– E se você não conseguir, Ronnie, prometo que um dia ainda pegarei Ricky Joe Simmons.

Quando a conversa terminou, a família foi chamada.

Três anos antes, Taryn Simon, uma fotógrafa famosa, viajara pelo país tirando fotos de prisioneiros que haviam deixado o Corredor da Morte para um livro que planejava publicar. Fotografou Ron e Dennis, preparando um resumo do caso. Pediu a cada um que escrevesse ou dissesse algumas palavras para acompanhar sua foto. Ron disse:

Espero não ir nem para o céu nem para o inferno. Gostaria no momento de minha morte de poder dormir para nunca mais acordar, nunca mais ter um pesadelo. O repouso eterno, como se lê em algumas lápides, é isso o que espero. Porque não quero passar pelo Juízo Final. Nunca mais quero ser julgado. Perguntei a mim mesmo, quando estava no Corredor da Morte, qual era a razão para meu nascimento, se tinha de passar por tudo aquilo. Sempre critiquei minha mãe e meu pai – uma coisa horrível – por me trazerem para este mundo. Se eu tivesse de fazer tudo de novo, não nasceria.

– *Os Inocentes*
(Umbrage, 2003)

Diante da morte, porém, Ron recuou um pouco. Queria muito passar a eternidade no céu.

No dia 4 de dezembro, Annette, Renee e suas famílias reuniram-se em volta da cama pela última vez, para a despedida final.

Três dias depois, uma multidão compareceu à Agência Funerária Hayhurst, em Broken Arrow, para o serviço em memória. O pastor de Ron, o reverendo Ted Heaston, oficiou a "celebração" de sua vida. Charles Story, o capelão de Ron na prisão, recordou algumas histórias engraçadas do tempo que haviam passado juntos em McAlester. Mark Barrett fez um discurso comovente sobre a amizade especial entre os dois. Cheryl Pilate leu uma carta enviada por Barry Scheck, que estava ocupado naquele momento com a libertação de mais dois inocentes.

O caixão estava aberto, com o velho pálido e de cabelos grisalhos num repouso sereno. O blusão, a luva e o bastão de beisebol estavam no caixão, junto com seu violão.

A música incluiu dois clássicos gospel, os hinos "I'll Fly Away" e "He Set Me Free". Ron aprendera-os quando era criança e cantara-os durante toda a sua vida, em cultos e reuniões da igreja, no funeral da mãe, com correntes em seus tornozelos, no Corredor da Morte, durante os momentos mais sinistros, na casa de Annette na noite em que recuperara a liberdade. As canções descontraíram as pessoas e trouxeram sorrisos.

O serviço foi triste, como não podia deixar de ser, mas havia também um sentimento de alívio. Uma vida trágica terminara e a pessoa que levara essa vida partira agora para coisas melhores. Era para isso que Ronnie orara. Estava, enfim, livre.

Ao final daquela tarde, as pessoas voltaram a se reunir em Ada para o sepultamento. Uma quantidade confortadora de amigos da família na cidade compareceu para a última homenagem a Ron. Por respeito à família Carter, Annette escolheu um cemitério diferente daquele em que Debbie fora sepultada.

Era um dia frio e de vento, 7 de dezembro de 2004, exatamente 22 anos depois que Debbie fora vista viva pela última vez.

O caixão foi levado para a sepultura, carregado por um grupo que incluía Bruce Leba e Dennis Fritz. Depois de umas poucas palavras finais de um ministro local, uma oração e mais algumas lágrimas, veio a última despedida.

Na lápide, ficaram gravadas para sempre as seguintes palavras:

RONALD KEITH WILLIAMSON
Nascido em 3 de fevereiro de 1953   Falecido em 4 de dezembro
de 2004
Grande Sobrevivente
Condenado Injustamente em 1988
Inocentado em 15 de abril de 1999

NOTA DO AUTOR

Dois dias depois do enterro de Ron Williamson, eu folheava o *New York Times* quando vi seu obituário. O título – "Ronald Williamson, Libertado do Corredor da Morte, Morre aos 51 Anos" – era bastante emocional. Mas o longo obituário, escrito por Jim Dwyer, tinha as bases evidentes para uma história muito mais longa. Havia uma foto extraordinária de Ron no tribunal no dia em que fora inocentado, parecendo um pouco perplexo e aliviado, talvez até mesmo um pouco presunçoso.

Por algum motivo, eu perdera as notícias sobre a sua libertação em 1999. Nunca ouvira falar antes em Ron Williamson ou Dennis Fritz.

Li o obituário pela segunda vez. Nem em meu momento mais criativo eu poderia conceber uma história tão rica e com tantos aspectos quanto a de Ron. E, como eu descobriria em breve, o obituário mal arranhava a superfície. Em poucas horas, falei com suas irmãs, Annette e Renee. Subitamente, tinha um livro nas mãos.

Escrever não-ficção quase nunca me passou pela cabeça, pois me divertia muito com os romances. Não tinha a menor idéia daquilo em que estava me metendo. A história, a pesquisa e a redação consumiram os 18 meses seguintes. Levou-me a Ada muitas vezes, ao tribunal e à cadeia, aos cafés da cidade, ao Corredor da Morte antigo e ao novo em McAlester, a Asher, onde sentei na arquibancada por duas horas e conversei sobre beisebol com Murl Bowen, ao escritório do Projeto Inocência em Nova York, a um café em Seminole onde almocei com o juiz Frank Seay, ao Yankee Stadium, à prisão em Lexington onde passei algum tempo com Tommy Ward, e a Norman, minha base, onde me encontrei com Mark Barrett e conversei sobre a história por muitas horas. Encontrei-me também com Dennis Fritz em Kansas City, com Annette e Renee em Tulsa, e quando consegui convencer Greg Wilhoit a vir da Califórnia, excursionamos pelo Big Mac, onde ele viu sua antiga cela pela primeira vez desde que fora embora, 15 anos antes.

A cada visita e a cada conversa, a história assumia uma perspectiva diferente. Eu poderia ter escrito cinco mil páginas.

A jornada também me levou ao mundo das condenações injustas, algo em que eu nunca pensara muito, mesmo tendo sido advogado. Não é um problema exclusivo do estado de Oklahoma. Longe disso. As condenações injustas ocorrem todos os meses, em todos os estados americanos. As razões são as mais variadas, mas todas baseiam-se nas mesmas coisas: trabalho policial deficiente, métodos pseudocientíficos, identificações falhas de testemunhas, advogados de defesa ruins, promotores indolentes, promotores arrogantes.

Nas grandes cidades, a carga de trabalho dos criminologistas é enorme, o que dá margem, com freqüência, a procedimentos e condutas menos do que profissionais. E nas cidades pequenas os policiais são com freqüência despreparados e sem supervisão. Assassinatos e estupros ainda são acontecimentos chocantes, e as pessoas querem justiça, o mais depressa possível. Os cidadãos e jurados confiam que suas autoridades terão um comportamento apropriado. Quando isso não acontece, o resultado é Ron Williamson e Dennis Fritz.

E Tommy Ward e Karl Fontenot. Ambos cumprem agora penas de prisão perpétua. Tommy pode ter direito um dia à liberdade condicional, mas Karl nunca terá, por causa de uma peculiaridade processual. Eles não podem ser salvos pelo DNA, porque não há evidências biológicas. O assassino ou assassinos de Denice Haraway nunca serão descobertos, pelo menos não por intermédio da polícia. Para mais detalhes sobre a história dos dois, visite o site www.wardandfontenot.com.

Enquanto pesquisava para este livro, encontrei dois outros assuntos, ambos relevantes para Ada. Em 1983, um homem chamado Calvin Lee Scott foi levado a julgamento por estupro no tribunal do condado de Pontotoc. A vítima era uma jovem viúva, que foi atacada na cama enquanto dormia; e como o estuprador manteve um travesseiro sobre seu rosto, ela não pôde identificá-lo. Um perito em cabelos do OSBI declarou em seu depoimento que dois pêlos pubianos encontrados na cena do crime eram "microscopicamente compatíveis" com as amostras tiradas de Calvin Lee Scott, que negou com veemência qualquer culpa. O júri achou o contrário e ele foi condenado a 25 anos de prisão. Cumpriu 20 anos e foi solto. Já era um homem livre quando o teste de DNA inocentou-o em 2003.

O caso foi investigado por Dennis Smith. Bill Peterson era o promotor distrital.

Também em 2001, o ex-assistente do chefe de polícia Dennis Corvin declarou-se culpado das acusações federais de fabricar e distribuir metanfetaminas, sendo condenado a seis anos de prisão. Corvin, como vocês podem lembrar, foi o policial de Ada mencionado por Glen Gore em seu depoimento, cerca de 20 anos depois de seus alegados negócios com drogas.

Ada é uma cidade agradável. A pergunta óbvia é a seguinte: quando os cidadãos de bem vão limpar a casa?

Talvez quando se cansarem de pagar por processos indevidos. Por duas vezes, nos últimos dois anos, a cidade de Ada teve de aumentar o imposto sobre imóveis para reabastecer seus recursos, usados para acertar as ações judiciais movidas por Ron e Dennis. Num insulto cruel, esses impostos são pagos por todos os proprietários, inclusive muitas pessoas da família de Debbie Carter.

É impossível calcular a quantidade total de dinheiro desperdiçado. Oklahoma gasta cerca de 20 mil dólares por ano para alojar um preso. Ignorando o custo extra do Corredor da Morte e o tratamento em hospitais psiquiátricos, a conta de Ron foi, no mínimo, de 250 mil dólares. O mesmo custo para Dennis. Acrescente-se as quantias que eles receberam na ação civil e a matemática se torna fácil. É seguro dizer que vários milhões de dólares foram desperdiçados por causa de seus processos.

Essas somas não incluem as milhares de horas consumidas em seus recursos pelos advogados, que tanto se empenharam para libertá-los. Também não inclui o tempo desperdiçado pelos advogados do estado ao tentarem executá-los. Cada dólar gasto para processá-los e defendê-los foi pago pelos contribuintes.

Mas houve algumas economias. Barney Ward recebeu a quantia extravagante de 3.600 dólares para defender Ron, e o juiz Jones indeferiu o pedido de dinheiro de Barney para contratar um perito judicial para avaliar as evidências da promotoria. Greg Saunders recebeu os mesmos honorários, 3.600 dólares. Também lhe foi negado o acesso a um perito. Era preciso proteger os contribuintes.

O desperdício financeiro foi bastante frustrante, mas o tributo humano foi ainda mais pernicioso. Obviamente, os problemas mentais de Ron foram exacerbados pela condenação injusta; e depois de libertado, ele jamais se recuperou. A maioria não se recupera. Dennis Fritz é um dos afortunados. Teve coragem e inteligência, soube aproveitar o dinheiro para se recuperar. Leva uma vida tranqüila, normal e próspera em Kansas City, e no ano passado tornou-se avô.

Das outras pessoas, Bill Peterson ainda é promotor distrital em Ada. Dois de seus assistentes são Chris Ross e Nancy Shew. Um de seus investigadores é Gary Rogers. Dennis Smith aposentou-se na polícia de Ada em 1987 e morreu subitamente em 30 de junho de 2006. Barney Ward morreu no verão de 2005, enquanto eu escrevia o livro. Nunca tive a oportunidade de entrevistá-lo. O juiz Ron Jones perdeu a eleição para o cargo em 1990 e deixou a área de Ada.

Glen Gore ainda está na Unidade H, em McAlester. Em julho de 2005, sua condenação foi revogada pela Corte de Apelações Criminais de Oklahoma, com a determinação de um novo julgamento. O tribunal decidiu que Gore não teve um julgamento justo porque o juiz Landrith não permitiu que seu advogado apresentasse a prova de que dois outros homens já haviam sido condenados pelo homicídio.

Em 21 de junho de 2006, Gore foi outra vez considerado culpado. O júri teve um impasse na questão da pena de morte. O juiz Landrith, como a lei determina, condenou Gore à prisão perpétua, sem livramento condicional.

Devo muito a diversas pessoas que me ajudaram neste livro. Annette, Renee e suas famílias ofereceram-me pleno acesso a todos os aspectos da vida de Ron. Mark Barrett passou horas incontáveis me conduzindo por Oklahoma, contando histórias que a princípio achei difícil de acreditar, localizando testemunhas, desencavando arquivos antigos e usando sua rede de contatos. Sua assistente, Melissa Harris, copiou um milhão de documentos e manteve tudo em ordem meticulosa.

Dennis Fritz recordou sua dolorosa história com admirável entusiasmo e respondeu a todas as minhas perguntas. Greg Wilhoit fez a mesma coisa.

Brenda Tollett, do *Ada Evening News*, procurou nos arquivos e, num passe de mágica, providenciou cópias de todas as notícias sobre os dois crimes. Ann Kelley Weaver, agora no *The Oklahoman*, foi rápida em recordar muitas das histórias envolvendo a libertação de Ron.

A princípio, o juiz Frank Seay relutou em falar sobre um dos processos que julgara. Ainda se atém à noção antiquada de que um juiz deve ser ouvido, não visto, mas acabou cedendo. Em uma de nossas conversas pelo telefone, sugeri que ele era um "herói", uma descrição contra a qual protestou no mesmo instante. Fui indeferido a quase dois mil quilômetros de distância. Vicky Hildebrand ainda trabalha para ele e recorda nitidamente sua primeira leitura da petição de Ron no recurso de *habeas corpus*.

Jim Payne é agora um juiz federal. Embora cooperativo, demonstrou pouco interesse em assumir o crédito por salvar a vida de Ron. Mas ele é um herói. Sua leitura cuidadosa do sumário de Janet Chesley, em casa, depois do expediente, despertou preocupação suficiente para procurar o juiz Seay e recomendar a suspensão da execução, na última hora.

Embora só entrasse na história no final, o juiz Tom Landrith teve a satisfação de presidir a audiência em que os dois foram libertados, em abril de 1999. Visitar seu gabinete no tribunal em Ada foi sempre um prazer. As histórias, muitas provavelmente verdadeiras, fluíam com facilidade.

Barry Scheck e os batalhadores do Projeto Inocência foram generosos e francos. Até o momento em que escrevi este livro, eles já haviam libertado 180 presos por meio dos testes de DNA. Inspiraram pelo menos 30 outros Projetos Inocência por todo o país. Para mais informações, acesse www.innocenceproject.org.

Tommy Ward passou três anos e nove meses no Corredor da Morte, no antigo Pavilhão F, antes de ser permanentemente exilado para a penitenciária em Lexington. Trocamos muitas cartas. Algumas de suas histórias eram sobre Ron e ele permitiu-me usá-las neste livro.

Sobre o seu pesadelo, baseei-me em grande parte em *The Dreams of Ada*, de Robert Mayer. É um livro fascinante, um exemplo de como um texto sobre um crime real pode ser extraordinário. O Sr. Mayer foi totalmente cooperativo durante minha pesquisa.

Agradeço aos advogados e à equipe do Indigent Defense System (Sistema de Defensoria do Réu Carente) de Oklahoma – Janet Chesley, Bill Luker e Kim Marks. E a Bruce Leba, Murl Bowen, Christy Shepherd, Leslie Delk, Dra. Keith Hume, Nancy Vollertsen, Dra. Susan Sharp, Michael Salem, Gail Seward, Lee Mann, David Morris e Bert Colley. John Sherman, um estudante de direito do terceiro ano na Universidade da Virgínia, passou um ano e meio enterrado nas caixas de pesquisa que recolhemos. De alguma forma, conseguiu manter tudo organizado e objetivo.

Tive o benefício de volumes de depoimentos da maioria das pessoas envolvidas nesta história. Algumas entrevistas não eram necessárias. Algumas não foram concedidas. Apenas os nomes das supostas vítimas de estupro foram trocados.

John Grisham
1º de julho de 2006

Este livro foi impresso na Editora JPA Ltda.,
Av. Brasil, 10.600 – Rio de Janeiro – RJ,
para a Editora Rocco Ltda.

Children
Acting on
Television

On location –
Frances Amey studies her schedule
for *The Demon Headmaster*